纪念白寿彝诞辰一百周年
(1909~2009)

白寿彝文集

论中国通史
论中国封建社会

河南大学出版社
·开封·

《白寿彝文集》编辑委员会

顾问（按姓氏笔画排列）：
王毓铨　王锺翰　齐世荣　任继愈
何兹全　林甘泉　金冲及　季羡林
臧克家　戴　逸

主编：
龚书铎

委员（按姓氏笔画排列）：
马小泉　马寿千　王东平　王刘纯
白至德　白新生　刘家和　关爱和
许殿才　李松茂　杨怀中　吴怀祺
宋元强　陈其泰　张云鹏　郭预衡
龚书铎　瞿林东

编 辑 说 明

白寿彝先生(1909—2000年)是我国当代著名的历史学家、教育家、社会政治活动家。从青年时代,他即在学术园地上辛勤耕耘,前后长达半个多世纪;先后在云南大学、重庆中央大学、南京中央大学、北京师范大学执教,上世纪50年代以后长期担任北京师范大学历史系教授、主任等,1980年又创办北京师范大学史学研究所,曾担任中国史学会主席团成员、北京史学会会长、国务院学位委员会委员、国家教委全国高校古籍整理与研究工作指导委员会副主任,兼任中国社会科学院历史研究所、民族研究所和宗教研究所学术委员。

白寿彝先生治学领域广阔,在中国通史、史学理论、史学史、民族史、宗教史、中国交通史等领域都有高深的造诣。由他担任总主编的《中国通史》共计12卷22册,共约1 400万字,是以马克思主义唯物史观为指导,上起远古时代,下迄中华人民共和国成立,内容丰富系统的通史巨著,汇集了全国约五百位专家的劳动,凝聚着总主编白寿彝先生二十余年的心血。1999年春《中国通史》全书出版时,正值白寿彝先生九十华诞,党和国家领导人江泽民、李鹏、李瑞环、李岚清等分别致函或致电向白寿彝先生表示热情洋溢的祝贺,学术界称誉这部巨著是20世纪中国史学的压轴之作。在此后5年时间内,《中国通史》又重印了3次,累计印数达37 000套,这在大型历史著作出版史上是极为罕见的。由白寿彝先生主编、撰成于1980年的《中国通史》则先后重印达30次之多,总印数逾100万册。上述两个数字,反映了广大读者对这两部中国通史著作的真情欢迎,包含着白寿彝先生的史学工作成果走向广大干部和人民大众之中、同我们伟大时代的脉搏一起跳动的丰富内涵。白寿彝先生撰著和主编的《中国回回民族史》、《回族人物志》、《中国史学史》(第1册)、《史学概论》、《白寿彝史学论文集》、《白寿彝民族宗教论集》、《中国交通史》、《中国史学史论集》等著作,无不受到学术界的高度重视,为诸多学科和研究领域的研究者提供了十分有益的启迪。

白寿彝先生说过,"历史学是一门研究社会发展规律、民族特点以及历代盛衰兴亡之故的学问。在正确的思想指导下,历史知识的传播有利于国家民族的相互了解,增进友谊,有利于国际间的和平,有利于思想建设和文化建设。史学一直被简单地认为只是研究过去的事情,这是很错误的。在新世纪里,史学工作者应负起时代的责任,让史学发挥更大的作用,协同各方面的工作,推动历史的前进"。这些话,是白寿彝先生的临终遗言,意义深远。鉴于此,为了为20世纪学术史提供一批宝贵的史料,也为了表达对这位20世纪杰出学者的无比崇敬和缅怀之情,我们决定编辑出版《白寿彝文集》。

《白寿彝文集》是白寿彝先生一生学术研究成果的首次结集,由我国历史学界诸多著名人士担纲顾问,白家子女和白门弟子共同参与收集整理。《文集》除收录以前已结集出版的论著外,还增补了大量以前未曾收录的内容,是目前收录白寿彝先生著述最全面、最权威的大型文集。《文集》共分7卷,约三百万字。第1卷包括《论中国通史·论中国封建社会》,第2卷主要包括在民族史、宗教史研究方面都有重要价值的《伊斯兰史存稿》,第3卷包括伊斯兰教史、行记和地方史话、民俗学纪闻,第4卷包括《中国史学史教本初稿》、《〈史记〉新论》和国家哲学社会科学"七五"规划重点项目《中国史学史》(第一册),第5卷包括《中国史学史论》,第6卷包括历史教育、史学评述、序、跋、书评和札记,第7卷包括我国交通史方面的第一部专著《中国交通史》和《朱熹撰述史稿》。

参加《文集》编辑工作的是编辑委员会全体成员,他们为《文集》

的收集和校勘做了大量具体而又细致的基础性工作。由于《文集》收录的作品是在不同历史时期的研究成果,有些是以专著或论文的形式出版的,编辑出版本《文集》时,在力求保存这些论著原貌的前提下,编辑主要做了以下工作:其一,对《文集》所涉及的史料,进行了核实、校订;其二,对早期出版的研究成果在编辑方面存在的用字用语等一些不规范之处,进行了修正,并对引文注录格式进行了统一;其三,征引经典作家的著作,一般依据最新的修订版作了校正;其四,为了使读者更好地了解每个篇目的来历,编委会和编辑为没有题解的篇目加注了题解。

由于水平有限,《文集》在编辑工作上或有疏漏和不妥之处,敬希学界专家和广大读者指正。在此对曾经支持和帮助过我们的同志们、朋友们深致谢忱!

《白寿彝文集》编委会
2008年4月8日

出版寄语

《白寿彝文集》是为纪念父亲白寿彝诞辰一百周年（1909—2009年）而整理、出版的一套文集。

父亲走了，我一直在想办三件事：一是为父亲出本《画传》；二是写本《回忆录》；三是出版一套父亲的《文集》。河南大学校长关爱和了解到我的这一心愿后，热情而诚挚地与我联系，希望由河南大学来达成我的上述心愿。父亲是河南开封人，河南大学是父亲的母校，《画传》和《文集》由父亲的母校来出版，我想父亲在九泉之下会感到荣幸和欣慰的。2003年，时任河南大学出版社社长的王刘纯和总编辑马小泉专程赴京与我洽谈《白寿彝文集》出版等事宜。是年8月18日，由我与河南大学出版社在河南开封签订了图书出版合同。同年12月，在北京师范大学成立了《白寿彝文集》编辑委员会，编委会主任龚书铎主持了编委会会议。会上，确定了《白寿彝文集》编委会组成人员以及《文集》各卷册责任人。河南大学出版社拟订了《〈白寿彝文集〉编辑体例说明及出版计划》，经编委会讨论后通过。

令人十分兴奋并难能可贵的是，父亲的同人和学子们自愿地确定了各自在《文集》各卷册中所承担的责任。

《白寿彝文集》总协调人：

龚书铎

《白寿彝文集》各卷册责任人：

瞿林东　　"论中国通史、论中国封建社会"卷册

李松茂　王东平	"伊斯兰史存稿、民族宗教论集"卷册
许殿才	"中国史学史教本初稿、中国史学史第一册、中国史学史论"卷册
陈其泰	"历史教育、序跋、评论"卷册
吴怀祺	"中国交通史、朱熹撰述丛考"卷册
宋元强	"未刊稿"卷册,待定

为此,我对他们多次表示谢意,而他们却总是说:"只要是白先生的事情,我们责无旁贷。"是呀！父亲有如此好的同人和学子,我由衷地感到兴奋与喜悦,在此我向他们深深地鞠躬,再次表示诚挚的敬意！

《白寿彝文集》在筹备、运作和出版过程中,河南大学出版社前任社长王刘纯,现任社长马小泉、总编辑张云鹏、副社长陈广胜持之以恒,带领出版社的责任编辑们做了大量具体而又烦琐的编校工作,付出了艰辛劳动,在此我向他们深表感谢。

在《白寿彝文集》出版前夕,我还要感谢父亲的同人、友人、学人以及众多的人们,其中也包括党和国家的相关领导同志。在这些年中,他们无论与我相见,还是电话和通信联系,总要询问《文集》出版的进展情况。每当此时,我的心里就热乎乎的。

《白寿彝画传》和《彰往知来——父亲白寿彝的九十一年》已于2005年7月和2008年1月分别由河南大学出版社、中国工人出版社出版发行。现在,《白寿彝文集》也即将出版,真可谓事成愿遂了。还需要说明的是,这一切与我的二姐白新生是分不开的。她承担了大量的资料搜集、整理、分类以及后勤等繁重工作。二姐已近耄耋之年,每当我让她珍重身体,不要过度劳累时,她总是发自肺腑地说:"这是为咱爸尽孝心,也是为社会尽量做点事！"

是啊,父亲的一生辛勤耕耘,不求回报,诚如原任教育部长、国务委员,现任全国人大副委员长陈至立同志所说,"白寿彝教授作为我国杰出的历史学家、教育家和思想家,长期以来,在教育战线呕心沥血,勤奋耕耘,为我国教育事业的发展作出了重大的贡献。白寿彝教授功业卓著,德高望重,'桃李满天下,弟子遍神州',深受教育界人士的崇敬和爱戴"。

父亲生前经常讲:"总结历史的经验,彰往而知来。我们研究过去是为了了解过去。了解过去是为了解释现在。解释现在是为了观察将来。了解、研究历史不是引导人们向后看,而是引导人们向前看。"我们已经跨入21世纪,中华民族奋进的步伐越迈越大,越走越快。只有重视历史的功用,加强历史教育,弘扬和培育我们自己的民族精神,才能最终实现中华民族的伟大复兴。让《白寿彝文集》的出版,也为此作出一份努力吧!

白至德
2008年3月于林萃书屋

目 录

论中国通史

中国历史的年代:一百七十万年和三千六百年 …………（ 3 ）
统一的多民族的历史……………………………………（ 12 ）
《中国通史》题记…………………………………………（ 91 ）
《中国通史》后记…………………………………………（163）
古籍整理和通史编纂……………………………………（164）
绘画本《中国通史》序……………………………………（178）
附录一　中国历史上的 12 个方面 346 个问题 …………（180）
附录二　新增少数民族自治地方…………………………（190）

论中国封建社会

关于中国封建社会的几个问题…………………………（193）
关于中国封建社会的发展………………………………（217）
说豪族………………………………………………………（221）
说秦汉到明末官手工业和封建制度的关系……………（226）
明代矿业的发展…………………………………………（262）
论秦始皇…………………………………………………（299）
"儒法斗争"的虚构………………………………………（315）

秦始皇帝

第一章　始皇的幼年 …………………………………………（327）
第二章　统一的基础——历代先君之功业 …………………（329）
第三章　统一的完成 …………………………………………（340）
第四章　秦帝国的规模 ………………………………………（352）
第五章　帝权的保持和享用 …………………………………（362）
第六章　帝国的崩溃 …………………………………………（377）
附录:年表 ……………………………………………………（389）

论中国通史

中国历史的年代：
一百七十万年和三千六百年*

在远古时代，中国境内已有分布广泛的人类活动。他们留下了原始社会的踪迹。元谋猿人，是中国远古遗存中所见最早的人类，距今约170万年。这是现在所知中国历史上最早的年代。此后，举世闻名的北京猿人，距今约五六十万年。母系氏族公社的逐渐形成，距今约四五万年。父系氏族公社的出现，距今约五千多年。

原始社会，由于生产力低下，还没有出现剥削，而是以生产资料公有制为生产关系的基础的、共同生产共同消费的社会。继原始社会之后，奴隶社会出现了。这是有了剥削、阶级和国家，以奴隶主占有生产资料和占有生产劳动者奴隶为生产关系的基础的社会。中国奴隶社会开始在什么时候，还缺乏具体的材料。按照传统的说法，夏是中国历史上的第一个朝代，它统治了四百多年，活动的中心是在今山西、陕西、河南三省交界的地区。一般认为，这个朝代约相当于公元前21世纪到公元前16世纪，是中国奴隶社会的开始。考古工作

---

* 本文原载《北京师范大学学报》1978年第6期；后收入《中国通史纲要》叙论，上海人民出版社1980年11月出版；后又经作者编入《白寿彝史学论集》上册，北京师范大学出版社1994年2月出版。本文最后四段，近代史部分，是龚书铎同志撰写。

者为了探索关于夏的真相,正在进行工作。但迄今为止,我们所知道的,还只是传说中的夏。

从地下材料和经地下材料验证的文献材料来看,3 600年前的商是第一个可考的朝代。3 600年,是现在所知有文献的历史逐步展开的年代。商,约当于公元前16世纪到公元前11世纪,已进入奴隶社会。自公元前11世纪以后,继商的周,也是一个奴隶制的朝代。商的活动中心,最初是在今河南省东南部商丘市一带,经过多次迁移,最后到了今河南省的安阳一带。周都镐,在今陕西省西安市西境。周的活动中心是在泾渭两河下游地区。另外,周以洛邑为东都,在今河南省洛阳市洛水西岸,是以伊洛两河下游地区为又一活动中心。泾渭平原和伊洛平原,都是土壤肥沃,气候温和,雨量比较充分,适于农业发展的好地方。其他资源,这里也相当丰富。这两个地区,后来经历了几次盛衰,但一直到9世纪末,还拥有政治上的重要地位。中国境内的其他地区,也有不少的文物、传说和记录保存下来。

从公元前770年到公元前221年,是旧史所谓东周初年及春秋战国时期。这是奴隶社会逐渐解体、封建社会逐渐形成的时期,是奴隶社会向封建社会过渡的时期。封建社会生产关系的基础,是地主占有生产资料和不完全占有生产劳动者。此外,还有农民和手工业者以本身劳动为基础占有生产工具和生产资料的个体经济。但恰好,这些个体劳动者正是地主所要掌握的人手、所要剥削的对象,而个体农民占有的小量土地也是地主所要不断猎取的目标。地主阶级和农民阶级是封建社会里两个对抗的阶级,而由各种社会地位不同所划分的等级往往会遮盖了阶级的视线。

春秋战国时期,封建土地等级所有制逐渐代替了奴隶主贵族土地所有制,农民的个体劳动代替了奴隶在农业中的集体劳动,劳动力对土地的依附代替了劳动力跟土地的不稳定关系,耕织结合的个体农民家庭的劳动组织逐渐成了支配的形式。生产力在提高,生产关系在变化,阶级关系在变化。各地区的联系增加了,各个地方政权的组织力量增强了,历史在遵循大规模统一的道路前进。公元前221

年,秦始皇建立了第一个皇朝,同时也标志着封建制在全国占支配地位的时代开始了。

从公元前221年到公元220年,中间经历了秦、西汉和东汉三个皇朝,是中国封建社会的成长时期。封建等级制,在经济上和政治上都得到实现。皇帝拥有最高的政治权力,也是最高的地主。皇帝的下面,是有世袭特权的具有皇族、外戚、功臣等不同身份的世家地主,在地主阶级中占有支配地位。此外还有豪族地主和商人地主。后二者在财产和社会影响上有相当的实力,但在身份上不属于较高的等级,甚至是等级很低的。世家地主的剥削对象是具有国家户籍的农民,是由封建国家恩赐的。这种农民在当时农民阶级中占最大的数字。他们有私有经济,有一定的人身自由,比奴隶的境遇要好,但仍然是受剥削的。他们之间也是有等级的。他们在国家规定作为世家地主的农户后,并不改变他们在国家户籍上的身份。他们向世家地主交纳的地租,也就是国家的赋税,二者是统一的。像上述的生产关系,在秦统治15年的短暂时期,是已经有所规定的,或是继续施行战国时期已有的规定,但也有一些波折。把这种生产关系全部建立起来并不断加以巩固的,是在西汉和东汉时期。奴隶制在秦汉时期没有消灭,在官私手工业中仍是存在的。家内供役使的奴隶,在整个封建时代都是存在的。不过,这些都只是奴隶制的残余,在社会生产中越来越没有地位。在政治制度上,秦始皇推行单一的郡县制,但对推行的具体情况,历史记载是缺乏的。西汉和东汉,都同时实行郡县制和封国制。朝廷的下面有郡和封国,郡和封国的下面有县,县的下面还有地方上的基层行政机构。这是政治制度上的等级制,每一等级有相对独立的权力。公元3世纪以后,郡县制逐渐排挤了封国制,而郡县制本身也不断地有些变化。但总的说来,朝廷的权力越来越集中,地方上各级的权力受到越来越大的限制。

秦都咸阳,西汉都长安,东汉因长安遭到战争的破坏而东迁洛阳。泾渭、伊洛平原和黄河下游地区是当时最富饶的地区。秦汉的活动范围,大大超越了前代,包括了黄河流域、长江流域和珠江流域的广大地区。东北、北方、西北和南方的少数民族,开始有了较多的见于记载的历史活动。作为中国主体民族的汉族,是经过有关民族的融合而在秦汉时期形成的。汉族的名称,也是跟一个伟大朝代的名称相一致的。

从220年到907年,中间经历了三国、西晋、东晋、南北朝的分裂时期和隋唐皇朝,是中国封建社会的发展时期。在这时期,发生了民族间的长期斗争,发生了民族的大规模流动和移居。结果是无论在北方和南方,民族杂居的地区扩大了,因而汉族充实了自己,少数民族提高了生产水平和生活水平。新的民族融合的局面出现了,民族杂居地区的封建化过程前进了,这是封建社会发展时期的一个重要的特征。

前一历史时期的世家地主阶层,在农民起义的打击下瓦解了,代替它的地位的是新兴的门阀地主。门阀地主跟世家地主一样,也是有政治身份、世袭特权的地主。但门阀地主是依靠家族的传统地位形成的,而不是由于皇家所规定。在土地权上,门阀比世家具有更多的家族私有性质。在劳动力上,门阀掌握的主要是荫附农民。他们是脱离了国家户籍的农民,他们交纳的地租不再有国家赋税的性质了。他们的社会地位比户籍农民要低些,但对于国家赋税,其中包括繁重的劳役,是可以摆脱的。这种生产关系上的相对变化,是有利于社会生产力的提高的。这是封建社会发展时期的又一个标志。

三国时期的魏、西晋和北朝的后魏,都建都洛阳。隋和唐,都建都长安而以洛阳为东都。三国时期的吴、东晋和南朝的宋齐梁陈,都建都南京。魏晋以后,北方人民的南迁,在劳动力的增强和生产技术的传播上,都为东南方农业生产带来了新的刺激和推动。南京得以长期地占有显著的政治地位,这跟东南经济的发展是分不开的。长江中下游经济的发展,在向黄河流域的富饶地区看齐,也是封建社会发展时期的一个特点。

从907年到1368年,是中国封建社会的进一步发展时期。在这时期,先有五代十国,继有辽、西夏、金跟北宋、南宋的分立,后有元的统一。广大的边区,从东北到西北,再到西南,基本上都进入了封建社会。这是封建社会进一步发展时期的重要标志。东南经济的发展超过了北方,长江中下游地区成为全国最富饶的地区,这是封建社会进一步发展时期的又一重要标志。

前一历史时期的门阀地主阶层,在农民起义的打击下又瓦解了。在北宋和南宋统治下,代替它的是势官地主。势,当时叫做形势户。官,当时叫做官户。势官地主也有政治身份和特权,但所拥有的世袭特权是很有限度的,他们的土地是大量由购买和侵占得来的。他们占有土地,可以无限地扩大,不像门阀地主往往会受到法令的限制。他们应按照规定向国家缴纳赋税,而他们则向农民征收地租,赋税和地租的区别,是更清楚了。势官地主以外,有豪富地主,有兼营商业的地主,还有占地不多的地主。在农民阶级中,佃农是大量的,他们在势官地主的土地上劳动,也在其他地主的土地上劳动。他们比起前一历史时期的荫附农民,社会地位较高,人身自由较多。他们也有国家的户籍,除向地主交纳地租外,还担负对封建国家的身丁钱,有时又有一些劳役。但他们一般不会被封建国家指定为某某地主的农户,这是跟西汉和东汉的户籍农民的一个很大区别。无论地主还是农民,封建身份性的印记趋向淡化,土地的剥削关系趋向显著,这是两宋时期封建制生产关系的特点。

元统一全国后,南宋地主阶级的势力基本上保存下来了,他们所在的地区正是当时封建经济最有代表性的地方。元代有一大批蒙古贵族地主的出现,还规定了形形色色担负封建义务的民户,又扩大了奴隶的数量。但这基本上都是北方的情况。在北方出现的这种生产关系,是这一时期局部地区的倒退现象。广大边区的封建化,是元代社会生产发展的新气象。

五代时期的梁晋汉周,都在今河南省开封市建都。北宋的都城和金的陪都,也在开封。辽的南京,金的中都,元的大都,即今北京。这里,自古以来就是军事上、政治上和经济上的一方重镇。元建为都城后,明清相继建都,今天又成为人民共和国的首都。北京的发展,是汉族、契丹族、女真族、蒙古族和其他民族共同创造的。宋都开封，元都北京，虽离东南富饶地区较远，但也都是要利用沟通南北的运河，以便于南粮北运并收敛东南财富的。

从1368年到1840年，经历了明朝及清朝大部分的年代，是中国封建社会的衰老时期。明代的农民，仍旧是以佃农占很大的数量。从法定的观点来说，佃农对地主的封建依附关系，又较为减轻，他们可以选择地主，可以不受地主的非分役使。农民中还有雇工、忙工的出现，以出售劳动力取得物质报酬。清代的税法，把人头税平均分摊在地亩税内，有田者有税，无田者无税，这就使赋税具有单纯的财产税性质。诸如此类的情况，都说明封建束缚有较多的解除。这并不是由于统治者的恩赐，而是社会经济发展的要求和劳动人民不断斗争的结果。但这只是当时社会现象的一方面。还有另外一方面：地主阶级，特别是地主阶级统治集团，利用手中掌握的权力，进行贪婪残暴的掠夺和迫害。明廷是滥用宦官，清廷是加强宫内的军事机构，从而企图保持高度的封建统治。这两个方面好像不相协调，但正是封建社会垂危的不同的表现。第二个方面的表现，并不能显示封建地主阶级的生命力，反而是暴露它的颓废和虚弱。这两个方面好像矛盾的现象，正是衰老时期的特点。

前一历史时期的势官地主和他们延续下来的势力，以及蒙古贵族地主，在农民起义重大打击下，仍然是瓦解了。代替它的地位的，是新兴的官绅地主。这是比势官地主还要多的一个阶层，它在官员以外，还包括举人、进士，这是一批数量相当多的人。这一阶层中富有资财的人，不只广有土地，而且做生意，开当铺，放高利贷。这是商品生产和货币经济发展的反映，但它们在依附于封建势力的情况下反而得不到正常的发展。

明代朝廷有皇庄，直接占有大量土地。这跟它直接派宦官收取商税矿税及大量征储金银一样，暴露末世朝廷对财富的贪婪、追求。皇族和勋贵的庄田以及皇族的禄米，也是数量巨大，成为当时社会经济和国家财政上的毒瘤。清代朝廷对此有所觉察，虽也有皇庄，而远比明代要少。但在相当长的时期内,以东北为禁区,大大阻碍了地方经济的发展。另外,明清的商人地主多起来了。这既反映了商品生产的发展,也反映了商品生产发展的不足。

资本主义萌芽在明初已略有踪迹。明中叶后,出现较多。清初以后,有所发展。但这个芽始终不能茁壮成长,没有足够的力量把已经衰老的封建制突破。

从对外关系上说,隋唐宋元都居于主动的地位。明清时期的对外关系显然逆转了。明初已有倭寇登陆,明廷并未给以应有的注意。明中叶以后,倭寇沿海骚扰,为南方各地带来了极大的破坏。明清之际,西方资本主义已在兴起,而中国的封建制依然老态蹒跚,专政者对于世界形势一无所知。葡萄牙、西班牙、荷兰等国家,在 16 世纪初已经东来进行殖民活动,并侵及中国领土。此后,沙俄、英、美继来,对中国的野心日益扩大。明初郑和下西洋和清初对沙俄侵略的反击,固然是对外关系上的大事,但从总的形势看来,中国的处境日益被动,而自鸦片战争后之日益陷入深重的灾难,不是偶然的。

从 1840 年到 1949 年,是半殖民地半封建社会时代,也是中国各族人民反对帝国主义封建主义的时代。在 1919 年五四运动以前,是这个时代的前期,是旧民主主义革命时期。自 1919 年五四运动以后,是这个时代的后期,是新民主主义革命时期。

旧民主主义革命时期,经历了清朝晚期及民国初年近八十年的时间。在这个时期里,由于外国资本主义的入侵,并残酷地统治了中国,中国社会经济发生了重大的变化,较之封建社会的情况复杂了。社会经济的主要成分,除封建地主经济、农民和手工业者的个体经济继续存在外,出现了新兴的资本主义经济。资本主义经济又包括帝国主义资本、官僚买办资本和民族资本三个部分。帝国主义经济势力在中国社会生活中起着支配的作用,封建经济则占有显著的优势地位,二者并互相勾结在一起。官僚买办资本是帝国主义经济的附庸,并同封建剥削关系紧密相联。民族资本主义经济十分微弱,没有成为一个能独立的经济体系,在社会经济生活中不占重要地位,而且跟帝国主义封建主义都有千丝万缕的联系。在外国资本主义的侵略下,中国农村中自给自足的自然经济遭到破坏,商品生产发展了,但农业生产和农民的经济生活却越来越陷入于世界资本主义市场的旋涡。这些情况,表现了中国半殖民地半封建社会经济形态的主要特点。

伴随着社会经济的激烈变化,阶级关系也发生新的变化。外国资产阶级在侵入中国后,成了中国社会生活里面一种统治力量,操纵控制中国的经济、政治、军事、文化各个方面。他们不仅扶植和支持封建地主阶级,使其变成他们统治中国的支柱,而且造成了为其侵略需要服务的买办阶级。在封建地主阶级内部,新起的军阀官僚地主在外国资产阶级的支持下,代替了原来的官绅地主占支配地位。军阀官僚地主是国际资产阶级的附庸,而且一般都还兼有早期官僚资本家的身份,具有浓厚的买办性。他们在地主阶级政权中握有实权,成为举足轻重的势力。这也是地主阶级政权买办化的重要表现。农民阶级主要包括自耕农、佃农和雇农,约占全国人口百分之七八十。在封建主义帝国主义的压迫剥削下,农民日益贫困破产,出现了自耕农减少,佃农增加的趋势。民族资产阶级和无产阶级是这个时期新产生的两个阶级。民族资产阶级为其经济地位所决定,是一个带有两重性的阶级,一方面有在一定时期中和一定程度上反对帝国主义封建主义的革命性,一方面又存在了对革命敌人的妥协性。无产阶级是最伟大、最先进、最革命的阶级。在旧民主主义革命时期,它还没有形成独立的政治力量,还是作为小资产阶级和资产阶级的追随者参加革命。

半殖民地半封建社会的经济形态和阶级关系,决定了中国革命的根本任务,是推翻帝国主义和封建主义在中国的统治。在旧民主主义革命时期,中国各族人民为了反对内外敌人,争取民族独立和人民自由幸福,前赴后继,进行了不懈的艰苦斗争,但没有找到解放的道路,没有取得最后的胜利。自1919年五四运动以后,无产阶级力量壮大起来,马克思列宁主义传入中国,中国共产党成立了,中国革命的面目焕然一新。中国各族人民在中国共产党领导下,在伟大领袖和导师毛泽东主席正确路线的指引下,中国的民主革命取得了最后的胜利。1949年,中华人民共和国成立了,中国跨进了社会主义的新时代。

统一的多民族的历史*

第一节 关于中国民族史撰述的回顾

古老的传说和记录

中国是一个统一的多民族的国家。中国的历史是中华人民共和国境内各民族共同创造的历史,也包含着曾经在这块广大国土上生存、繁衍而现在已经消失的民族的历史。[1]

远古文化遗存,表明中国境内在那遥远的时代,曾经在不同地区

---

* 本文系作者为多卷本《中国通史》第1卷《导论》撰写的第1章,上海人民出版社1989年出版。

[1] 所谓"民族",斯大林在《马克思主义和民族问题》里所下的定义说:"民族是人们在历史上形成的一个有共同语言、共同地域、共同经济生活以及表现于共同文化上的共同心理素质的稳定的共同体。"他说的是近代民族,即资本主义上升时期的民族。但这4种要素也不是从天上掉下来的。在近代民族形成以前,在民族共同体的不同发展阶段,如氏族、部落、部族等也都有不同程度的表现,但都还没有达到完备的程度。我们习惯上所说的民族,也是根据这4种要素来进行分析的,但是,泛称民族共同体的各个发展,而不是专指近代民族。参看杨堃《民族和民族共同体的几个问题》,见《民族与民族学》,四川民族出版社,1953年版。

发展着不同系统的文化。先秦的文字记载,从甲骨文、金文、《诗》、《书》、《春秋》经传、《竹书纪年》、诸子书以至《天问》、《山海经》,或叙说当时史事,或追述前人的传说,都在民族方面有所反映。但在这些文字记载中,只有《诗》《书》所记略具首尾,《春秋》经传所记材料较多。

《诗·大雅》、《周颂》、《鲁颂》都有诗史性质的篇章。《生民》,歌咏周人始祖姜嫄及其子后稷的故事。《緜》歌咏古公亶父在周原创业的故事。《大明》歌咏殷周关系的变化。《大明》说,王季、文王都娶了殷商贵族的女儿。文王迎亲时,在渭水上"造舟为梁,不(丕)显其光",举行了盛大的仪式。后来武王奉天命伐殷,大战牧野,军容很盛。这是一篇写得相当有系统的诗。《鲁颂·閟宫》,旧说是颂鲁僖公的功德。诗中,从姜嫄之德和后稷播百谷,说到太王、文王、武王相继,振兴国家,牧野克殷,再说到周公受封,建立鲁邦。诗中还说到鲁侯的武功,"戎狄是膺,荆舒是惩","淮夷蛮貊,及彼南夷,莫不率从"。《商颂》五篇,颂商的史事,也是从其始祖有娀氏因"天命玄鸟,降而生商"说起。诗中说到,"维女(汝)荆楚,居国南乡。昔有成汤,自彼氐羌,莫敢不来享,莫敢不来王"。殷周始祖各有诞生的奇迹,表明殷周各有自己的族源。荆蛮、淮夷、氐羌,还有獯狁,都是殷周以外的重要民族,各有自己的文化系统。

《书》,主要是收录殷周的官文书,很有史料价值。其《牧誓》一篇,记武王在牧野誓师时的仪态和誓师辞。誓词的开端说:"逖矣西土之人。"这是指来自周土的人。又说:"嗟我友邦冢君、御事、司徒、司马、司空、亚旅、师氏、千夫长、百夫长及庸、蜀、羌、髳、微、卢、彭、濮人。"友邦冢君等是一类人,庸、蜀、羌、髳、微、卢、彭、濮是8个民族的名称,这些民族是又一类人。这可见,武王伐纣的队伍,是一支多民族的联军。对于庸、蜀等8个民族,现在还不能作出完全可信的解释。

《春秋》、《左传》、《公羊传》、《穀梁传》和被称为"春秋外传"的《国语》,都是政治史性质的书,但记载了大量的民族史材料,这可以说是民族史撰述的正式开始。《春秋》经传记载了周王室和149个国的史事,记载了他们之间的朝聘、会盟、婚好和战争。他们中,有姬、姜、嬴、芈、子、姒、妫、风、姞、熊、偃、已、妘、祁等姓。从他们的姓,可以看出他们是分别属于周族、殷族、夏族和其他古代民族。[1]此外,还有戎、蛮、狄、夷、濮等民族,这在当时是被视为文化水平低的民族,但他们中的某些部分也参加先进集团的会盟、征伐和婚好,他们活动的地区也有跟齐、鲁、晋、卫杂处的。狄人在春秋时比较活跃,有赤狄、白狄之称。赤狄又有东山皋落氏、廧咎如、潞氏、甲氏、留吁、铎辰等区别。白狄有鲜虞、肥、鼓等区别。夷,有淮夷、介、莱、根牟,而他们的活动见于记载者不多。戎的名号颇为杂乱。蛮称"群蛮",濮称"百濮",似都是泛称。[2]以上这些民族,经过春秋、战国长时期的历史陶冶,其中大量融合为汉族,也有不少成为秦汉以后的少数民族。《春秋》经传为我们留下了不少的民族史料,但它们都是按编年的形式写的,按史事发生年代的先后进行记载,还不能对这些民族分别作出比较集中的表述。

《国语》,是按王国和侯国的区别汇编的政治史资料。如从民族史的角度去看,却又可说基本上也是民族史的资料。其中的《周语》、《鲁语》、《晋语》、《郑语》,都是关于周族宗亲的材料。《齐语》记齐桓公的霸业。齐和周是世为婚姻的。还有《楚语》、《吴语》、《越语》,都是关于南方民族的材料。《国语》记事,于各国史事都以发生的先后相次,但于彼此之间很少连续。无论《国语》的哪一部分,都不足以说明某国历史的始末,但保存了重要的史料。如《鲁语》下:

> 仲尼在陈,有隼集于陈侯之庭而死,楛矢贯之,石砮,其长尺有咫。陈惠公使人以隼如仲尼之馆问之。仲尼曰:"隼之来也远矣,此肃慎氏之矢也。昔武王克商,通道于九夷、百蛮,使各以其方贿来贡,使无忘职业。于是肃慎氏贡楛矢、石砮,其长尺有咫。

---

[1] 参看顾栋高:《春秋大事表》卷五《列国爵姓及存灭表》。
[2] 参看顾栋高:《春秋大事表》卷三十九《春秋四裔表》。

>　　先王欲昭其令德之致远也,以示后人,使永监焉。故铭其栝曰'肃慎氏之贡矢',以分大姬,配虞胡公,而封诸陈。古者,分同姓以珍玉,展亲也;分异姓以远方之职贡,使无忘服也。故分陈以肃慎氏之贡。君若使有司求诸故府,其可得也。"使求得之金椟,如之。

这一段材料,一直为治东北民族史的学者所重视。又如《郑语》记史伯论南方民族的话,说:

>　　夫成天地之大功者,其子孙未尝不章,虞、夏、商、周是也……祝融亦能昭显天地之光明,以生柔嘉材者也。其后八姓,于周未有侯伯。佐制物于前代者,昆吾为夏伯矣,大彭、豕韦为商伯矣。当周未有。已姓,昆吾、苏、顾、温、董,董姓鬷夷、豢龙,则夏灭之矣。彭姓,彭祖、豕韦、诸稽,则商灭之矣。秃姓舟人,则周灭之矣。妘姓,鄔、郐、路、偪阳,曹姓邹、莒,皆为采卫,或在王室,或在夷、翟,莫之数也。而又无令闻,必不兴矣。斟姓无后。融之兴者,其在芈姓乎?芈姓蛮越,不足命也……唯荆,实有昭德,若周衰,其必兴矣。姜嬴荆芈,实与诸姬代相干也。

这是对于南方民族、对于荆楚的先世和发展趋势的重要史料。所谓八姓是已、董、彭、秃、妘、曹、斟、芈,他们差不多又都各有子姓。

近人研究先秦民族,如章炳麟著《序种姓》[1],王国维著《鬼方昆夷猃狁考》[2],闻一多著《伏羲考》、《龙凤》、《姜嫄履大人迹考》[3],徐炳昶著《中国古史的传说时代》,都成绩斐然。但先秦史料究竟过于零碎,研究工作所受到的局限过大。这个缺憾,只有到了秦汉时期才得到改变。

在思想上,由于民族区别的存在,就不免在民族关系上出现这样或那样的看法。孔子被后世的经学家宣传为"尊周室,攘夷狄"的圣

---

[1]　见《章太炎全集》第3册,上海人民出版社,1984年版。
[2]　见《观堂集林》第2册,中华书局,1959年版。
[3]　见《闻一多全集》第1册,上海开明书店,1948年版。

人,好像孔子对于所谓"夷狄"是很严厉的。其实,孔子在这个问题上的态度是理智的。他说:"言忠信,行笃敬,虽蛮貊之邦行矣。言不忠信,行不笃敬,虽州里行乎哉!"又说:"居处恭,执事敬,与人忠,虽之夷狄,不可弃也。"〔1〕这在口气上对夷狄蛮貊,有点不以平等相看,但认为他们和诸夏之间存在着共同的道德标准,是与一些持狭隘的民族观念的人大不相同的。孔子还认为,夷狄也有长处,有的地方比诸夏还好。他说:"夷狄之有君,不如诸夏之亡也。"〔2〕对于"夷狄"的一些落后的东西,孔子认为是可以改变的。有一次,他表示要到九夷去,有人说:"那地方陋,怎么能住下去啊?"孔子答复说:"君子居之,何陋之有!"对于夷狄的干扰,孔子是反对的,所以他虽不大赞许管仲之为人,却推重管仲能联合诸侯,保卫诸夏的功绩,而说:"管仲相桓公,霸诸侯,一匡天下,民到于今受其赐。微管仲,吾其被发左衽矣。"〔3〕这种看法,无疑也是正确的。孟子在一次责备楚人陈良的弟子陈相时说:"吾闻用夏变夷者,未闻变于夷者也。陈良,楚产也,悦周公仲尼之道,北学于中国,北方之学者未能或之先也。彼所谓豪杰之士也。子之兄弟,事之数十年,师死而遂倍之。""今也南蛮鴃舌之人,非先王之道,子倍子之师而学之……吾闻出于幽谷迁于乔木者,未闻下乔木而入于幽谷者。《鲁颂》曰:'戎狄是膺,荆舒是惩。'周公方且膺之。子是之学,亦为不善变矣。"〔4〕孟子的话,不只是表示了学术上的门户之见,而且表示了他对其他民族的严重歧视。所谓"南蛮鴃舌"简直就是骂人了。孔孟对民族关系的两种态度,实际上是民族关系史上两种观点上的根本分歧,到了秦汉以后就更为明显了。

---

〔1〕 这两条,分见《论语·卫灵公》,又《子路》。
〔2〕 见《论语·八佾》。这句话有不同解释。朱熹《论语集注》引程子曰:"夷狄且有君长,不如诸夏之僭乱。"这个解释近是。
〔3〕 以上两条分见《论语·子罕》,又《宪问》。
〔4〕 见《孟子·滕文公上》。

多民族史撰述的杰作

司马迁是中国史学的奠基人,他的《史记》和班固的《汉书》、范晔的《后汉书》,都是有卓越成就的史书。他们在民族史方面也都有杰出的撰述。

《史记》把环绕中原的各民族,尽可能地展开一幅极为广阔而又井然有序的画卷。它写了《匈奴列传》、《南越尉佗列传》、《东越列传》、《朝鲜列传》、《西南夷列传》、《大宛列传》,分别按地区写出北方、南方、东南、东北、西南、西北的民族历史。把这6个专篇合起来,可以说是一部相当完整的民族史,其中有些记载是超越当时和今日国境范围的。这与先秦记载之局限于一个民族或几个民族的有关事迹,是大不相同的。秦汉的空前统一局面及其对外交通的发展,使当时人大开眼界,也使我们的历史学家能写出这样包容广大的民族史。自战国以来,我们的先民有了解世界的追求。邹衍大九州之说,是这种思想的地理形式。《礼记·中庸》说"舟车所至,人力所通,天之所覆,地之所载,日月所照,霜露所队(坠),凡有血气者莫不尊亲",是这种思想的道德形式。《史记》写民族,也许可以说,在一定程度上,是这种思想的历史形式。

《匈奴列传》在材料的选择和表述的形式上,都有创始的意义。列传的开头,说:

> 匈奴,其先祖,夏后氏之苗裔也,曰淳维。唐虞以上有山戎、猃狁、荤粥,居于北蛮,随畜牧而转移。

这是说匈奴历史的古老、地理的位置和民族的最大特点。下文紧接着就说:

> 其畜之所多,则马、牛、羊,其奇畜则橐驼、驴骡駃騠、駒駼、騨騱。逐水草迁徙,毋城郭常处耕田之业,然亦各有分地。毋文书,以言语为约束。儿能骑羊,引弓射鸟鼠。少长,则射狐兔,用为食。士力能弯弓,尽为甲骑。
>
> 其俗,宽则随畜因射猎禽兽为生业,急则人习战攻以侵伐,

其天性也。其长兵则弓矢,短兵则刀铤。利则进,不利则退,不羞遁走。苟利所在,不知礼义。自君王以下,咸食畜肉,衣其皮革,被旃裘。壮者食肥美,老者食其余。贵壮健,贱老弱。父死,妻其后母。兄弟死,皆取其妻妻之。其俗,有名不讳而无姓字。

这两段话把这个游牧民族在生产上的特点,畜牧、狩猎和军事相结合的特点,日常生活和婚姻制度的特点以及文化水平,都说到了。这同列传开头的一小段话,概括地勾画出这个民族在几个重要方面的特点,大体上反映了匈奴社会所可能达到的历史发展阶段。

《匈奴列传》,除开头的三段外,可分为3个部分。一个部分,是从夏后氏少康之衰说起,直到冒顿称单于之前,说的是匈奴不断发展及其与汉族先民的关系。冒顿称单于,在秦二世元年(公元前209年)。他在位36年,是匈奴最强盛的时期,也是列传中重点表述的部分。这里写出冒顿的坚毅雄悍,并因写匈奴的强大而同时写出月氏、东胡及一些北方民族的盛衰。冒顿与汉廷曾有书信往来,可见这时已使用文字,但未明说是匈奴自制文字还是汉字。这是关系匈奴社会发展的一项重要记事。最后一部分,是从老上单于即位之年(公元前174年)起,写到天汉四年(公元前97年)。列传写出,在这一时期,因汉降人对匈奴的教唆和汉家将相贪图战功,匈奴跟汉朝的关系复杂化了。列传在写这一时期的双方关系时,很有分寸,透露了作者对双方关系的独到见解。列传还写了在老上单于时,汉降人中行说"教单于左右疏记,以计课其人众畜物"。这也是关系匈奴社会发展的一项重要记事。对于这一类好像细小但有历史意义的事,司马迁往往不轻易放过。

匈奴的活动,主要是在今内蒙古自治区和蒙古人民共和国境内。后来,鲜卑、突厥、回纥、蒙古等几个在全国历史上有重大影响的民族也都在这里活动,使这里成为中国历史上少数民族特别活跃的地方,因而《匈奴列传》也就越来越加强它在民族史文献上的重要地位。

《匈奴列传》以外的5篇民族史传记,都各有特点,也都在民族史文献上有其重要性。《西南夷列传》的篇幅较少,而在地理范围上包

含今云南省、贵州省及四川省西南部,涉及的民族的数目也特别多。传文把这些民族加以简明的叙述:

> 西南夷君长以什数,夜郎最大。其西,靡莫之属以十数,滇最大。自滇以北,君长以什数,邛都最大。此皆魋结,耕田,有邑聚。其外,西自同师以东,北至叶榆,名为嶲、昆明,皆编发,随畜迁徙,毋常处,毋君长,地方可数千里。自嶲以东北,君长以什数,徙、筰都最大。自筰以东北,君长以什数,冉駹最大。其俗,或土著,或移徙。在蜀之西,自冉駹以东北,君长以什数,白马最大,皆氐类也。此皆巴蜀西南外蛮夷也。

这一小段文字,把西南夷区分为四类。田耕邑聚者为一类;随畜牧迁徙,无君长者为一类;或土著、或移徙者为一类;有君长而定居或移徙不明者为一类。每类各有若干族群,各有相当范围内的活动地区。《西南夷列传》,总的说来,材料并不丰富,但提供了一个研究西南少数民族古代史的线索,是很可珍贵的。像《西南夷列传》这种按照地区分别表述民族历史的方法,特别对于民族复杂的地区,很适用。这种办法对于后来的民族史撰述有很大的影响。

应该特别指出来,《史记》对汉族的形成,做了很多的工作。学者们习惯于把这些工作看做是中国史的一般工作。而从民族史的角度看,这些工作还应该说是对叙述汉族形成过程所做的工作。《史记》有《夏本纪》、《殷本纪》、《周本纪》、《秦本纪》、《秦始皇本纪》以至汉以后的帝纪,它们所表述的不同的历史阶段,也就是汉族形成的不同阶段。《史记》又有《三代世表》、《十二诸侯年表》、《六国年表》、《秦楚之际月表》。这些表是表述不同历史阶段的又一形式。尽管司马迁还没有"汉族"的概念,他也不一定会意识到这是为一个民族的形成写历史,但实际上他做了这个工作。一直到现在,他的工作成果还是我们研究汉族形成史的基本文献。

《史记》论述了不同民族的社会发展的不平衡,但不斤斤于夷夏之别。司马迁对待少数民族的态度是理智的,没有明显的狭隘民族思想。《史记》记"禹兴于西羌"[1],而为夏后氏之祖。又,秦之先祖大费,其子孙"或在中国,或在夷狄"。[2]又,春秋时,秦以"小国僻远,诸夏宾之,比于戎翟"[3]。后来秦用商鞅变法,改革了一些戎俗,成为一个富强的国家。《史记》记周人历史说,周在夏殷的基础上,发展成为文化较高的民族。[4]而周的先世却曾"奔戎狄间",到古公亶父始"贬戎狄之俗"。又,匈奴在一般人眼中好像是不可能有什么文化历史的民族,但它却是"夏后氏之苗裔"[5]。《吴太伯世家》说:"余读《春秋》古文,乃知中国之虞与荆蛮、句吴,兄弟也。"《越王勾践世家》说:"越王勾践,其先,禹之苗裔,而夏后帝少康之庶子也。"这些记载所反映的思想,与战国时期的孟子大不同。孟子只承认"用夏变夷",而不承认夏会"变于夷"。《史记》的这些记载,则是"用夏变夷"者有之,"变于夷"者亦有之。

匈奴问题是汉代尖锐的民族问题。《史记》既反对匈奴对汉边地的侵扰,也反对汉朝对匈奴牧地的侵夺。在关于河南地的争夺上,《史记》肯定了匈奴在当地的主权。所以《匈奴列传》记秦始皇侵占这块土地时是说:"使蒙恬将十万之众北击胡,悉收河南地。"而在记匈奴冒顿单于时事,是说"悉复收秦所使蒙恬所夺匈奴地者"。

对于汉和匈奴间的战争,《史记》并不认为是不可避免的。它指出,汉武帝初年,"匈奴自单于以下皆亲汉,往来长城下"。但自王恢设计诓骗匈奴以后,双方才不断用兵。《史记》指出,汉家对匈奴用兵为自己带来很大的困难。《平准书》指陈对匈奴战争的严重后果,说:

> 及王恢设谋马邑,匈奴绝和亲,侵扰北边,兵连而不解。天下苦其劳,而干戈日滋,行者赍,居者送,中外骚扰而相奉,百姓

---

[1]《史记·六国年表·序》。
[2]《史记·秦本纪》。
[3]《史记·六国年表·序》。
[4]《论语·八佾》:"周监于二代,郁郁乎文哉!"
[5]《史记·匈奴列传》。

抗弊以巧法,财赂衰耗而不赡。入物者补官,出货者除罪,选举陵迟,廉耻相冒,武力进用,法严令具。兴利之臣自此始也。其后,汉将岁以数万骑出击胡。及车骑将军卫青取匈奴河南地,筑朔方……转漕甚辽远,自山东咸被其劳,费数十百巨万,府库益虚。乃募民能入奴婢得以终身复。为郎增秩,及入羊为郎,始于此。

其后四年,而汉遣大将将六将军,军十余万,击右贤王,获首虏万五千级。明年,大将军将六将军仍再出击胡,得首虏万九千级。捕斩首虏之士赐黄金二十余万斤。虏数万人皆得厚赏,衣食仰给县官;而汉军之士马死者十余万,兵甲之财、转漕之费不与焉。

《匈奴列传》对于汉廷在民族问题上所犯的错误,是委婉其词的。所以在列传的结尾,感慨于《春秋》"隐、桓之间则章,至定、哀之际则微,为其切当世之文而罔褒,忌讳之辞也"。但以《平准书》和《匈奴列传》合观,可见作者对自己的真实思想还是不愿掩盖的。司马迁死后两千多年的悠久岁月中,在汉与匈奴的问题上,很少有人能像他这样看的。

班固的《汉书》和范晔的《后汉书》,继承《史记》,在民族史方面,对前史或续或补,对创兴的新史专立篇目。他们在资料上可说是收集得不少,而见识上要比司马迁差得多。

《汉书》的《匈奴传》,有上、下两卷,收录了《史记·匈奴列传》的旧文,增益了李广利降匈奴以后以至更始末年的史事。把《史记》、《汉书》和《后汉书》的《南匈奴传》合起来看,我们可以看出对夏、殷以至东汉末年的匈奴历史具有相当完整的记载。《汉书·西域传》也分上下两卷,比较系统地记录了天山南北各民族的情况,对于道里和户口的数字也都有所记载。这是新疆维吾尔自治区古代民族史的重要资料。《西南夷两粤朝鲜传》几乎全是抄录旧史,而所收文帝赐赵佗书和赵佗所上书,是《史记》所缺略的重要文献。

《后汉书》的民族史部分,收罗繁富,甚见工力。《西域传》、《南匈奴传》接续前史,记录了匈奴和西域在东汉时期的重大变化。《东夷传》、《南蛮西南夷传》好像是因袭旧规,而记载翔实,过于前史。西羌问题是东汉时期比较突出的民族问题,乌桓和鲜卑是这时期新兴的民族,而鲜卑对后来中国历史的发展大有影响。《西羌传》和《乌桓鲜卑传》是《后汉书》新创的篇章。陈寿的《三国志》,一向同《史记》、《汉书》、《后汉书》并称"四史",而陈书民族史部分很简略,仅有乌丸、鲜卑、东夷传,但也可与《后汉书》有关部分相参证。

在编写体例上,《汉书》和《后汉书》都是按地区对多种民族作综合表述,有时是以一个最占优势的民族为主而连带叙述其他民族的。它们在表述民族史事时,往往穿插着有关的中外关系,使读者可以看到民族地区在中外关系史上的地位。这两点,都是继承了《史记》的编纂方法,对后来的民族史撰述很有影响。一直到今天,这两点还是值得采用的。

在观点上,《汉书》不赞成汉对南粤、西南夷及朝鲜的用兵,而称赞汉文帝对赵佗的安抚政策[1]。这种观点还反映了班固对这些民族的鄙视态度,但比起他对待匈奴的态度来,还是温和的。他说,匈奴是"贪而好利,被发左衽,人面兽心,其与中国殊章服,异习俗,饮食不同,言语不通,辟居北垂寒露之野,逐草随畜,射猎为生,隔以山谷,雍以沙幕,天地所以绝外内也。是故圣王禽兽畜之,不与约誓,不就攻伐;约之则费赂而见欺,攻之则劳师而招寇。其地不可耕而食也,其民不可臣而畜也"[2]。这把匈奴看作天生的劣等民族,是不符合史实的。这种对少数民族极为恶劣的态度,是很不妥当的。

《后汉书》对两汉时期民族关系的发展,指陈形势,立论相当概括。在这一点上,《南匈奴传·论》和《乌桓鲜卑传·论》都表现了作者的史才。但《后汉书》忽视民族间的历史友谊,而强调少数民族对中原皇朝的威胁。这种对待民族问题的态度,是远远落后于司马迁

---

[1]《汉书·西南夷两粤朝鲜传·赞》。

[2]《汉书·匈奴传·赞》。

的。

《史记》、《汉书》、《后汉书》的成就不同,均为中国民族史工作提供了宝贵的资料、研究的线索和撰写的方法,在中国民族史的研究史上占有重要的地位。

民族重新组合的历史记录

三国两晋南北朝隋唐时期是民族重新组合的时期。五代辽宋夏金元时期是民族重新组合的又一时期。关于这两个时期的历史记录,在数量上的丰富是远远超过前代的。

三国时期,匈奴人、氐人、羌人、鲜卑人等入居内地,跟汉人杂居。民族矛盾的机会增多了,民族融合的条件也增多了。此后,经历了所谓"五胡十六国"的战乱、南北朝的对抗、北朝的分裂,经历了北方民族的兴替、南方民族在南朝影响下所起的变化,经历了南诏的兴起和吐蕃的强大。在长时期的历史性的变化中,民族分分合合,使汉族本身得到了一定程度的更新,一些少数民族得到经济上和文化上的提高,全国封建化过程有了进一步的发展。隋唐正是在民族重新组合的基础上建立了兴盛的皇朝。它们的朝廷上有来自少数民族的臣僚,它们的后宫坐着出身少数民族的皇后。

五代时,在5个小朝廷中,就有3个是突厥族的沙陀人所建立的。北宋的北境,契丹占有燕云诸州,西北境有西夏。北宋号称统一,实际上并没有统一起来。在北宋时,契丹继续强大起来,女真也强大起来,蒙古更强大起来。在蒙古族占统治地位的年代,不同民族的人们,因军事上、政治上、经济上、文化上、宗教上和婚姻上的原因,不断有大大小小的组合。在葱岭以西的许多民族的成员,也有不少人进入中国,日子久了,变成中国人。这时,居住在黄河中下游流域的居民被称为"契丹",实际上是包含了大量的汉人,其次是女真人和原来的契丹人,还有别的少数民族,如匈奴人、突厥人、氐人、羯人等。长江以南的人是称为"汉人",实际上也包含更多民族的人。"契丹"和"汉人"的名称,在当时主要表明政治上的不同身份,但也可见若干不同民族间的区别已经在一定程度上趋向淡薄了。据记载,在蒙古人、回回人的家庭中,有时包含几个不同的民族成分。蒙古人当时在政治上是第一等人,但蒙古人也有被卖给回回人、汉人为奴的。当然,这些蒙古人就可能变成回回人或汉人。安西王阿难答部下的蒙古人和唐兀人,因阿难答信奉伊斯兰教,这些人大量地成为穆斯林,后来可能都成为回族人了。元代是民族重新组合的大时代,其深度和广度超过隋唐。在一定范围内,元代的民族重新组合还包含有世界性的因素。中国历史上的民族组合,到了元代,可以说是基本上稳定下来了,其后虽有满族的入关,变动并不太大。在这一次民族重新组合中,汉族在经济上文化上的力量继续占有优势,不断地对其他各族人民施加影响。

这两个时期的少数民族,在中原地区建立政权的,都有专门的记述。这首先要说到鲜卑族。在所谓"五胡十六国"中,鲜卑族所建之国就有5个,在数量上居于首位。北魏崔鸿著《十六国春秋》,有102卷之多,可惜原书久佚,仅有16卷节抄本传世。唐房玄龄等所撰《晋书》载记,部分记十六国史事,在今传史书中是比较详备的。南北朝时,鲜卑族拓跋部建立北魏,鲜卑族宇文部建立北周,北齐魏收和唐令狐德棻等为之分别撰《魏书》和《周书》。在隋唐时曾一度强盛起来的吐谷浑,也是鲜卑族的一支,但居于青海,自成一个系统。梁沈约所撰《宋书》和唐魏征等所撰《隋书》、后晋刘昫等所撰《旧唐书》,都有吐谷浑传。其次,契丹族建立辽,女真族建立金,元脱脱等为之撰《辽史》、《金史》。党项族,为羌族之一支,建立了西夏。元脱脱等修《宋史》,有夏国传上、下卷,主要记政治大事、夏宋关系,最后记夏之军制。《辽史》以西夏跟高丽合为一卷,称《二国外纪》,主要记夏的风土习俗和辽夏关系。《金史》有关西夏记述有一卷,主要记夏金关系。三书所记互有详略,可能是在撰述时有所规划。契丹人、女真人都有民族文字流传下来,但还没有出现史书。蒙古族建立了蒙古汗国,建立了四大汗国。明宋濂等修撰《元史》,这书在纪传体史书中是一部颇为芜杂的史书,但保留了相当数量的原始材料。蒙古人有自己写的史书,如《蒙古秘史》,还有波斯人写的蒙古历史,如《史集》、《世界征服者传》等,都是有名的撰述。

在上述这些民族以外,这两个时期的其他民族,旧史所记名目繁多,又颇杂乱,有待于学者们的逐步清理。相对地说,北方民族中在历史上影响较大的民族,如柔然、勒勒、突厥、黠戛斯、回纥等记载较详,而西南民族中影响较大的民族,如吐蕃、乌蛮、白蛮等次之。这些民族的历史分别见于《魏书》、《周书》、《隋书》、《北史》、《旧唐书》、《新唐书》、《通典》和《宋史》。柔然,或作茹茹、蠕蠕,与鲜卑同源,原役属于鲜卑、北魏,后成为北魏北境上的强敌。突厥跟柔然有密切的关系,有一部分是柔然的锻工。勒勒,在南北朝时曾败于北魏,为所奴役,隋初转为强大。突厥、黠戛斯、回纥都出于勒勒,先后建立了汗国。回纥是今维吾尔族的先民。黠戛斯是今柯尔克孜族的先民。吐蕃是今藏族的先民,在唐代颇为强大,兵力曾一度进入长安。乌蛮建立了南诏,白蛮为助。后来,白蛮又建立了大理政权。乌蛮是今彝族的先民,白蛮是今白族的先民。

今新疆维吾尔自治区和云南、贵州等西南地区,自古就是多民族的地区,旧史自《晋书》以下多有记述,一般缺乏伦次,但究竟也提供了一些资料。晋人常璩著《华阳国志》,唐人樊绰著《蛮书》,为关于西南民族的重要撰述。南方民族,旧史混称为"蛮",实际上包含了许多民族。《宋史》有《蛮夷》3卷,大致包括今湖北、湖南、四川、贵州、广西相毗连的苗、瑶、羌、壮、土家等民族地区。这是关于当时南方民族比较详细的记载。后来清人修《明史》,有湖广、四川、云南、贵州、广西等土司,共10卷,对于南方民族,包含西南民族在内,就有比较系统的记述了。

关于这两个时期的民族史,资料是相当多的,但真正说得上是民族历史撰述的并不多,系统地记述民族重新组合的书简直就没有了。至于记述民族重新组合中某一过程或某一过程的片断记载是不少的。在这两个时期,汉文撰述以外,用少数民族文字的有关撰述究竟还有些什么,这还需要进行长期的工作。

这两个时期民族史撰述的表述,首先还是以按地区记述作为主要形式之一,或记一个地区的一些民族,或记述一个地区的主要民族而兼及其他民族。这还是《史记》以来的传统。其次,是以记少数民族政权为主,再及其他有关的史事,如《十六国春秋》、《魏书》、《辽史》、《金史》等。再次,是以时间为主的编年体,如《资治通鉴》记少数民族史事。这种体裁的好处是可以按着时间的发展看出同一时期不同民族的情况;缺点是这种流水账式的纪事方式,难于使人得到要领。再其次,是以事为主的纪事本末体,如《资治通鉴纪事本末》记民族史事。这两个时期的民族史撰述的表述形式比起前代要丰富一些。

这两个历史时期民族斗争的长期性和复杂性,对于某些人很容易滋长其民族歧视的情绪,对又一些人,也可以开阔其在民族问题上的视野。前者可以江统的《徙戎论》为代表,他在晋惠帝时,反对羌氏在内地居住,主张把他们迁出去。他说:"夫关中土沃物丰,厥田上上,加以泾渭之流溉其舄卤,郑国、白渠灌浸相通,黍稷之饶,亩号一锺,百姓谣咏其殷实,帝王之都每以为居,未闻戎狄宜在此土也。非我族类,其心必异,戎狄志态,不与华同。而因其衰敝,迁之畿服,土庶玩习,侮其轻弱,使其怨恨之气毒于骨髓。至于蕃育众盛,则坐生其心。以贪悍之性,挟愤怒之情,候隙乘便,辄为横逆。而居封域之内,无障塞之隔,掩不备之人,收散野之积,故能为祸滋扰,暴害不测。此必然之势,已验之事也。当今之宜,宜及兵威方盛,众事未罢,徙冯翊、北地、新平安定界内诸羌,著先零、罕开、析支之地;徙扶风、始平、京兆之氐,出还陇右,著阴平、武都之界。"[1]羌氏一类问题究竟应当如何解决以及能否解决得好,不是这里要研究的问题。我们注意的是江统的思想。他那种不愿羌氏居于沃土,不愿这些民族自身的发展,不愿以平等的态度看待他们的思想,在晋以后地主阶级学者中是相当普遍存在的。

唐太宗在民族问题上态度是开明的。他曾说:"夷狄亦人耳……

---

[1] 《晋书》卷五十六《江统传》。

不必猜忌异类,盖德泽洽,则四夷可使如一家,猜忌多,则骨肉不免为仇敌。"〔1〕又说:"自古皆贵中华、贱夷狄,朕独爱之如一,故其种落依朕如父母。"〔2〕太宗以后的唐代史学家刘知幾和杜佑,在民族问题上都是很有见识的。刘知幾在所著《史通·称谓》中,在论到晋人对十六国的态度时说:"续以金行版荡、戎羯称制,各有国家,实同王者。晋世臣子,党附君亲,嫉彼乱华,比诸群盗。此皆苟徇私忿,忘夫至公,自非坦怀爱憎,无以定其得失。"这是刘知幾从历史学家应有的忠于史实的立场来立论的,在当时这是进步的思想。在刘知幾以前,唐初所修《隋书·经籍志》说:"自晋永嘉之乱,皇纲失驭,九州君长,据有中原者甚众。或推奉正朔,或假名窃号。然其君臣忠义之节,经国字民之务,盖亦勤矣。"《隋书·经籍志》虽有对十六国的某些国家"假名窃号"的批评,但承认他们有"君臣忠义之节"和"经国字民之务",这是以相当公平的态度待人,跟刘知幾对待戎羯的态度不尽相同而大致接近。

杜佑在《通典·边防总序》中认为,汉族和少数民族间的差距是由于自然环境的不同而造成的。有些鄙风弊俗,汉人和少数民族原来都有。后来汉人把它们丢掉了,而少数民族却没有能加以变革,因而民族间的差距就出现了。把杜佑的这个观点用现在的话提高了说,这种民族间的差距是由于所处社会发展阶段之不同。当然杜佑的看法是很朴素的,而在当时却很难得。上引刘知幾的看法,是关于历史学家治史的态度问题。杜佑的看法,是直接关系到社会历史的本身。但对于同样的鄙风陋俗,为什么有的民族已经加以改变,有的民族却不能改变呢?杜佑没有进一步回答这个问题。

杜佑反对对少数民族的武力征服,他从历史上列举这类活动的危害,说:

> 历代观兵黩武,讨伐戎夷,爰自嬴秦,祸患代有。始皇恃百

---

〔1〕《资治通鉴》卷一百九十七,贞观十八年十二月。
〔2〕《资治通鉴》卷一百九十八,贞观二十一年五月庚辰。

> 胜之兵威,既平六国,终以事胡为弊。汉武资文景之积蓄,务恢封略,天下危若缀旒。王莽获元始之全实,志灭匈奴,海内遂至溃叛。隋炀帝承开皇之殷盛,三驾辽左,万姓怨苦而亡。夫持盈固难,知足非易。唯后汉光武,深达理源。建武三十年,人康俗阜。臧宫、马武请殄匈奴。帝报曰:"舍近而图远,劳而无功;舍远而谋近,逸而有终。务广地者荒,务广德者强。有其有者安,贪人有者残。"自是诸将莫敢复言兵事。于戏!持盈知足,岂特治身之本,亦乃治国之要道欤!我国家开元、天宝之际,宇内谧如,边将邀宠,竞图勋伐。西陲青海之戍,东北天门之师,碛西怛逻之战,云南渡泸之役,没于异域数十万人。向无幽寇内侮,天下四征未息,离溃之势岂可量耶!

他强调说:"前事之元龟,足为殷鉴者矣。"但他也只是从大唐政权的利害来说,还不是从少数民族的利害来考虑的。这是由于杜佑之时代和阶级的局限,我们不能苛求古人。仅就上述观点而论,杜佑是继承了司马迁而论列了更多的事例,是更有说服力的。

宋元之际,胡三省以毕生精力注《资治通鉴》,往往因解说史事,流露出他的民族情绪,《通鉴》卷一百六十四:"梁武帝天监六年,韦叡救锺离,大败魏军于邵阳洲。"胡三省注:"此确斗也。两军营垒相逼,旦暮接战,勇而无刚者,不能支久。韦叡于此,是难能也。比年襄阳之守,使诸将连营而前,如韦叡之略,城犹可全,不至误国矣。呜呼痛哉!"又,卷二百八十五,开运三年:"契丹入汴,帝与后妃相聚而泣,召翰林学士范质草降表,自称'孙男臣重贵',太后亦上表称'新妇李氏妾'。张彦泽迁帝于开封府,顷刻不得留,宫中恸哭。帝与太后、皇后乘肩舆,宫人宦者十余人步从,见者流涕。"胡三省注:"臣妾之辱,惟晋宋为然,呜呼痛哉……亡国之耻,言之者为之痛心,矧见之者乎!此程正叔所谓真知者也,天乎人乎!"胡三省的这些注[1],实质上表述了他对当时民族屈辱的沉痛感情。这种感情是正当的,与一般的

---

[1] 参看陈垣:《通鉴胡注表微·感慨篇》。

狭隘民族情感是不同的。

民族史撰述和地方志、纪事本末的发展

明清时期的民族史撰述跟地方志和纪事本末的发展有密切的关系。

《汉书·地理志》和司马彪《续汉书·郡国志》都著录了一些道，其中有甸氏道、刚氏道、狄道、羌道、僰道、蒲氏道。道是县一级的行政区划，其职责是"主蛮夷"。像甸氏道等地方，就是氐、羌、僰族等民族聚居的地方。另外，《汉志》和《续汉志》还著录有夜郎、临羌、大夏、旄牛等地方，虽未称道，大概也是民族地方。地志中著录少数民族聚居的地方，可能就是从两汉书开始的。后来的纪传体史书，有地志者，多循此例著录，也都没有作出具体说明。常璩《华阳国志》、樊绰《蛮书》对西南民族的记载，为学者所重，而内容和体例都不同于一般的地方志，且后继者也甚不易得。宋元时期，地方志的修撰数量渐多，明清时期更趋繁盛。明修甘肃、宁夏、四川、云南、贵州、湖广、广西等省地志，现存者约八十余种，其间，有不少民族史料可供检寻。明田汝城著《炎檄纪闻》，是关于广西、云南、贵州、湖南民族史事的重要著述。作者在论及民族纠纷时，说这些纠纷"皆起于抚绥缺状，赏罚无章，不肖者以墨守败绩，贤者以避嫌徼名。二事殊情而同弊，卒致干戈相寻，蔓延荼毒，下竭生民之膏血，上贻建议之轸忧"。此书作者当然是站在统治阶级方面说话的，但也有相当平实的一面。清代官修民族地方志，巨制不少。民族地方的志，如《西域图志》有52卷，《盛京通志》有120卷，《广西通志》128卷，《云南通志》30卷，《云南通志稿》219卷；跟少数民族关联较多的地志，《陕西通志》有100卷，《甘肃通志》有50卷，《湖广通志》有120卷，《四川通志》有40卷。府、州、厅、县的志书记有少数民族史迹者，一时尚难详悉。

纪事本末作为一种记事的体裁，先秦已经有了。以纪事本末作为某种史书的著述体裁，则是开始于袁枢的《通鉴纪事本末》。袁书中已有了关于少数民族的一些书目。以密切关系少数民族的一次事

变或一次战争为记述对象,并以纪事本末的史体勒成专书的,是在明清时期才多起来的。明神宗时,李化龙奉朝命征播州,约经6个年头战事才结束。播州地居贵州、四川、湖广之间,是苗民聚居地区。事后,李化龙撰《平播全书》15卷。郭子章也撰《黔中平播始末》3卷,杨寅秋撰《平播录》5卷。此外,马文升的《西征石城记》《抚安东夷记》,王轼的《平蛮录》,也都是用纪事本末体写的书。清代官修有关少数民族的纪事本末书,较明为盛,亦多巨制。举大家所知的书,如《平定朔漠方略》有40卷,《平定准噶尔方略》有172卷,《平定两金川方略》152卷。鸦片战争后,清代官修民族地方志和民族史事纪事本末书仍在继续。但因时代变了,书的形式虽不变,而意义不同了。

明清时期,封建制已处在衰老的过程中,但还有相当大的能量。它借助于国家机器来阻碍新生力量的发展,企图延续这个制度的生命。新的社会生产力已经出现,但还没有具备突破封建制生产关系的力量。明清统治者对待少数民族都有一套相当稳定的制度和政策。《明史·土司传》在说到统治西南民族的政策时,一要"额以赋役,听我驱调",就是要达到使人民群众完粮、纳税、当兵、当差的要求。二要"恩威兼济",以"得其死力而不足为患"。所谓"恩",是"假我爵禄,宠之名号",实行对民族上层的收买。"威",是对敢于抗命的人加以武力镇压。这一政策在清代对其他民族地区也同样照办,不过清代的做法要更具体些。它有一个分别对待的办法,对满蒙关系、满藏关系、满汉关系、满回关系,都有区别对待的措施。如前所述,明清时期所修官书,基本上都是歌功颂德的作品,而地方志则有较多的知识性的记载。但地方志数量相当大,而且又是地域性、专题性的资料汇编,经过去伪存真的选择,从不同的角度加以利用,它还是具有相当丰富的史料价值。《明实录》《清实录》中的民族史料不少,《清实录》中的民族史料大都已经摘录整理,并已有部分出版。明清档案数量更多,其中包括大量民族史料,需要长时期整理才能出版,供人参考。

在民族观点方面,自明初以来数百年间,以民族歧视为特点的大民族主义占有很重要的地位,其中包含大汉族主义和少数民族的大民族主义。当社会矛盾和民族矛盾都很尖锐的时期,在民族思想上又有其独特的表现。明清之际著名学者如王夫之、顾炎武、黄宗羲等,都是民族思想很浓的人。顾炎武说"有亡国,有亡天下"[1]。亡国,是指朝代的兴替。亡天下,是指民族政权的毁灭,这里实际上是指明亡清兴。他认为,"保国者,其君其臣,肉食者谋之",这是统治阶层内部的事。"保天下者,匹夫之贱与有责焉",这是全民族的事。他指斥相率臣于刘聪、石勒的晋朝诸臣,"观其故主青衣行酒,而不以动其心者"是无耻败类。这实际上也是他隐晦其辞地谴责那些在清初乞求富贵的前朝官僚、文人。顾炎武的民族思想是跟反对清对汉族的民族压迫密切结合的。但顾炎武并不是狭隘的民族主义者,他对于少数民族的优点是持肯定态度的。他说:"历九州之风俗,考前代之史书,中国之不如外国者有之矣。"[2]他列举契丹、女真以至匈奴、北魏、回纥的风俗以证其说。他所谓"外国",按当时的用语,是指中原以外的地方,是指少数民族说的。

黄宗羲的民族思想也是与反对民族压迫密切结合的,但他站得更高一些,还跟反对封建君主专制密切结合。他的名著《原君》说:

> 有生之初,人各自私也,人各自利也,天下有公利而莫或兴之,有公害而莫或除之。有人者出,不以一己之利为利,而使天下受其利;不以一己之害为害,而使天下释其害。此其人之勤劳必千万于天下之人。夫以千万倍之勤劳,而己又不享其利,必非天下之人情所欲居也。故古之人君,去之而不欲入者,许由、务光是也;入而又去之者,尧、舜是也;初不欲入而不得去者,禹是也。岂古之人有所异哉! 好逸恶劳,亦犹夫人之情也。后之为人君者不然,以为天下利害之权皆出于我,我以天下之利尽归于己,以天下之害尽归于人,亦无不可。使天下之人不敢自私,不

---

[1] 《日知录》卷十三《正始》。
[2] 《日知录》卷二十九《外国风俗》。

敢自利,以我之大私为天下之大公。始而惭焉,久而安焉,视天下为莫大之产业,传之子孙,受享无穷。汉高帝所谓"某业所就,孰与仲多"者,其逐利之情不觉溢之于辞矣。此无他,古者以天下为主,君为客,凡君之所毕世而经营者,为天下也。今以君为主,天下为客,凡天下之无地而得安宁者,为君也。是以其未得之也,荼毒天下之肝脑,离散天下之子女,以博我一人之产业,曾不惨然,曰:"我固为子孙创业也。"其既得之也,敲剥天下之骨髓,离散天下之子女,以奉我一人之淫乐,视为当然;曰:"此我产业之花息也。"然则为天下之大害者,君而已矣。向使无君,人各得自私也,人各得自利也。呜呼!岂设君之道,固如是乎!古者天下之人,爱戴其君,比之如父,拟之如天,诚不为过也。今也,天下之人怨恶其君,视之如寇雠,名之为独夫,固其所也。而小儒规规焉以君臣之义,无所逃于天地之间。至桀、纣之暴,犹谓汤、武不当诛之,而妄传伯夷、叔齐无稽之事,使兆人万姓崩溃之血肉曾不异夫腐鼠。岂天地之大,于兆人万姓之中,独私其一人一姓乎![1]

从民族思想的角度看,这是作者以史论的形式谴责民族压迫的罪恶。他所指责封建专制下的种种罪恶活动,无不可理解为作者在指责清初统治者的罪恶。作者批评"小儒"所谓"君臣之义无所逃于天地之间",也是揭露那些向清廷乞求一官半职者借口的虚伪可笑。黄宗羲、顾炎武等的民族思想,在当时是有积极意义的,对后人也是有相当大的影响的。

民族史撰述的近代化倾向

鸦片战争前夜和战后百余年间,中国民族史撰述上出现了近代化倾向。第一,它反映了各民族联合反清反封建压迫的历史。鸦片战争以后,官修地方志和纪事本末体的书,数量还是很多的,甚至还

---

[1]《明夷待访录》。

超过以前。其中,如《平定云南回匪方略》有50卷,《平定贵州苗匪方略》有40卷,《平定陕甘新疆回匪方略》有320卷。关于回族反清的私人撰述,如《平回志》、《平定关陇纪略》等书,种类更多。这些书,在作者的主观意图上,都是歌颂清统治者镇压民族起义的武功,但它们不能不反映这些反抗民族压迫、反抗镇压的过程,同时,也不能不反映少数民族的联合,他们公开打着反清的旗帜以及清军借助于帝国主义的军火以加强其镇压的力量。这些情况包含着过去民族纠纷中所没有出现过的因素,这具有新的近代的意义。

第二,少数民族的历史地位在这时期有了重大的改变。过去,在民族纠纷中,少数民族往往被认为是威胁中原政权的力量,现在,他们成为捍卫边疆的重要力量。因此,当时有政治敏感的人,把对国防的重视,跟民族史地研究联系起来。徐松《新疆识略》、张穆《蒙古游牧记》、何秋涛《朔方备乘》、沈垚《新疆私议》、徐鼐霖《筹边刍言》等,都是在这方面有所成就的撰述。把边疆民族史跟边防联系起来,这是一个进步,它反映了边疆民族在政治地位上的一种变化,也意味着民族史撰述的一种近代化倾向。

第三,民族史在中国史中的地位受到重视。清末,夏曾佑著《中国古代史》,认为民族问题在历史进程中处于很重要的地位。他在书中的第二章第一节论说:"凡国家之成立,必凭二事以为型范。一外族之逼处,二宗教之熏染是也。此盖为天下万国所公用之例,无国不然,亦无时不然。此二事明,则国家成立之根本亦明矣。本书所述,亦也发明此二事为宗旨。"下文论到三国两晋南北朝时民族的复杂,说:

> (魏晋南北朝时期)种族复杂之原,由于前后汉两朝,专以并吞中国四旁之他族为务,北则鲜卑、匈奴,西则氐、羌,西南则巴、賨,几无不遭汉人之吞噬者。中国以是得成大国,而其致乱,则亦因之。盖汉人每于战胜之后,必虏掠其民,致之内地,漫不加以教养。而县官豪右,皆得奴使之。积怨既久,遂至思乱。若政府无事,尚有所畏。一旦有烽烟之警,则群思脱羁绊矣。及其事

起,居腹心之地,掩不备之众,其事比御外尤难。故五胡之乱,垂三百年而后定也。其后河北之地,皆并于北魏。魏人于北边设六镇,配汉人以防边,而自与其大姓居洛阳。久之,则强弱之形,彼此易位,适与两汉时相反。于是高欢、侯景等,稍稍通显。至隋、唐间,天下之健者,无一非汉人矣。此本篇所详种族之大纲也。而其宗教复杂之原,则与种族相表里。两汉所用,纯乎六艺耳。至魏、晋时,乃尚老庄。其后渐变为天师道。天师道者,源起于三苗之巫风,而假合以外来之教,故尤与南方之汉族为宜。其时江左之大家,如王、谢等,莫不奉天师道。而河、洛、秦、雍诸国,其种人本从西北来,天竺佛教,早传于匈奴与西域,至此即随其种人,以入中国。佛教之高深精密,其过天师道,本不可以数记。且孙恩之乱,假天师道以惑众。其后士夫,多不喜言天师道。于是佛教之力,由江北以达江南。久之,与古之巫风合而为一。而儒家不过为学术之一家,士大夫用之,非民所能与也。此二者之变幻,自魏、晋以后,五代以前,大率如此。

夏曾佑认为,民族问题既于政权兴替密切相关,又于宗教信仰类型密切相关,他把民族史在通史中的地位看得如此重要,还是前所未有的。这显然是跟作者所处的时代有关。这是当时国内外的民族矛盾在作者史学思想上的反映。

在五四运动前后十余年间,王国维对北方民族的历史做了大量而细致的考订工作,对于蒙古史用力尤勤。他根据古籍所记,结合古器物、古文字,参考国外学者的研究成果,作出一些精辟的论断。他是用近代的科学方法进行研究工作的。他的名著《鬼方昆夷猃狁考》、《西胡考》、《西胡续考》、《黑车子室韦考》、《西辽都城虎思斡耳朵考》、《鞑靼考》、《萌古考》、《月氏未西徙大夏时故地考》,一直在学术界有很大影响,特别是这些作品引起了人们对民族史在中国古史中的地位的重视。

第四,本世纪20年代,开始有近代形式的中国民族史出现。所谓近代形式,主要是指它基本上脱离了政治史的附属地位,而向一个有丰富内容、有自己体系的独立学科发展。梁启超倡之于前,王桐龄、吕思勉、林惠祥、吕振羽等相继编写于后。

梁启超著《中国历史上民族之研究》,这是一篇对中国民族发展相当概括的论述。梁启超在书中解释了"民族"一词的含义,把"民族"跟"宗族"、"国民"区别开来。他论述了中国民族的起源,指出了外国学者的中国民族西来说、中国民族南来说没有根据,并以《诗经》中的记载来反证《史记》中关于夏商周始祖之不可信。他认为中国境内有6个民族,中国古代民族可分为8个组,而汉族是在长期发展过程中跟各族融合而成的混合体。他这篇文章,有些话说得很有见识,概括能力也很强,但在对各个民族的分别论述和古今民族的演变上错误很多。从民族史研究的发展上看,这是一篇很有影响的文章。

王桐龄、吕思勉、林惠祥的书都称作《中国民族史》。吕振羽的书称作《中国民族简史》。上述四书对于民族的分类,主要是按照辛亥革命以来的"五族共和"的提法,列出汉、满、蒙、回、藏,加上了苗,还略有其他民族的增益。在取材上,这4种书基本上根据旧史。吕振羽重视调查材料,而调查到的材料也不多。王桐龄的书,实际上只是汉族形成发展史,对于其他民族,也只是就其与汉族有关系的史事说了一些。这书的特点是附表多,关于不同民族间杂居、通婚、仕宦,文化上的学习等,这些表可供参考。其他三书,都是就不同民族分别陈述,不能对国内各民族作综合的说明。作为书中主要内容的五族历史,因研究得不够,说法上也有很大的分歧。吕振羽试图从马克思主义民族理论上解释一些问题,并探索各民族的历史前途。尽管他在具体的史实方面有不少误解,但从书的总体上看,代表一个新的研究方向。

从鸦片战争以来,民族史撰述是沿着近代化的倾向蹒跚前进的。因历史条件的局限,这种状况很难改变。一直到了新中国的建立,中国各民族得到了解放,为民族史的调查、研究和撰述提供了便利条件,因而民族史的研究工作才能面目一新。

第五,民族思想的多样化和民族平等思想的出现。鸦片战争发生后的第三年,即《南京条约》签订的那一年,魏源的《圣武记》成书。魏源特别在序文中提到,本书"告成于海夷就欵江宁之日"。作者备陈清自开国以来军事上的得失,申述自己对当前军备的见解。这是一部有爱国思想的书,就针对外国入侵的局势立论的。这是魏源民族思想的主要方面。但《圣武记》中大量地颂扬了镇压少数民族的胜利,这又反映了满汉统治阶层的大民族主义的立场。

在辛亥革命前后,章炳麟是一位资产阶级革命家,同时也是一个大民族主义者。他所著《中夏亡国二百四十年纪念会书》和《讨满洲檄》[1],比较集中地反映了他的这种思想。当时的革命党人具有类似思想的,颇不乏人。

孙中山主张民族平等。他在《中华民国临时大总统宣言书》中,明确地指出:"国家之本,在于人民。合汉、满、蒙、回、藏诸地为一国,即合汉、满、蒙、回、藏为一人。是汉民族之统一。"[2]后来他提倡三民主义,民族主义即其中之一。他主张对外要联合以平等待我之民族共同奋斗,对内要国内民族一律平等。但他把蒙古人和满人都看做是历史上的外国人或被汉人同化了的外国人,认为元、清两朝的统治是中国亡了两次国。这些显然还是大民族主义的论点。

1941年,李维汉同志主编的《回回民族问题》出版。这是我国运用马克思主义民族理论解决民族问题的第一部专书。书中讲到回族的来源、回族长期被压迫和斗争的历史,分析了回族跟伊斯兰教的关系,分析了西北伊斯兰各个教派的经济基础,批判了各种有关回族问题的谬论。这是一部富有创见的书,也是为适应当时革命斗争需要的书。这书的名称虽叫《回回民族问题》,实际上,它对开展民族问题的科学研究,包含民族史研究在内,有广泛的指导意义。

《回回民族问题》出版后8年,吕振羽同志在他的《中国民族简史》中提出:

---

[1] 见《章氏丛书》,《文录》卷二,浙江图书馆本。
[2] 《孙中山选集》,第90页,人民出版社,1981年版。

在中国民族民主革命阶段中,要解决的国内问题,主要有两个:一是土地问题,一是民族问题。土地问题,由于二十几年来革命实践的体现,天才领袖的创造,已成了中国最先进人士熟知的科学;民族问题,我们也有着正确的原则、方针,并早已正式提到行动日程上,不过在全国人民,以至最先进人士里面,大多还不如对于土地问题那样熟悉。现抗战胜利结束,进到和平民主事业的斗争,国内民族问题,立即就要全面地提到行动日程上,我们应同时展开这个问题的研究工作。

中国民族问题,从来还没有系统地研究过,"中华民族"或"中国民族"的用语,是从马克思、列宁的著作中译来的,马列这个用语的本来意义是"中华诸民族"或"中国的民族"。但中国封建的买办的法西斯主义者,却从大汉族主义的立场来窃用这个神圣的用语。他们颠倒黑白,歪曲历史事实,无耻地只承认汉族是一个民族,说国内其他民族如满、蒙、回、藏、苗等等,都只是所谓"宗支"或"宗族"。这不啻是对国内其他民族任意"侮蔑",并证明了他们毫无科学常识。中国境内究竟有多少民族,他们的起源、历史过程以及现状怎样,法西斯大汉族主义者是完全无知的。他们敢于那样大胆的武断,不仅在企图避免国内民族问题的正确解决,且正是臭名万代的希特勒、荒木贞夫的民族优越论的翻版。这和马列主义的民族问题的科学,自然正相反对,而与孙中山民族主义的基本精神,也是不相容的;其对今后全国和平民主事业,更十分有害。

自然,谁也不容否认,汉族是全世界第一位人口众多的民族,是中华民族的主要部分。中华民族四千年光荣的文明历史,过去辉煌灿烂的封建文化,是东方文化的主流,对全人类的文明,也有着伟大贡献,而其主要创造者也是汉族。这回决定全民族命运的伟大抗战事业,主要也由汉族在担当。但同样不容否认,中国境内其他兄弟民族,对过去中国文化的创造也都直接间接或多或少有其不朽的贡献;对这回的民族抗战也都有相当的功绩。

  吕振羽同志的话,说出了民族史的真实情况,也说出了我们历史工作者在民族问题上应持的正确态度。

  以上,我们简单而扼要地回顾了新中国创立前,我国多民族历史撰述的一些情况。它们已形成了悠久的历史传统,留下了相当多的历史资料,运用了各种不同的撰述体裁,表达了不同的民族思想,反映了各个时期的历史特点。这些宝贵的遗产为我们研究民族史,提供了大量资料和编写上的借鉴。那些认为中国史书只记载汉族不记载少数民族的历史的看法,是没有根据的。

  汉族史家生活在中原,在两三千年的漫长时期里,他们接触各地少数民族的机会比较多,因而汉文在民族史方面的记载比较多,也相当重要。少数民族用本民族语言写下的历史,在不同民族中有很不相同的情况。挖掘、研究民族文字的历史记载,还处在初步阶段。我们亟须加紧努力,使汉文及少数民族文字的记载得以互相补充、互相印证,使我们多民族祖国历史的研究和撰述得到不断的充实和提高。

第二节　党的民族政策和民族分布现状

党的民族政策

  中华人民共和国的成立和中国共产党民族政策在全国范围内的推行,使国内少数民族的政治地位和法律地位发生根本性的变化,使国内的民族关系发生根本性的变化。

  在建国前夕,即1949年9月29日,中国人民政治协商会议第一届全体会议通过《中国人民政治协商会议共同纲领》,第一章《总纲》第九条规定:

    中华人民共和国境内各民族均有平等的权利和义务。
这一条是对各民族的一般性规定,实际上说的是公民的权利和义务。关于少数民族的条文,《共同纲领》设有《民族政策》专章,即第五十

条至第五十三条。条文如下:

　　第五十条　中华人民共和国境内各民族一律平等,实行团结互助,反对帝国主义和各民族内部的人民公敌,使中华人民共和国成为各民族友爱合作的大家庭。反对大民族主义和狭隘民族主义,禁止民族间的歧视、压迫和分裂各民族团结的行为。

　　第五十一条　各少数民族聚居的地区,应实行民族的区域自治,按照民族聚居的人口多少和区域大小,分别建立各种民族自治机关。凡各民族杂居的地方及民族自治区内,各民族在当地政权机关中均应有相当名额的代表。

　　第五十二条　中华人民共和国境内各少数民族,均有按照统一的国家军事制度,参加人民解放军及组织地方人民公安部队的权利。

　　第五十三条　各少数民族均有发展其语言文字、保持或改革其风俗习惯及宗教信仰的自由。人民政府应帮助各少数民族的人民大众发展其政治、经济、文化、教育的建设事业。

《共同纲领》在宪法产生前有代替宪法的作用。这4条规定,是党的民族政策的具体表述,是关于民族问题的根本大法。

1954年9月20日,中华人民共和国第一届全国人民代表大会第一次全体会议,通过了《中华人民共和国宪法》。《宪法》的《序言》里有这样的规定:

　　我国各民族已经团结成为一个自由平等的民族大家庭。在发扬各民族间的友爱互助、反对帝国主义、反对各民族内部的人民公敌、反对大民族主义和地方民族主义的基础上,我国的民族团结将继续加强。国家在经济建设和文化建设的过程中将照顾各民族的需要,而在社会主义改造的问题上将充分注意各民族发展的特点。

第一章《总纲》第三条有这样的规定:

　　中华人民共和国是统一的多民族的国家。

　　各民族一律平等。禁止对任何民族的歧视和压迫,禁止破坏各民族团结的行为。

各民族都有使用和发展自己的语言文字的自由,都有保持或者改革自己的风俗习惯的自由。

各少数民族聚居的地方实行区域自治。各民族自治地方都是中华人民共和国不可分离的部分。

这些规定,基本上概括了《共同纲领》中有关民族政策的规定而有所发展。《共同纲领》不把这些规定写入《序说》和《总纲》里,《宪法》却写在《序说》和《总纲》里,这表明民族政策在《宪法》中的地位比起在《共同纲领》中的地位有显著的提高。"统一的多民族的国家"的提法,在这里是第一次以法典的形式提出来的。这辩证地规定了多民族和统一国家的关系,是马克思主义国家学说里的一个重要发展。民族区域自治在《宪法》里有了比较详细的规定,共有6条之多。民族区域自治是中国人民在政治制度上的创造。它根本不同于历史上的羁縻州、土司制度,不同于一般的行省制度,也不同于苏联式的加盟共和国和美国式的联邦。

1982年12月4日,中华人民共和国第五届全国人民代表大会第五次会议通过了新宪法。《宪法》中关于民族政策的规定,更为完善。《序言》的开端说:

中国是世界上历史最悠久的国家之一。中国各族人民共同创造了光辉灿烂的文化,具有光荣的革命传统。

在中国历史上,从来没有这样用法典的形式肯定中国各族人民,包含汉族人民和各兄弟民族人民,共同创造历史的功绩。《序言》又说:

中华人民共和国是全国各族人民共同缔造的统一的多民族国家,平等、团结、互助的社会主义民族关系已经确立,并将继续加强。在维护民族团结的斗争中,要反对大民族主义,主要是大汉族主义,也要反对地方民族主义。国家尽一切努力,促进全国各民族的共同繁荣。

这里又肯定了各族人民共同缔造的中华人民共和国的功绩,提出了平等、团结、互助和共同繁荣作为民族政策的高度概括,还提出了社会主义的民族关系是不断发展的进程。

1984年5月31日,第六届全国人民代表大会第二次会议通过了《中华人民共和国民族区域自治法》,对区域自治作了更为具体的规定。这是实施宪法规定的民族区域自治制度的基本法。

从《共同纲领》到1982年新宪法、1984年《民族区域自治法》中关于民族政策的规定,都集中地反映了我国民族关系的根本性的变化,这是跟各族人民的长期斗争、社会性质的变化、中国共产党的领导紧密相连的。

毛泽东同志曾有多次关于民族政策的讲话。1955年3月,他在《在中国共产党全国代表会议上的讲话》中说:

> 要反对大汉族主义。不要以为只是汉族帮助了少数民族,而少数民族也很大地帮助了汉族。有些同志总是在那里吹,我们可帮助了你们,就没有看到没有少数民族是不行的。我国百分之五十到百分之六十的地方,是什么人住的?是汉族住的,还是什么人住的?百分之五十到百分之六十的地方是少数民族居住的。那里物产丰富,有很多宝贝。现在,我们帮助少数民族很少,有些地方还没有帮助,而少数民族倒是帮助了汉族。有些少数民族,需要我们先去帮助他们,然后他们才能帮助我们。少数民族在政治上很大地帮助了汉族,他们加入了中华民族这个大家庭,就是在政治上帮助了汉族。少数民族和汉族团结在一起了,全国人民都高兴。所以,少数民族在政治上、经济上、国防上,都对整个国家、整个中华民族有很大的帮助。那种以为只有汉族帮助了少数民族,少数民族没有帮助汉族,以及那种帮助了一点少数民族,就自以为了不起的观点,是错误的。

1956年在《论十大关系》中说:

> 对于汉族和少数民族的关系,我们的政策是比较稳当的,是比较得到少数民族赞成的。我们着重反对大汉族主义。地方民族主义也要反对,但是那一般地不是重点。
>
> 我国少数民族人数少,占的地方大。论人口,汉族占百分之

九十四,是压倒优势。如果汉人搞大汉族主义,歧视少数民族,那就很不好。而土地谁多呢?土地是少数民族多,占百分之五十到六十。我们说中国地大物博,人口众多,实际上是汉族"人口众多",少数民族"地大物博",至少地下资源很可能是少数民族"物博"。

各个少数民族对中国的历史都作过贡献。汉族人口多,也是长时期内许多民族混血形成的。历史上的反动统治者,主要是汉族的反动统治者,曾经在我们各民族中间制造种种隔阂,欺负少数民族。这种情况所造成的影响,就在劳动人民中间也不容易很快消除。所以我们无论对干部和人民群众,都要广泛地持久地进行无产阶级的民族政策教育,并且要对汉族和少数民族的关系经常注意检查。早两年已经作过一次检查,现在应当再来一次。如果关系不正常,就必须认真处理,不要只口里讲。

在少数民族地区,经济管理体制和财政体制,究竟怎样才适合,要好好研究一下。

我们要诚心诚意地积极帮助少数民族发展经济建设和文化建设。在苏联,俄罗斯民族同少数民族的关系很不正常,我们应当接受这个教训。天上的空气,地上的森林,地下的宝藏,都是建设社会主义所需要的重要因素,而一切物质因素只有通过人的因素,才能加以开发利用。我们必须搞好汉族和少数民族的关系,巩固各民族的团结,来共同努力于建设伟大的社会主义祖国。

1957年,在《关于正确处理人民内部矛盾的问题》中说:

我国少数民族有三千多万人,虽然只占全国总人口的百分之六,但是居住地区广大,约占全国总面积的百分之五十至六十。所以汉族和少数民族的关系一定要搞好。这个问题的关键是克服大汉族主义。在存在有地方民族主义的少数民族中间,则应当同时克服地方民族主义。无论是大汉族主义或者地方民族主义,都不利于各族人民的团结,这是应当克服的一种人民内部的矛盾。在这一方面,我们已经做了一些工作,在大多数少数民族地区民族关系比较从前大有改进,但是仍然存在着一些尚待解决的问题。在一部分地区,大汉族主义和地方民族主义都还严重地存在,必须给以足够的注意。

毛主席的话,对于民族间团结互助的现实性和必要性,对于大汉族主义和地方民族主义的错误,做了精辟的论述,这是关系到党的民族政策的重要文献。

民族识别工作和民族分布现状

中国的历史长、幅员广、民族多,民族的流动迁徙、交错杂居,在语言、风俗上互相影响,因而有相当多的民族,其民族特点不够显著,不易为人所确认。1953年,各地方申报的民族有四百多个。1964年进行人口普查,见于登记的民族有183个。这两次登记的民族名单实际上都很混乱。当时,在民族区别上存在着如下问题:

1. 有些汉人迁到少数民族地区,仍保留着汉族的特点,但并不知道自己是汉人,而以当地其他民族用来称呼他们的名称作为自己的民族名称报了上来,被列入少数民族行列中。

2. 迁居到少数民族地区的汉人,有先有后。早去的汉人曾经长期与内地隔绝,跟后去的汉人在语言、风俗习惯上有一定的区别,并且受到后去的汉人的歧视,因而自认为与先去的汉人有区别,在解放后,要求列入少数民族。

3. 有些少数民族在民族压迫下不愿表明与汉人有什么区别。其中有一部分民族上层,受反动统治阶级的利用,统治过当地的其他少数民族,一向被看作是与汉人一样的,在新中国成立后不愿意承认是少数民族。

4. 历史上,有些少数民族曾经被强制分散,迁移各地。在迁移过程中,有些人又与汉人接触,受到较深的影响。他们的语言改变了,民族的特点已不显著,在经济上又跟汉人分不开,但是受到歧视,居住上不跟汉人相混。别人不认为他们是少数民族,而他们自认是少数民族。

5.原来同是一个民族的不同部分,迁移到了不同地区,基本上保持相同的语言、风俗习惯、历史传统,但长期互相隔离,又被其他民族用了不同的名称相称,因而他们报了不同的民族名称。

6.有的民族分散在不同地区,分别接受了邻近民族的生活和文化特点,好像不是一个民族,但他们仍保持共同的语言,并被别族用同一名称相称。

7.有的民族分散在很广的地区,形成一些不相连接的聚居区。长期以来,他们被其他民族用同一名称相称,他们也自认是同一民族。但他们在语言、文化等方面虽有相似处,却又有较大的差别。

8.有的民族内部对于本族是单一民族还是另一民族的一部分,有不同意见。

诸如此类的复杂情况,如不认真加以研究,进行科学的民族识别的工作,就不能了解我国民族的真实情况,民族政策就不好落实,民族区域自治就很难推行,民族史的研究也很难贯通今古。

1953年,我国民族识别工作开始。1956年,开展了全国性的民族调查工作。在全国范围内,共分为吉林、辽宁、黑龙江、内蒙古、宁夏、甘肃、新疆、西藏、青海、四川、云南、贵州、广西、广东、福建、湖南等16个调查组,每个调查组又分成若干小组,总共动员了一千多人,其中包括民族学和社会学的专业工作者,语言学、考古学、历史学和文艺工作者,还有其他方面的科学工作者。这次规模浩大的民族调查工作,积累了大量的材料,在调查研究基础上写出了各民族的简史、简志和民族区域自治材料,共一百余种。

从1953年起,到1957年初,对需要识别的各民族通过实地调查,明确了11个少数民族的民族成分。以后,又陆续明确了9个少数民族的民族成分。其中有1个少数民族的民族成分是1979年才被确认的,这就是基诺族。到目前为止,包括汉族、蒙古族等久经公认的民族在内,经中央人民政府公布,全国共有56个民族。此外,还有台湾、西藏东南部、云南红河等地区的少数民族有待于识别。

我们的民族识别工作是很细致的,这可以对贵州穿青人的民族成分的识别为例来做一点说明。所谓穿青人,住在贵州西北部,有二十多万人。他们是汉人,但要求承认他们是少数民族。他们的理由是:过去他们有"老辈子话",是跟当地汉语不同的语言;他们在乡间有一大片村子,形成自己的聚居区;他们有不同于当地汉人的信仰和风俗习惯的特点;他们的妇女有不同于当地汉人的服饰。对于他们的识别工作,首先从语言分析入手。原来他们的语言就是贵州人普遍使用的汉语,是汉语中的一种方言。所谓"老辈子话",跟早年江西、湖北、湖南通行的汉语是有渊源的。但说汉语的人并不一定就是汉族。于是查阅历史材料,证明穿青人的祖先是明初随军迁入贵州的民户,因得不到土地,不得不向当地彝族租地,当彝人的佃户。因此,他们的社会地位低下。但因文化水平和生产技术水平未被彝族同化,保持了汉族的民族特点。明末,到贵州游宦经商的人渐多,形成了聚居区。这些人社会身份高,看不起先来的汉人,逐渐形成所谓穿青人和穿兰人的对立。新中国成立后,穿兰人登记为汉族,穿青人因怕吃亏,不愿登记为汉族,希望被认为少数民族,从而得到照顾。在全国人口中占绝大多数的大民族中,居然有一小部分人不愿承认自己是汉人,这是我们很难以想象的。经过这次识别,穿青人的识别问题解决了。类似这样的问题,在民族识别工作中,也解决得不少。

在民族识别工作过程中,我们的专业工作者灵活地运用了斯大林关于民族4个特征的理论。他们体会到,斯大林所说的共同语言、共同地域、共同经济生活以及表现于共同文化上的共同心理等4个特征,是指资本主义上升时期的资产阶级民族说的。资本主义在中国并不发达,历史上还没有出现过资产阶级民族,斯大林的话对于我国的民族状况不完全适用。但这4个特征不是从天上掉下来的,也都有自己的发生、发展过程。尽管在中国历史上没有出现这4个特征的发展状态,但也出现了这4个特征的未发展状态或萌芽状态。按照这样的体会,专业工作者正是从语言、地域、经济生活和心理状态4个方面来识别民族特点的。他们比较重视民族意识方面的表现,这是符合中国的具体情况的。各少数民族,也有汉族,当处在被压迫地位的时候,民族意识的表现总是很显著的[1]。

经过识别和确认的56个民族,是汉族和55个少数民族。汉族人口,在全国各民族中居于首位。据1982年人口普查,全国人口1 000 000 394人,汉族人口是936 700 038人,占总人口数的93.3%。汉族分布各地,而主要聚居于黄河流域、长江流域、珠江流域和东北的松辽平原,居住面积约占全国总面积的40%左右。汉语和汉文,是全国使用最广的语言文字。少数民族在使用本民族语言的同时,也有越来越多的人使用汉语。

汉语是汉藏语系的一支,在语音上,每一个音节都有固定的声调。在词的构造上,基本上是单音节词根,没有什么附加成分。在语法上,主要是以词在句子中的位置和虚词来表达语意。在汉语分布的广大地区,也有方言上的分歧。最近几十年逐渐形成以北方话为基础、以北京语音为标准的普通话,经过逐步推广,成为普遍使用的汉语。

汉文,从起源的时候说起,有三千几百年的历史。它起源于象形文字和记事的符号,经过长时期的变化,形成了现在的样子,但一直还不能摆脱这种古老的文字构造的格局。汉文在发展全国文化、交流各地情况、增强全国统一等方面,发挥过很大的积极作用。但汉文的每一个字有一个形体,在辨认、书写和印刷上,都比拼音文字要困难得多。因此,国务院有文字改革委员会的设置,研究并试行改革的步骤。

在经济生活和文化生活上,总的说来,汉族都居于前列。在政治上,汉族的先民建立了夏、商、周3个王朝和许多侯国、王国。在汉族形成过程及形成以后,汉族的统治阶级建立了秦、汉、隋、唐、宋、明等几个皇朝,并且帮助蒙古贵族、满族贵族建立了元朝和清朝。历代的

---

[1] 以上关于民族识别的材料,基本上根据费孝通《民族与社会》,人民出版社,1981年版。

农民起义,都以汉族人民为主力。近代的民主革命和新中国的建立,汉族人民都做出了重要的贡献。

55个少数民族,分布于北方和南方各地,因需要论述的篇幅较多,以下分别加以论述。

北 方 民 族

北方民族,包括居住在东北三省的满族和锡伯族、朝鲜族、赫哲族,居住在内蒙古自治区的蒙古族和达斡尔族、鄂温克族、鄂伦春族,居住在宁夏回族自治区的回族和居住在甘肃省的东乡族、保安族、裕固族,居住在青海省的土族和撒拉族,居住在新疆维吾尔自治区的维吾尔族和哈萨克族、柯尔克孜族、塔吉克族、乌兹别克族、塔塔尔族、俄罗斯族。他们主要居住的地方,大都在我国北部的边疆地带。他们使用的语言,除朝鲜族的语族未定、回族使用汉语、塔吉克族和俄罗斯族语言属印度欧罗巴语系外,其余都属于阿尔泰语系。

东北地区,很早就有肃慎人在活动。春秋时,相传周武王克商,肃慎献楛矢、石砮,这在本章第一节已说到。在汉代,肃慎被称为挹娄,南北朝时称勿吉,隋唐时称靺鞨,并在唐玄宗时受封号,建立了渤海国。五代以后,靺鞨改称女真,建立了金朝。明末,又改称为满洲,建立了清朝。肃慎原来活动于今松花江、黑龙江一带,后来向南发展。金时的女真遍于中国北部。清时的满洲遍于全国各地。满洲族现简称为满族。

满族有4 299 000人,其中居住在辽宁省的人数近200万,居住在吉林省的有51万多人,居住在黑龙江省的近909 000人。其余,散居在河北省、内蒙古自治区的有11万多人到38万多人,散居在天津市、山东省、河南省、贵州省的有1万人以至二万三四千人,还有散居在上海市、江苏、浙江、安徽等省的,多到八千多人,少则不满一百人。满族人主要经营农业,有一部分人以采集人参、蘑菇、木耳等产品为副业。近几年,参加工业生产的人逐渐多起来。满族的语言,属阿尔泰语系·通古斯语族·满语支。满族的文字是拼音文字。近几十年,满族的语言文字已为汉语汉文所逐渐代替,在民族内部现已很少使用。满族曾普遍信仰萨满教,汉译为巫教。近几十年,这种信仰已逐渐衰落。

锡伯族,有 83 600 多人,居住在辽宁省的有 49 000 多人,居住在吉林省、黑龙江省和内蒙古自治区的分别有 1 000 多人或 2 000 多人,居住在新疆维吾尔自治区的有 27 000 多人。新疆设有察布查尔锡伯族自治县,是当地锡伯人聚居较为集中的地方。

锡伯人,自称是鲜卑的后裔。在二百多年前,他们是居住在松花江中游和辽河流域的游牧民族。后经清廷多次强迫迁徙,他们遂分散在东北各地,逐渐以农耕为生。乾隆二十五年(1764 年),锡伯人被抽调到伊犁一带驻防,就定居下来开荒修渠,逐渐转变为以农耕为主的民族。在新疆的锡伯人保持的民族特点,比起东北的锡伯人来,还要多些。锡伯族原有的语言,属阿尔泰语系·满—通古斯语族·满语支,在新疆仍旧使用,在东北就很少使用了。

朝鲜族跟汉族有悠久的历史友谊。明代晚期以来,朝鲜人从朝鲜迁居中国,遂为我国的朝鲜族。现在朝鲜族有 1 763 000 多人。其中,居住在吉林省的最多,有 1 103 000 多人。其次,居住在黑龙江省的有 431 000 多人,居住在辽宁省的有 198 000 多人。其余,散居在内地的一些城市。吉林省建置了延边朝鲜族自治州和长白朝鲜族自治县。延边有大面积的原始森林,还盛产各种药材和山货。所产人参、貂皮和鹿茸,有三宝之称。朝鲜族善于经营水稻,所在地区以"水稻之乡"著称。新中国成立以来,朝鲜族的工人数量有很大的发展。朝鲜族的语言,有人认为属阿尔泰语系,但还不是定论。朝鲜族的文字是用字母拼写,写成方块形。朝鲜族的文化水平相当高,歌舞更为出色。

赫哲族,主要分布于黑龙江省的同江、抚远和饶河等县的沿江一带,以捕鱼为主要产业,其次是狩猎,也有少量的农业。赫哲族,因过去以鱼皮为衣,用犬拉雪橇,在汉文史书上有"鱼皮部"和"使犬部"之称。赫哲族在新中国成立前生活困苦,濒于民族灭绝的边缘。解放时,赫哲族只剩下三百多人。新中国成立后,赫哲族的生活和生产设备都得到改善,并于抚远县下八岔建置了民族乡。据1964年人口普查,赫哲族人口是718人。1982年普查,是1 426人,比1964年人口加倍地增长,但还是全国内人口最少的一个民族。赫哲族有自己的语言而无文字。语言属阿尔泰语系·满—通古斯语族·满语支。

内蒙古自治区曾先后出现过几个以强悍著称的民族。秦汉时期有匈奴,三国两晋南北朝时期有鲜卑,隋唐时期有突厥和回纥,五代以至北宋时期有契丹。成吉思汗崛起后,蒙古族的威力凌驾宇内。成吉思汗的后裔建立了元朝。元亡后,蒙古族在蒙古地区仍继续有所发展。

1945年,内蒙古自治区建立了,这是在中国共产党领导下成立最早的一个自治地方,比中华人民共和国的成立还早四年。这里,有辽阔丰美的呼伦贝尔草原,有沃野千里的黄河灌区,有大兴安岭的原始森林,有煤、铁、铬、锰、钴、锌、金、银、锡等矿藏,有甘草、大黄、知母和鹿茸、熊胆、麝香等药材。蒙古族久以游牧著称。近几十年,已由游牧向定牧转化,而且也发展了农业。随着工业的发展,蒙古族中也出现了不少工人,但蒙古族还是以畜牧业为主。在畜牧业中,又以牛羊为主,马、骆驼次之,并有著名的优良品种。蒙古族能歌善舞,喜欢摔跤、赛马,这也都跟长期的游牧生活有密切的关系。

蒙古族一般信仰喇嘛教。蒙古族的语言属阿尔泰语系·蒙古语族。它在史学、文学和医学上,都有长期的积累,表现了民族的特色。

蒙古族现有3 411 000多人,主要聚居在内蒙古自治区,有2 489 000多人;其次,住在辽宁省的有428 000多人,居住在新疆维吾尔自治区的有117 000多人。此外,还有一部分蒙古人居住在辽宁、吉林、黑龙江、甘肃、青海、河北、河南、四川、云南、北京等省市和宁夏回族自治区。辽宁、吉林、黑龙江、甘肃、青海等省和新疆维吾尔自治区,还分别建立了蒙古族自治州、自治县。

达斡尔族、鄂温克族、鄂伦春族,主要居住在内蒙古自治区。达斡尔族,有人推测是辽代契丹的后裔,但还没有确证。达斡尔族现有

91 000多人,在嫩江左岸建置了莫力达瓦达斡尔族自治旗。达斡尔人还分布在内蒙古的其他地方和黑龙江省、新疆维吾尔自治区的塔城地区。他们兼营农牧,也从事渔、猎、采集。他们的语言属阿尔泰语系·蒙古语族,没有文字。鄂温克族,现有19 000多人。其族源,与南北朝时期居住在今黑龙江上、中游的室韦,特别是北室韦,有密切的关系。鄂温克人以驯鹿著名,明清时被称为"乘鹿"或"使鹿"的人。现在,鄂温克族有比较多的人居住在鄂温克族自治旗,其余散居在内蒙古自治区各地和黑龙江省。这个民族内部在经济发展上很不平衡,有的人务农,有的人狩猎,有的人半农半狩,也有一些人还保持着驯鹿的传统。鄂伦春族,现有4 100多人,以狩猎为生,比较集中地居住在鄂伦春自治旗,其余居住在布特哈旗、莫力达瓦达斡尔族自治州以及黑龙江省呼玛、爱辉等县。鄂温克族和鄂伦春族的语言,都属于阿尔泰语系·满—通古斯语族·通古斯语支,没有文字。

宁夏回族自治区,原为党项人所建立的西夏的故地。这里沟渠纵横,形成相当完整的灌溉系统,为农业生产提供了有利的条件,因而有"天下黄河富宁夏"之称。枸杞、发菜、滩羊毛皮和池盐是这里著名的特产。

"回族"的"回",是"回回"的简称,现在有7 219 000多人,居住在自治区的有1 225 000多人,居住在甘肃省的有95万多人,居住在河南省的有727 000多人,居住在新疆维吾尔自治区的有57万多人,居住在云南省的有438 000多人。在全国的每一个省、直辖市、自治区,都有相当数量的回族人居住。回族人口分布得如此广泛,这在少数民族中是少有的。甘肃省、新疆维吾尔自治区、河北省、青海省、云南省、贵州省,建立了回族自治州、县。其中,甘肃省的临夏回族自治州、张家川回族自治县,新疆维吾尔自治区的昌吉回族自治州,河北省的孟村自治县,都是有名的回族聚居地区。

回族主要经营农业。自元代以来,回族在各地开垦,逐渐形成村落。现在回族所在农村,或称"回回屯"、"回回营",或某家村,还保留着当年的遗迹。回族还兼营手工业和商业。制香、制药、制革、皮毛加工、矿产、采冶、交通运输以及饮食业，也都是在回族经济活动中常见的。

回族是从元代开始逐渐形成的，在回族形成和发展的过程中，伊斯兰教是起过作用的。回族能把多种民族成员联结为一个民族，伊斯兰教的共同信仰是原因之一。我国少数民族信仰伊斯兰教的，共有 10 个，在回族以外，还有维吾尔、哈萨克、柯尔克孜、撒拉、乌兹别克、塔吉克、塔塔尔、保安和东乡等民族。

回族使用汉语和汉文。在回族的宗教用语和生活用语中，还保留一些阿拉伯语词汇和波斯语词汇，但为数不多。在回族的宗教职业者中，曾用阿拉伯字母和波斯字母拼写汉语，这可能已有三四百年之久。这可说是汉语用字母拼写的最早形式，但未能规范化，而且一直是为很少数的人所使用。回族之普遍地使用汉语汉文，减少了语文上的民族色彩，同时也减少了学习汉族文化的困难。后者对于回族经济文化的发展，是一个有利的条件。

甘肃省河西走廊，是秦汉时大月氏的故地。唐代，回鹘自今蒙古地区西迁时，其中一支留在河西，史称河西回鹘。现河西走廊的中部有裕固族居住，建置了肃南裕固族自治县。再往南，在甘肃省临夏回族自治州境内，有东乡族居住，建置了东乡族自治县。裕固族，自称"尧乎尔"、"西拉玉固尔"或即唐代河西回鹘的后裔。"裕固"是 1953 年群众商定了的正式族名，取其与"尧乎尔"的音近并有富裕、巩固的意思。裕固族有 10 500 多人，以畜牧为主，也从事狩猎。裕固族使用 3 种语言。居住在自治县西部的人，使用阿尔泰语系·突厥语族的裕固语，或称尧乎尔语。居住在自治县东部的人，使用阿尔泰语系·蒙古语族的裕固语，或称恩格尔语。另有居住在酒泉黄泥堡和肃南双海地区的人，使用汉语。这三处的裕固族，都没有自己的文字。东乡族，现有 279 000 多人，半数以上聚居在东乡族自治县，其余散居在和政县、临夏县等地。东乡族，以居于临夏东乡而得名。东乡族的宗教信仰和风俗习惯跟回族相近，语言跟蒙古语相近，同属阿尔泰语系·蒙古语族。因此，东乡族过去有"东乡回"和"蒙古回"之称。这个民族,大概是从元代以后逐渐形成的,生产上以农业为主。

土族,有 159 000 多人,其中 12 万多人聚居在青海省互助土族自治县。关于土族的族源,有不同的说法。土族人自称"蒙古儿",可能与蒙古族有历史上的密切关系。土族语和蒙古语同属阿尔泰语系·蒙古语族,而土族语仍为本民族的独立语言。土族没有文字,使用汉文。土族原为游牧民族,后来转向以农业为主,兼营畜牧。土族人信仰喇嘛教。

撒拉族,有 69 000 多人。其中,居住在青海省的有 60 900 多人,居住在甘肃省的有 5 000 多人,居住在新疆维吾尔自治区的近 3 000 人。在青海省设有循化撒拉族自治县,在甘肃省设有积石山保安族撒拉族自治县。撒拉族,相传来自中亚细亚的撒马尔罕,可能是在元代东来的。撒拉族语言,属阿尔泰语系·突厥语族。撒拉族没有文字,使用汉文。撒拉族以农业为主,普遍地兼营园艺,培植果木。撒拉地区还生产大黄、党参、麻黄、麝香等名贵药材。

新疆维吾尔自治区,是我国最大的行政区,也是一个多民族的辽阔地区,它占全国总面积的六分之一。维吾尔族有 5 957 000 多人,居住在新疆维吾尔自治区的有 5 949 000 多人,大部分人居住在天山以南。其余散居在各省、直辖市、自治区的,差不多有 8 000 人。维吾尔族是新疆各民族中人口最多的民族。哈萨克族,有 907 000 多人,主要居住在北疆的伊犁哈萨克自治州,东疆的木垒哈萨克自治县和巴里坤哈萨克自治县,还有少数人居住在青海省的海西蒙古族藏族哈萨克族自治州和甘肃省的阿克赛哈萨克族自治县。哈萨克族是在新疆维吾尔自治区少数民族人口中和居住面积上仅次于维吾尔族的民族。柯尔克孜族,近 114 000 人,主要居住在克孜勒苏柯尔克孜自治州,其余分布在自治州附近的乌什、阿克苏、莎车、皮山等地,也有很少数人居住在黑龙江富裕县境内。塔吉克族,有 26 500 多人,主要居住在塔什库尔干塔吉克自治县,其余居住在莎车、叶城等地。这两个民族的自治地方,都处在自治区西部的国境边缘地带。乌兹别克族,有 12 400 多人。塔塔尔族,有 4 100 多人。俄罗斯族,有 3 000 人左右。这3个民族,人数少,又居住得特别分散。他们都有一些人居住在乌鲁木齐、伊宁和塔城。乌兹别克族还有一些人居住在喀什、莎车和叶城。

《汉书·西域传》称西域"本三十六国,其后稍分至五十余,皆在匈奴之西,乌孙之南。南北有大山,中央有河"。"东则接汉,扼以玉门、阳关。西则限以葱岭"。这说的是南疆。当时,这里有农业,有畜牧业,能制兵器,所产玉石和葡萄已为人所知。由敦煌西行的南北路线,都从这里向国外延伸,这就是所谓"丝绸之路"的国内部分。《汉书·西域传》所记乌孙,是在北疆的游牧民族。汉朝曾多次遣嫁公主,跟乌孙建立了和亲的关系。自唐以后,在天山南北或其局部地区,先后出现了突厥汗国、高昌王国、喀喇汗国、喀喇契丹汗国、蒙古统治和叶尔羌汗国等历史时期。在这一悠久的过程中,天山南北各族人民创造了丰富的历史,留下了大量的文化遗迹和历史文献。

维吾尔,依汉文史籍所载,是汉代丁零的后裔,南北朝时为铁勒的袁纥部。袁纥,隋时称韦纥,唐称回纥,后改称回鹘,元代以后有畏兀儿、畏吾儿等称,都是"维吾尔"的不同译写。维吾尔自唐代后期西迁。入南疆后,接受了当地已经发展起来的农业生产技术,逐渐由游牧生活转向定居的以农耕为主、兼营畜牧业的生活。棉花的生产是在南疆较早出现的,这是关系人民衣着条件的一件贡献。维吾尔人善于在盆地和河谷边缘开发绿洲,并开发地下暗沟,做坎儿井,用以灌溉农田。维吾尔族吸收了兄弟民族的优点以丰富自己,在新疆社会的发展过程中,维吾尔族不断显示其富有影响的活力。

哈萨克族,是一个古老的游牧民族。据说,这个民族中有一些人长期用"乌孙"作为部落的名称。哈萨克族中也许有古乌孙人的后裔。哈萨克族居住地区是一个自然条件良好的牧场。这里适宜于牧草的培育,夏季可放牧于盆地周围的群山,冬季可放牧于山谷和河流两岸。哈萨克族的畜产是著名的,马、羊等牲畜的数量多,而且优良品种也多。此外,水獭、紫貂、猞猁、羚羊等,都是珍贵的野生动物。哈萨克族在生活上,食肉饮奶,戴皮帽,穿皮毛衣服和靴子,牧民的色彩特别鲜明。新中国成立后,哈萨克族的农业有相当的发展,粮食和饲料生产的增加,有利于促进畜牧业的发展。

柯尔克孜族,也是一个古老的游牧民族,原居叶尼塞河上游地区。自汉以后,被称为"隔昆"、"坚昆"或"纥昆";唐以后,有"黠戛斯"、"乞儿吉思"、"吉利吉思"等译名;清初被称为"布鲁特",这是准噶尔语,意为"高山居民"。柯尔克孜族自汉代起,先后为匈奴、突厥和回纥所统治,它跟回纥进行了长期的斗争,终于在唐文宗时击破回纥,迫使其西迁。此后不久,柯尔克孜族也向西南移动,进入今新疆地区。元明时期,其主要活动地区已由叶尼塞河上游移于今新疆境内。清初,天山南北都有柯尔克孜族居住。原留在叶尼塞河上游地区的柯尔克孜族也西来跟住在今新疆境内的同族汇合。自清初以后,柯尔克孜族经历了对国内外反动势力的斗争,在人口上遭受的损失,在新疆各民族中最为严重。柯尔克孜族从事农耕,也狩猎。在所畜牧的牲畜中,细毛羊和阿斯卡尼裘皮羊,都是著名的品种。牦牛和犏牛是高寒地区的特产。柯尔克孜族和维吾尔族、哈萨克族都有自己的语言,都属于阿尔泰语系·突厥语族,都有以阿拉伯字母为基础的拼音文字。新中国成立后他们又都设计了以拉丁字母为基础的新文字。

塔吉克族,以畜牧业为主,兼营农业,过着半游牧半定居的生活。塔吉克人的牲畜,主要是羊,其次是牛、马、驴和驼。牛,有牦牛和犏牛,可用于运输。羊有敦巴什大尾羊,尾部一般有30斤左右,是很著名的品种。山村中还有帕米尔大头羊和雪鸡、熊、豹、狼、狐等野生动物。塔吉克人长期以来习惯于以狩猎为副业。他们多数说色勒库尔话,少数说瓦罕话,这都是塔吉克语,属于印欧语系·伊朗语族。

乌兹别克族和塔塔尔族,也都是中国的古老民族。乌兹别克语、塔塔尔语,都与维吾尔语很接近,同属于阿尔泰语系·突厥语族。这两个民族的文字,也都是以阿拉伯字母为基础的拼音文字。他们在新中国成立前,长期以商业活动为主,兼营农牧。他们对南北疆之间、新疆与中亚各地之间的商品流通,是起作用的。

俄罗斯族,在新疆有二百多年的历史。这里的俄罗斯人,语言文字使用俄语、俄文,在生活习俗上,也基本上与苏联俄罗斯族相同。居住在城市的俄罗斯人,大多经营修理业、运输业和手工业;居住在农村或接近牧区的俄罗斯人,也经营农业和畜牧业。他们在生产技术和经济、文化生活等方面,都有较高的发展。

以上是主要居住在北方的民族,共有 21 个。

南 方 民 族

南方民族,包括主要居住在青藏高原和四川省西部、云贵高原和两湖西部、广西壮族自治区和东南沿海地区的少数民族。这差不多都是处于我国南部边防和海防地带的民族。他们的语言,除佤族、德昂族、布朗族、高山族、京族外,都属于汉藏语系。他们大部分人能歌善舞,往往歌舞于山林水滨,比起习惯于驰骋草原的北方民族的歌舞,另有一番风味。

在青藏高原和四川省西部,有藏族、门巴族、珞巴族、羌族。藏族有 387 万多人,其中居住在西藏自治区的有 1 786 000 多人,居住在青海省的有 754 000 多人,居住在四川省的有 922 000 多人,居住在甘肃省的有 304 000 多人,居住在云南省的差不多有 96 000 人。其余分散在全国各省、直辖市、自治区,少者十几人,多者几百人,个别地方接近 2 000 人。门巴族有 6 200 多人,珞巴族有 2 000 多人,分别居住在西藏自治区的南部。羌族有 102 700 多人,主要居住在四川省内。

藏族的自治地方,除西藏自治区外,在青海省有玉树、海南、黄南、海北、果洛等藏族自治州,在四川省有甘孜、阿坝等藏族自治州和木里藏族自治县,在云南有迪庆藏族自治州,在甘肃省有天祝藏族自治县。藏族居住之广和聚居程度之高,是全国少数民族中所仅见的。羌族也有自治地方,即四川省的茂汶羌族自治县。

藏族和羌族,都是古老的民族。藏族是少数民族中最富于典籍和艺术制作的民族。藏语和门巴语、珞巴语都属于汉缅语系·藏缅语族,藏语和门巴语又同属藏语支。珞巴语的语支未定。藏族有自己的拼音文字,门巴族和珞巴族也使用藏文。藏族和门巴族的传统宗教是喇嘛教,也有少数人信奉巫教。在珞巴族中,巫教相当流行。

藏族地区,近年不断有古人类遗骸和石器时代遗物的发现。有的学者认为,这种古人类即藏人的远祖。据汉文史书所记,藏族地区原为古代羌族旧居。今藏族中可能有古代羌族的后裔。但如因而认为藏族的族源即来自羌族,就未免立论过勇了。唐太宗贞观七年(633年),松赞干布建立吐蕃王国,一直到唐武宗会昌二年(842年)吐蕃王国灭亡,延续了二百多年之久。当吐蕃强大的时候,兵力曾东至今四川省的阿坝地区,并曾攻占了安西四镇,一度攻入唐都长安。但这都不妨碍唐藏的友好。文成公主和金城公主的入藏,以及唐蕃会盟碑的树立,都成为中国民族关系史上的佳话。

藏族地区因地形和气候的显著差异,利于多种经济的经营。而草原辽阔,水草肥美,又特别有利于藏族地区之以畜牧业为主。牦牛和犏牛是西藏的特产。河曲马、大通马、工布骡,都是这里的良种。农业生产以青稞为主,也生产小麦、蚕豆、油菜、土豆、萝卜等。在气候温和的河谷地区,还生产水稻和棉花。藏族地区因森林茂密,出产珍禽异兽和熊胆、麝香、鹿茸、冬虫夏草、雪莲、灵芝等名贵药材。水力、地热及各种地下资源都很丰富。门巴族和珞巴族所在地区,位于喜马拉雅山南麓,气候温和,而峡谷地带,四季如春,宜于农作物的生长,这里出产青稞、大豆、小麦、棉花、芝麻和天麻、三七、雪莲、当归、党参等药材。在新中国成立前,这两个民族跟外界交往少,生产工具和生产技术都还停留在比较原始的阶段。

羌族,跟汉族有同样古老的历史。羌、姜,音义都相近。羌,从羊,从人,意为牧羊人。姜,从羊,从女,意为牧羊女。这显然是对于游牧民族的称呼。在中国历史的传说时代,姜姬世为婚姻,并为中国西北部的重要部落集团。西周、春秋时期,姜姓封国,有齐、吕、申、许,都是羌族在东方的新发展。两汉时所谓"西羌",泛指西北的多种族别,不是单一的民族。他们在历史上总是跟氐族在一起,活动地区甚为广泛。氐族早已不见了,现在的羌族只是古羌族在岷江上游传衍下来的一支。羌语,属汉藏语系·藏缅语族。他们没有自己的文字,久已使用汉文。在生产上,以农业为主,兼营畜牧和林业。羌区山林,也多珍奇动物,产名贵药材。

云贵高原和湖南省西部,是民族众多甲于全国的地区,基本上或主要居住在这个地区的民族有22个。其中基本上或主要居住在云南省的有16个民族,在贵州省的有5个民族,在湖南省西部的有1个民族。

云南省的16个民族,都有自己的语言。彝族、白族、哈尼族、傈僳族、拉祜族、纳西族和基诺族的语言都属于汉藏语系·藏缅语族·彝语支。景颇族和独龙族的语言属于藏缅语族·景颇语支。普米族、怒族、阿昌族的语言也属于藏缅语族,语支待定。傣族的语言,属于汉藏语系·壮侗语族·壮傣语支。还有佤族、德昂族和布朗族的语言,是属于南亚语系·孟高棉语族·佤德昂语支。彝族、纳西族、傣族有自己的文字。傈僳族和拉祜族有外国传教士过去代制的拉丁化拼音文字。新中国成立后,彝文和拉祜文都进行了改革,哈尼族、傈僳族和纳西族、景颇族、佤族有拉丁化拼音文字的设计或试行。

彝族有5 453 000多人。其中,在云南省居住的有3 354 900多人,设有楚雄彝族自治州和漾濞、峨山、路南、宁蒗、南涧等彝族自治县。居住在四川省的有1 525 700多人,有凉山彝族自治州。居住在贵州省的彝族有563 700多人,居住在广西壮族自治区的彝族有4 600多人。凉山彝族自治州及其附近,是彝族最大的聚居区,有一百多万人。白族有1 131 000多人,其中80%以上聚居在云南大理白族自治州,少数散居在四川省西昌和贵州省毕节等地。哈尼族有1 058 000多人,居住在云南省红河哈尼族彝族自治州,差不多要占哈尼族总人口的一半,其余散居在思茅地区和西双版纳等地。傈僳族约49万人,主要聚居在云南省怒江傈僳族自治州和维西傈僳自治县,其余分散在丽江、保山、大理、楚雄等州县。拉祜族有304 000多人。其中约有20万人居住在澜沧江以东,北起临沧、耿马,南至澜沧、孟连等县。纳西族有245 000多人。其中有15万多人聚居在丽江纳西族自治县,有少数人居住在四川省和西藏自治区境内。基诺族,接近两万人,聚居在西双版纳景洪县的基诺洛克公社。

上述彝族、白族等7个民族,都有古老的历史。白族,汉代称"僰",南北朝以后称"白蛮"。"僰"、"白",是同音字而写法不同。彝族,是由汉代的"昆明"和"叟"发展而来。自唐至元,彝族有"乌蛮"之称,后又被称为"罗罗"。汉代的滇王国和唐代的南诏,都是彝族建立的政权。继南诏而起的,从长和国以至大理国,都是白族建立的政权。元灭大理后,彝族和白族的贵族仍在云南有一定稳定的势力,延续了相当长的时期。哈尼族,也出自"叟"和"昆明"。拉祜族跟"昆明"也有族属上的渊源关系。傈僳族也是由"乌蛮"发展而来。纳西族,汉晋时称"摩沙夷",自唐初以后称"磨些蛮"。在南诏独霸云南以前,磨些人所建立的越析诏,是六诏之一。基诺族,文献记载缺乏,有人认为,清初汉文记载中的"攸乐",是见于记载之始。但在基诺族的传说中,民族的起源是与人类的起源紧密联系的,这也许可说是反映了基诺族有自己的悠久历史。

这7个民族大致都经过一个游牧生活的阶段,后来都转向以农耕为主,有的人兼营畜牧和狩猎、采集。这些民族地区,除彝族的部分地区外,大多土地肥沃,宜于农耕,药材、矿藏和水力资源都相当丰厚。

景颇族有93 000多人,阿昌族有20 000多人,他们主要聚居在云南省德宏傣族景颇族自治州。景颇族还有少数人居住在怒江傈僳族自治州的片马、古浪等地。独龙族有4 000多人,是云南少数民族中人口最少的民族,主要居住在贡山独龙族怒族自治县的独龙河谷。怒族有23 000多人,除一部分居住在贡山外,还分布在碧江、福贡两县及兰坪县菟峨公社。普米族有24 000多人,居住在兰坪、丽江、维西、永胜等县和宁蒗彝族自治县,还有一些人居住在四川省木里藏族自治县和盐源县。这5个民族也都有悠久的历史。他们的聚居地区富于森林、药材、珍奇禽兽以及矿藏和水力资源。目前,这些民族大致以农业为主,各种资源尚有待开发。

傣族近84万人,主要居住在西双版纳傣族自治州、德宏傣族景颇族自治州和耿马傣族佤族自治县、孟连傣族拉祜族佤族自治县,还有一些分散在景东、普洱、澜沧、元江、金平等三十多个县。傣族聚居地区多在群山环抱中的河谷平坝,属亚热带气候,土地肥沃、四季常青,为农业生产提供了优厚的条件。这里盛产樟脑、咖啡、橡胶、紫胶等经济作物和柚木、紫檀等贵重木材,铜铁金银等矿产的蕴藏量都相当丰富,普洱茶是蜚声中外的名产。野象和孔雀为这里增添了特有的景色。

　　远在先秦时期的文献,就有关于"百越"和"百濮"的记载。据学者们的研究,这是两大系统的部落群,而傣族的先民属于"百越"的一部分,佤族、布朗族、德昂族属于"百濮"的一部分。佤族,有298 000多人。沧源佤族自治县和西盟佤族自治县是佤族的主要聚居区,耿马傣族佤族自治县和孟连傣族拉祜族佤族自治县以及双江、镇康、永德等县,也是佤族人数较多的地方。西双版纳傣族自治州和德宏傣族景颇族自治州也有一些佤族人散居。布朗族有57 000多人,主要聚居在西双版纳傣族自治州、勐海县的布朗山、西定、巴达等地,还有一些人散居在双江、耿马、景东等县。德昂族有12 000多人,主要聚居在德宏傣族景颇族自治州,其余居住在镇康、耿马和澜沧等县。这3个民族多住在山区的半山腰上,因地处亚热带,土地好,雨量足,很适于农作物的生长。矿藏和原始森林资源在这些民族地区相当丰富,茶叶和龙竹是这里的特产。

　　基本上或主要居住在贵州省的少数民族,有苗族、布依族、侗族、水族、仡佬族等5个民族。苗族是贵州少数民族中人口最多的,有503万多人。其次,布依族有212万多人,侗族有1 425 000多人,水族有286 000多人,仡佬族有53 800多人。这5个民族各有自己的语言。苗族语言属于汉藏语系·苗族语族·苗语支,布依族语言属于汉藏语系·壮侗语族·壮傣语支,侗族和水族属于壮侗语族·侗水语支。仡佬族语言也属于汉藏语系,语族未定。苗族、布依族都有试行的拉丁化拼音文字。水族有简单的象形文字,但不通用。

　　苗族也是一个古老的民族,其先民可能远在很古老的时代就曾在黄河中下游流域活动,后来向南转移,进入洞庭湖一带,以后又向西和西南转移。现在苗族居住在贵州省的有2 588 000多人,居住在云南省的有752 000多人,居住在四川省的有358 000多人,居住在广西壮族自治区的有338 000多人,居住在广东省的有41 000多人,居住在湖南省的有761 000多人,居住在湖北省的近18万人,另外散居在其他省、直辖市、自治区的,少者不到100人,多者2 000多人。布依族居住在贵州省的有210万多人,居住在云南省的有4 700多人,居住在四川省的有4 200多人,居住在广西壮族自治区的有6 800多人。布依族长期跟苗族杂居。在贵州省,苗族和布依族联合建立了黔东南、黔南、黔西南等3个自治州和镇宁、紫云、关岭等3个自治县。另外,苗族有在贵州省跟侗族联合建立的黔东南自治州,在湖南省、四川省分别跟土家族联合设立的2个自治州、4个自治县,还有一些别的自治地方。苗族、布依族居住地区虽多高山,但也有位居于坝子和河谷之间的地方,一般土地肥沃,雨量充沛,生产大米、小米、玉米等多种粮食作物,水力、木材、药材、矿产及珍奇禽兽等资源也颇为富厚。苗族居地辽阔,不同地区间的地理条件差别颇大,经济发展也不平衡。在手工艺方面,苗族和布依族的纺织品、刺绣,特别是蜡染,很有声誉。

侗族、水族和仡佬族,一些学者认为,都是出自古代的"百越"系统的民族。侗族和水族出自这一系统的骆越,仡佬族出自这一系统的僚。侗族居住在贵州省的有近85万人,居住在广西壮族自治区的有近23万人,居住在湖北省的有21 800多人,居住在湖南省的有318 000多人。水族居住在贵州省的有274 000多人,居住在云南省的有6 300多人,居住在广西壮族自治区的有4 000多人。仡佬族,居住在贵州省的有51 000多人。仡佬族没有建立自治地方。水族在贵州省有三都自治县。侗族在贵州省有玉屏侗族自治县,在广西壮族自治区有三江侗族自治县,在湖南省有通道侗族自治县和新晃侗族自治县。

侗族等3个民族,都以经营农业为主,而侗族兼营林业。侗族地区产大米、棉花、烟叶、药材,而杉木最为著名。侗族的建筑,如鼓楼、风雨桥和一般竹楼,都很有民族特色。侗族妇女善于编织和刺绣,侗锦是其中的精品。水族地区,在自然条件好的地方,可说是鱼米花果之乡,但灌溉设施不发达,农业生产受到限制。仡佬族的生产条件最差,新中国成立前农民多不能解决吃饭问题。

基本上居住在两湖西部的土家族,自称"毕兹卡",意为"本地人",称汉人为"客家"。这可能就意味着,土家族有在这里长期定居的历史,而汉人则是在土家族定居相当久之后才迁过来的。土家族现有 2 832 700 多人。其中,居住在湖北省的有 1 486 000 多人,居住在湖南省的有 744 700 多人,分别建立了跟苗族联合的鄂西自治州和湘西自治州。居住在四川省的有 595 000 多人,建立了石柱土家族自治县和跟苗族联合建立的 4 个自治县。另外,还有散居在别省的,为数都很有限。土家族在两湖西部居住的地区,具有发展农、林、牧、副、渔多种经营的条件,出产水稻、玉米、麦、棉花、油桐、油茶等。油桐、油茶在土家族生活中占有相当重要的地位。土家族也有自己的语言,属汉藏语系,语族未定。土家人使用汉语的人数要比使用本民族语者为多。

主要或基本上居住在广西壮族自治区及东南沿海一带的少数民族,有壮族、毛南族、仫佬族、瑶族、京族、黎族、高山族和畲族。这 8 个民族都有自己的语言。壮族、毛南族、仫佬族、黎族的语言都属于汉藏语系·壮侗语族。壮族语是属于壮傣语支,毛南族语和仫佬族语属侗水语支,黎族语属于黎语支,畲族语言属于苗瑶语族·苗语支,高山族语属南岛语系。京族语,语系、语族未定。

壮族是全国少数民族中人口最多的,也是在广西定居时间最久的民族。制作细致的铜鼓和分布于自治区南部左江两岸山崖上的壁画,可说是壮族古文化的象征。学者们认为,这都是远在 2 000 年前的遗物。壮族自治区是以风景优美著称的地区,山皆青翠,往往拔地而起,山中多岩洞钟乳,穷极瑰丽,河流纵横,清澈见底,富有水利资源。农作物有水稻、玉米、薯类,果品有柚子、菠萝、龙眼、荔枝,药材有三七、罗汉果、桂圆,木材有银杉、樟木,矿产有煤、铁、金、钨、铜、锌、石油等。

壮族共有 13 378 000 多人。其中,居住在广西壮族自治区的有 12 325 000 多人,居住在云南省的有 888 000 多人,居住在广东省的有 86 000 多人,居住在贵州省的有 27 000 多人,居住在湖南省的有 14 000 多人。散居在其他省、直辖市、自治区的,多者一两千人,少者数十人。壮族的自治地方,除广西壮族自治区外,在云南省有文山壮族苗族自治州,在广东省有连山壮族瑶族自治县。

瑶族有 1 402 000 多人。其中,居住在广西壮族自治区的有 863 000 多人,在这里建立了金秀、都安、巴马、富川等 4 个瑶族自治县;在湖南省居住的有 273 000 多人,在这里建立了江华瑶族自治县;在云南省居住的有 147 000 多人,在这里建立了河口瑶族自治县。在贵州省居住的有 19 000 多人;在广东省居住的有 95 000 多人,建立了乳源瑶族自治县。另外,还有少数人散居各地。仫佬族有 90 400 多人。其中,居住在广西壮族自治区的有 88 000 多人,建立了罗城仫佬族自治县;居住在贵州省的有 1 300 多人。毛南族有 38 000 多人,其中,居住在广西壮族自治区的有 37 900 多人;居住在外地的人数很有限。这 3 个民族,都各有自己的古老历史。他们的居住地区多山,人们多住在山下和山坡上。有些地区,山上有木材和麝香、樟脑等土特产及铁、锰、镁等矿藏。农作物主要是水稻,在缺水的地方则种旱稻,还有玉米、小麦、薯类和棉花等。毛南人善于饲养菜牛,在这方面有相当丰富的经验。

京族近 12 000 人,有 9 800 多人居住在广西壮族自治区,有 1 100 多人居住在广东省。京族最晚在四百多年前由越南迁来,一直是我国以渔业为主的民族。其主要居住区在广西壮族自治区的南部,防城各族自治县江平公社的沥尾、巫头、山心三个岛,素有"京族三岛"之称。邻近的北部湾是著名的天然渔场,有鱼类七百多种,其中经济价值较高、产量较丰富的达二百多种。所产海马、海龙、珍珠是名贵药材。农作物和果品有水稻、花生、芋头和香蕉、龙眼、菠萝蜜等。

黎族和高山族基本上都居住在南海中两个最大的岛上。黎族有817 500多人,其中居住在广东省的有81万多人,居住在广西壮族自治区的有1 800多人,居住在湖南省的有3 500多人。黎族在海南岛跟苗族联合建立了海南黎族苗族自治州。高山族基本上居住在台湾省,据说有三四十万人。这只是估计,确切数字尚有待于调查。高山族散居在大陆各地的有1 500多人。黎族和高山族都是历史悠久的民族。黎族是由土著居民发展起来的。高山族的族源可能要复杂一些。海南和台湾在国防上和经济上都占有重要的地位,海洋资源、森林资源、矿藏资源都很富饶。主要农作物水稻,在一些地方一年可以三熟,薯类可以不拘季节,随时种植。最近,海南岛筹备建省,当地各项资源都将得到较快的开发。台湾省因政治原因跟祖国大陆分离,但这只是暂时的现象,祖国的统一迟早会实现的。

畲族有368 800多人,分散地居住在广东、福建、浙江等省的丘陵地带。其中居住在福建省的有208 400多人;居住在浙江省的有147 500多人,在这里建立了景宁畲族自治县。在广东省的有3 200多人,在江西省的有7 400多人,在安徽省的有1 100多人。大约在南宋末年,"畲"字才开始用作民族名称,而畲族本身历史的开始当远在这个时期以前。畲族人民主要从事农业生产,农作物有水稻和薯类,还有麦子、油菜、烟叶、土豆等。畲族居住地区多为山区,那里产林木和毛竹,土特产有茶叶、油菜、纸、笋干、香菇、樟脑、松油等。在手工艺方面,畲族的刺绣和斗笠,各具有民族特色。

以上,南方少数民族共34个。北方和南方的55个少数民族人口,合计约有67 233 200多人。另外,还有未经识别的民族879 200多人,外国人加入中国籍的4 800多人,跟汉族人民计算在一起,全国共1 003 937 000多人。[1]

---

〔1〕 以上,关于人口的数字,根据1982年全国人口普查的统计。关于民族概况,多根据《中国少数民族》,人民出版社,1981年版。

附表一

全国各民族人口数字统计表

民族别	1982年7月1日人口普查数（万人）	占总人口%	民族别	1982年7月1日人口普查数（万人）	占总人口%
29个省市区合计	100.394	100.0	柯尔克孜族	11.40	0.01
			土 族	15.94	0.02
汉 族	93 670.38	93.30	达斡尔族	9.40	0.01
蒙 古 族	341.17	0.34	仫 佬 族	9.04	0.01
回 族	721.94	0.72	羌 族	10.28	0.01
藏 族	387.01	0.39	布 朗 族	5.85	0.01
维 吾 尔 族	595.71	0.59	撒 拉 族	6.91	0.01
苗 族	503.09	0.50	毛 南 族	3.81	0.01
彝 族	545.34	0.54	仡 佬 族	5.38	0.01
壮 族	1 337.82	1.33	锡 伯 族	8.36	0.01
布 依 族	212.05	0.21	阿 昌 族	2.04	…
朝 鲜 族	176.39	0.18	普 米 族	2.42	…
满 族	429.92	0.43	塔 吉 克 族	2.65	…
侗 族	142.51	0.14	怒 族	2.32	…
瑶 族	140.27	0.14	乌兹别克族	1.25	…
白 族	113.11	0.11	俄 罗 斯 族	0.29	…
土 家 族	283.27	0.28	鄂 温 克 族	1.93	…
哈 尼 族	105.88	0.11	德 昂 族	1.23	…
哈 萨 克 族	90.76	0.09	保 安 族	0.90	…
傣 族	83.98	0.08	裕 固 族	1.06	…
黎 族	81.76	0.08	京 族	1.20	…
傈 僳 族	48.10	0.05	塔 塔 尔 族	0.41	…
佤 族	29.86	0.03	独 龙 族	0.47	…
畲 族	36.88	0.04	鄂 伦 春 族	0.41	…
高 山 族	0.15	…	赫 哲 族	0.15	…
拉 祜 族	30.42	0.03	门 巴 族	0.62	…
水 族	28.65	0.03	珞 巴 族	0.21	…
东 乡 族	27.94	0.03	基 诺 族	1.20	…
纳 西 族	24.52	0.02	其他未识别民族	87.92	0.09
景 颇 族	9.30	0.01	外国人加入中国籍	0.48	…

注：原载国家统计局编《中国统计摘要》，中国统计出版社1983年版。

附表二

全国民族自治地方(一)

我国现有5个自治区、31个自治州、96个自治县(旗),共132个自治地方。以下按地区排列,括弧内为建立时间。

自 治 区

内蒙古自治区(1947.5.1)
新疆维吾尔自治区(1955.10.1)
广西壮族自治区(1958.3.15)
宁夏回族自治区(1958.10.25)
西藏自治区(1965.9.9)

自 治 州

吉林　延边朝鲜族自治州(1952.9.3)
甘肃　甘南藏族自治州(1953.10.1)
甘肃　临夏回族自治州(1956.11.19)
青海　玉树藏族自治州(1951.12.25)
青海　海南藏族自治州(1953.12.6)
青海　黄南藏族自治州(1953.12.22)
青海　海北藏族自治州(1953.12.31)
青海　果洛藏族自治州(1954.1.1)
青海　海西蒙古族藏族哈萨克族自治州(1954.1.25)
新疆　巴音郭楞蒙古自治州(1954.6.23)
新疆　博尔塔拉蒙古自治州(1954.7.13)
新疆　克孜勒苏柯尔克孜自治州(1954.7.14)
新疆　昌吉回族自治州(1954.7.15)
新疆　伊犁哈萨克自治州(1954.11.27)
湖南　湘西土家族苗族自治州(1957.9.20)
湖北　鄂西土家族苗族自治州(1983.12.1)
广东　海南黎族苗族自治州(1952.7.1)

四川　甘孜藏族自治州(1950.11.24)
四川　凉山彝族自治州(1952.10.1)
四川　阿坝藏族自治州(1953.1.1)
贵州　黔东南苗族侗族自治州(1956.7.23)
贵州　黔南布依族苗族自治州(1956.8.8)
贵州　黔西南布依族苗族自治州(1982.5.1)
云南　西双版纳傣族自治州(1953.1.24)
云南　德宏傣族景颇族自治州(1953.7.24)
云南　怒江傈僳族自治州(1954.8.23)
云南　大理白族自治州(1956.11.22)
云南　迪庆藏族自治州(1957.9.13)
云南　红河哈尼族彝族自治州(1957.11.18)
云南　文山壮族苗族自治州(1958.4.1)
云南　楚雄彝族自治州(1958.4.15)

自　治　县（旗）

河北　孟村回族自治县(1955.11.30)
河北　大厂回族自治县(1955.12.7)
辽宁　喀喇沁左翼蒙古族自治县(1958.4.1)
辽宁　阜新蒙古族自治县(1958.4.7)
辽宁　凤城满族自治县(1958.6.13)
辽宁　新宾满族自治县(1985.6.7)
辽宁　岫岩满族自治县(1985.6.11)
吉林　前郭尔罗斯蒙古族自治县(1956.9.1)
吉林　长白朝鲜族自治县(1958.9.15)
黑龙江　杜尔伯特蒙古族自治县(1956.12.5)
内蒙古　鄂伦春自治旗(1951.10.1)
内蒙古　鄂温克族自治旗(1958.8.1)
内蒙古　莫力达瓦达斡尔族自治旗(1958.8.15)
甘肃　天祝藏族自治县(1950.5.6)

甘肃	肃北蒙古族自治县(1950.7.29)
甘肃	东乡族自治县(1950.9.25)
甘肃	张家川回族自治县(1953.7.6)
甘肃	肃南裕固族自治县(1954.2.20)
甘肃	阿克塞哈萨克族自治县(1954.4.27)
甘肃	积石山保安族东乡族撒拉族自治县(1981.9.30)
青海	门源回族自治县(1953.12.19)
青海	互助土族自治县(1954.2.17)
青海	化隆回族自治县(1954.3.1)
青海	循化撒拉族自治县(1954.3.1)
青海	河南蒙古族自治县(1954.10.16)
青海	大通回族自治县(1985.11.10)
青海	民和回族土族自治县(1985.12.10)
新疆	焉耆回族自治县(1954.3.15)
新疆	察布查尔锡伯自治县(1954.3.25)
新疆	木垒哈萨克自治县(1954.7.17)
新疆	和布克赛尔蒙古自治县(1954.9.10)
新疆	塔什库尔干塔吉克自治县(1954.9.17)
新疆	巴里坤哈萨克自治县(1954.9.30)
湖南	通道侗族自治县(1954.5.7)
湖南	江华瑶族自治县(1955.11.25)
湖南	城步苗族自治县(1956.11.30)
湖南	新晃侗族自治县(1956.12.5)
湖北	五峰土家族自治县(1984.12.12)
湖北	长阳土家族自治县(1984.12.8)
广东	连南瑶族自治县(1953.1.25)
广东	连山壮族瑶族自治县(1962.9.26)
广东	乳源瑶族自治县(1963.10.1)
广西	龙胜各族自治县(1951.8.19)

广西	金秀瑶族自治县(1952.5.28)
广西	融水苗族自治县(1952.11.26)
广西	三江侗族自治县(1952.12.3)
广西	隆林各族自治县(1953.1.1)
广西	都安瑶族自治县(1955.12.15)
广西	巴马瑶族自治县(1956.2.6)
广西	防城各族自治县(1958.5.1)
广西	富川瑶族自治县(1984.1.1)
广西	罗城仫佬族自治县(1984.1.10)
浙江	景宁畲族自治县(1985.4.22)
四川	木里藏族自治县(1953.2.19)
四川	茂汶羌族自治县(1958.7.7)
四川	秀山土家族苗族自治县(1983.11.7)
四川	酉阳土家族苗族自治县(1983.11.11)
四川	黔江土家族苗族自治县(1984.11.13)
四川	彭水苗族土家族自治县(1984.11.10)
四川	石柱土家族自治县(1984.11.18)
四川	马边彝族自治县(1984.10.9)
四川	峨边彝族自治县(1984.10.5)
贵州	威宁彝族回族苗族自治县(1954.11.11)
贵州	松桃苗族自治县(1956.12.31)
贵州	三都水族自治县(1957.1.2)
贵州	镇宁布依族苗族自治县(1963.9.11)
贵州	紫云苗族布依族自治县(1966.2.11)
贵州	关岭布依族苗族自治县(1981.12.31)
贵州	玉屏侗族自治县(1984.11.7)
云南	峨山彝族自治县(1951.5.12)
云南	澜沧拉祜族自治县(1953.4.7)
云南	江城哈尼族彝族自治县(1954.5.18)

云南　孟连傣族拉祜族佤族自治县(1954.6.16)
云南　耿马傣族佤族自治县(1955.10.16)
云南　宁蒗彝族自治县(1956.9.20)
云南　贡山独龙族怒族自治县(1956.10.1)
云南　巍山彝族回族自治县(1956.11.9)
云南　路南彝族自治县(1956.12.31)
云南　丽江纳西族自治县(1961.4.10)
云南　屏边苗族自治县(1963.7.1)
云南　河口瑶族自治县(1963.7.11)
云南　沧源佤族自治县(1964.2.28)
云南　西盟佤族自治县(1965.3.5)
云南　南涧彝族自治县(1965.11.27)
云南　墨江哈尼族自治县(1979.11.28)
云南　寻甸回族彝族自治县(1979.12.20)
云南　元江哈尼族彝族傣族自治县(1980.11.22)
云南　新平彝族傣族自治县(1980.11.25)
云南　维西傈僳族自治县(1985.10.13)
云南　漾濞彝族自治县(1985.11.1)
云南　双江拉祜族佤族布朗族傣族自治县(1985.12.30)
云南　景东彝族自治县(1985.12.20)
云南　景谷傣族彝族自治县(1985.12.25)
云南　金平苗族瑶族傣族自治县(1985.12.7)

　　根据国家民族事务委员会财经司供稿
　　见《人民日报》1984年6月4~5日。今有增补。

附表三

全国民族自治地方(二)

我国现有5个自治区,31个自治州、96个自治县(旗),共132个自治地方。以下按民族排列。

北 方 民 族

[民族]	[自治地方]	[成立日期]
满　族	辽宁新宾满族自治县	1985.6.7
	辽宁岫岩满族自治县	1985.6.11
	辽宁凤城满族自治县	1985.6.13
锡伯族	新疆察布查尔锡伯自治县	1954.3.25
朝鲜族	吉林延边朝鲜族自治州	1952.9.3
	吉林长白朝鲜族自治县	1958.9.15
蒙古族	内蒙古自治区	1947.5.1
	新疆巴音郭楞蒙古自治州	1954.6.23
	新疆博尔塔拉蒙古自治州	1954.7.13
	辽宁喀喇沁左翼蒙古族自治县	1958.4.1
	辽宁阜新蒙古族自治县	1958.4.7
	吉林前郭尔罗斯蒙古族自治县	1956.9.1
	黑龙江杜尔伯特蒙古族自治县	1956.12.5
	甘肃肃北蒙古族自治县	1950.7.29
	青海河南蒙古族自治县	1954.10.16
	新疆和布克赛尔蒙古自治县	1954.9.10
达斡尔	内蒙古莫力达瓦达斡尔族自治旗	1958.8.15
鄂温克	内蒙古鄂温克族自治旗	1958.8.1
鄂伦春	内蒙古鄂伦春自治旗	1951.10.1
回　族	宁夏回族自治区	1958.10.25
	甘肃临夏回族自治州	1956.11.19
	新疆昌吉回族自治州	1954.7.15
	河北孟村回族自治县	1955.11.30
	河北大厂回族自治县	1953.7.6
	甘肃张家川回族自治县	1953.7.6
	青海门源回族自治县	1953.12.19

	青海化隆回族自治县	1954.3.1
	青海大通回族自治县	1985.11.10
	新疆焉耆回族自治县	1954.3.15
裕固族	甘肃肃南裕固族自治县	1954.2.20
东乡族	甘肃东乡族自治县	1950.9.25
土　族	青海省互助土族自治县	1954.2.17
撒拉族	青海循化撒拉族自治县	1954.3.1
维吾尔族	新疆维吾尔自治区	1955.10.1
哈萨克族	新疆伊犁哈萨克自治州	1954.11.27
	新疆木垒哈萨克自治县	1954.7.17
	新疆巴里坤哈萨克自治县	1954.9.30
	甘肃阿克塞哈萨克族自治县	1954.4.27
柯尔克孜族	新疆克孜勒苏柯尔克孜自治州	1954.7.14
塔吉克族	塔什库尔干塔吉克自治县	1954.9.17
青海	海西蒙古族藏族哈萨克族自治州	1954.1.25
青海	民和回族土族自治县	1986.6.27
云南	寻甸回族彝族自治县	1979.12.20
甘肃	积石山保安族东乡族撒拉族自治县	1981.9.30

南　方　民　族

[民族]	[自治地方]	[成立日期]
藏　族	西藏自治区	1965.9.9
	甘肃甘南藏族自治州	1953.10.1
	青海玉树藏族自治州	1951.12.25
	青海海南藏族自治州	1953.12.6
	青海黄南藏族自治州	1953.12.22
	青海海北藏族自治州	1953.12.31
	青海果洛藏族自治州	1954.1.1
	四川甘孜藏族自治州	1950.11.24

	四川阿坝藏族自治州	1953.1.1
	云南迪庆藏族自治州	1957.9.13
	甘肃天祝藏族自治县	1950.5.6
	四川木里藏族自治县	1953.2.19
羌　族	四川茂汶羌族自治县	1958.7.7
彝　族	四川凉山彝族自治州	1952.10.1
	云南楚雄彝族自治州	1958.4.15
	四川马边彝族自治县	1984.10.9
	四川峨边彝族自治县	1984.10.5
	云南峨山彝族自治县	1951.5.12
	云南路南彝族自治县	1956.12.31
	云南南涧彝族自治县	1965.11.27
	云南漾濞彝族自治县	1985.11.1
	云南景东彝族自治县	1985.12.20
	云南宁蒗彝族自治县	1956.9.20
白　族	云南大理白族自治州	1956.11.22
哈尼族	云南墨江哈尼族自治县	1979.11.28
傈僳族	云南怒江傈僳族自治州	1954.8.23
	云南维西傈僳族自治县	1985.10.13
拉祜族	云南澜沧拉祜族自治县	1953.4.7
纳西族	云南丽江纳西族自治县	1961.4.10
傣　族	云南西双版纳傣族自治州	1953.1.24
佤　族	云南沧源佤族自治县	1964.2.28
	云南西盟佤族自治县	1965.3.5
苗　族	湖南城步苗族自治县	1956.11.30
	广西融水苗族自治县	1952.11.26
	贵州松桃苗族自治县	1956.12.31
	云南屏边苗族自治县	1963.7.1
侗　族	湖南通道侗族自治县	1954.5.7

	湖南新晃侗族自治县	1956.12.5
侗　族	广西三江侗族自治县	1952.12.3
	贵州玉屏侗族自治县	1983.9.7
水　族	贵州三都水族自治县	1957.1.2
土家族	湖北五凤土家族自治县	1984.12.12
	湖北长阳土家族自治县	1984.12.8
	四川石柱土家族自治县	1984.11.18
壮　族	广西壮族自治区	1958.3.15
瑶　族	湖南江华瑶族自治县	1955.11.25
	广西金秀瑶族自治县	1952.5.28
	广西都安瑶族自治县	1955.12.15
	广西巴马瑶族自治县	1956.2.6
	广西富川瑶族自治县	1984.1.1
瑶　族	广东连南瑶族自治县	1953.1.25
	广东乳源瑶族自治县	1963.10.1
	云南河口瑶族自治县	1963.7.11
仫佬族	广西罗城仫佬族自治县	1984.1.10
畲　族	浙江景宁畲族自治县	1985.4.22
贵州	威宁彝族回族苗族自治县	1954.11.11
云南	巍山彝族回族自治县	1956.11.9
	新平彝族傣族自治县	1980.11.25
	寻甸彝族苗族自治县	1985.11.25
云南	红河哈尼族彝族自治州	1957.11.18
	元江哈尼族彝族傣族自治县	1980.11.22
云南	江城哈尼族彝族自治县	1954.5.8
	濮洱哈尼族彝族自治县	1985.12.15
云南	双江拉祜族佤族布朗族傣族自治县	1985.12.20
云南	德宏傣族景颇族自治州	1953.7.24

	孟连傣族拉祜族佤族自治县	1954.6.16
	耿马傣族佤族自治县	1955.10.16
	景谷傣族彝族自治县	1985.12.25
贵州	黔东南苗族侗族自治州	1956.7.23
	紫云苗族布依族自治县	1966.2.11
四川	彭水苗族土家族自治县	1984.11.10
云南	金平苗族瑶族傣族自治县	1985.12.7
贵州	黔南布依族苗族自治州	1956.8.8
贵州	黔西南布依族苗族自治州	1982.5.1
	镇宁布依族苗族自治县	1963.9.11
	关岭布依族苗族自治县	1981.12.31
湖南	湘西土家族苗族自治州	1957.9.20
	鄂西土家族苗族自治州	1983.12.1
四川	秀山土家族苗族自治县	1983.11.7
	酉阳土家族苗族自治县	1983.11.11
	黔江土家族苗族自治县	1984.11.13
云南	文山壮族苗族自治州	1958.4.1
广东	连山壮族瑶族自治县	1962.9.26
广东	海南黎族苗族自治州	1952.7.1
广西	龙胜各族自治县	1951.8.19
	隆林各族自治县	1953.1.1
	防城各族自治县	1958.5.1

第三节　统一的多民族历史的编撰

疆 域 问 题

编撰统一的多民族的历史,有3个重要的问题需要研究。一个是疆域问题,一个是历史时期的划分问题,再一个是多民族的统一问题。

疆域是历史活动的舞台。中华人民共和国的疆域是中华人民共和国境内各民族共同进行历史活动的舞台,也就是我们撰写中国通史所用以贯串今古的历史活动的地理范围。

这个疆域基本上包括了汉族的历史活动的地理范围,但并不局限于这个地理范围。如果局限于这个范围,许多少数民族的历史都要排挤出去了。

这个疆域是国内各民族共同进行历史活动的舞台,但并不包含某些民族外国成员的活动在内。这是因为有些民族是跨国境的,我们只写这些民族在我们国境内的这部分人的活动,一般不写这些民族在国外的那一部分人的活动。例如,我们要写傣族,但一般不写泰国的傣族。我们写新疆维吾尔自治区的俄罗斯族,但一般不写作为苏联主要民族的俄罗斯族。我们写朝鲜族,但一般不写朝鲜民主主义共和国的朝鲜族。这是因为,我们不能把外国人算作中国人,不能把跨国境的血统关系相同而国籍不同的人都包括到我们的历史范围内。当然,在论述这些民族族源的时候,是不应当受国界限制的。

有些历史上的民族,如匈奴,如突厥,曾经煊赫一时,但后来在中国历史上不见了。还有一些民族,见于古老的传说和记载,但弄不清楚他们跟现在国内民族的关系。只要有适当的材料,对于这些民族也要写,因为他们都曾在这块广大的国土上生存过,活动过。

在历史上,有些朝代的版图超越现在的国境,有些战争或别的重大的历史活动超越了现在的国境。有时候,有一些外国人进入中国境内从事各种活动,甚至还有外国军队来侵略。虽然是在国境以外,或是外国人进入我们国境之内,都跟我国历史的发展有密切的关系,也都要写在我们的历史内。我们说本国疆域的范围,并不限制关于中外关系的记载;相反,我们要注意这方面的问题。

我们中国人有到外国去的,有在外国居住好几代的,只要他们对人类的进步有贡献,跟祖国的事业、祖国的威信有联系,也都要写在我们的历史里。

关于疆域问题,有一部分历史工作者,还不能完全摆脱皇朝疆域的圈子。他们把殷周史限制在黄河流域,把春秋战国史基本上限制在黄河、长江两大流域,把秦汉隋唐的版图要说得是如何地统一和恢廓,把元的版图要说成跨欧亚两洲,等等。就殷周史说殷周史,就春秋战国史说春秋战国史,就秦汉隋唐的版图说秦汉隋唐的版图,这都是对的。但如从中国历史发展的总过程来看,这是不能说明中国各族人民是如何共同创造祖国历史的。很显然,不能跳出皇朝疆域的圈子,就会掉入大民族主义的泥潭里,这既不符合历史的真相,也不利于民族的团结。

斯大林、日丹诺夫、基洛夫在《对于苏联历史教科书提纲的一些意见》里,说:"我们需要的苏联历史教科书是,大俄罗斯的历史不脱离苏联其他各族人民的历史,这是第一,而苏联各族人民的历史不脱离整个欧洲历史,并且一般的也不脱离世界历史,这是第二。"[1]在我们处理历史上祖国疆域问题的时候,像这样的指导原则的精神,是很重要的。我们既要注意疆域问题同祖国各族人民的密切联系,也要注意到中华民族和其他民族或国家间的历史关系。

历 史 的 分 期

历史分期是研究历史发展的重要问题。在远古时代是否可以分期,要靠考古学上的材料去解决。自有文字记载以后,中原地区已进入上古时代,即奴隶制时代。到了春秋战国,是上古时代向中古时代的过渡,即奴隶制在中原地区向封建制过渡时期。公元前221年秦始皇统一六国,可以说是封建制在全国占支配地位的标志。

新中国成立以来,史学界对于中国历史分期展开了不同意见的争论,至今仍在继续。但对于这个问题的讨论,基本上是关于中原地区奴隶社会跟封建社会的分期问题。我们应当放开视野,努力在全国的范围内考察这个问题,不要局限于中原地区。封建社会历史很

---

[1] 见《斯大林文选》上册,第21页。人民出版社,1962年版。

长，记载很多，对中国历史的发展影响也很大。我们也应该重视封建社会内部的分期问题。近代史距离我们的时代近，跟今天现实关系密切，我们更应该重视近代史的分期。

历史上，我国各民族的发展是不平衡的，但不平衡是社会发展的正常现象。各民族之间的发展不平衡，一个民族内部的发展也不平衡，我们应当从不平衡的状态上掌握一个历史时期的整体性。

我国封建社会可以分为4个时期。

秦汉时期，在中原地区，是中国封建社会的成长时期。封建等级制，在经济上和政治上都成长起来。皇帝拥有最高的政治权力，也是最高的地主。皇帝的下面，是具有世袭特权的皇族、外戚、功臣等不同身份的世家地主，在地主阶级中占有支配地位。此外，还有豪族地主和高赀地主，他们在财产和社会影响上有相当的实力，但在身份上不属于较高的等级，甚至是等级很低的。世家地主的剥削对象是具有国家户籍的农民，是由封建国家恩赐的。这种农民在当时农民阶级中占最大的数字，他们有私人经济，有一定的人身自由，比奴隶的境遇要好一些，但仍然是受剥削的。他们之间也是有等级的。他们在国家规定作为世家地主的农户后，并不改变他们在国家户籍上的身份。他们向世家地主交纳的地租也就是国家的赋税，二者是统一的。像上述的生产关系，在秦统治时期已经树立，而在西汉和东汉时期不断加以发展。奴隶制在秦汉时期没有消灭，在官私手工业中仍旧存在。家内供役使的奴隶，在整个封建时代都是存在的。不过，这些都只是奴隶制的残余，在社会生产中是越来越没有地位的。

在政治制度上，秦始皇推行单一的郡县制，但对推行的具体情况，历史记载缺乏。西汉和东汉，都同时施行郡县制和封国制。朝廷的下面有郡和封国，郡和封国的下面有县，县的下面还有地方上的基层行政机构。这是政治制度上的等级制，每一等级有相对独立的权力。公元3世纪以后，郡县制逐渐排挤了封国制，而郡县制本身也不断地有些变化。但总的说来，朝廷的权力越来越集中，地方上各级行政机构的权力受到越来越大的限制。

秦都咸阳,西汉都长安,东汉因长安遭到战争的破坏而东迁洛阳。泾渭、伊洛平原和黄河下游地区是当时最富饶的地区。秦汉的统治范围,大大超越了前代,包括了黄河流域、长江流域和珠江流域的广大地区。围绕中原地区的少数民族,有相当部分登上历史舞台,而匈奴、羌族特别活跃,有时还给中原皇朝以武力的威胁。但当时所有的少数民族,都还处在前封建社会阶段。作为中国主体民族的汉族,是经过有关部落和民族的融合而在秦汉时期形成的。汉族的名称,也是跟这一个伟大朝代的名称相一致的。

三国两晋南北朝隋唐时期,是中国封建社会的发展时期。在这时期,发生了民族间的长期斗争,发生了民族的大规模流动和移居。本来在两汉时期就已开始内迁的匈奴人和羌氐人,现在深入内地,并且又有鲜卑人、突厥人、回纥人及其他少数民族的内迁。结果是无论在北方和南方,民族杂居的地区都扩大了。因而,汉族充实了自己,少数民族提高了生产水平和生活水平。久而久之,内迁的少数民族,跟汉人很难区别。这就在新的民族关系的局面出现后,有了民族重新组合的出现,而促进了原来地区封建化过程。这是封建社会发展时期的一个重要特征。

前一历史时期的世家地主阶层,在农民起义的打击下瓦解了,代替它的地位的是新兴的门阀地主。门阀地主与世家地主一样,也是有政治身份、世袭特权的地主。但门阀地主是依靠家族的传统地位形成的,这跟世家地主的形成是由于皇家所规定的政治身份是不同的。在土地所有权上,门阀比世家具有更多的家族私有性质。在劳动力方面,门阀地主掌握的,主要是荫附农民。荫附农民是脱离了国家户籍的农民,他们交纳的地租不再具有国家赋税的性质了。他们的社会地位比户籍农民要低些,但对于国家赋税,其中包括繁重的劳役,是可以摆脱的。这种生产关系上的相对变化,是有利于社会生产力的提高的。这是封建社会发展时期的又一标志。

三国时期的魏、西晋和北朝的后魏,都建都洛阳。隋唐都建都长安,而以洛阳为东都。三国时期的吴、东晋和南朝的宋、齐、梁、陈,都建都南京。魏晋以后,北方人民的南迁,在劳动力的增强和生产技术的传播上,都为东南方农业生产带来了新的刺激和推动。南京得以长期地占有显著的政治地位,这跟东南经济的发展是分不开的。长江中下游经济的发展,在向黄河流域的富饶地区看齐,这也是中国封建社会发展时期的一个特点。

五代以后,到了元末,是中国封建社会的进一步发展时期。在这时期,先有五代十国,继有辽、西夏、金跟北宋、南宋的分立,后有元的统一。广大的边区,从东北的部分地区到西北,再到西南,基本上都进入了封建社会,而汉族与各民族间又经历了一次新的组合。这是封建社会进一步发展时期的重要标志。东南经济的发展,超过了北方。长江中下游地区成为全国最富饶的地区,这是封建社会进一步发展时期的又一重要标志。

前一历史时期的门阀地主阶层,在农民起义的打击下又瓦解了。在北宋和南宋统治下,代替它的是品官地主。品官地主也有政治身份和特权,但所拥有的世袭特权是很有限度的,他们的土地大量是由购买和侵占得来的。他们占有土地,可以无限地扩大,不会受到法令的限制。他们应按照规定向国家缴纳赋税,而他们则向农民征收地租。赋税和地租的区别,是更清楚了。品官地主以外,有豪富的地主,有兼营商业的地主。农民阶级中,也有占有少量土地的,而佃农是大量的,他们在品官地主的土地上劳动,也在其他地主的土地上劳动。他们比起前一历史时期的荫附农民,社会地位较高,人身自由较多。他们也有国家的户籍,除向地主交纳地租外,还担负对封建国家的身丁钱,有时也有一些劳役。但他们一般不会被封建国家指定为某某地主的农户,这是跟西汉和东汉的户籍农民的一个很大区别。无论地主还是农民,封建身份性的印记趋向淡化,财产性的土地剥削关系趋向显著,这是两宋时期封建制生产关系的特点。

元统一全国后,南宋地主阶级的势力基本上保存下来了。他们所在的地区是当时封建经济最有代表性的地方。元代有一大批蒙古贵族地主的出现,还规定了形形色色担负封建义务的民户,又扩大了奴隶的数量。但这基本上是北方的情况。在北方出现的这种生产关系，是这一时期局部地区的倒退现象。广大边区的封建化，是元代社会生产发展的新气象。

五代时期的梁、晋、汉、周，都在今河南开封市建都。北宋的都城和金的陪都，也在开封。辽的南京、金的中都、元的大都，即今北京。这里，自古以来就是军事上、政治上和经济上的一方重镇，元建为都城后，明清相继建都，今天又成为中华人民共和国的首都。北京的发展，是汉族、契丹族、女真族、蒙古族和其他民族共同创造的。宋都开封，元都北京，虽离东南富饶地区较远，但也都是要利用沟通南北的运河，以便于南粮北运并聚敛东南的财富。

明朝及清朝大部分的年代，是中国封建社会的衰老时期。明代的农民，自耕农外佃农占很大的数量。从法的观点来看，佃农对地主的封建依附关系，又较前代有所减轻，他们可以选择地主，可以不受地主的非分役使。农民中还有雇工的出现，以出售劳动力取得物质报酬。清代的税法，把人头税平均分摊在地亩税内，有田者有税，无田者无税，这就使赋税具有单纯的财产税性质。诸如此类的情况，都说明封建束缚有较多的解除。这并不是由于统治者的恩赐，而是社会经济发展的要求和劳动人民激烈斗争的结果。但这只是当时社会现象的一个方面。还有另外一个方面：地主阶级，特别是地主阶级统治集团，利用手中掌握的权力，进行贪婪残暴的掠夺和迫害。明廷是滥用宦官，清廷是加强军事的统治，从而企图保持高度的封建专制统治。这两个方面好像不相协调，但正是一个问题在不同方面的表现。第二个方面的表现，并不能显示封建地主阶级的生命力，反而是暴露了它的颓废和虚弱。这两个似乎矛盾的现象，正是封建社会衰老时期的特点。在民族关系上也是这样。一方面，民族间的关系比前一历史时期要密切了，但属于民族性质的封建枷锁却更加沉重了。

前一历史时期的品官地主和他们延续下来的势力，以及蒙古贵族地主，在农民起义重大打击下土崩瓦解了。代替它们的，是新兴的官绅地主。这个阶层，在官员以外，还包括很多获得科举功名的人，其人数是相当多的。这一阶层中富有资财的人,不仅广有土地,而且做生意,开当铺,放高利贷。这是商品生产和货币经济发展的产物,但它们在依附于封建势力的情况下反而得不到正常的发展。

明代朝廷有皇庄,直接占有大量土地。这跟它直接派宦官收取商税矿税及大量征储金银一样,暴露了末世朝廷对财富的贪婪、追求。皇族和勋贵的庄田以及皇族的禄米,也是数量巨大,成为当时社会经济和国家财政的毒瘤。清代朝廷对此有所觉察,想解决这个问题。它虽然也有皇庄,而远比明代要少。但在相当长的时期内,清廷以东北为禁区,大大阻碍了地方经济的发展。

明初,资本主义已有萌芽,明中叶后,出现较多。清初以后有所发展。但这个芽始终不能茁壮成长,没有足够的力量把已经衰老的封建制度突破。

从对外关系上说,隋、唐、宋、元都居于主动的地位,明清时期的对外关系显然逆转了。明初已有倭寇登陆。明廷在沿海设置卫所,进行防御。明中叶以后,倭寇在东南沿海骚扰,为南直、浙、闽各地人民带来了极大的破坏。明清之际,西方资本主义已在兴起,而中国的封建制依然老态踽踽,专政者对于世界形势一无所知。葡萄牙、西班牙、荷兰等国家,在16世纪初已经东来进行殖民活动,并侵及中国领土。此后,沙俄、英、美继来,对中国的野心日益扩大。明初郑和下西洋和清初对沙俄的侵略进行了反击,这是对外关系上的大事,但从总的形势来看,中国的处境日益被动。鸦片战争后,中华民族日益陷入深重的灾难。

自1840年到1949年,是中国史上的近代,是由封建时代进入半殖民地半封建社会时代,也是中国各族人民反对帝国主义、封建主义的时代。在1919年五四运动以前,是这个时代的前期,为旧民主主义革命时期。自1919年五四运动之后,是这个时代的后期,为新民主主义革命时期。

旧民主主义革命时期,经历了清朝晚期及民国初年近80年的时间。在这个时期里,由于外国资本主义的入侵,并残酷地统治了中国,中国社会经济发生了重大的变化,较封建社会时代的情况复杂了。社会经济的主要成分,除封建地主经济、农民和手工业者的个体经济继续存在外,出现了新兴的资本主义经济。资本主义经济又包括帝国主义资本、官僚买办资本和民族资本3个部分。帝国主义经济势力在中国社会生活中起着支配的作用,封建经济则占有显著的优势地位,二者并互相勾结在一起。官僚买办资本是帝国主义经济的附庸,并跟封建剥削关系紧密相连。民族资本主义经济十分微弱,没有成为一个能独立的经济体系,在社会经济生活中不占重要地位,而且跟帝国主义封建主义都有这样那样的联系。在外国资本主义的侵略下,中国农村中自给自足的自然经济遭到破坏,商品生产发展了,但农业生产和农民的经济生活却越来越陷入于世界资本主义市场的漩涡。这些情况,表现了中国半殖民地半封建社会经济形态的主要特点。

伴随着社会经济的激烈变化,阶级关系也发生新的变化。外国资产阶级侵入中国后,成了中国社会生活里面一种统治力量,操纵控制中国的经济、政治、军事、文化各个方面。他们不仅扶植和支持封建地主阶级,使其成为他们统治中国的支柱,而且造成了为其侵略需要服务的买办阶级。在封建地主阶级内部,新起的军阀官僚地主在外国资产阶级的支持下,代替了原来的官绅地主占支配地位。军阀官僚地主是国际资产阶级的附庸,而且一般都还兼有早期官僚资本家的身份,具有浓厚的买办性。他们在地主阶级政权中握有实权,成为举足轻重的势力。这也是地主阶级政权买办化的重要表现。农民阶级主要包括自耕农、佃农和雇农,约占全国人口百分之七八十。在封建主义帝国主义的压迫剥削下,农民日益贫困破产,出现了自耕农减少、佃农增加的趋势。民族资产阶级和无产阶级是这个时期新产生的两个阶级。民族资产阶级为其经济地位所决定,是一个带有两重性的阶级,一方面有在一定时期中和一定程度上反对帝国主义封建主义的革命性,一方面又存在了对革命敌人的妥协性。无产阶级是最伟大、最先进、最革命的阶级。在旧民主主义革命时期,它还没有形成独立的政治力量,还是作为小资产阶级和资产阶级的追随者参加革命。

半殖民地半封建社会的经济形态和阶级关系,决定了中国革命的根本任务是推翻帝国主义和封建主义在中国的统治。在旧民主主义革命时期,中国各族人民为了反对国内外敌人,争取民族独立和人民自由幸福,进行了不懈的艰苦斗争,但没有找到解放的道路,没有取得最后的胜利。自1919年五四运动以后,无产阶级力量壮大起来,马克思列宁主义传入中国,中国共产党成立了,中国革命的面目焕然一新。中国各族人民在中国共产党领导下,中国的民主革命取得了最后的胜利。1949年,中华人民共和国成立了,中国跨进了社会主义的新时代。

多民族的统一

"中华人民共和国是统一的多民族的国家"。多民族国家的形成是经过一个漫长过程的。我们的祖国,曾经出现过各种形式的多民族的统一,也曾经有过多次的分裂,但在分裂中也还是有统一。我们经历过的统一,有单一民族内部的统一和多民族的统一,后者又包含区域性的多民族的统一、全国性的多民族的统一和社会主义的全国性的多民族的统一。

单一民族的内部统一,主要是由氏族、部落或部落联盟发展而来。有时,一个民族遭到重大的挫折,分散了,后来重新组合,形成这个民族内部新的统一。匈奴族原来是一些部落,部落与部落间的关系是不稳定的。《史记·匈奴列传》说它:"自淳维以至头曼千有余岁,时大时小,别散分离。"后来头曼单于和冒顿单于在位的时候,有血缘关系的许多部落连合起来,形成了匈奴内部的统一。松赞干布时的吐蕃、阿保机时的契丹、成吉思汗时的蒙古,都有一个统一民族内部的过程,都是由分散的许多部落统一起来,形成较高发展阶段的民族共同体。努尔哈赤时的女真,是在金亡后女真各部分散的情况下,把海西女真和建州女真的各部重新组合起来,形成了女真内部新的统一。汉族是一个民族混合体。它的祖先也必然经历过由部落发展起来的过程,但已难于详考。有的学者设想,传说中的夏禹治水,必须有许多部落参加,可能在这时形成了夏民族,而为汉族来源之一。但这毕竟还是设想,尚无从证实。

多民族的统一,比起单一民族的内部统一,可以说是较高的发展阶段。说是多民族,当然不限于一个民族,但在多民族中,往往要有一个主体民族。战国七雄都是地区性的多民族的统一体,它们都各有自己的主体民族,而分别与东方诸夷、西方诸戎、北方诸狄、南方诸蛮以及其他民族统一起来。三国时期的魏、蜀、吴,也都是地区性的多民族的统一,它们都以汉族为主体,而分别与本地区的少数民族统一起来。南北朝时期,南朝和北朝,我们习惯上认为它们是汉人的朝廷和鲜卑人的朝廷,实际上它们都是地区性的统一的多民族朝廷。南朝的主体民族是汉族,北朝尽管鲜卑人当权,但这个地区的主体民族仍然是汉族。秦汉、隋唐、元、明、清等时期都形成了以汉族为主体的全国性的多民族的统一。元代的最高统治者是蒙古贵族,清代的最高统治者是满洲贵族,但汉族人民在这两个时期仍然是社会生产力的主要承担者,元、清的政权实质上也是蒙古贵族、满洲贵族跟汉族地主阶级联合统治的政权。

社会主义的统一的多民族国家,是历史上统一的多民族国家的继承,而在本质上跟历史上的统一又有根本的区别。这就是中华人民共和国,这个国家是消灭剥削和压迫的社会主义国家,是各族人民当家做主的国家,是只有在中国共产党的领导下才能建立起来的社会主义国家。

从历史的发展上看,这4种民族统一的形式,是按着程序前进,一步高于一步。先是有若干单一的民族内部统一的出现,如夏、商、周等族的最初形成。然后有地区性的多民族的统一,如战国七雄。然后有全国性多民族的统一,如秦、汉、隋、唐、元、明、清。然后有社会主义的全国性多民族的统一,有中华人民共和国的诞生。在全国性多民族统一的发展过程中,也出现过分裂。秦汉以后,出现了魏、蜀、吴的割据。经过西晋暂短的统一,又有五胡十六国之乱及南北朝的分立。在唐与元之间,又有辽、夏、金与宋的对峙。但每经历一次曲折,统一的规模就更为盛大,元比隋唐还要恢廓。在曲折过程中出现的地方政权,就全国来说,是割据政权。从它们本身来说,也自有其历史性的意义。在这些政权的统治范围内,由于先进生产力的影响和统治者谋生存的需要,往往会出现生产力状况的改善。自三国至南宋时期,中国经济重心的逐步南移是其显明的例证。地区经济在一定程度上的改善,为后来统一局面再度形成后提供了生产发展的一些条件。同时,地方政权往往也能根据本地区的特殊情况,创造和积累了处理国家事务方面的经验。隋唐的官制、军制和田制,就有不少是继承北朝长期实行的制度。从历史的某一片断来看,确切不止一次地有分裂状态的存在,但从历史发展的全貌来看,全国性的多民族统一才是主流。

汉族和各民族地区幅员广大,自然条件的差异,生产状况的不齐,如果得到适当的协调,则可转化为发展生产的有利条件。但在长期的封建社会中,因自然经济占支配地位,交通运输很不发达,交换经济只起社会经济的辅助作用,各民族地区间的物资交流基本上停滞于潜在的阶段,不能很好地发挥作用,从而加强民族间的团结。但盐铁的贩运,茶马、皮毛、药材的交易,植棉、纺织的推广,河防、水利跟工程和道路的兴修,还是多民族的统一为社会经济带来的进步。在经济制度上,各民族的发展是不平衡的。在中原地区,汉民族的形成和封建所有制的形成,基本上可以说是同步前进的。在这时候,匈奴还处于奴隶制阶段,西南夷还处在氏族社会末期。两千多年过去了,在人民共和国成立以前,我们还有封建所有制,奴隶主所有制、原始共产的残余以及民族资本主义和买办资本主义,所有这些,都是多民族在经济制度方面的表现。但无论如何,各少数民族在社会经济发展道路上,都以不同的速度向汉族靠拢。在中华人民共和国成立后,各族人民分别通过不同的形式,向社会主义迈进。

在思想上,统一的想法起源甚早。《诗经·小雅·北山》:"普天之下,莫非王土。率土之滨,莫非王臣。"这所谓"天下",究竟是指多大的地方,无从稽考,但总是诗人心目中很广大的地方。他这两句诗,表明了他的天下统一的思想。可能由于诗人对王权崇拜至极,难免有相当多的夸大。孔子说:"天下有道,则礼乐征伐自天子出。"[1]南宫适说:"禹稷躬稼,而有天下。"[2]这所谓"天下",意味着极为广大的地区的统一。战国时期,变乱日亟,人心思治。有人问孟子说:"天下乌乎定?"孟子说:"定于一。"孟子的话比孔子的话要更明白些,他说的是七国的统一。在战国时期以后成书的《禹贡》,描画了九州山川物产。《史记·孟子荀卿列传》称引邹衍大九州之说,每一大州有九州,共八十一州。中国为赤县神州,是八十一州之一。中国还有九州,即如《禹贡》所说的九州。《禹贡》和邹衍以九州说中国,都是指中国说的,但都还属于地理概念,与孟子所谓"定于一"者不同。到了秦始皇,刻石颂秦功德,把破灭六国的统一,看作空前的大业。汉初,公羊学派借助经典,把大一统的学说涂上神圣的光彩。此后,历代皇朝都拿统一的规模作为当时政治成就的最高目标。

在分裂的年代里,割据势力往往把自己说成是皇朝的正统,把统一作为奋斗的方向。三国时期,魏地处中原,把自己说成是汉朝的继续,要恢复全国的统一。蜀以自己姓刘,说自己是汉室宗亲,要恢复汉家的旧业。南北朝时期,北朝说南朝是"岛夷",南朝说北朝是"索虏"。他们都自居为中国,要灭掉对方,统一全国。辽、宋、金的相峙时期,这三个朝廷也都自命为中国的主人,都设想由自己统治全中国。

中原地区的经济文化水平和长期积累下来的政治威望,对少数民族是有吸引力的。这可能在形成倾向统一的新的因素上起一定作用。《资治通鉴》卷一百零四,晋孝武帝太元七年记载:

坚锐意欲取江东,寝不能旦,阳平公融谏曰:"'知足不辱,知

---

[1] 见《论语·季氏》。

[2] 见《论语·宪问》。

止不殆',自古穷兵极武,未有不亡者。且国家本戎狄也,正朔会不归人。江东虽微弱仅存,然中华正统,天意必不绝之。"

胡三省注:

> 会,要也。言天要中国正朔相传,不归夷狄也。

陈垣《通鉴胡注表微》引《通鉴》和胡注,并加按语,说:

> 正朔不归夷狄,乃当时一般公论,不独符融言之。刘聪卒时,太子粲即位,靳准执而杀之,谓安定胡嵩曰:"自古无胡人为天子者。今以传国玺付汝,还如晋家。"此一事也。姚弋仲有子四十二人,常戒诸子曰:"自古以来,未有戎狄作天子者。我死汝便归晋,竭尽臣节,无为不义。"此又一事也。呜乎!晋泽实浅,何由得此。更可以杨盛父子之事观之。《宋书·氐胡传》:"晋安帝以杨盛为仇池公,永初三年,封武都王,以长子玄为世子。武都王虽为蕃臣,犹奉义熙之号,子玄乃改奉元嘉正朔。初,盛谓玄曰:吾年已老,当为晋臣,汝善事宋帝。"故玄奉焉。然则盛之心无所分晋宋也,特以其为中华正统所在而已。如必为晋,则裕之篡,盛当兴师讨逆,否亦当抗颜独立,胡为委顺如此,此皆足与符融之言相印证者。[1]

这里所举的事例足以说明,在少数民族中,至少有一部分人抱有上述心理,这对于促进统一是有好处的。

在多民族统一的历史发展过程中,民族之间有和好,有争吵。和好,有聘问、朝贡、封赐、和亲、交易、民间的各种往来。争吵,有时发展为战争。因此就有人问,民族关系史是以民族友好为主流,还是以民族斗争为主流?对于这个问题,我们须做一些分析。第一,友好和斗争都不是绝对的。有的时候,斗争是手段,友好是目的。有的时候,友好是手段,斗争是目的。有时,在个别事件、个别地区有争吵,但不一定就破坏民族间的友好。第二,在历史记载中,对于民族友好的记载往往不像记载民族纠纷、特别是民族战争那样引人注目。民

---

[1] 见陈垣:《通鉴胡注表微·夷夏篇》。

族纠纷,特别是民族战争,即使是暂时性的、自发性的,也可以改变人们对于长期友好的印象。廓清历史上所笼罩的一些迷雾,揭示出历史的真实面貌,是须下一些苦功的。现在根据我们所接触的材料看,在中国历史的长河中,民族关系是曲折的。但总的说来,友好关系越来越发展。无论在时间的继续性上,在关系到的地区上,在牵涉到的方面上,都是这样。清代的统治者,对少数民族一手拉,一手打。但清代各族人民在反清、反封建斗争中的联合,声势极为浩大。辛亥革命以后,各族人民的联合更为显著。通过抗日战争、解放战争以至中华人民共和国的建立,各族人民在中国共产党的领导下,大大增强了民族间的亲密友好。这是中国民族关系史上的主流在新的历史条件下的很大的发展。在历史上,民族之间曾发生过这样那样不愉快的事情,这基本上是由反动统治阶级和历史条件的局限所造成的。我们抚今追昔,应该特别珍重历史的主流。

对我国在历史上的各方面的贡献,各族人民都有份,但我们研究得很不够。对于汉族是这样,对于少数民族更是这样。比如,火药、罗盘、造纸、印刷等四大发明,是应该大书特书的。这在有关的历史书里也都写了,但对于它们在中国历史上所起的作用,对于人类文化发展上所起的作用,却很少认真地写。至于它们后来在西方各国的发展,为什么会超过中国,这个问题似乎是还没有认真的研究。又比如,对祖国国土的开发,我国各族人民都有他们各自的功劳,但往往对少数民族在这方面的贡献,我们注意得不够。范文澜同志说得好:"依据历史记载,共同开发中国的各民族,一般说来,汉族最先开发了黄河流域的陕甘及中原地区,东夷族最先开发了沿海地区,苗族、瑶族最先开发了长江、珠江和闽江流域,藏族最先开发了青海、西藏,彝族和西南各族最先开发了西南地区,东胡族最先开发了东北地区,匈奴、鲜卑、柔然、突厥、回纥、蒙古各族先后开发了蒙古地区,回族和西北各族最先开发了西北各区,黎族最先开发了海南岛,高山族最先开发了台湾。所以按照汉族今天居住地区看来,似乎中国领土上的极大部分都是汉族所开发的,其实,其中不少地区最先开发者,却是已经消失了的和现实存在并发展的许多民族。事理很显然,中国之所以成为疆域仅次于苏联,人口在全世界各国中居第一位,历史悠久,延续不绝,在全世界各国中也居第一位的伟大国家,首先必须承认,这是构成中华民族的各族男女劳动人民长期共同创造的成果。"[1]

我国少数民族,在历史上有不少特出的贡献。举例来说:完善的铁器的制造和风箱的使用,是开始出现于有关南方民族的记录上。《荀子·议兵篇》说"楚人……宛巨铁钝,惨如蜂虿"。《史记·范雎传》记秦昭王的话,说:"吾闻楚之铁剑利而倡优拙。"这是战国末年的事,楚就是属于"荆蛮"的民族系统的。《吴越春秋·阖闾内传》记吴人干将铸剑,"使童女童男三百人鼓橐装炭,金铁刀濡,逐以成剑,阳曰干将、阴曰莫邪"。橐就是冶铁用的风箱,干将、莫邪是古传说中很有名的两把利剑。这是春秋末年的事,吴也是属于"蛮夷"的民族系统的。又如棉花和棉布,是我们长期以来的主要的衣服材料。棉的种植和织纺,主要从南方海岛上和新疆居住的少数民族推广的。《尚书·禹贡》篇说扬州"岛夷卉服,厥篚织贝"。扬州是指淮河以南,以至南海之间的广大地区。贝就是吉贝、劫贝、古贝的省称,这原是印度以至马来半岛、中南半岛等地对于棉的共同使用的名称,后来广东、福建也使用这个名称。织贝就是用棉做成的织品。《禹贡》是一篇后起的书,但写成的时期总也在战国末年。据此可见南方海岛上居住的少数民族用棉之早。后来又有新疆产的棉,经过很长的时间才逐渐传布到全中国,代替了往日以丝麻作主要服装材料的地位。又如中国的建筑术,梁思成在《我国伟大的建筑传统与遗产》一文的结尾,盛赞北京城是"世界绝无仅有的建筑杰作的一个整体","不但在全世界中古时代所没有,即在现在,用最进步的都市计划理论配合,仍然是保持着最有利条件的"。应该指出来,最初设计这个伟大杰作的工程师,正是一个回回人,他的名字叫做也黑迭儿丁。这是陈垣先生在好多年以前,在《元西域人华化考》里已经考实了的。近年

---

[1] 见范文澜:《中华民族的发展》,《学习》3卷1期。

以来,北京市的建设发生了很大变化,但昔日的北京城在建筑史上的成就还是要肯定的。

民族友好的历史发展和多民族统一的发展不一定是同步的发展。但到了今天,这二者是同步前进的。

"一"和"多",是辩证的统一。"一"存在于"多"中。"多"好了,"一"就会更好。反过来说,"多"要团结为"一","多"才可以使"一"更有力量。历史上的统治者,对"一"的重视,大大超过了"多",他们不懂得,也不可能懂得,限制了"多"的发展,也就必然限制了"一"的发展。只有今天,才可能有这样科学的认识。我们知道,每一个指头都各有用处,但把指头团结成拳头,作用就会更大。

撰写统一的多民族国家的历史,还是要把汉族的历史写好,因为汉族是主体民族。同时,也要把各民族的历史适当地作出安排,这是我们必须尽量克服的难点。这个工作,不是一件简单的事。我们现在做这个工作,还只是初步的尝试,希望能得到有关方面的支持和教益,使这项工作能得到不断地完善和提高。

《中国通史》题记

第一卷 题 记[*]

《中国通史》的编撰工作,是从1975年开始的。当时的想法是写三部通史。一部小型的,20万字。一部中型的,200万字。一部大型的,600万字。后来,中型本有了二百五十多万字的草稿,因具体的困难,没有把工作继续下去。小型本,即《中国通史纲要》,于1980年6月完稿,约30万字,同年11月由上海人民出版社出版,后来又由外文出版社出版了英文本、日文本、西班牙文本。大型本,即本书,于1979年开始工作。1983年在全国哲学社会科学规划会议上定为重点科研项目。同年10月,邀请有关兄弟单位的专家成立编辑委员会,由北京师范大学报请教育部备案。据目前进行情况来看,全书大约要有1 200万字,1988年开始出书,如工作做得好,可望3年内全部完成。

本书共12卷,22册。第一卷,导论,论述与中国史有关的一些重要问题。第二卷,远古时代,从考古资料探索原始社会的状况。第三卷,上古时代,主要论述有文字记载以来到秦灭六国时的历史。第四卷至第十卷,中古时代,论述自秦汉至鸦片战争前的历史。中古时代的历史分为4个时期,每一时期中又有小的分期和不同的发展阶段。

---

[*] "《中国通史》题记"标题为编者所加。《中国通史》第一卷《导论》,上海人民出版社1989年4月出版。

第十一、十二卷,近代,论述自鸦片战争至中华人民共和国成立前的历史。在体例上,除第一卷、第二卷按照具体情况另作处理外,各卷都分为序说、综述、典志、传记4个部分。在内容上,要求在"通"字上下工夫,重视各种社会现象的内在联系,重视贯通古今的发展规律。做到这一点很不容易,但这是我们努力的方向。

本卷只讲述一些我们感兴趣的问题,不能对中国历史做理论上的全面分析。1981年6月,我们在《史学史研究》第二期上发表了导论的提纲,提出了中国历史的12个方面,346个问题,涉及面相当广泛,但在短时期内不能对这些问题都进行研究,经过反复讨论,拟定了现在这样的内容。1981年的提纲,我们认为仍值得参考,现作为附录,附在本卷之后。

本卷第一章、第六章和第九章,分别由我、邱汉生同志和刘家和同志撰写。第二章、第三章是由瞿林东同志起草的,第四章、第五章、第七章、第八章是分别由崔春华、孙文良、吴怀祺、陈其泰等同志起草的,这六章都经过讨论,由我修改、增删、定稿。刘雪英同志在工作上给我很多协助。全卷文风不能一致,内容难免有重复、粗疏错误,甚至矛盾的地方,希望得到同志们的指正。

本书的编撰得到各方面领导的关注,同志们的鼓励和帮助,上海人民出版社的大力支持,我们表示深切的感谢。对我个人来说,还应该感谢牟传珩同志对我在生活上的照顾。

白寿彝

1986年10月15日于北京

1991年3月20日修改

第二卷 题 记*

本卷论述中国远古时代的历史,是由苏秉琦教授主编,张忠培教

---

* 《中国通史》第二卷《远古时代》,上海人民出版社1994年6月出版。

授、严文明教授共同撰写的。李伊萍、朱延平、朱永刚、许永杰、赵辉、戴向明、吴贤龙、刘雪英等同志也都参与了与本卷撰写有关的一些工作。

苏秉琦教授,生于1909年10月,河北高阳人,中国考古学会第三届理事会理事长,北京大学教授,中国社会科学院考古研究所研究员。从1952年至1982年主持北京大学考古专业工作。自1934年起,先后主持和指导陕西宝鸡斗鸡台、西安郊区、洛阳中州路、陕西华县、河北邯郸及洛阳王湾等遗址大规模考古发掘与调查工作,著《斗鸡台沟东区墓葬》、《斗鸡台沟东区墓葬图说》、《苏秉琦考古学论述选集》及主持编写《洛阳中州路(西工段)》等书,并著《谈"晋文化"考古》、《辽西古文化古城古国——论当前考古工作重点和大课题》及《中华文明的新曙光》等论文数十篇。他在培养了好几代考古学者的同时,并以考古类型学理论、考古学文化区系类型论和文明起源、形成及走向帝国道路等科学理论,推动了中国考古学的发展。

张忠培教授,生于1934年8月,长沙市人,中国考古学会第三届理事会常务理事,吉林大学教授,故宫博物院院长。1972—1987年,主持吉林大学考古专业工作。自1958年起,先后主持或参与主持陕西华县及渭南、吉林省吉林市郊及白城地区、内蒙古哲盟、楚纪南城、河北蔚县、易县和晋中地区的大规模考古调查、试掘及发掘工作,著《元君庙仰韶墓地》、《中国北方考古文集》等书和《华县、渭南古代遗址调查与试掘》、《中国考古学的现代与未来》、《当代考古学问题答问》、《关于马家窑文化的几个问题》等论文数十篇,对中国北方考古学文化谱系、史前社会制度的变迁和考古学基本理论及方法,进行了系统、深入的探索。

严文明教授,生于1932年10月,湖南省华容县人,1958年于北京大学历史系考古专业毕业留校任教至今,现为北京大学考古系教授、系主任,中国考古学会常务理事,国际史前学与原史学联盟(UIPPS)常务委员。长期从事新石器时代考古教学与研究,先后参加和主持河南洛阳王湾、山东长岛北庄等数十处遗址的考古发掘工作,发表专著《仰韶文化研究》及论文《龙山文化与龙山时代》、《中国稻作农业的起源》、《中国史前文化的统一性和多样性》、《东夷文化的探索》等六十余篇。

在中国考古学研究工作发展历程中,我们的作者不仅做了辛勤的耕耘,而且做了卓有成效的开拓工作。他们的理论兴趣更为他们的研究工作增加了活力。本卷的完成,在极大程度上概括了远古时代考古学研究尤其是他们本人的研究成果,他们坚持实事求是,认真地从考古学文化入手,理清了中国史前民族、文化及社会的发展脉络。这在以往的通史撰述中是没有前例的,在考古学工作上也是一项创举。本卷的出版,我相信会在我国学术工作上产生有益的影响。秉琦教授是我的老朋友,我们有半个世纪以上的友谊。现在我们有这样一个合作的机会,我非常高兴。我对于秉琦教授、忠培教授和文明教授,还有其他的同志,给予《中国通史》工作以这样的大力支持和合作,表示不胜由衷地感谢。

白寿彝
1990 年 12 月于北京

第三卷 题 记*

这是《中国通史》第三卷,论述我国自有文字记载以来,一直到战国末年的历史。从历史发展顺序上看,这约略相当于一般历史著述中所说的奴隶制时代。但在这个时代,奴隶制并不是唯一的社会形态。我们用"上古时代"的提法,可能更妥当些。

第三卷分上、下两册。上册包含甲、乙、丙三编。甲编序说,论述文献资料、考古资料、甲骨文和金文,并论述对上古时代的研究概况和本卷的编写旨趣。乙编综述,论述了商周时期历史发展的概况,并追述到神话和传说中所反映的一些情况,最后还说到商周时期的中

---

* 《中国通史》第三卷《上古时代》,上海人民出版社 1994 年 6 月出版。

国在当时世界上的地位。商周时期的历史,划分为4个发展阶段,包含了政治、军事、经济、文化等方面,以期对这一时代的历史勾画出一个比较清楚的轮廓。丙编典志,是对生产力、生产关系以及政治上、经济上之制度性历史现象的探索。典志之作,历来史家引以为难。先秦文献的不足,更加重了这种困难。我们的典志作者,重点探索了农牧林渔蚕桑、手工业、商业、货币、道路、交通及都邑发展的水平和特点,探索了土地制度和赋税制度、都鄙和国野、阶级和等级,提出了独立的见解。

下册是丁编传记。传记,习惯上都用于历史人物。实际上,古人既用以称人,也用以称事。《史记》的《刺客》、《循吏》、《儒林》、《游侠》、《货殖》都是因事立传。《史记》的《匈奴》、《西南夷》、《大宛》,也是因事立传,而传主是少数民族。《后汉书》的《文苑》、《独行》、《方术》、《逸民》、《列女》,也都是因事立传。《后汉书》的《西羌》、《西域》,则或是以民族,或是以地域立传。我们的传记,分为上、下两编。上编是以国别立传,下编是以历史人物立传,而一部分是以学术专业为传。传记中的论述,有与其他各编重复者,则因取材角度之不同,往往是难以避免的。

徐喜辰同志是本卷的主编,也是本卷的主要撰稿人。他于1921年生于辽宁金县,1944年毕业于日本广岛高等师范学校。新中国成立后,历任东北师范大学助教、讲师、副教授、教授,中国先秦史学会副会长。多年以来,他专攻商周史,富有成果。他的主要著作,有《先秦史》、《井田制度研究》,主要论文有《商周奴隶制特征的探讨》、《关于中国国家形成问题》、《"籍田"即"国"中"公田"说》、《贡助彻论释》、《商周奴隶社会史若干问题论纲》、《西周公社及其相关问题》、《春秋时代的"室"和"县"》、《周代兵制初论》、《"开阡陌"辨析》、《论国野、乡里和郡县的出现》等篇。他在本卷上册甲编里撰写了第一章、第四章、第五章。在乙编里,他撰写了第一章第二、第三节,第二章至第五章。在丙编里,他撰写了第二章的前四节、第四章和第五章。

邹衡同志,1927年生于湖南澧县,1952年毕业于北京大学史学系,1955年获北京大学中国考古学副博士学位。此后,历任北京大学历史系助教、讲师、副教授、教授、考古系新石器时代——商周教研室主任,先后当选为考古学会和先秦史学会理事、商文化学会副会长。他对商周考古工作有开拓之功。主要著作有《商周考古》、《夏商周考古学论文集》,主要论文有《晋、豫、鄂三省考古调查简报》、《偃师商城即太甲桐宫说》、《西亳与桐宫考辨》、《论菏泽(曹州)地区的岳石文化》、《文物与考古论文集》等。他为本卷甲编写了第二章。

胡厚宣同志,1911年生于河北望都县,1934年毕业于北京大学史学系。曾任南京中央研究院历史语言研究所助理研究员,成都齐鲁大学、上海暨南大学、复旦大学教授及教研室主任、系主任。现任中国社会科学院历史研究所研究员、学术委员、研究生院教授,中国殷商文化学会会长,中国先秦史学会副理事长,中国考古学会和中国古文字研究会理事。他以古文字研究的成就蜚声中外。主要著作有《甲骨学商史论丛》、《战后新获甲骨集》、《苏德美日所见甲骨集》等,并任《甲骨文合集》总编辑,发表了专题论文约一百余篇。他为本卷甲编写了第三章。

万九河同志,1910年生于山东惠民县,1934年毕业于北平师范大学历史系。历任西北师范学院史地系副教授,山东师范学院史地系教授兼系主任,华东大学教授,东北师范大学历史系教授兼系主任、校长助理,吉林省历史研究所副所长,吉林省历史学会副理事长。现任天津师范大学历史系教授。他曾开设多种历史课程,范围之广,涉及古今中外。近30年,他致力于中国古代神话传说和原始社会的研究,撰有《中国原始时代人们与自然的斗争》、《中国原始社会的图腾》、《中国古代的宗教》、《羿的故事辨析》及《怎样看尧舜禅让与篡夺的关系》等论文。他为本卷乙编撰写了第一章第一节。

刘家和同志,1928年生于江苏六合县,1952年毕业于北京辅仁大学历史系。历任北京师范大学历史系助教、讲师、副教授、教授、世界古代史教研室主任。现任北京师范大学史学研究所教授、中国社会科学院世界历史研究所学术委员、中国世界古代史研究会副理事长、北京史学会常务理事等。撰有《古代印度早期佛教的种姓制度观》、《论黑劳士制度》、《〈书·梓材〉人历人宥试释》、《〈诗·大雅·公刘〉及其所反映的史事宗法辨疑》等论文,并主编《世界上古史》。他为本卷乙编撰写了第六章。

史念海同志,山西省平陆县人,1912年生。毕业于北京辅仁大学历史系。曾任南京国立编译馆副编审,复旦大学副教授,兰州大学、西北大学教授,陕西师范大学教授兼历史系主任。现任陕西师范大学唐史研究所所长、中国历史地理研究所所长。他以专攻历史地理学蜚声中外,著有《河山集》一、二、三、四集,《中国的运河》,《中国疆域沿革史》(合作),《黄土高原森林与草原的变迁》(合作),《方志刍议》(合作)等。他为本卷丙编撰写了第三章。

斯维至同志和杨钊同志,也都是本卷的主编。斯维至,浙江山越人,1916年生。幼因家贫,只读到初中即被迫辍学。此后,刻苦自学,半工半读。1943年,以蒙文通、徐中舒荐,任华西大学中文系讲师兼中国文化研究所助理研究员。1950年任西北大学历史系讲师。1953年调陕西师范大学,先后任讲师、副教授、教授。曾当选先秦史学会副理事长。他关于先秦史的论著甚富,主要有《西周金文所见职官考》、《关于殷周土地所有制问题》、《论庶人》、《封建考原》、《说德》、《论召伯虎毁的定名及附庸土田问题》等。杨钊,河北青县人,1923年生。1949年在北京师范大学历史系毕业后留系工作,先后任助教、讲师、副教授、教授,长期担任中国古代中世纪史教研室主任。嗣调任本校史学研究所教授,兼副所长。他讲授先秦史近40年,著有《中国古代及中世纪史讲义》、《中国通史纲要》中的先秦部分。斯维至撰写了本卷丙编第六章。在本卷下册丁编中,他撰写了上编的全部稿件和下编的第一章第二节。杨钊撰写了下编第一章第一节、第一章第三节至第十四章,第十八章第三节、第五节、第七节、第十九章第四节。

郭预衡同志,河北青县人,1920年生。1945年毕业于北平辅仁大学国文系,留校做助教,兼作在职研究生。1949年以后,先后任辅仁大学和北京师范大学讲师。1960年任副教授,1979年任教授。1955至1957年间,在匈牙利讲学两年。现担任北京文艺学会副会长,北京作家协会理事,《文学遗产》、《红楼梦研究》编委等。著作有《中国散文史》(上、中册)、《中国散文简史》、《古代文学探讨集》、《历代散文丛谈》,主编有《中国历代散文选》(与刘盼遂合编)、《中国古代文学史》、《中国古代文学史长编》、《中国古代文学简史》、《中国古代文学作品选》等。他为本卷下册丁编的下编撰写了第十一章第一节。

科学技术史,是本书撰写的一个重点,由有关各方面的专家执笔。在王振铎同志的大力主持下,组成了编写组,邀请下列诸位同志参加。

薄树人同志,江苏苏州人,1934年生。1957年毕业于南京大学天文学系。现任中国科学院自然科学史研究所研究员、学位委员会主任、博士研究生导师,《自然科学史研究》编委。撰有《中国天文学史》、《中朝日三国古代的恒星观测》、《清钦天监档案中的天象记录》等,担任本书各卷中天文学和气象学部分的撰写。

范楚玉同志,江苏江阴人,1932年生。1959年毕业于北京大学史学系。现任自然科学史研究所研究员、《自然科学史研究》编委。撰有《中国科学技术史稿》、《悠久的中国农业历史》等。担任本书各卷中生物学、农学和农业技术部分的撰写。

何绍庚同志,满族,辽宁沈阳人,1939年生。1962年毕业于北京师范大学数学系。现任自然科学史研究所研究员,李约瑟《中国科学技术史》翻译出版委员会办公室主任,《自然科学史研究》编委。撰有《中国数学史》、《项名达对二项展开式研究的贡献》、《椭圆求周术释义》、《〈缉古算经〉勾股题佚文试补》、《明安图的级数回求法》、《秦九韶传注》等,并审译李约瑟书第一、二卷。担任本书各卷中数学部分的撰写。

华觉明同志,江苏无锡人,1933年生。1958年毕业于清华大学机械系。现任自然科学史研究所研究员、副所长,兼任中国科学技术大学教授、《自然科学史研究》编委。撰有《中国冶铸史论集》、《中国古代金属技术》、《汉代叠铸》等。与周卫荣、张柏春共同担任本书各卷中技术史部分的撰写。

姜丽蓉同志,湖南长沙人,1939年生。1959年毕业于中国科学院四川分院科技学校。现任自然科学史研究所图书馆副研究馆员。撰有《中国古代兽医学》、译有《九章算术的构成与数理》、《李时珍的医学和伦理》、《唐宋时代潮汐论的特征》等。担任本书有关科技的部分统稿工作。

李经纬同志,陕西咸阳人,1929年生。1955年毕业于西北医学院医疗系。1958年以后,一直在中国中医研究院从事中国医学史研究。现任中国中医研究院中国医史文献研究所研究员、所长,中华医学会医史学会主任委员,《中华医史杂志》副主编。著有《中国医学通史》、《中医人物辞典》、《中国古代外科成就》、《中国少数民族传统医学》、《诸病源候论病因学研究》等。担任本书各卷中医学部分及医学家传的撰写。

林文照同志,福建永泰人,1938年生。1964年毕业于厦门大学物理系。现任自然科学史研究所研究员、《自然科学史研究》主编、《中国科技史料》副主编。撰有《十九世纪我国一部重要的光学著作——〈镜镜泠痴〉》、《天然磁体司南的定向实验》、《火枪大炮传入中国的历史》、《中国科学社的建立对中国近代发展的积极推动作用》等。担任本书各卷中物理学、机械、交通工具等方面的撰写。

刘金沂同志,江苏泰县人,1942年生,1987年去世。1964年毕业于南京大学天文系。曾任自然科学史研究所副研究员。撰有《天文学及其历史》、《超新星遗迹和牛子星研究》、《木星在增亮吗?》、《古代客星记录与超新星遗迹的关系》、《隋唐历法中入交定日术的几何解释》等。担任本书中天文学、气象学部分的撰写。

杨文衡同志,湖南城步人,苗族,1937年生。1963年毕业于中山大学地理系。现任自然科学史研究所副研究员。撰有《中国古代地理学史》(合著)、《徐霞客及其游记研究》(合著)、《中国科技史话》

等。担任本书各卷中地学、采矿、水利部分的撰写。

张柏春同志,吉林白城人,1960年生。1983年毕业于内蒙古工学院机械系。1989年,获自然科学史研究所理学硕士学位。撰有《中国近代机械史概观》、《中国近代机床的引进与仿制》等,与华觉明、周卫荣在本书各卷中共同撰写技术史部分。

周卫荣同志,江苏丹阳人,1964年生。1984年毕业于扬州师范学院化学系。1987年,获北京师范学院硕士学位。现任自然科学史研究所助理研究员。撰有《明代铜钹化学成分剖析》、《宣德炉中的金属锌问题》等。与华觉明、张柏春在本书各卷中共同撰写技术史部分。

以上共有11位同志。其中,张柏春、周卫荣两位同志在本卷内没有承担撰写任务。其他9位同志,都按照自己的专业,分别撰写了本卷丙编第一章(第一、第五、第七节除外),第二章第五节、丁编第十五、十六、十七章。何绍庚同志是科技史组的召集人,在撰稿的同时,还要做大量的组稿工作。

还有李根蟠同志,撰写了丙编第一章第一、第五、第七节,刘雪英同志撰写了丁编第十八章第一、第二、第四、第六节,第十九章第一、第二、第三节。李根蟠,广东新会人,1940年生。1963年毕业于中山大学历史系。此后,他在中国农业科学院农业经济研究所和《中国农业科学》编辑部工作。1980年底,调至中国科学院经济研究所至今。现任经济史研究室主任,《中国经济史研究》编辑部主任、副研究员。撰有《中国南方少数民族原始农业形态》(与卢晶、黄崇乐合写)和《中国原始社会经济史研究》,发表论文三十余篇。刘雪英,1977年毕业于北京师范大学历史系。现为北京师范大学史学研究所助理研究员,参与本书各卷的编务工作。

我们的作者都是以高度负责的精神进行工作的。喜辰同志在6年前已写出初稿,经过反复修改才定下来。不少同志的稿件,直到最近还做了增补。商周史有不少争议不休的问题,我们的同志,对一些争议的问题论述了自己的看法,也另外提出了一些新材料新论点,这对于有关问题的探索和解决,是有积极意义的。书稿中,在引用资料和论点上难免有错误,尚望读者指正。

侯外庐同志对中国上古史研究有杰出的贡献。他在世时经常关心本书的编撰工作,在病榻上还为本书题了字。对他在学术事业上的关怀,我们谨表诚挚的感谢。徐中舒同志是又一位在古史研究上富有成果的学者,他也是在病榻上为本书题了字,为本书增添了光彩。

白寿彝
1991 年 4 月 30 日于北京

第四卷 题 记*

这是《中国通史》第四卷。本卷所要论述的是中国中古时代成长时期,约略相当于秦汉皇朝统治时期的历史。所谓中古时代,是指以封建制生产方式占支配地位,同时还有别种生产方式存在的时代。秦汉皇朝统治时期,上限起自公元前 221 年秦始皇灭六国,下限到公元 196 年汉迁都许昌。迁都许昌后,汉仍保持着它作为一个朝代的称号,但实际上大权已归曹操掌握,历史已进入另外一个时期了。

依照第三卷体例,本卷设序说、综述、典志、传记等四编,分上、下两册。前三编为上册,由白寿彝、高敏、安作璋主编;第四编为下册,由白寿彝、廖德清、施丁主编。

序说,由周天游同志撰写第一章,黄展岳同志撰写第二章,唐赞功同志撰写第三章。周天游同志,1944 年生于浙江省诸暨县,1967 年毕业于天津南开大学历史系,1978 年考入西北大学历史系,由陈直先生指导攻读中国古代史专业秦汉史方向硕士学位。1981 年毕业,获历史学硕士学位,并在西北大学历史系秦汉史研究室任职。现任西北大学古籍整理研究所所长,兼文博学院古籍整理教研室主任、副

---

* 《中国通史》第 4 卷《中古时代·秦汉时期》,上海人民出版社 1995 年。

教授,中国秦汉史研究会、中国历史文献研究会、中国社会史研究会、陕西省历史学会理事。主要撰述有《八家后汉书辑注》、《史略校笺》、《七家后汉书》、《后汉纪校注》、《秦汉史研究概要》及秦汉史论文多篇。黄展岳同志,1926年生于福建省南安县,1954年毕业于北京大学历史系考古专业,1957年考取中国科学院副博士研究生,在导师夏鼐先生指导下从事秦汉考古研究。1954~1983年,先后参加了洛阳中州路东周墓、洛阳汉河南县城、陕县七里铺遗址、汉长安城南郊礼制建筑遗址群、广州南越王墓的发掘和黄河水库渭南段考古调查、西安汉长安城的勘查等重要的田野考古工作,并多次担任发掘队队长或副队长。现任中国社会科学院考古研究所研究员,《考古学报》副主编,厦门大学人类学系兼职教授,中国考古学会理事,中国古代铜鼓研究会常务理事,中国海外交通史研究会理事。参加集体撰写的重要编著有《洛阳烧沟汉墓》、《新中国的考古收获》、《长沙马王堆一号汉墓》、《新中国的考古发现和研究》、《西汉南越王墓》和《中国古代的人牲人殉》(专著)及有关论文多篇。唐赞功同志,1934年生于江苏铜山县,1961年毕业于北京师范大学历史系,毕业后即留系任教,现为教授,兼历史系主任,并任中国秦汉史研究会、北京史学会理事。对秦汉史和秦简及汉代封国史有较深入的研究,主要撰述有《汉初"布衣将相"浅论》、《云梦秦简官私奴婢问题试探》、《吴楚七国之乱与汉初封国》等多篇论文。

综述,由吕名中同志撰写第一章、第七章、第八章;邹贤俊同志撰写第二章、第三章;陈其泰同志撰写第四章、第五章;许殿才同志撰写第六章;刘家和同志撰写第九章。吕名中同志,1932年出生于湖南省城步县儒林镇。1957年毕业于武汉大学历史系。长期在中南民族学院历史系工作。现为历史系教授,研究生指导教师。在学术研究上,侧重于秦汉至隋的阶级关系和民族关系史,特别是南方民族关系史。主要论著有《试论汉魏西晋时期北方各族的内迁》、《汉代奴婢的阶级地位问题》、《汉族南迁与岭南百越地区的早期开发》、《百越民族对祖国经济文化的重要贡献》等,主编《南方民族古史书录》。邹贤俊同志,1932年生于湖北天门。现任华中师范大学历史系教授,中国历史文献研究会理事及副秘书长,中国农民战争史研究会、中国郭沫若研究会、湖北省中国史学会理事。长期从事中国史学史与秦汉史研究,主要编著有《中国古代史学史纲》、《中国古代史提要》、《中国史学史论稿》等,并撰有《商鞅变法成功的原因》、《军功地主的统治与秦末农民起义》、《秦末农民起义与秦汉之际的地主阶级》等秦汉史论文。陈其泰同志,1939年生于广东丰顺县,1963年毕业于中山大学历史系,1978年考入中国社会科学院研究生院,攻读史学史专业,1981年获硕士学位。现为北京师范大学史学研究所副研究员。曾参加白寿彝教授主编《史学概论》和本书第一卷的编写工作。主要著作有《史学与中国文化传统》、《中国近代史学的历程》,并发表论文多篇。许殿才同志,1953年生于辽宁省绥中县,1982年毕业于辽宁大学历史系,1987年获硕士学位,1990年获北京师范大学历史学博士学位,现为北京师范大学史学研究所副研究员。撰有《汉书的成就》等多篇论文。

典志,由本书科技史组撰写第一章和第四章;高敏、安作璋、廖德清和我撰写了第二章;高敏同志撰写了第三章、第五章、第六章、第七章、第八章、第九章、第十章、第十一章;安作璋同志撰写了第十二章、第十三章、第十四章、第十五章。高敏同志,1927年生于湖南桃江县。1958年武汉大学研究生毕业,导师唐长孺教授。以后,历任郑州师院、郑州大学历史系教授。现任郑州大学历史研究所所长、教授,中国秦汉史学会副会长,河南省史学会副会长等职。著有《云梦秦简初探》、《云梦秦简初探(增订本)》、《秦汉史论集》、《秦汉魏晋南北朝土地制度研究》、《魏晋南北朝社会经济史探讨》等书,先后发表有关秦汉史论文多篇。安作璋同志,1928年生于山东曹县。1951年毕业于齐鲁大学历史系。现任山东大学历史系教授、山东师范大学历史系教授兼古籍整理研究所所长。主要编著有《汉史初探》、《两汉与西域关系史》、《班固与汉书》、《秦汉农民战争史料汇编》、《秦汉官制史稿》、《中国史简编》、《刘邦评传》等书及论文多篇。廖德清同志,

1923年生于四川省成都市。新中国成立前毕业于四川大学历史系，新中国成立后毕业于中国人民大学研究生部。历任四川大学历史系助教，沈阳师范学院历史系教员，辽宁大学历史系讲师、副教授、教授兼中国古代史教研室主任。著有《中国古代史》、《中国古代史地图集》、《二十六史述略》等书及论文多篇。另，典志第二章《土地制度和阶级结构》有一部分原稿"地主阶级的构成及其演变"、第十二章《朝廷、郡县和封国》、第十三章《官吏的选用、考核及其他制度》、第十四章《兵制》、第十五章《刑法》以及附录《礼俗》，分别由逄振镐、张汉东、庄春波、陈乃华、刘德增等同志执笔，安作璋同志修改定稿。

　　传记，由吉书时、施丁、廖德清、刘雪英、孙开泰、季镇淮、许殿才、安作璋及科技史组等同志分头撰写。其中，有季镇淮同志与薄树人同志合写的《司马迁传》、《张衡传》，季镇淮同志与施丁同志合写的《班固传》；有廖德清同志撰写的《汉光武帝传》及中兴二十八将中的邓禹等10人传；有施丁同志撰写的《党锢传》和《宦者传》；有科技史组同志撰写的数学、天文学等7个学科的传记。施丁同志做了大量的修改工作。施丁同志，1933年生于江苏丹阳县，1958年毕业于复旦大学历史系。是后，曾先后在辽宁大学历史系任教，《历史研究》编辑部任编辑。现任中国社会科学院历史研究所研究员。著有《司马迁研究新论》（合著）、《中国史学简史》、《资治通鉴译注》（战争卷）等书及论文多篇。季镇淮同志，1913年生于江苏淮安市，1941年毕业于昆明西南联合大学，1944年肄业于清华大学研究院。历任清华大学中文系讲师、副教授，北京大学中文系副教授、系主任、教授。50年代，曾赴捷克斯洛伐克查理大学讲学，在中国社会科学院鲁迅研究所做研究工作。主编《近代诗选》、《中国文学史》、《历代诗歌选》、《中国近代文学史》等，并著有《司马迁》、《闻朱年谱》、《来之文录》等书。吉书时同志，1932年生于河北巨鹿，1962年毕业于北京师范大学历史系研究生班，现为北京师范大学史学研究所副研究员。主要研究成果有《稽古录》点校和秦汉史论文多篇。

　　本卷的编写组织工作开始于1981年。这年6月，在北京师范大学史学研究所举行了秦汉卷第一次编写工作会议,提出了编写的初步计划。1983年4月举行了第二次工作会议,提出了关于经济、政治制度的16个篇目,总称为"别录",后来改为"典志",16个篇目后来也不断有所调整。1987年9月举行第三次工作会议,明确了本卷的一些问题,促进了工作的进度。同年12月底,典志编预定各章全部完成,于1988年4月30日初步定稿。序说、综述和传记工作因多种主客观原因进展很慢。1992年3月上册完成,1993年8月7日下册完成。至此,全卷全部脱稿,距离第一次编写工作会议,已经12年了。

序说编论述文献资料和考古资料,内容翔实,对秦汉史研究概况也能举其大端。综述编勾画了秦汉时期历史进程的轮廓。典志编论述秦汉时期的生产力、生产状况、经济制度和政治制度,相当广泛和深入,为通史撰述中所仅见。《土地制度和阶级结构》和《朝廷、郡县和封国》是其中很重要的两章,前者是关系秦汉时期的社会性质、社会结构的问题,也是史学界争论相当多的问题。作者在这里提出自己的观点,提出了封建土地等级所有制的看法和阶级中也有等级的看法。这种说法,对土地国有说和土地私有说的内容都可以概括进来,而对于秦汉阶级关系的分析也可以有进一步的深化。当然,这都还不能作为定论,提出来是希望大家讨论的。这一章原来是3篇文章。一篇是高敏同志的《土地制度》;一篇是安作璋同志的《地主阶级的形成及其发展》;一篇是廖德清同志的《农民和其他劳动者》。这3篇文章所论述的问题,相互间的关系特别密切,论述的内容有相当多的重复。经过商量,对这3篇进行了一些增删和局部的改写,把3篇合为一章。在这一章里,有的论点如同原作者平日所持见解不尽相同,并不等于对平日见解的放弃,这是应当说明的。传记编所收人物见于标目者有近百人,写出的稿子也都有他们的特点,但还不甚理想。撰写历史人物的传记,是我们史学工作中很薄弱的一环,还需要投入很大力量来改变这种情况。在本书中,我们很注意科技史方面的研究,在本卷的典制编和传记编中,都有相当精彩的作品发表,这都是有关各方面的专家的力作。何绍庚同志在组稿和稿件加工上出了很大的力气。

我们对于编撰这样的大型史书没有经验。我们的史学水平和表述水平都有限,因而书中不免有许多不足和缺点。就本卷来说,我们已发现的不足和缺点有很重要的3点:一是表述的方式多属于论文式的,还缺乏史书撰述特点的自觉;二是没有能够充分吸收国内外学者有关的研究成果;三是我们希望写出多民族的历史,但实际上我们在这方面写得很不够。这些问题的由来,非一朝一夕之故。要改变这些状况,也不是一朝一夕的工作所能解决,但我们只要去努力,还是可以不断取得进展的。

为了全卷在观点上、体例上的一致,在表述上要求更可能的明确,我对一些稿件做了必要的修改、改写、补写和调整。这样的做法,有时也可能会不符作者的原意,有时也可能出现新的失误,尚请同志们指教。在全卷的结构上,虽有第三卷的成例可循,但在具体安排上,还有不少的困难,往往会遇见复杂的情况,处理未必得当,这是需要读者帮助解决的。

佟冬同志为本卷上册题字,杨向奎同志为本卷下册题字,增加了本卷的光彩,我们很感谢。

白寿彝
1993年8月25日于北京

第五卷 题 记*

本卷和下卷(第六卷)都是论述中国中古时代发展时期历史的。这是一个全国性民族重新组合的时期。在这时期的前期,民族重新组合现象在展开,这是在三国两晋南北朝时期。在这时期的后期,民

---

* 《中国通史》第五卷《中古时代·三国两晋南北朝时期》,上海人民出版社1995年12月出版。

族重新组合的现象逐渐告一阶段,这是在隋唐时期。三国两晋南北朝时期给一些人的印象,好像只是一团混乱,其实这段历史也自有它的行程可以稽考的。大致说来,这个时期相当于公元196年至589年,可分为4个阶段。第一,三国的鼎立。第二,西晋短暂的统一和东晋十六国的混乱。第三,南北朝的对峙。第四,从北魏的分裂到隋的统一。从这4个阶段的划分上看,这个时期历史形成的脉络还是相当清楚的。本卷的综述对这种情况有更具体的论述。这种划分是从历史发展的全局上看,而不是简单的作为割据的历史来处理的。

本卷的撰写者整整有42位,其中有:

何兹全同志,是本卷主编,撰写了综述部分的第一、二、三、四、五章和第六章的一至五节。他1911年生于山东菏泽,1935年毕业于北京大学史学系,现任北京师范大学历史系教授。主要著作有《读史集》、《中国古代社会》、《历史学的突破、创新和普及》。

周一良同志撰写了序说部分的第一章和第三章。他1913年生于安徽东至,1935年毕业于燕京大学,1944年获哈佛大学博士学位。历任历史语言研究所助理员、哈佛大学日文教员、燕京大学副教授、清华大学教授兼历史系主任、北京大学教授兼历史系主任。1986年离休。主要著作有《魏晋南北朝史论集》、《魏晋南北朝史札记》,并主编《中外文化交流史》,与吴于廑同志共同主编《世界通史》等。

黄展岳同志撰写了序说部分的第二章。

陈连庆同志撰写了综述部分的第六章第六节和传记部分的第二十二章第二节。他1913年生于吉林省吉林市。早年留学日本,在日本明治大学学习法律,后转攻中国史。先后任长春大学、东北大学、东北师范大学历史系教授,主要著作有《秦汉魏晋南北朝姓氏研究》、《西域南海古地志辑佚》、《岭南大地志辑佚》、《诸家异物志辑佚》。所写论文已收录在《中国古代史研究》中。1989年去世。

黎虎同志为典志部分撰写了第一章第一节。他于1936年生于广东兴农,1969年毕业于北京师范大学历史系,同年留系工作,历任助教、讲师、副教授、教授,现任中国魏晋南北朝史学会副会长。发表有《略论曹魏屯田的历史作用与地位》、《三国时期的自耕农经济》、《论西晋占田制的历史渊源》、《东晋南朝时期北方旱田作物的南移》、《魏晋南北朝时期主粮作物品种的增加》、《六朝时期江沔地区的屯田和农业》、《古代长江中游的经济开发》等论文多篇。

范楚玉同志撰写了典志部分的第一章第二至第六节。

华觉明、周卫荣、杨文衡同志撰写了典志部分的第二章第一节至第八节和第十节。杨文衡同志并为传记部分撰写了第十二章第三节、第十五章第三节和第二十六章。

张清健同志撰写了典志部分的第二章第九节。

凌光、朱大为同志撰写了典志部分的第二章第十一节。

祝总斌同志为典志部分撰写了第三章。他1930年生于江苏苏州,现为北京大学历史系教授。主要著作有《两汉魏晋南北朝宰相制度研究》。

万绳楠同志为典志部分撰写了第四章。他现任安徽师范大学历史系教授。

郑佩欣同志撰写了典志部分的第五章,传记部分的第三章第一节、第四章第一节。他1933年生于河南省温县,1956年毕业于中山大学历史系,现任山东大学历史系教授,曾任全国魏晋南北朝史学会副会长。著有《魏晋南北朝史探索》,并发表有关魏晋南北朝史论文多篇。

胡守为、叶妙娜同志合写了典志部分的第六章。胡守为同志并为传记部分撰写了第八章第三节。他1929年生于广东东莞,现为中山大学历史系教授、中国史学会理事、中国唐史研究会理事、中国魏晋南北朝史学会常务理事、广东社会科学联合会副主席、广东历史学会副会长、中山大学副校长。主要论文有《汉魏的浮华士风》、《黄巾起义口号试释》、《大般涅经在河西的传释》、《山越与宗部》、《张昭与孙吴的立国方针》、《暨艳案试释》、《陈寅恪的史学成就与治学方法》。

陈玉屏同志为典志部分撰写了第七章。

陈琳国同志为传记部分撰写了第一章第一节、第三章第四节、第四章第二节、第七章第三节、第十章第一节、第十六章第二节、第十七章第四节,与周兆望同志合写第二十一章第一节。他1943年生于福建龙海,1990年获北京师范大学历史系博士学位。现为北京师范大学历史系副教授,发表有《魏晋南北朝政治制度研究》和《庶族、素族和寒门》、《论两晋九品中正制与选官制度》、《论南朝襄阳的晚渡士族》等论文。

曹文柱同志为传记部分撰写了第三章第二节、第三节,第五章第一节、第三节、第四节,第八章第一节,第十二章第一节、第二节,第十三章第一节、第二节,第十六章第三节,第十七章第一节,第十九章第一节,第二十章第一节、第二节。他于1945年生于北京,1981年获北京师范大学历史学硕士学位,现为北京师范大学历史系副教授。著有《略论魏初年都址的选择》、《六朝时期江南社会风气的变迁》、《西晋前期的党争与武帝的对策》、《治乱嬗替》、《胡汉分治》等。

张文强同志为传记部分撰写了第一章第二节和第十章第三节。

余桂元同志为传记部分撰写了第二章。

杨光辉同志为传记部分撰写了第五章第二节,第七章第一节,第九章第一节,第十一章第一节,第十六章第一节,第十八章第二节。他1981年毕业于东北师范大学历史系,1985年、1988年先后获北京大学历史系硕士、博士学位,1989年至1991年在美国华盛顿大学进行博士后研究,现任中国大百科全书出版社社科部主任、副编审,主要论著有《两汉魏晋南北朝封爵制度》、《西晋分封与八王之乱》等。

郭豫衡同志为传记部分撰写了第六章第一节。

韩国磐同志为传记部分撰写了第六章第二节、第七章第二节。他1919年生于江苏海安,现为厦门大学历史系、历史研究所教授,中国敦煌吐鲁番学会、中国魏晋南北朝史学会、中国唐史学会顾问,福建省历史学会会长。主要著作有《隋唐五代史纲》、《魏晋南北朝史纲》、《隋唐五代史论集》、《北朝隋唐的均田制度》、《北朝经济试探》、

《南朝经济试探》、《南北朝经济史略》、《隋朝史略》等,并发表论文多篇。

于天池同志为传记部分撰写了第六章第三节,第二十章第四节。他1945年生于山东烟台,1972年毕业于北京师范大学中文系,1981年获北京师范大学中文系硕士学位。后留校任教。1988年至1990年赴朝鲜人民民主共和国金日成综合大学任专家,讲授汉语。现为北京师范大学中国语言文学系教授、北京师范大学图书馆副馆长。他编印了馆藏多种书刊,发表了研究蒲松龄的论文多篇。

周兆望同志为传记部分撰写了第八章第二节、第十章第二节、第十一章第三节、第十七章第三节,与陈琳国同志合写第二十一章第一节。他1944年生于湖南,1981年获北京师范大学历史系硕士学位,现为江西南昌大学历史系副教授。

薛军力同志为传记部分撰写了第九章第二节、第十章第二节。

郭良玉同志为传记部分撰写了第十三章第三节。她1915年生于山东巨野,曾任清华大学附属成志学校教师,北京三十九中语文教员,1974年退休。著有《唐太宗演义》、《朱元璋外传》、《唐明皇》、《女皇武则天》等历史小说。

曾敬民同志为传记部分撰写了第十四章第一节。

李经纬同志为传记部分撰写了第十四章第二节、第二十八章。

何绍庚同志为传记部分撰写了第十五章第一节、第二十三章,并负责第二十三至二十八章的统稿工作。

施光明同志为传记部分撰写了第十七章第二节、第十九章第二节。

夏露同志为传记部分撰写了第十八章第一节、第十九章第三节。她还在综述部分协助何兹全同志写了几节初稿。

邓奕琦同志为传记部分撰写了第十八章第三节。

瞿林东同志为传记部分撰写了第二十章第三节、第二十一章第二节。他1937年生于安徽肥东。1964年毕业于北京师范大学历史系,1967年获硕士学位,曾任内蒙古民族师范学院政史系讲师、副教授。现任北京师范大学史学研究所教授。著有《唐代史学论稿》、《中国史学散论》、《中国古代史学批评纵横》、《史学导论》(合作)。

郭朋同志为传记部分撰写了第二十二章第一节。他1920年生于河南唐河县,现为中国科学院世界宗教研究所研究员(已经离休)。先后出版了《隋唐佛教》、《汉魏两晋南北朝佛教》等9部书,在同时期内,还先后发表了有关中国佛教思想史方面的学术论文多篇。

季羡林同志为传记部分撰写了第二十二章第三节。他1911年生于山东省清平县,1934年毕业于清华大学西洋文学系。1935年被录取为清华大学与德国的交换研究生赴德,入哥廷根大学,学习梵文、巴利文、吐火罗文等,1941年获哲学博士学位。1946年回国,任北京大学教授兼东方语言文学系主任。1978年兼任北京大学副校长、中国社会科学院与北京大学合办的南亚研究所所长。1984年改任北京大学南亚东南亚研究所所长。译著甚富,有《中印文化关系史论丛》、《印度简史》、《罗摩衍那初探》、《季羡林选集》、《原始佛教的语言问题》、《大唐西域记校注》、《论印度》、《沙恭达罗》、《罗摩衍那》(1~7)等。

杜昇云同志、刘金沂同志为传记部分撰写了第二十四章。

林文照同志为传记部分撰写了第二十五章。

汪子春同志为传记部分撰写了第二十七章。

刘雪英同志撰写了传记部分的第二十九章。

以上共41人,把我算在里边就是42人。这里有少数人没有介绍他们的学历、经历和著作。这是因为他们在本书第三卷、第四卷的题记中介绍过了。有的是因为编者手下材料残缺,以后有条件的还可以把欠缺的地方增补起来。

三国两晋南北朝的历史是很复杂的历史,写成一部史书很不容易。现在依靠各位同志的努力,毕竟还是把这部历史写出来了。在我们的书稿中,有好多佳作,如周一良同志的文献资料,黄展岳同志的考古资料,祝总斌同志写的门阀制度,郭预衡同志写的曹植,何绍庚同志写的祖冲之,曾敬民同志和何绍庚同志合写的葛洪,郭朋同写的道安,季羡林同志写的法显,科技史小组的同志们合写的科技各章,都是可以提出来说一说的。

书稿中也有明显的欠缺,这主要是,各篇数字之间的不平衡,文字表述有时浮词过多,把史书写成论文,这些都是史学界长时间形成的,必须不断加以克服,但也不是一下子可以克服得了的。

王仲荦同志是研究三国两晋南北朝史著名的专家,我曾邀请他参加本卷的编撰工作。他说,因为他已经写出了《魏晋南北朝史》一书,就不再参加我们的这项工作了,但答应本卷可以采用他这部著作的材料和论点。本卷确实利用了他的一些成果,有的注明了,有的也没有注明。我谨在这里表示对这位史学家的感谢和怀念。

本卷传记部分在编辑上的工作是相当重的,黎虎同志为此费了很多的力气。科技小组的同志们对于所承担的任务都是完成得那么认真、及时,这都是我们深为感谢的。本卷科技方面拟目原有化学一项,因其内容几乎完全与葛洪、陶弘景相同,在本卷订稿时,也就删去了。

缪钺同志和周一良同志为本卷扉页题署书名,在此深致谢意。

白寿彝
1987年5月30日于北京友谊医院初稿
1994年2月6日修改

第六卷 题 记*

本卷是中国通史的第六卷,论述了隋开皇元年(581)至唐哀帝天祐四年(907年)的历史。这是中国中古时代封建社会发展时期后期的历史。

本卷上册由史念海同志主编,下册由陈光崇同志主编。史念海

---

* 《中国通史》第六卷《中古时代·隋唐时期》,上海人民出版社1997年12月出版。

同志，山西省平陆县人，生于1912年，毕业于北京辅仁大学历史系。曾任南京国立编译馆副编审、复旦大学副教授、兰州大学和西北大学教授、陕西师范大学教授兼历史系主任。现任陕西师范大学唐史研究所所长、中国历史地理研究所所长、中国唐史学会名誉会长。他以专攻历史地理学蜚声中外，著有《河山集》(1~5)、《中国的运河》、《中国疆域沿革史》(与人合作)、《黄土高原森林与草原的变迁》(与人合作)、《方志刍议》(与人合作)等著作。他撰写了本卷序说部分的第一章、第四章，综述部分的第二章、第三章、第十章的第三节，典志部分的第一章、第七章、第八章。

陈光崇同志，1918年生于湖南省安化县，1944年毕业于浙江大学史地系，历任湖南大学、沈阳师范学院、辽宁大学等校历史系讲师、副教授、教授，并兼辽宁大学中国古代史教研室主任、副系主任、校学术委员会副主任等职。著有《中国史学史论丛》、《史学研究辑存》、《资治通鉴选读》、《象山文丛》、《中国古代史》(隋唐五代部分)、《简明中国古代史》(主编并撰写三国两晋南北朝部分)、《中国历史大辞典·史学史卷》(撰写宋辽金元部分)。他为本卷传记部分撰写了第一章、第二章的第一节、第四章、第六章、第七章、第三十七章。

本卷的撰稿人依其在卷中首次出现的先后顺序，介绍如下：

齐东方同志，生于1955年，辽宁省昌图县人。1973年毕业于吉林省舒兰师范学校美术专业，1982年毕业于吉林大学历史系，获学士学位，1984年获北京大学考古系硕士学位，1992年获北京大学历史学博士学位，现为北京大学考古系副教授，主要从事三国至隋唐考古和中西交通考古的教学与研究。已发表有关论文数十篇，并多次参加国际性学术讨论会。主要著作有《中国古代金银器皿与波斯萨珊王朝》等。他与张静同志为本卷共同撰写了序说部分的第二章。

张静同志，生于1957年，辽宁省沈阳市人，1982年毕业于吉林大学历史系，获学士学位，1988年于日本东京大学研究生肄业。她与齐东方同志为本卷共同撰写了序说部分的第二章。

赵望秦同志，生于1953年，陕西省临潼县人。1982年毕业于陕西师范大学中文系,获中国语言文学学士学位。1985年毕业于陕西师范大学古籍研究所,获历史学硕士学位,毕业后留所工作。现为陕西师范大学唐史研究所副教授,主要从事唐代文献的整理与研究,发表有《唐方镇年表辨误》、《释韩十四》、《独孤及年谱》、《思陵集干支辨误》、《思陵集史料价值述略》、《陆贽年谱》、《唐文献有关陆贽事迹之考辨六则》等论文多篇,并与人合作出版《水经注选译》等多种著作。他为本卷撰写了序说部分的第三章,典志部分的第九章、第十四章。

牛致功同志,生于1928年,河南省偃师县人,1956年毕业于陕西西安师范学院史地系。毕业后,先后在西安师范学院、陕西师范大学从事中国古代史的教学与研究,曾任历史系中国古代史教研室主任、系主任,唐史研究所教授。现为中国唐史学会顾问、陕西省历史学会副会长、西安唐代文化史学会会长、陕西省文史研究馆馆员,著有《李渊建唐史略》、《唐代的史学与通鉴》、《隋唐人物述评》(合著)等,并发表有关论文九十余篇。他为本卷综述部分撰写了第一章、第五章、第六章、第七章、第八章、第九章、第十章的第一节、第十一章、第十二章和典志部分的第十二章。

马驰同志,生于1941年,河南省鲁山县人,1963年毕业于陕西师范大学历史系,现为陕西师范大学唐史研究所副所长、中国唐史学会秘书长。著有《唐代蕃将》,与人合编藏族史料多种,并发表论文多篇。他为本卷综述部分撰写了第四章、第十章第二节。

范楚玉同志,中国科学院自然科学史所研究员,她为本卷典志部分撰写了第二章。

崔春华同志,生于1923年,辽宁省昌图县人。1949年毕业于东北大学文学院历史系,此后在沈阳师范学院历史系和辽宁大学历史系担任讲师、副教授、教授,中国先秦史学会、辽宁省史学会理事。著有《中国古代史》(合著)、《简明中国古代史》(合著)、《夷俗记校注》等,发表论文多篇。他曾参加本书第一卷的撰写工作,并为本卷典志部分撰写了第三章,传记部分的第十章、第三十五章。

华觉明同志、张柏春同志，分别为中国科学院自然科学史研究所研究员、副研究员，他们为本卷典志部分共同撰写了第四章的第一、三、五、六、七、九节。

杨文衡同志，中国科学院自然科学史研究所研究员。他为本卷撰写了典志部分的第四章第二、四节，传记部分的第三十九章、第四十九章。

张清建同志，四川师范学院讲师。他为本卷典志部分撰写了第四章的第八、十节，传记部分的第五十二章。

何绍庚同志，中国科学院自然科学史研究所研究员。他为本卷典志部分撰写了第四章第十一节、传记部分的第四十七章。

凌光、朱大为同志，石油部石油勘探开发设计院高级工程师，共同撰写了本卷典志部分的第四章第十二节。

赵文润同志，生于1936年，辽宁省大连市人，满族。1960年毕业于中国人民大学历史系，现为陕西师范大学周秦汉唐文化研究中心主任、历史系教授、中国古代史教研室主任，兼任中国武则天研究会会长、影视唐文化研究所研究员等，主编有《中国古代史新编》、《隋唐文化》等书，并发表有关隋唐经济的论文多篇。他为本卷典志部分撰写了第五章。

谢元鲁同志，生于1949年，四川省成都市人。1978年考入四川西南财经大学工业经济系，1979年考入厦门大学历史系攻读中国历史地理专业，1982年获陕西师范大学历史地理硕士学位，毕业后任教于四川师范大学历史系。1987年在厦门大学获隋唐史博士学位，现为四川大学历史系副主任、副教授。著有《唐代中央政权史策研究》、《唐德宗顺宗传》等书，发表有关唐史论文多篇。他为本卷典志部分撰写了第六章、第十章。

廖德清同志，辽宁大学历史系教授、本书第四卷主编之一。他偕子廖晓晴同志为本卷典志部分撰写了第十一章。他还为本卷传记部分撰写了第十一章、第十三章、第十七章、第十九章。廖晓晴同志，1958年生于辽宁省沈阳市，1983年毕业于北京师范大学历史系，

1990年获复旦大学中国古代史硕士学位。历任辽宁师范大学历史系助教、辽宁人民出版社古籍室编辑,现为辽宁社会科学院历史研究所助理研究员,撰有《杜佑与通典》等论文多篇。

阴法鲁同志,生于1915年,山东省肥城市人。1935年考入北京大学中文系,1939年毕业于云南昆明西南联合大学,又考入设立于昆明的北京大学文科研究所,1942年研究生毕业。历任北大文科研究所助教、华中大学(武昌迁滇)中文系副教授、中国科学院历史研究所副研究员、北京大学中文系副教授、教授。现任国务院古籍整理出版规划小组顾问。他与汪绍楹先后两次校点《隋书》,主编有《古文观止译注》、《中国古代文化史》(合作),并撰有《从敦煌壁画论唐代的音乐和舞蹈》、《我们有优越的音乐传统》、《孔子论音乐》、《古代诗歌中的"反唱和"形式》、《试论〈乐记〉》、《我国历史上民族迁徙活动与乐舞文化交流》等论文多篇。他为本卷典志部分撰写了第十三章。

金秋鹏同志,中国科学院自然科学史研究所研究员、中国科技通史研究室主任。他为本卷传记部分撰写了第二章第一节。

田廷柱同志,生于1943年,河南省范县人。1969年毕业于南开大学历史系,1981年获辽宁大学历史系硕士学位,毕业后留校工作,现为历史系教授,主要从事隋唐史的研究,著有《唐明皇》、《隋唐士族》、《东观奏记》(校点)及论文多篇。他为本卷传记部分撰写了第五章、第八章、第九章、第十六章、第二十章、第二十四章、第二十五章、第二十六章、第二十七章、第二十八章、第二十九章、第四十二章、第四十三章、第四十四章、第四十五章、第四十六章。

曾贻芬同志,1941年生于北京。1966年毕业于北京大学中文系古典文献专业,1981年获北京师范大学历史学硕士学位。历任北京师范大学历史系助教、讲师,现为北京师范大学古籍研究所教授、历史文献学教研室主任,著有《文史英华·典志选》,并撰有《论〈通典〉自注》、《唐人注释名著三种》等论文多篇。她为本卷传记部分撰写了第十一章第二节。

赵俊同志,1955年生,辽宁省铁岭市人。1981年辽宁大学历史系本科毕业,获学士学位,1984年获硕士学位,1988年获上海华东师范大学历史学博士学位,现为中国社会科学院研究生院副教授。他为本卷传记部分撰写了第十二章、第二十三章。

张新清同志,生于1941年,辽宁省营口市人。1966年毕业于辽宁大学历史系,现为辽宁大学历史系副教授、中国古代史教研室主任,著有《中国教育名人志》(合著),撰有《中国历史名人结局研究》、《唐代马球场》等论文多篇。他为本卷传记部分撰写了第十四章。

纪志纲同志,江苏徐州师范学院师资工作办公室副教授、理学博士。他为本卷传记部分撰写了第十五章第一节。

郑怀林同志,陕西中医药研究院副研究员、理学博士。他为本卷传记部分撰写了第十五章第二节。

李春光同志,1944年生于山东省海阳县。1967年毕业于北京大学历史系,1981年获辽宁大学硕士学位,现为辽宁大学历史系教授、中国古代史教研室主任,著有《古籍丛书论述》、《评译通鉴纪事本末》及论文多篇。他为本卷传记部分撰写了第十八章、第三十章、第三十一章、第三十二章、第三十三章第二节、第三十四章。

王荣彬同志,西北大学数学系副教授、理学博士。他为本卷传记部分撰写了第二十二章。

郭预衡同志,北京师范大学中文系教授。他为本卷传记部分撰写了第二十五章第一节、第三十八章、第三十九章。

廖仲安同志,1925年生于四川西昌。1944年至1948年就读于云南昆明西南联大师范学院文史专修科、北京大学中文系。解放初任北京市文教机关干部,1956年后在北京师范学院中文系任教,主讲中国文学史,现为中文系教授,著有《陶渊明》、《反刍集》等。他为本卷传记部分撰写了第二十五章第二节。

刘曼春同志,1935年生于辽宁省锦州市。1958年毕业于北京师范大学历史系,后任教于兰州西北师范学院历史系,现为南京师范大学历史系中国古代史教研室副主任、副教授,发表隋唐史论文多篇。她为本卷传记部分撰写了第三十六章、第四十章。

杜昇云同志,北京师范大学天文系和科学史中心副教授。他为本卷传记部分撰写了第四十八章。

刘昌芝同志,中国科学院自然科学史研究所副研究员。他为本卷传记部分撰写了第五十章。

王冰同志,中国科学院自然科学史研究所副研究员。他为本卷传记部分撰写了第五十一章。

李经纬同志,中国中医研究院中国医史文献研究所研究员。他为本卷撰写了传记部分的第五十三章。

刘雪英同志撰写了本卷传记部分的第五十四章。

以上撰稿人共38位。此外,何绍庚同志主持了有关科技部分的集稿、定稿工作,刘雪英同志在本卷中做了校对、选图、标目、编目和部分定稿工作,曹尔琴同志参与了撰写工作,宫伟同志、栾敬同志参与了摄图工作。

隋唐时期,是中国封建社会内部发生重大变化的时期,在田制、税制、官制、军制、法制、选举制度、行政区域的划分上,都有不同程度的变化,对后世有较大的影响。民族的重新组合,社会阶级、阶层所发生的新的变化,都是应当予以阐明的历史性重点。在这一时期,出现了不少杰出人物,政治家如高颎、唐太宗、魏征、长孙无忌等,军事家如李靖、郭子仪等,史学家如刘知幾、吴兢、杜佑等,经学家如孔颖达、颜师古、陆德明等,散文家如韩愈、柳宗元等,诗人如李白、杜甫、白居易等,名僧如玄奘等,还有书法家、画家、天文学家、数学家、地理学家、医药学家等。这样的盛况,在其他历史时期是很难见到的。我们要写好一部唐史,必须有深厚的功底,高屋建瓴的历史见识,简练生动的表述。当然,这都不是一朝一夕的功夫,而是长期不断积累的。同时,我们也不能要求这些条件都具备于一人之身,而是可以取长补短、互相补充的。在本卷的编写中,有名家的精品,也有水平一般的作品,这是现阶段的正常现象,恐怕还需要相当长的一个时期才能有所改变。

本卷所重视的是,我们写的隋唐史,要写成中国通史的隋唐史。认识到这一点很不容易,做到这一点更不容易,这也还需要一个不断发展的过程。我们老一辈的史学家陈寅恪、岑仲勉、吕思勉、向达、贺昌群、唐长孺,还有其他同志,都在隋唐史研究上做出贡献,对于这一点也都有认识,都在起步或准备起步阶段。本书其他卷也多有类似的情形,就不一一再说了。

本卷的编撰前后经历12年,赖各位同志的共同努力,终于完成全稿。我和念海、光崇都是80岁上下的高龄了,这次学术上的合作,十分珍贵。我和念海相识60年,更别有一番历史上的意义。

唐长孺同志和韩国磐同志,分别为本卷上、下册题字,在这里我表示感谢。

白寿彝
1996年12月12日于北京

第七卷 题 记*

本卷论述公元906年至公元1279年的中国历史。这是中国封建社会继续向前发展时期的历史,也是中国各民族又一次重新组合时期的历史。汉族地区经济重心的南移,南海贸易的畅通,边疆民族地区封建化的加深,都是前所未有的。在学术文化方面,文、史、哲、理均有巨著,且树新风。我们应该看到这时期有关的各民族在政治上都应有他们平等的地位,都各有他们对历史的贡献,而汉族在历史发展中则应保持他的主体民族的地位。我们在这些方面的研究成果不多。旧说简单地认为这段时期的历史是混乱、分裂时期的历史,只能是皮相之谈,是不足取的。

---

* 《中国通史》第七卷《中古时代·五代辽宋夏金时期》,上海人民出版社1999年3月出版。

本卷创议于1984年。这年9月,在北京师范大学召开编写会议,讨论了这项工作的重要意义,建立了领导组织。在会议上,邓广铭同志指出,宋史研究,尤其是辽金史研究的现状,多年来受传统观点影响较深,契丹建立的辽朝是在宋朝之前,顺序本应是辽宋夏金,然而总是排为宋辽夏金,而且辽夏金史在中国通史中所占的比重过少。现在我们把顺序摆正,对辽夏金史也给予足够的重视。这不仅符合历史,也有利于民族团结。他还强调了处理好民族关系问题的重要性。王静如同志指出,写书与写论文的体例不同。在史料中,辽宋夏金有他们本民族的史料,但大量的还是汉文史料。他指出,国与族要分开,辽夏金国境内的居民仍然是以汉人为多数,要充分注意这一点。这些意见一直是本卷编写的指导思想,但我们做得还不够。

程溯洛同志就本卷中不同民族的分写合写问题谈了自己的意见。分写基本上按照传统的写法,辽、宋、夏、金一个一个地写。合写是按各民族内部联系和时代发展的顺序写,这是比较好的写法,但编写时会遇到较多的困难。讨论结果,还是采用了后者。现在,我们是把这一时期的历史分为14章,4个部分。第一章是五代十国和契丹的崛起,这是乙编第一部分。第二章至第七章,这是乙编第二部分,主要是讲辽宋及二者之间的矛盾,第八章至第十二章是乙编的第三部分,主要是讲南宋、金及二者间的矛盾。第十三章至十四章是乙编的第四部分,论述西夏及其他民族。这样的安排似乎比较清楚,对读者比较方便。

会议成立了编辑委员会,负责本卷的编写工作。编委会由陈述、程溯洛、陈振3位同志组成,陈振同志任主编,编委会下设编写组,由王静如、陈述、程溯洛、陈振等7位同志组成。

王静如同志,1903年生于河北深泽,1927年入清华大学研究院,1929年毕业后任职于中央研究院历史语言研究所,1933年赴英、法、德等进行语言学、历史学及古代欧洲社会经济史、艺术史研究,1936年回国后任北平研究院、中法大学、辅仁大学、燕京大学、中国大学的研究员、导师、教授,1949年后任中国科学院考古研究所、民族研究所、中国社会科学院研究生院研究员、教授、博士生导师。他在学术上涉猎广泛,对古汉语、语言学、考古学、古文字学、秦汉史、民族史、科技史等方面的研究都做出了贡献。他1932~1933年撰著的《西夏研究》第1~3辑为其代表作,曾荣获1936年法国院士会东方学"茹莲(S·Jvjen)"奖金,是我国杰出的西夏学专家。他对中国古代民族突厥、回鹘、契丹、女真等民族文字的研究也都有重要贡献。

陈述同志,1911年生于河北乐亭,1929年入北京大学历史系和北京师范大学历史系,1935年进中央研究院历史语言研究所专攻辽金史,1939年晋升为研究员。此后他先后受聘为东北大学、复旦大学、暨南大学兼职教授和北平研究院研究员。1949年以后,先后任北京师范大学、燕京大学、中法大学历史系教授、中央民族学院研究部教授兼图书馆馆长、中国科学院民族研究所研究员,曾任中国辽金契丹女真史学会会长(首届)。主要著作有《契丹史论证稿》、《契丹社会经济史稿》、《契丹政治史稿》、《金史拾补五种》、《辽史补注》,辑校《全辽文》,主编《辽金史论集》1~5集。

程溯洛同志,1913年生于浙江温州,从1935年起,相继就读于东吴大学和光华大学,1938年入昆明西南联大历史系,1941年毕业后又入北京大学文科研究所,从向达、姚从吾先生学史。1944年进入设在昆明的北平研究院史学研究所任助理研究员,从事宋、辽、金史的研究,1946年返北平。1949年后任职于中国科学院考古研究所,从事宋史与维吾尔族史研究。1952年调入中央民族学院研究部,先后任讲师、副教授、教授,从事维吾尔族史与宋辽金元史的教学与研究。他的早期著作有《论拐子马与铁浮图》、《北宋联金攻辽始末》等。在20世纪50年代他与冯家昇、穆广文合著《维吾尔族史料简编》,成为我国维吾尔族史研究的开山之作。70年代以后,历十年之功撰写《维吾尔族简史》一书的古代部分,晚年主要著作有《唐宋回鹘史论集》。他为本卷撰写了乙编综述部分的第九章第一节、第十一章、第十二章第四节、第十三章第五节、第十四章第三节(回鹘)、丙编典志部分的第二章第一节。

王静如、陈述、程溯洛同志先后去世后,本卷编写工作的重担,就全部由陈振同志担当起来。

本卷主编陈振同志(曾用名沈继宏、陈高生),1931年生,江苏海门人。1959年北京大学历史系(中国古代史专门化宋史专段)毕业,师从著名宋史专家邓广铭先生,专事宋史研究。1980年为副研究员,1987年为研究员。历任河南省社会科学院历史研究所所长、南京师范大学历史系主任、南京师范大学文科学术委员会副主任、中国宋史研究会副会长,著有《简明宋史》(为两主编之一)等,参与编撰《中国大百科全书·中国历史》卷(为辽宋西夏金史副主编之一),发表的主要论文有《关于北宋前期的中书》、《略论南宋时期"宋学"的新学、理学、蜀学派》、《关于唐宋庄园的几个问题》、《论保马法》、《关于北宋前期的宰相制度》、《论宋代的县尉》等。他为本卷撰写了甲编序说部分的第一章第一、三节,第三章第一、三节和第四章;乙编综述部分的第一、二、三、四、五、六、七、十章和第八章第三节,第九章第二、三节,第十四章第四节;丙编典志部分的第一章第一节、第二节(一、二、五、六目)、第三节、第四节,第四章第一、二、三节、第五章第一、二、三节,第六章第一、二、三节,第七章第一、二、三节,第八章第一、二、三、四、五节,第九章第一、二、三、四节,第十章第一、二、三节,第十一章第一、二、三节,第十二章第一、二节,第十三章第一、二、三节;丁编传记部分的第二十三、二十四、二十五、二十六、二十七、二十八、三十七、四十六、四十九、五十、五十一、五十二、六十二、六十三、六十四章和第六十五章第一、二节。

参加本卷编写工作的还有下列同志,依所写章节顺序介绍如下:

李桂芝同志,1941年生于辽宁黑山,1965年中央民族学院历史系毕业并留校任教,现为中央民族大学历史系教授,从事中国古代史,辽、金、元史和北方民族史的教学与研究,主要著作有《辽金简史》、《新编中国通史》(合著)、《中国历史大事本末》(合著)等,主要论文有《五户丝制述略》、《契丹大贺氏遥辇氏联盟的部落组织——〈辽史·营卫志〉考辨》、《契丹郎君考》等。她为本卷撰写了甲编序说的第一章第二节、第三章第二节;丙编典志部分的第一章第五节、第二章第二节、第四章第四节,第五章第四节,第六章第四节、第七章第四节、第八章第六节、第十章第四节、第十一章第四节、第十二章第三节、第十三章第四节;丁编传记的第十四章至第二十二章。

白滨同志,1936年生于山西平定,1961年中央民族学院历史系毕业,进入中国科学院(今中国社会科学院)民族研究所工作,历任副研究员、研究员。现任中国民族古文字研究会副会长兼秘书长、中国社会科学院西夏文化研究中心副主任、宁夏大学兼职教授等职,主要从事西夏文史研究工作,参加《俄藏黑水城文献》的整理编辑工作,主要著作有《元昊传》、《党项史研究》、《寻找被遗忘的王朝》,合著有《文海研究》、《西夏文物》、《西夏法典·天盛律令译注》等。他为本卷撰写了甲编序说部分的第一章第四节、第三章第四节;乙编综述的第十三章第一、二、三、四节;丙编典志的第一章第六节、第二章第三节、第四章第五节、第五章第五节、第六章第五节、第七章第五节、第八章第七节、第九章第六节、第十章第五节、第十一章第五节、第十二章第四节、第十三章第五节;丁编传记的第六十七章至第七十五章。

张博泉同志,满族,1926年生于辽宁辽阳,吉林大学历史系教授,曾任中国辽金契丹女真史学会及中国元好问学会副会长,主要著作有《中华一体的历史轨迹》、《东北地方史稿》、《金史简编》、《金代经济史略》、《金史论稿》(合著,第一、二卷)、《女真新论》等。他为本卷撰写了甲编序说部分的第一章第五节、第三章第五节;乙编综述部分的第八章第一、二节,第十二章第一、二、三节;丙编典志部分的第一章第七节、第二章第四节、第四章第六节、第五章第六节、第六章第六节、第七章第六节、第八章第八节、第九章第七节、第十章第六节、第十一章第六节、第十二章第五节、第十三章第六节。

俞永炳同志,1963年生于浙江萧山。1984年于北京大学考古学系毕业后,考入中国社会科学院研究生院考古系,师从著名考古学家徐苹芳,1987年获得历史学硕士学位后,进入中国社会科学院考古研究所,从事汉唐考古研究工作,曾参加了山西南部地区西周墓葬的发掘与研究,甘肃敦煌莫高窟、河南洛阳龙门石窟的测绘研究,河南、河北地区定窑、汝窑遗址调查,浙江南部三国—宋元时期窑址调查,浙江杭州南宋官窑遗址发掘与调查,江苏扬州古城发掘与调查等。1991年参加联合国教科文组织海上丝绸之路综合考察活动,访问韩国、日本,其间参加了6次国际学术讨论会;1992～1993年,获联合国教科文组织"平山丝路奖学金",赴英国、法国、德国等进行学术访问,并从事唐宋宗教遗物研究。主要论文有《江苏扬州宋三城发掘与勘探》、《丝绸之路上的扬州唐城》、《宋辽金纪年墓葬塔基出土的瓷器》等,著有《扬州古城发掘报告》、《中国古代文物典》等,翻译学术著作多篇。1994年调至外经贸部国际经贸消息报社工作,现任副总编兼新闻部主任。他为本卷撰写了甲编序说部分的第二章。

孟古托力同志,黑龙江省社会科学院历史研究所研究员。他为本卷撰写了乙编综述部分的第十四章第一节。

余大钧同志,北京大学历史系教授。他为本卷撰写了乙编综述部分的第十四章第二节。

魏良弢同志,南京大学历史系教授,他为本卷撰写了乙编综述部分的第十四章第三节(喀喇汗王朝)。

祝启源同志,中国社会科学院民族研究所研究员。他为本卷撰写了乙编综述部分的第十四章第五节。

尤中同志,云南大学档案系教授。他为本卷撰写了乙编综述部分的第十四章第六节。

莫俊卿同志,中央民族大学民族学系副教授。他为本卷撰写了乙编综述部分的第十四章第七节。

范楚玉同志,中国科学院自然科学史研究所研究员。她为本卷撰写了典志部分第一章第二节(三、四、七、八目)。

华觉明同志,中国科学院自然科学研究所研究员。周卫荣同志,中国钱币博物馆副研究员。他们共同撰写了本卷丙编典志部分的第三章第三、五、六、七、八、十节,周卫荣同志还为本卷丁编传记部分撰写了第四十四章第二节。

杨文衡同志,中国科学院自然科学史研究所研究员。他为本卷撰写了典志部分的第三章第二、四节,丁编传记部分的第九十二章。

何绍庚同志,中国科学院自然科学史研究所研究员。他为本卷撰写了丙编典志部分的第三章第九节、丁编传记部分的第八十八章,并审阅了本卷全部有关科技部分的稿件。

张清建同志,四川师范学院化学系讲师。他为本卷撰写了丙编典志部分第三章第十一节、丁编传记部分第九十一章。

李进尧同志,中国矿业大学教授。他为本卷撰写了丙编典志部分的第三章第十二节。

凌光同志、朱大为同志,石油部石油勘探开发设计院高级工程师。他们为本卷共同撰写了丙编典志部分的第三章第十三节。

关树东同志,中国社会科学院历史研究所助理研究员。他为本卷撰写了丙编典志部分的第九章第五节。

许春在同志,1938年生于浙江奉化,1961年毕业于江苏师范学院历史系,现为南京师范专科学校和南京教育学院历史系主任、教授。他为本卷撰写了丁编传记部分的第一章至第十三章。

吴怀祺同志,1938年生于贵州贵阳,1961年毕业于安徽师范大学历史系,1978年入北京师范大学历史系,从导师白寿彝先生攻读史学史,1981年获硕士学位,现为北京师范大学史学研究所教授、博士研究生导师。主要著作有《宋代史学思想史》、《中国史学思想史》、《郑樵文集(校补)·郑樵年谱稿》及《郑樵评传》等,发表史学史等方面的学术论文百余篇。他为本卷撰写了丁编传记部分的第二十九章、第三十八章、第四十一章、第四十二章、第五十三章第一和二节、第五十四章、第五十八章、第五十九章。

张菁同志,南京师范大学历史系讲师。她为本卷撰写了丁编传记部分的第三十章、第四十八章。

余敏辉同志,淮北煤炭师范学院历史系讲师。他为本卷撰写了丁编传记部分的第三十一章、第六十六章第二节。

范荧同志,上海师范大学人文学院副教授。她为本卷撰写了丁编传记部分的第三十二章、第四十五章第一节、第五十五章第一节、第五十六章、第五十七章。

崔文印同志,1941年生于河北乐亭,1966年毕业于北京大学中文系古典文献专业,现为中华书局编审。20世纪70年代他参加"二十四史"点校工作,参与整理出版了《大金国志校证》、《靖康稗史笺证》等,发表有关历史文献学史的研究论文多篇。他为本卷撰写了丁编传记部分的第三十三章、第四十五章第二节、第五十三章第三节、第五十五章第二节。

郭预衡同志,北京师范大学中文系教授。他为本卷撰写了丁编传记部分的第三十四章、第三十五章、第四十章、第六十六章第一节。

周少川同志,北京师范大学古籍研究所副教授,史学所在读博士研究生。他为本卷撰写了丁编传记部分的第三十六章、第四十七章、第六十章。

关培红同志,中国科学院自然科学史研究所《自然科学研究》编辑,在读博士研究生。她为本卷撰写了丁编传记部分的第三十九章。

管成学同志,长春师范学院苏颂研究室研究员。他为本卷撰写了丁编传记部分的第四十三章。

张秀民同志,北京图书馆印刷史专家。韩琦同志,中国科学院自然科学史研究所副研究员。他们为本卷撰写了丁编传记部分的第四十四章第一节。

李经纬同志,中国中医研究院医史文献研究所研究员。他为本卷撰写了丁编传记部分的第四十四章第三节、第九十四章。

陈继宏同志,南京师范大学中文系教师。他为本卷撰写了丁编传记部分的第六十五章第三节。

汪晓勤同志,浙江师范大学数学系讲师、博士。他为本卷撰写了丁编传记部分的第六十一章。

程妮娜同志,1953年出生于辽宁沈阳,1981年获历史学硕士学位,吉林大学历史系副教授。她为本卷撰写了丁编传记部分的第七十六章至第八十七章。

杜昇云同志,北京师范大学天文系和科学史中心教授。他为本卷撰写了传记部分的第八十九章。

王冰同志,中国科学院自然科学史研究所副研究员。他为本卷撰写了丁编传记部分的第九十章。

刘昌芝同志,中国科学院自然科学史研究所副研究员。他为本卷撰写了丁编传记部分的第九十三章。

刘雪英同志,北京师范大学史学研究所副研究员。她为本卷做了选图、编目和部分定稿工作。北京师范大学图书馆宫伟同志参加了本卷图版的拍摄工作。

全卷文清如水,骨架分明。

邓广铭同志和杨翼骧同志分别为本卷上、下册题字,我们表示感谢。

白寿彝
1998 年 9 月 12 日

第八卷 题 记*

本卷论述成吉思汗建立大蒙古国到元顺帝退出中原的历史。大蒙古国建立于 1206 年,这是蒙古人建国之始,也可说是蒙古人由许多分散的部落转向统一民族的重要标志。1271 年忽必烈又建大元国号,而原来的国号仍未废弃,全称为"大元大蒙古国"。元顺帝于 1368 年退出中原。此后,元廷迁往漠北,继续沿用大元国号,史称"北元"。但元廷自中原的退出就意味着它在全国性统治地位的终结,而逐渐成为明代的一个地方民族政权,这将在本书第九卷加以论述。

----

* 《中国通史》第八卷《中古时代·元时期》,上海人民出版社 1997 年 1 月出版。

本卷的主编是陈得芝同志。得芝同志,1933年出生于福建霞浦县,1956年毕业于南京大学历史系,1960年同校研究生毕业,历任南京大学历史系助教、讲师、副教授、元史研究室主任、教授、博士生导师。他先后当选为中国元史研究会副会长、中国蒙古史学会副理事长,长期从事中国古代史、蒙元史、中西交通史的研究与教学工作,主要著作有《元朝史》(合著),并参与编绘《中国历史地图集》蒙古地区部分图幅,发表有《元岭北行省诸驿道考》、《元察罕脑儿行宫今地考》、《忽必烈与蒙哥的一场斗争》、《十三世纪前的克烈王国》、《元代乌思藏宣慰司的建置》等论文七十余篇。他为本卷撰写了甲编序说的第二章第一、二节,第三章,第四章(与丁国范同志合写),第五章至第七章;乙编综述的第一章,第二章,第三章的第一、二节,第四章,第五章,第十二章的第五节,第十三章;丙编典志的第七章;丁编传记的第一章第一节,第二章第四节,第五章第一、二节,第六章的第六节,第七章的第一、三、四、七节,第八章第一节,第九章第二节,第十一章第一、二节,第十二章的第二节,第十五章的第一、三节。

1984年4月23日至28日,元史卷编写会议在南京举行,会上成立了由陈得芝、黄时鉴、邱树森、丁国范、姚大力5位同志组成的编委会。

黄时鉴同志,1935年出生于上海,1958年毕业于北京大学历史系,1958年至1979年任教于内蒙古大学历史系,1979年迄今任教于杭州大学历史系,曾兼任杭州大学图书馆馆长,现为杭州大学历史系教授、博士生导师兼杭州大学中外文化交流中心主任,主要研究方向为元史、古代中西关系史。他主持编印《元代史料丛刊》,主编《解说插图中西关系史年表》,代表性论著有《〈大元通制〉考辨》、《阿剌吉与中国烧酒的起始》、《辽与"大食"》和《关于茶在北亚和西域的早期传播——兼说马可波罗未有记茶》等。他为本卷撰写了典志部分的第十一章、第十二章;传记部分的第四章,第五章第三节,第六章第一、二、三、四节,第二十一章第五节,并审定了丙编的稿件。

邱树森同志,1937年出生于江苏苏州,1959年南京大学历史系毕业,1963年南京大学研究生毕业,长期在南京大学任教并从事蒙元史研究,曾任南京大学历史系主任,现任暨南大学历史系主任、教授,中国元史研究会副会长。著有《元朝史》(合著)、《妥欢贴睦尔传》、《元朝史话》、《回族文化志》等,主编《中国少数民族简史》、《新编中国通史》、《中国历代职官辞典》、《中国史学家辞典》等。他为本卷综述部分撰写了第九章,第十一章;传记部分的第八章第二节,第十三章第二、三、四节,第十四章,第十八章第二、三节。

丁国范同志,1932年出生于江苏武进县,1955年南京大学历史系毕业,1960年同校研究生毕业。此后历任南京大学历史系助教、讲师、古代史教研室主任、副教授、教授。主要研究领域为蒙元史。主要著作有《元朝史》(合著),参与编绘《中国历史地图集》蒙古地区部分图幅,发表《元末社会诸矛盾的分析》、《释兀剌赤》、《关于元代的里甲制度》、《镇海族源辨》、《至元大德年间的赛梁秉政》等学术论文多篇。他为本卷撰写了序说部分第一章,第四章(与陈得芝同志合写);传记部分的第一章第三节,第五章第四节,第九章第一、三节,第十二章第四节,第十三章第一节。

姚大力同志,1949年出生于上海,1981年获南京大学历史学硕士学位,1986年获中国社会科学院历史学博士学位。此后,历任南京大学历史系副教授、副系主任、系主任,中国元史研究会理事。1993年应邀赴美国哈佛大学从事学术研究。研究专长为蒙元史、中国北方民族史和中外文化交流史,参加过《元朝史》部分章节的编写工作,代表性论著有《元代科举的行废及其社会背景》、《金末元初理学在北方的传播》、《论元代刑法体系的形成》、《从大断事官制到中书省》等多篇论文,有译著3种(合作)。他为本卷综述部分撰写了第六章,第七章,第八章和第三章的第五、六节;典志部分的第八章;传记部分的第二章第一、二、三节,第三章第二节,第六章第五节,第七章第二、六节,第二十章第一、二节。

参加本卷编写的同志还有:

刘迎胜同志,1947年出生于河南获嘉县,1981年获南京大学历史学硕士学位,1985年获中国社会科学院历史学博士学位,现为南京大学历史系教授、博士生导师,南京大学民族研究所所长兼元史研究室主任,中国元史研究会秘书长,中国蒙古史学会和东方文化研究会历史分会理事。他曾于1987年至1988年获洪堡基金会资助在德国哥廷根大学突厥学和中亚学研究所任客座研究员,1993年赴英国伦敦大学亚非学院从事研究,曾三次参加联合国教科文组织举办的"丝绸之路"国际考察。研究领域包括蒙元史、西域史、中亚诸国历史文化、中外文化交流史等。主要著作有《西北民族史与察哈台汗国史研究》,并曾参加《元朝史》和联合国教科文组织的"中亚文明史"项目的编写工作,发表学术论文七十余篇。他为本卷撰写了综述部分的第三章第四节,第十章,第十二章的第一至四节;传记部分第一章第二节,第三章第一、三节,第五章第五节和第十一章第三节。

高荣盛同志,1946年12月出生于江苏金坛市,1970年南京大学历史系毕业,1981年获同校历史学硕士学位,现任南京大学历史系副教授,从事中国古代史、元史的研究与教学,发表《元代海运刍议》、《郑和航海图三议》、《隋唐时代阴山地区的室韦》等多篇论文。他为本卷撰写了典志部分第一章第一、三、四节,第四章第一、二、三节(与自然科学史研究所的同志合撰),第五章,第六章;传记部分的第二十章第三、四节,第二十一章的第一、二、三节。

叶新民同志,1938年出生于吉林榆树县,1964年毕业于内蒙古大学历史系,留本校蒙古史研究室(今蒙古史研究所)工作,历任讲师、副教授、教授、硕士生导师,从事中国古代史元史研究与教学工作,著有《中国古代北方少数民族历史人物》、《元大都研究》、《简明古代蒙古史》(合著)等书,发表蒙元史论文二十多篇。他为本卷典志部分撰写了第十章。

史卫民同志,1952年出生于北京,1982年毕业于内蒙古大学历史系,1984年获中央民族学院历史学硕士学位,现为中国社会科学院历史研究所副研究员。1990年11月至1991年12月,在美国哈佛燕京学社访问研究。著有《大一统——元至元十三年纪事》、《元代军事史》、《元代社会生活史》、《元上都》(合著)、《元代政治制度史》(合作)等书,并发表有关论文三十余篇。他为本卷典志部分撰写了第九章。

桂栖鹏同志,1957年出生于湖北黄梅县,1982年毕业于兰州大学历史系,1988年获杭州大学历史学硕士学位,现为浙江师范大学历史系讲师、副系主任,南京大学中国古代史博士生、中国元史研究会会员。研究专长为元史、中国古代文化史,发表有《萨都剌卒年考——兼谈〈雁门集序〉为伪作》、《蒙古族状元拜住事迹考略》、《关于标点本〈曾巩集〉的一则辑佚》、《元代江南租佃关系的进一步发展》等多篇论文。他为本卷撰写了典志部分的第二章,第三章;传记部分的第十八章第一节。

张云同志,1960年出生于陕西周至县,1983年毕业于兰州大学历史系,1988年获西北大学历史学硕士学位,1993年获南京大学历史学博士学位,曾任西北大学历史系讲师,现任职于中国藏学中心。研究专长藏族史、西北民族史,发表有关论文多篇。他为本卷撰写了综述部分的第三章第三节,传记部分的第十五章第二节。

王颋同志,1952年9月生于上海,1982年南京大学研究生毕业,获硕士学位,1989年获复旦大学历史系历史地理专业博士学位,后赴美国西雅图华盛顿大学从事博士后研究,现任复旦大学历史系副教授,主要论著有《元代书院考略》、《元湖广行省驿站考》、《蒙古国汉军万户问题管见》、《陈氏安南国建置考》、《元史地理志资料探源》、《辽史地理志资料探源》等。他为本卷撰写了传记部分的第十章第三节(与胡多佳同志合写)、第四节、第五节、第六节、第七节,第十二章第一节。

胡多佳同志,1950年出生于浙江上虞县,1985年获南京大学历史学硕士学位,现任江苏古籍出版社副编审,发表有《早期蒙宋关系》等学术论文,参与编著《中外社会科技大事纵览》。他为本卷传记部分撰写了第七章第五节,第十章第一、二、四节。

尚衍斌同志,1958年出生于山东鄄城县,1982年毕业于新疆大学历史系,1987年获同校历史学硕士学位,后任新疆大学历史系讲师,现为南京大学中国古代史专业博士生,中国元史研究会会员。研究领域为西域史、元史,著有《古代西域服饰研究》(国家社科基金资助项目),发表《元代畏兀儿亦都护官号考》、《高昌偰氏与中朝交往》等多篇论文。他为本卷序说部分撰写了第二章第三节。

沈仁国同志,1963年出生于江苏江都县,1987年毕业于南京大学历史系,获历史学硕士学位,现为江苏教育学院讲师,主要论著有《元代的俸禄制度》、《中国古代史简编》(合著)等。他为本卷撰写了典志部分的第八章第三节,传记部分的第八章第三、四节。

郑忠同志,1968年出生河北唐山,1990年毕业于徐州师院历史系,1993年获南京大学历史学硕士学位,现为南京师范大学历史系讲师。他为本卷撰写了传记部分的第二章第三节,第七章第六节(与姚大力同志合撰),第二十章第四节。第十二章第三、五节(与王颋同志合作)。

郭英德同志,1954年生于福建晋江,1988年毕业于北京师范大学中文系中国古典文献学专业,获博士学位,现任北京师范大学中文系古典文学教研室副教授,著有《世俗的祭礼——中国戏曲的宗教精神》、《明清文人传奇研究》、《痴情与幻梦——明清文学随想录》、《优孟衣冠与酒神祭祀——中西戏剧文化比较研究》、《明清传奇综录》等著作。他为本卷传记部分撰写了第十九章。

蒙元时期科学技术继续发展。本书科技小组撰写的稿件,仍由中国科学院自然科学史研究所研究员何绍庚同志总其成。他并为本卷撰写了典志部分的第四章第三节中的制盐业、印刷业、造船与航海等部分,传记部分的第二十二章、第二十五章。

范楚玉同志,中国科学院自然科学史研究所研究员。她为本卷撰写了典志部分的第一章第二节,传记部分第十七章第一节。

华觉明、周卫荣同志分别是中国科学院自然科学史研究所研究员、助理研究员。他们共同撰写了本卷典志部分的第四章第三节中的纺织业(与高荣盛同志合撰)、矿冶业、机械、建筑、兵器等部分。

张清建同志,四川师范学院讲师,撰写了典志部分的第四章第三节中的陶瓷业部分。

杨文衡同志,中国科学院自然科学史研究所研究员,撰写了典志部分第四章第三节中的水利部分,传记部分的第二十六章。

凌光、朱大为同志,石油部石油勘探开发设计院高级工程师,他们共同撰写了典志部分的第四章第三节中石油天然气部分。

薄树人同志,中国科学院自然科学史研究所研究员,撰写了本卷传记部分的第十六章第一、二节。

赵翰生同志,中国科学院自然科学史研究所助理研究员,撰写了本卷传记部分的第十七章第二节。

廖果同志,中国中医研究院医史文献研究所副教授,撰写了本卷传记部分的第十七章第三节。

杜昇云同志,北京师范大学天文系和科学史中心副教授,撰写了传记部分的第二十三章。

王冰同志,中国科学院自然科学史研究所副研究员,撰写了传记部分的第二十四章。

刘昌芝同志,中国科学院自然科学史研究所副研究员,撰写了传记部分的第二十七章。

李经纬同志,中国中医研究院中国医史文献研究所研究员,撰写了传记部分的第二十八章。

本卷书成后,尚有目录编制、章节调整等方面需要加工,刘雪英同志做了不少具体工作。

本卷的特点是:史料搜集得广,考核精审,立论平实,可说功力相当深厚。序说编对各方面的文献和研究概况,叙述甚为详审。

民族史是本书计划中的重点。民族史在一部通史中应如何安排是一个大问题,在本书各卷中已按照具体情况做了相应的处理。本卷民族章是按照第四卷的办法处理的。

成吉思汗和忽必烈是蒙元时期很重要的人物,按照本书通例,应分别为之立传。但本卷并未这样做,而是把比较重要的材料集中于综述中,这既可加强综述的纲领性地位,又可以为历史人物的活动提供时代的背景,以重现历史人物的面貌。为避免重复,此二人不另立专传。

如果说本卷在学术上有所成就,这主要应归功于南京大学元史研究室。这个研究室是著名元史专家韩儒林鸿庵同志创建的。鸿庵去世后,陈得芝同志继续负责,一直贯彻朴实治学的学风,在国内外学人中享有盛誉。我与鸿庵同志有半个世纪以上的友谊,本书倡议时,鸿庵曾参与筹划。今天,元史卷的完成也可以说是实现了他的遗愿。

最后,感谢蔡美彪同志、刘乃和同志为本书题写书名。

白寿彝
1995 年 7 月 24 日于北京

第九卷 题 记[*]

本卷论述中国封建社会的衰老时期明代的历史。

明代,起于洪武元年(1368 年),亡于崇祯十七年(1644 年)。它是继秦汉、隋唐、宋元之后又一个统一的皇朝。明代有许多新的东西是以前所没有的,这表明了它在历史上的进步。

封建的土地关系是封建制度的基础。它的变化尽管很小,但触及社会组织的根本,明代在这个问题上表现得不是很显著,但动摇已经开始了。

封建依附关系是封建化在人身上的直接反映,明代的人身依附关系是逐渐向松弛方面发展的。

农民的反封建斗争历代不绝,但像明末农民大起义那样规模之大、范围之广、时间之长,是前所未有的。这也透露了历史上的新消

---

* 《中国通史》第九卷《中古时代·明时期》,上海人民出版社 1999 年 3 月出版。

息。

明代兄弟民族之间的关系和中外关系,其密切程度都超过以往,在科学技术发展上也不同于以往。我们对明代历史的研究,必须放宽视野,加深力度。尽管一时尚不能有太大的成果,但前途是光明的,我们应当寄予极大的期望。

本卷主编王毓铨同志是明史的专家,1910年生于山东莱芜。他于1936年毕业于北京大学历史系,1946年获美国哥伦比亚大学硕士学位,1947年曾任美国古钱学会博物馆远东部主任,1950年回国后任中国历史博物馆陈列部主任,1955年任中国科学院历史研究所研究员,1978年任中国社会科学院历史研究所明史研究室主任兼研究生院博士、硕士生导师,1989年以后任中国明史学会会长、顾问。他在明史研究上有丰厚的成果,主要著作有:《Early Chinese Coinage》(《中国古货币》)、《我国古代货币的起源和发展》、《明代的军屯》、《莱芜集》。近年的主要论文有:《明朝徭役审编与土地》、《籍贯、籍贯》、《历史研究必须实事求是》、《封建社会的土地具有主人的身份》、《纳粮也是当差》、《中国古代经济史研究议》、《明朝的配户当差制》、《户役田述略》、《明朝田地赤契与赋役黄册》等。半个多世纪的学术研究,使他形成了关于中国古代封建社会史比较有系统而完整的观点。他对本卷的撰写有具体的考虑。

20世纪80年代初,多卷本《中国通史》各卷编写组陆续成立,明史卷的编写小组也于1984年应运而生,当时的编写组成员有商传、毛佩琦、张显清、王天有、廖心一、任道斌等同志。1987年冬,王毓铨同志和我一起在北京师范大学主持召开了编写工作会议,确定了本卷的编写大纲和编写宗旨,明史工作正式展开。

商传同志,1945年生于北京,1968年毕业于北京师范学院(今首都师范大学)历史系,1978年至1981年在中国社会科学院研究生院师从谢国桢同志攻读明史,现任中国社会科学院历史研究所社会史研究室主任、副研究员,中国明史学会副秘书长。著有《永乐皇帝》、《明代文化志》,参加主编《中国历史大辞典·明史卷》,并发表学术论文多篇。他为本卷撰写了序说部分第一章的第一节、第二节、第三节、第五节；综述部分的第十二章；典志部分的第七章，第九章第一节、第二节、第三节，第十章的第一节、第二节、第三节、第五节；传记部分的第五章第二节，第八章，第九章，第十章，第十一章，第十三章第三节，第十五章，第十六章，第四十章和第五十一章。

毛佩琦同志，1967年毕业于中国人民大学档案系，1978至1981年在中国人民大学师从尚钺同志攻读明清史研究生，现任国家文物局对外交流博物馆馆长兼党委书记、教授，主编《岁月河山》、《中国社会通史》（明代卷），并撰有论文多篇。他为本卷综述部分做了组稿、审稿工作，并撰写了传记部分的第四章和第四十八章。

张显清同志，1962年毕业于北京大学历史系，1962至1965年在中国科学院师从吴晗同志攻读明史研究生，现任中国社会科学院党委办公室主任、研究员，著有《严嵩传》，并撰有论文多篇。

王天有同志，1968年毕业于北京大学历史系，1978至1981年在北京大学师从商鸿逵、许大龄同志攻读明清史研究生，现任北京大学历史系主任、教授，著有《〈明史职官志〉校注》、《东林党与晚明政治》，并撰写论文多篇。

任道斌同志，1981年毕业于中国社会科学院研究生院，师从谢国桢同志攻读明史研究生，现任中国美术学院教授，著有《方以智年谱》、《赵孟頫系年》，主编《中国少数民族美术史》，发表论文多篇。他为本卷撰写了传记部分的第三十八章第二节、第三节，第三十九章第二节，第四十章第二节，第四十一章，第四十二章，第四十三章，第五十三章第二节。

廖心一同志，1977年考入北京师范大学历史系，1979年考入中国社会科学院研究生院，师从王毓铨同志攻读明史研究生，著有《明朝小通史》，并撰有论文多篇。他为本卷撰写了综述部分的第四章、第六章；传记部分的第十七章第二节、第十八章、第十九章、第二十二章、第二十四章第一节、第二十七章、第三十一章。

除上述几位同志外，参加本卷编写工作的同志依次如下：

阿风同志,中国社会科学院历史研究所助理研究员。他为本卷撰写了序说部分的第一章第四节。

林金树同志,1964年毕业于上海复旦大学历史系,现任中国社会科学院历史研究所明清史研究室副主任、研究员,著有《天启皇帝大传》,并发表论文多篇。他为本卷撰写了序说部分的第二章;典志部分的第二章、第三章;传记部分的第十四章、第二十章、第二十一章、第二十六章、第三十章、第三十三章、第三十四章、第三十五章、第五十二章。

尹选波同志,人民出版社编辑。他为本卷撰写了综述部分的第一章。

张美娣同志,上海人民出版社副编审。她为本卷撰写了综述部分的第二章、第三章。

张英聘同志,中国地方志办公室助理研究员。她为本卷撰写了综述部分的第五章、第七章、第九章(与王熹同志合作),典志部分的第九章第三节、第四节,传记部分的第一章。

高寿仙同志,北京行政学院副研究员。他为本卷撰写了综述部分的第八章第一节、第二节、第三节、第五节。

王熹同志,中国地方志指导小组办公室副研究员。他为本卷撰写了综述部分的第九章(与张英聘同志合作)、第十章、第十一章。

范楚玉同志,中国科学院自然科学史研究所研究员。她为本卷撰写了典志部分的第一章,传记部分的第四十六章第一节。

梁勇同志,中国社会科学院历史研究所助理研究员。他为本卷撰写了典志部分的第四章。

张兆裕同志,中国社会科学院历史研究所助理研究员。他为本卷撰写了典志部分的第五章。

华觉明同志,中国科学院自然科学史研究所研究员。周卫荣同志,中国钱币博物馆副研究员。他们为本卷共同撰写了典志部分的第六章第一节、第三节、第五节、第六节、第七节、第八节。

杨文衡同志,中国科学院自然科学史研究所研究员。他为本卷撰写了典志部分的第六章第二节、第四节,传记部分的第四十六章第二节、第四十七章第一节、第五十九章。

何绍庚同志,中国科学院自然科学史研究所研究员。他为本卷撰写了典志部分的第六章第九节、第十节、第十一节、第十二节,传记部分的第五十五章,并负责科技部分的通稿工作。

张清建同志,四川师范学院化学系讲师。他为本卷撰写了典志部分的第六章第十一节,传记部分的第五十八章。

李进尧同志,中国矿业大学教授。他为本卷撰写了典志部分的第六章第十三节。

凌光、朱大为同志,石油部石油勘探开发设计院高级工程师。他们为本卷共同撰写了典志部分的第六章第十四节。

许敏同志,中国社会科学院历史研究所副研究员。她为本卷撰写了典志部分的第八章,传记部分的第二十四章第二节、第三节。

李松茂同志,中央民族大学教授、中国社会科学院中国伊斯兰研究中心学术委员。他为本卷撰写了典志部分的第十章第四节,传记部分的第三章第三节。

邓建军同志为本卷撰写了传记部分的第二章第一节、第二节。

张德信同志,中国社会科学院近代史研究所研究员。他为本卷撰写了传记部分的第二章第三节、第三章第一节、第十二章第二节。

张宪博同志,中国社会科学院历史研究所助理研究员。他为本卷撰写了传记部分的第二章第四节。

马寿千同志,中央民族大学副教授。他为本卷撰写了传记部分的第三章第二节(与韩新光同志合撰)、第五十四章第三节。

韩新光同志为本卷撰写了传记部分的第五章第一节(与马寿千同志合撰)。

孙湘云同志,华中师范大学历史系讲师。她为本卷撰写了传记部分的第五章第一节。

江心力同志,山东省社会科学院历史研究所副研究员。她为本卷撰写了传记部分的第六章第二节,第十三章第一节、第二节。

杨怀中同志,宁夏社会科学院名誉院长、研究员。他为本卷撰写了传记部分的第七章。

吕景琳同志,山东省社会科学院研究员。他为本卷撰写了传记部分的第十二章第一节。

李雪慧同志,《中国检察报》编辑。他为本卷撰写了传记部分的第二十八章、第三十二章第二节。

徐凯同志,北京大学历史系副教授。他为本卷撰写了传记部分的第二十九章。

张自成同志,《中国文物报》编辑。他为本卷撰写了传记部分的第三十六章、第三十七章、第五十一章第二节。

白崇人同志,《民族文学》杂志副主编、编审,中央民族大学兼职教授。他为本卷撰写了传记部分的第四十四章。

蔡景峰同志,中国中医研究院医史文献研究所研究员。他为本卷撰写了传记部分的第四十五章。

潘吉星同志,中国科学院自然科学史研究所研究员。他为本卷撰写了传记部分的第四十七章第二节。

谭天星同志,国务院华侨史研究所副研究员。他为本卷撰写了传记部分的第四十九章。

范中义同志,中国人民解放军国防大学研究员。他为本卷撰写了传记部分的第五十一章第三节。

林永匡同志,中国社会科学院历史研究所研究员。他为本卷撰写了传记部分的第五十二章。

杨志清同志,中国社会科学院历史研究所副研究员。他为本卷撰写了传记部分的第五十四章第一节、第二节。

杜昇云同志,北京师范大学天文系和科学史中心教授。他为本卷撰写了传记部分的第五十六章。

王冰同志,中国科学院自然科学史研究所副研究员。他为本卷撰写了传记部分的第五十七章。

刘昌芝同志,中国科学院自然科学史研究所副研究员。他为本卷撰写了传记部分的第六十章。

李经纬同志,中国中医研究院医史文献研究所研究员。他为本卷撰写了传记部分的第六十一章。

刘雪英同志,北京师范大学史学研究所副研究员。她为本卷做了选图、编目和部分定稿工作。宫伟同志参与了本卷的部分摄图工作。

由于我们的工作做得不够,作者多有疏漏,只有以后补上了。

本卷赖各位同志的努力,终于完成。如果从1987年算起,时至今日,已有10年了。王毓铨同志在学术观点上同我颇多接近,后又在中国社会科学院历史研究所共事。我们曾经合作撰写了《说秦汉到明末官手工业和封建制度的关系》的文章,对历史问题的看法彼此差异不多。毓铨同志因健康关系,本卷的许多具体工作由商传同志协助办理,有时我也参加点意见。如有错误,尚望读者指正。

周振甫同志和顾诚同志分别为本卷上、下册题字,在此表示感谢。

白寿彝
1997年9月12日于北京

第十卷 题 记*

本卷论述清皇朝统治时期的历史。

清是中国历史上最后一个封建皇朝,在年代上,如从入关时算起,是在顺治元年(1644年);如从努尔哈赤建国时算起,则为天命元年(1616年)。本卷上溯至努尔哈赤的建国,下限到道光二十年(1840年)鸦片战争开始。

清的先人原来是东北地区的女真部落,在努尔哈赤时期发展成

---

* 《中国通史》第十卷《中古时代·清时期》,上海人民出版社1996年12月出版。

为民族。这是一个新兴的、生气勃勃的民族。在历史发展阶段上,本来是明属于前列,而清为后进,但由于政治上的腐败,明被清所取代了。

清入关后,吸收前代特别是元、明两代进行统治的经验和教训,相对地说是励精图治、与民休息的,也重视学术文化的发扬,因而出现了康熙、乾隆之治。这是清代在历史上的成就。清在政治上有成就,但也不可估计太高,它毕竟已处在封建社会的衰老阶段。

清代的民族关系是一个相当复杂的问题。这时民族多,差异大,发展不平衡。满汉关系满蒙关系、满汉和各少数民族之间的关系、各少数民族之间的关系,各有特点,清廷、官府也按照不同情况分别对待。本卷不能提供充分的篇幅来论述这些问题,但重视了民族关系的主流,力求贯彻民族平等的原则,防止大民族主义和地方民族主义的偏向。

清代中外关系逐渐重要起来,对于中国在国际地位上的变化,这是一个关键时期。本卷对此试图作适当的论述。

清代的人物很多,可选而不必选者也多。本卷对人物的选择是严格的,限于篇幅,可能某些人所熟知者也未选入。对此希望读者谅解。

本卷是1988年完成初稿。其后,由于出版计划的原因,稿本又适当压缩为100万字,变动较大。1994年,又对稿本进行了统一体例和编辑加工,调整部分章节,增补科技方面的内容。

在本卷撰写之初,因组稿的需要,曾组成编辑委员会,主任是周远廉、孙文良两位同志。他们也是本卷的主编。

周远廉同志,1930年生于四川省资中县,1955年毕业于四川大学历史系,现为中国社会科学院历史研究所研究员、四川省社会科学院特约兼职研究员、辽宁师范大学兼职教授。他为本卷撰写了甲编序说部分,乙编综述部分的第一章至第三章,丙编典志部分的第二章第五节、第三章第一节、第七章第二节、第八章第一节和丁编传记部分的第一章、第六章、第八章,并与赵世瑜同志合撰了丁编的第三章和第十章。

孙文良同志,1933年出生于辽宁省辽阳县,1953年毕业于辽宁省沈阳师范学院历史系,1959年于北京师范大学历史系研究生班毕业,现为辽宁大学历史系教授、辽宁大学清史研究所所长。他为本卷丙编典志部分撰写了第七章第一节、第九章第二节和丁编传记部分的第二章、第二十二章。

当时,本卷编委的组成人员是:

黄冕堂同志,山东大学历史系教授。他为丙编典志部分撰写了第二章第二节和第六章第五节。

冯尔康同志,南开大学历史系教授。他为本卷丁编传记部分撰写了第二十七章、第二十九章、第三十六章和第四十三章。

南炳文同志,南开大学历史研究所所长、教授。

李龙潜同志,暨南大学教授。

李治亭同志,吉林省社会科学院研究员、院务委员。他为本卷丁编传记部分撰写了第五章、第二十章、第二十一章。

谢肇华同志,辽宁省社会科学院副院长、研究员。他和李治亭同志为本卷编辑、审阅典志、传记部分的稿件做了很多的工作。

宋元强同志,中国社会科学院《中国社会科学》杂志社编审。他为本卷典志部分撰写了第七章第五节和传记部分的第二十二章。

朱诚如同志,辽宁师范大学副校长、教授。他为本卷综述部分撰写了第四章、第五章。

除上列编委外,还有以下各位同志分别撰稿(按本卷章节次序排列):

刘如仲同志,中国历史博物馆研究员,写序说部分第一章第十一节。

李尚英同志,中国社会科学院研究生院学报杂志社副编审,为本卷乙编综述部分撰写了第六章、第七章,丁编传记部分第三十三章和第四十六章。

高文德同志,中国社会科学院民族研究所研究员,撰写了综述部分的第八章第一节。

王辅仁同志,中央民族大学(原中央民族学院)教授,撰写了综述部分的第八章第二节。

胡庆钧同志,中国社会科学院民族研究所研究员,撰写了综述部分的第八章第三节。

马寿千同志,中央民族大学(原中央民族学院)历史系副教授,撰写了综述部分的第八章第四节。

任一飞同志,中国社会科学院民族研究所研究员,撰写了综述部分的第八章第五节。

吕光天同志,中国社会科学院民族研究所研究员,撰写了综述部分的第八章第六节。(已去世)

汪茂和同志,南开大学历史研究所副研究员,撰写了综述部分的第九章和传记部分的第九章。

单素玉同志,辽宁大学历史系副教授,撰写了综述部分的第十章。

范楚玉同志,中国科学院自然科学史研究所研究员,她为本卷丙编典志部分撰写了第一章。

宫美堞同志,山东大学历史系教授,撰写了典志部分的第二章第一节和第三章第二节。

景甦同志,山东大学历史系教授,撰写了典志部分的第二章第三节。

周力农同志,中国社会科学院历史学硕士,澳大利亚拉特布大学经济学博士,澳大利亚德肯大学教师,撰写了典志部分的第二章第四节。

常建华同志,南开大学历史系副教授,撰写了典志部分的第三章第三节和第九章第一节。

华觉明、张柏春同志,中国科学院自然科学史研究所研究员、副研究员,共同撰写了典志部分的第四章第一节、第三节、第五节、第六节、第七节和第十节。

杨文衡同志,中国科学院自然科学史研究所研究员,撰写了典志部分的第四章第二节、第四节和传记部分的第五十章。

何绍庚同志,中国科学院自然科学史研究所研究员,撰写了典志部分的第四章第八节、第九节和传记部分的第四十七章、第五十一章,并承担了科学技术部分的统稿工作。

张清建同志,四川师范学院化学系讲师,撰写了典志部分的第四章第十一节。

凌光、朱大为同志,北京石油学院石油勘探开发设计院高级工程师,撰写了典志部分的第四章第十二节。

林成西同志,成都社会科学研究所副研究员,撰写了典志部分的第五章第一节。

冉光荣同志,四川大学历史系教授,撰写了典志部分的第五章第二节。

柯建中同志,四川大学历史系教授,撰写了典志部分的第六章第一节。

罗一星同志,广东省社会科学院副研究员,撰写了典志部分的第六章第二节。

戴和同志,广东省社会科学院副研究员,撰写了典志部分的第六章第三节。

冯志强同志,广东社会科学院副研究员,撰写了典志部分第六章第四节。

郑川水同志,辽宁大学历史系副教授,撰写了典志部分第七章第三节。

周绍祚同志,山东大学历史系教授,撰写了典志部分第七章第四节。

彭云鹤同志,首都师范大学历史系教授,撰写了典志部分的第七章第六节。

阎崇年同志,北京社会科学院满族研究所所长、研究员,撰写了典志部分的第八章第二节。

王处辉同志,南开大学社会学系教授,撰写了典志部分的第十章。

赵世瑜同志,北京师范大学历史系副教授,他与周远廉同志合撰了本卷丁编传记部分的第三章和第十章。

张玉兴同志,辽宁省社会科学院历史研究所研究员,撰写了传记部分的第四章、第十二章、第十八章和第十九章。

宋守中同志,天津师范大学历史系副教授,撰写了传记部分的第七章。

白新良同志,南开大学历史研究所副教授,撰写了传记部分的第十一章、第二十八章、第三十八章、第三十九章。

李林同志,辽宁大学历史系副教授,撰写了传记部分的第十三章、第十四章。

吴光同志,浙江省社会科学院哲学研究所研究员,撰写了传记部分的第十五章。

李存山同志,中国社会科学院中国社会科学杂志社编辑,撰写了传记部分的第十六章。

邓潭洲同志,湖南省社会科学院研究员,撰写了传记部分的第十七章。

刘钝同志,中国科学院自然科学史研究所副研究员,撰写了传记部分的第二十四章。

胡铁珠同志,中国科学院自然科学史研究所助理研究员,撰写了传记部分的第二十五章。

宁宗一同志,天津南开大学东方艺术系教授,撰写了传记部分的第二十六章、第三十五章。

林延清同志,天津南开大学历史研究所副教授,撰写了传记部分的第三十章、第三十一章、第三十二章。

高洪钧同志,天津师范大学图书馆研究馆员,撰写了传记部分的第三十四章。

冒怀辛同志,中国社会科学院历史研究所研究员,撰写了传记部分的第三十七章。

乔治忠同志,天津南开大学古籍研究所副研究员,撰写了传记部分的第四十章。

张玉芬同志,辽宁师范大学历史系副教授,撰写了传记部分的第四十一章、第四十二章。

杜昇云同志,北京师范大学天文系和科学史中心副教授,撰写了传记部分的第四十八章。

王冰同志,中国科学院自然科学史研究所副研究员,撰写了传记部分的第四十九章。

刘昌芝同志,中国科学院自然科学史研究所副研究员,撰写了传记部分的第五十二章。

李经纬同志,中国中医研究院中国医史文献研究所研究员,为本卷丁编传记部分撰写了第五十三章。

以上各位撰稿同志都有自己的著作,因为参加人员较多,变动大,有关资料不全,在这里便不再列举了。

对于本卷目录编制、章节和文字上的调整,刘雪英同志花费了不少力气。

最后,我们感谢王锺翰同志和戴逸同志为本卷题字。

白寿彝
1994 年 12 月于北京

第十一卷 题 记[*]

本卷和下卷(第十二卷)都是论述中国近代时期历史的。本卷是近代前编,论述自 1840 年鸦片战争以后至 1919 年五四运动前夜近 80 年的历史。

---

[*] 《中国通史》第十一卷《近代前编:1840—1911》,上海人民出版社 1999 年 3 月出版。

中国近代的历史,是中国人民置身近代洪炉接受考验的历史,是在军事、政治、经济、文化都遭到失败时期的历史,而从总相上看又是阻碍西方帝国主义东侵的历史。这是一段很值得深入探讨的历史。

对于这段历史的看法,在1980年出版的《中国通史纲要》的叙论中,我们曾有所论述。在那里,我们称这段历史为旧民主主义革命时期的历史。我们写道:

> 在这个时期里,由于外国资本主义的入侵,并残酷地统治了中国,中国社会经济发生了重大的变化,较封建社会时代的情况复杂了。社会经济的主要成分,除封建地主经济、农民和手工业者的个体经济继续存在外,出现了新兴的资本主义经济。资本主义经济又包括帝国主义资本、官僚买办资本和民族资本三个部分。帝国主义经济势力在中国社会生活中起着支配的作用,封建经济则占有显著的优势地位,二者并互相勾结在一起。官僚买办资本是帝国主义经济的附庸,并跟封建剥削关系紧密相连。民族资本主义经济十分微弱,没有成为一个能独立的经济体系,在社会经济生活中不占重要地位,而且跟帝国主义封建主义都有这样那样的联系。在外国资本主义的侵略下,中国农村中自给自足的自然经济遭到破坏,商品生产发展了,但农业生产和农民的经济生活却越来越陷入于世界资本主义市场的漩涡。这些情况,表现了中国半殖民地半封建社会经济形态的主要特点。
>
> 伴随着社会经济的激烈变化,阶级关系也发生新的变化。外国资产阶级在侵入中国后,成了中国社会生活里面一种统治力量,操纵控制中国的经济、政治、军事、文化各个方面。他们不仅扶植和支持封建地主阶级,使其变成他们统治中国的支柱,而且造成了为其侵略需要服务的买办阶级。在封建地主阶级内部,新起的军阀官僚地主在外国资产阶级的支持下,代替了原来的官绅地主占支配地位。军阀官僚地主是国际资产阶级的附

庸，而且一般都还兼有早期官僚资本家的身份，具有浓厚的买办性。他们在地主阶级政权中握有实权，成为举足轻重的势力。这也是地主阶级政权买办化的重要表现。农民阶级主要包括自耕农、佃农和雇农，约占全国人口百分之七八十。在封建主义帝国主义的压迫剥削下，农民日益贫困破产，出现了自耕农减少、佃农增加的趋势。民族资产阶级和无产阶级是这个时期新产生的两个阶级。民族资产阶级为其经济地位所决定，是一个带有两重性的阶级，一方面有在一定时期中和一定程度上反对帝国主义封建主义的革命性，一方面又存在了对革命敌人的妥协性。无产阶级是最伟大、最先进、最革命的阶级。在旧民主主义革命时期，它还没有形成独立的政治力量，还是作为小资产阶级和资产阶级的追随者参加革命。

对于上述这些看法，我们现在还没有改变。

本卷是《中国通史》的第十一卷，原由林增平、章开沅、龚书铎同志主编。嗣林增平同志因病去世，章开沅同志因工作过忙难以分身，本卷改由龚书铎同志主编。林增平同志1923年生于江西萍乡安源，1947年毕业于江西中正大学文史系，曾任湖南师范大学教授、校长，1992年逝世。他为本卷撰写了丁编传记部分第二十七章。章开沅同志1926年生于浙江吴兴（今湖州市），1948年中原大学政治研究室研究生，现为华中师范大学历史研究所教授，曾任该校校长兼历史研究所所长。他为本卷撰写了丁编传记部分第二十章。

本卷主编龚书铎同志，1929年生于福建泉州，1952年毕业于北京师范大学历史系，留校任教至今，现任北京师范大学历史系教授、史学研究所所长、北京市历史学会会长、中国史学会理事、国务院学位委员会历史学科评议组成员、全国哲学社会科学基金中国历史评议组副组长等职。他为本卷撰写了甲编序说部分第三章，乙编综述部分第一章、第二章、第四章至第十六章，丁编传记部分第三十二章。

本卷编写之初，曾组织编写组。除上述3位同志外，编写组的成员还有王庆成、李侃、李进修和戴学稷诸同志。

王庆成同志,中国社会科学院近代史研究所原所长、研究员。他为本卷撰写了丁编传记部分第三章。

李侃同志,中华书局原总编辑、编审。他分别与陈东林、吴杰同志为本卷合撰了丁编传记部分第二章、第十六章。

李进修同志,中国人民大学党史系教授。他为本卷撰写了丙编典志部分第十一章、第十二章,丁编传记部分第十七章。

戴学稷同志,福建省社会科学院历史研究所原所长、研究员。他与黄国盛同志为本卷丙编典志部分合撰了第九章;撰写了丁编传记部分第一章,并与黄名长同志合撰了第九章。

参加本卷编撰工作的同志还有:

张守常同志,北京师范大学历史系教授。他为本卷撰写了甲编序说部分第一章。

郑师渠同志,北京师范大学历史系教授、副校长、博士。他撰写了甲编序说部分第二章。

杨益茂同志,中国人民大学历史系教授。他为本卷撰写了丙编典志部分第一章第一、二、三、四节,第七章。

杨直民同志,北京农业大学教授。他为本卷丙编典志部分撰写了第一章第五节、第六节。

颜吾芟同志,北方交通大学社会科学系讲师。他为本卷撰写了丙编典志部分的第二章。

华世珍同志,首都经济贸易大学马列主义理论教学部副教授。她为本卷撰写了丙编典志部分第三章、第六章、第八章。

刘先觉同志,东南大学建筑系教授、博士生导师。他为本卷撰写了丙编典志部分第四章第一节的建筑部分。

颜元亮同志,中国水利水电科学研究院高级工程师。他为本卷撰写了丙编典志部分第四章第一节的水利部分。

黄晞同志,水电部科技情报研究所教授级高级工程师,《电力技术》杂志主编。他为本卷撰写了丙编典志部分第四章第二节的电力部分。

李进尧同志,中国矿业大学北京研究生部教授。他为本卷撰写了丙编典志部分第四章第二节的煤炭部分。

凌光同志,石油部石油勘探开发科学研究院石油史研究室编辑。他为本卷撰写了丙编典志部分第四章第二节的石油部分。

招冀同志,中国金属学会教授级高级工程师。吴坤仪同志,北京科技大学冶金史研究所教授。关锦镗同志,中南工业大学教授。他们为本卷撰写了丙编典志部分第四章的第三节。

杜金铭同志,西南交通大学教授。席龙飞同志,武汉交通科技大学船舶及海洋工程系教授。李成智同志,北京航空航天大学副教授。锺允若同志,邮电部电信科学技术研究院主任级高级工程师。他们为本卷撰写了丙编典志部分第四章的第四节。

刘登仕同志,中国兵器工业总公司西南兵工局教授级高级工程师。他为本卷撰写了典志部分第四章第五节兵器部分。

盛维勇同志,北京化工大学副教授。他为本卷撰写了丙编典志部分第四章第五节的化工部分。

周启澄同志,中国纺织大学教授。他为本卷撰写了丙编典志部分第四章第六节的纺织部分。

倪莉同志,三峡移民开发局硕士。她为本卷撰写了丙编典志部分第四章第六节的陶瓷部分。

王诗文同志,云南省设计院教授级高级工程师。他为本卷撰写了丙编典志部分第四章第六节的造纸部分。

张树栋同志,印刷工业出版社副编审。他为本卷撰写了丙编典志部分第四章第六节的印刷部分。

齐戈同志,首都经济贸易大学培训部教授兼主任。他为本卷撰写了丙编典志部分第五章。

黄国盛同志,福建师范大学历史系副教授。他与戴学稷同志为本卷合写了丙编典志部分第九章。

范明辛同志,北京联合大学应用文理学院法学研究所所长。他为本卷撰写了丙编典志部分第十章。

孙占元同志,山东师范大学历史系教授。他为本卷撰写了丙编典志部分第十三章;丁编传记部分第十三章。

秦宝琦同志,中国人民大学清史研究所教授。他为本卷撰写了丙编典志部分第十四章。

沈其新同志,湖南师范大学历史系教授,他为本卷撰写了丙编典志部分第十五章。

罗福惠同志,华中师范大学历史研究所原所长、教授。他为本卷撰写了丙编典志部分第十六章。

王立言同志,北京师范大学中文系副教授。她为本卷撰写了丙编典志部分第十七章。

彭平一同志,湖南株洲教育学院副教授。他为本卷撰写了丙编典志部分第十八章。

陈东林同志,中国社会科学院当代中国研究所研究员。他与李侃同志为本卷合撰了丁编传记部分第二章。

苏双碧同志,《求是》杂志原副总编辑、编审。他为本卷撰写了丁编传记部分第四章、第五章。

杨怀中同志,宁夏社会科学院研究员、名誉院长。他为本卷撰写了丁编传记部分第六章。

王道成同志,中国人民大学清史研究所教授。他为本卷撰写了丁编传记部分第七章。

钟康模同志,广东省委党校教授兼副校长。他为本卷撰写了丁编传记部分第八章。

黄名长同志,中国人民大学历史系教授。他与戴学稷同志为本卷合撰了丁编传记部分第九章。

穆渊同志,新疆大学历史系教授。他为本卷撰写了丁编传记部分第十章。

黄绮文同志,汕头大学教授。他为本卷撰写了丁编传记部分第十一章。

桑咸之同志,中国人民大学党史系教授,已故。他为本卷撰写了丁编传记第十二章。

史革新同志,北京师范大学历史系教授、博士。他为本卷撰写了丁编传记部分第十四章。

汤志钧同志,上海社会科学院历史研究所原副所长、研究员。他为本卷撰写了丁编传记部分第十五章、第二十六章。

吴杰同志,现代出版社副编审。他与李侃同志为本卷合撰了丁编传记部分第十六章。

王俊义同志,中国社会科学出版社总编辑、教授。他为本卷撰写了丁编传记部分第十八章。

陈铮同志,中华书局编审。他为本卷撰写了丁编传记部分第十九章。

王渝生同志,中国科学院自然科学史研究所研究员、副所长,中国科技史学会秘书长,博士生导师。他为本卷撰写了丁编传记部分第二十一章。

王扬宗同志,中国科学院自然科学史研究所副研究员。他为本卷撰写了丁编传记部分第二十二章,并与张藜同志合撰了丁编传记部分第三十七章。

赵慧芝同志,中国科学院自然科学史研究所编审。她撰写了丁编传记部分第二十三章。

黄彦同志,广东省社会科学院孙中山研究所原所长、研究员。他与王杰同志为本卷合写了丁编传记部分第二十四章。

王杰同志,广东省社会科学院孙中山研究所所长、研究员。他与黄彦同志为本卷合写了丁编传记部分第二十四章。

易春秋同志,山东师范大学历史系教师。他为本卷撰写了丁编传记部分第二十五章。

郑云山同志,杭州大学历史系教授。他为本卷撰写了丁编传记部分第二十八章。

陈旭麓同志,华东师范大学历史系教授,已故。他与何泽福同志为本卷合写了丁编传记部分第二十九章。

何泽福同志,华东师范大学历史系教授。他与陈旭麓同志为本卷合写了丁编传记部分第二十九章。

侯宜杰同志,中国社会科学院近代史研究所编审。他为本卷撰写了丁编传记部分第三十章。

刘泱泱同志,湖南省社会科学院原副院长、研究员。他为本卷撰写了丁编传记部分第三十一章。

张奠宙同志,华东师范大学数学系教授。他为本卷撰写了丁编传记部分第三十三章。

丁蔚同志,中国科学院自然科学史研究所研究员。他为本卷撰写了丁编传记部分第三十四章。

程纯枢同志,中国科学院院士、研究员级高级工程师,原中国气象局总工程师、副局长,已故。他为本卷撰写了丁编传记部分第三十五章。

王冰同志,中国科学院自然科学史研究所研究员。他为本卷撰写了丁编传记部分第三十六章。

张藜同志,中国科学院自然科学史研究所副研究员。她与王扬宗同志为本卷丁编传记部分合写了第三十七章。

艾素珍同志,中国科学院自然科学史研究所副编审。她为本卷撰写了丁编传记部分第三十八章。

罗桂环同志,中国科学院自然科学史研究所研究员。他为本卷撰写了丁编传记部分第三十九章。

蔡景峰同志,中医研究院医史文献研究所研究员。他为本卷撰写了丁编传记部分第四十章。

林文照同志,中国科学院自然科学史研究所研究员、《自然科学史研究》杂志主编。他为本卷撰写了丁编传记部分第四十一章。

何绍庚同志,中国科学院自然科学史研究所研究员。他为本卷做了科技部分的组稿工作,并审定了丙编典志部分和丁编传记部分的科学技术方面的全部稿件。

刘雪英同志,北京师范大学史学研究所副研究员。她为本卷撰写了综述部分的第三章,并做了本卷选图工作。北京师范大学图书馆宫伟同志参与了图片拍摄工作。

本卷赖各位同志的共同努力,终于完稿。关于这一段历史的研究,究竟还不算太成熟,我们还需要作出长期不懈的努力。

胡绳同志和刘大年同志分别为本卷上、下册题写书名,我们在此表示感谢。

白寿彝
1998年4月6日于北京

第十二卷 题 记[*]

本卷是中国近代史的后编,论述1919至1949年的中国历史。

1919至1949年的中国历史,在经济形态和阶级关系上,同近代前编(1840~1919)的历史是一致的,仍然是半殖民地半封建社会的性质。中国革命的根本任务仍然是一致的,即推翻帝国主义和封建主义在中国的统治。所不同的是,自1919年五四运动以后,无产阶级力量壮大起来,马克思列宁主义传入了中国。中国共产党的诞生,使中国革命面目焕然一新。中国的民主革命在中国共产党的领导下取得了最后的胜利。

本卷的编写小组是于1987年12月成立的,主编为王桧林、郭大钧、鲁振祥3位同志。

王桧林同志,1925年生于河北省乐亭县,1952年毕业于北京师范大学历史系,后留校任教,现为北京师范大学历史系教授、博士生导师,中国现代史学会名誉会长,南京大学中华民国史研究中心名誉研究员,日本中国现代史研究会特别会员等。长期从事中国现代史、

---

[*]《中国通史》第十二卷《近代后编:1919~1949》,上海人民出版社1999年3月出版。

中国现代政治思想史、抗日战争的研究,主要著作有《中国现代史》(1919～1949)(主编)、《中国现代史》(1919～1987)(主编)、《中国现代政治思想评要》(主编之一)、《中国通史纲要续编》(参加撰写)。主要论文有《关于建立中国现代史科学体系问题》、《五四时期民主思想的演变》、《论"二次革命论"》、《从"九一八"到"双十二"蒋介石的对日基本政策和处理内政外交的根本原则》、《抗日战争史研究中的几个问题》、《抗日战争时期中国的总格局》、《中国新民主主义革命的历程——三条路线、两种斗争、一个结局》等。他为本卷撰写了甲编序说部分的第三章和乙编综述。

郭大钧同志,1935年生于上海,1958年毕业于北京师范大学历史系,后留校任教,曾任中国现代史教研室副主任、主任,现为北京师范大学历史系教授。长期从事中国现代史的教学与研究,参与编撰《中国新民主主义革命时期通史》(第三卷)、《中国现代史(1919～1949)》、《中国现代史(1919～1987)》、《中国通史纲要续编》、《中国现代史研究入门》、《中华人民共和国史》等书,与人合著《浴血八年树丰碑——受降与审判》;主要论文有《从"九一八"到"八一三"的国民党政府对日政策的演变》等。他为本卷撰写了丙编典志部分的第六章。

鲁振祥同志,1938年生于河北省蓟县(今属天津市),1960年毕业于河北师院历史系,1963至1965年在中国科学院哲学社会科学部近代史所学习,先后任教于河北师范学院历史系、北京师范大学历史系,曾任副主任、副教授、教授,现为中共中央文献研究室第二编研部主任、研究员。合作编撰《中国现代史》、《中国共产党思想史》、《二十世纪中国史纲》、《内争外患的交错》、《百年国耻》、《中国现代史研究入门》等教材和著作多部。主要论文有《五四运动研究述评》、《近代爱国主义与马克思主义的选择》、《孙中山三大政策研究中的几个问题》、《中国共产党的早期理论探索》、《略谈"农村包围城市"道路理论的形成与确立》、《抗战时期"马克思主义中国化"原则的提出和中国革命理论的成熟》、《关于新民主主义社会理论的若干问题》、

《建国初期周恩来的几次理论思考》等。他为本卷撰写了甲编序说部分的第二章(与朱汉国同志合撰),丁编传记部分的第六章(与巫绍泉同志合撰)、二十四章。

参加本卷撰写工作的同志依次有:

张宪文同志,1934年生于山东省泰安市,1958年毕业于南京大学历史系,留校从事中国现代史、中华民国史的教学与研究工作,曾任历史系主任等职,现任南京大学历史系教授、博士生导师、历史研究所所长、中华民国史研究中心主任,兼任国家教委高等学校历史学科教学指导委员会委员、中国现代史学会副会长、中国近现代史史料学会副会长等职。主编大型中华民国史丛书四十余种,主编和独著的主要著作有《中华民国史纲》、《中国现代史史料学》等。他为本卷撰写了甲编序说部分的第一章。

朱汉国同志,北京师范大学历史系教授、博士生导师,兼任中国现代史学会副会长。他为本卷撰写了甲编序说部分的第二章(与鲁振祥同志合撰)和丁编传记部分的第九章。

杨直民同志,中国农业大学教授。他为本卷撰写了丙编典志部分的第一章。

刘先觉同志,东南大学建筑系教授、博士生导师。他为本卷撰写了丙编典志部分的第二章第一节的建筑部分。

颜元亮同志,中国水利水电科学研究院高级工程师。他为本卷撰写了丙编典志部分第二章第一节的水利部分。

黄晞同志,水电部科技情报研究所教授级高级工程师,《电力技术》主编。他为本卷撰写了丙编典志部分的第二章第二节的电力部分。

李进尧同志,中国矿业大学北京研究生部教授。他为本卷撰写了丙编典志部分的第二章第二节的煤炭部分。

凌光同志,石油部石油勘探开发科学研究院石油史研究室编辑。他为本卷撰写了丙编典志部分的第二章第二节的石油部分。

招冀同志,中国金属学会教授级高级工程师。吴坤仪同志,北京科技大学冶金史研究所教授。关锦镗同志,中南工业大学教授。他们为本卷共同撰写了丙编典志部分的第二章第三节。

杜金铭同志,西南交通大学教授。他为本卷撰写了丙编典志部分的第二章第四节的铁路部分。

席龙飞同志,武汉交通科技大学船舶及海洋工程系教授。他为本卷撰写了丙编典志部分的第二章第四节的造船部分。

张柏春、胡维佳同志,中国科学院自然科学史研究所副研究员。他们共同为本卷撰写了丙编典志部分的第二章第四节的汽车部分。

李成智同志,北京航空航天大学副教授。他为本卷撰写了丙编典志部分的第二章第四节的航空部分。

锺允若同志,邮电部电信科学技术研究院主任高级工程师。他为本卷撰写了丙编典志部分的第二章第四节的通信部分。

柴文官同志,中国兵器工业总公司西南兵工局教授级高级工程师。他为本卷撰写了丙编典志部分的第二章第五节的兵器部分。

盛维勇同志,北京化工大学副教授。他为本卷撰写了丙编典志部分的第二章第五节的化工部分。

周启澄同志,中国纺织大学教授。他为本卷撰写了丙编典志部分的第二章第六节的纺织部分。

王诗文同志,云南省设计院教授级高级工程师。他为本卷撰写了丙编典志部分的第二章第六节的造纸部分。

张树栋同志,印刷工业出版社副编审。他为本卷撰写了丙编典志部分的第二章第六节的印刷部分。

金德群同志,中国人民大学历史系教授、中国现代史学会当代方志专业委员会主任委员。他为本卷撰写了丙编典志部分的第三章。

隆武华同志,财政学博士、财政部财政科学研究所副研究员,现在中国证券监督管理委员会工作。他为本卷撰写了丙编典志部分的第四章。

徐锡祺同志,北京教育学院历史系教授。他为本卷撰写了丙编典志部分的第五章、第八章、丁编传记部分的第十五章、十九章、二十

章、二十二章。

李占才同志,江苏苏州铁道师范学院历史系教授。他为本卷撰写了丙编典志部分的第七章。

田百春同志,《求是》杂志社政治理论编辑部副编审。他为本卷撰写了丙编典志部分的第九章。

王永祥同志,南开大学历史系教授、博士生导师,中国现代史学会副会长。他为本卷撰写了丙编典志部分的第十章。

蔡德金同志,1958年毕业于北京师范大学政治教育系,现为北京师范大学法政研究所教授,主要从事抗日战争、汪精卫南京伪国民政府问题的研究,发表论文多篇,出版专著多种。他为本卷撰写了丙编典志部分的第十一章;丁编传记部分的第三十五章。

冯蕙同志,1958年毕业于中国人民大学党史系,现为中共中央文献研究室室务委员、编审。她与李捷同志为本卷共同撰写了丁编传记部分第一章。

李捷同志,中共中央文献研究室第一编研部主任助理、研究员,中国毛泽东诗词研究会副秘书长。他与冯蕙同志为本卷合写了丁编传记部分第一章,并撰写了传记部分的第七章、八章。

韩荣璋同志,中国社会科学院马列毛泽东思想研究室主任,研究生院马列系主任、教授,中国毛泽东思想理论与实践研究会常务副会长,全国毛泽东思想专业委员会顾问。长期从事中共党史和毛泽东思想的教学与研究,主要著作或合著有《周恩来外交战略》、《周恩来年谱》等,并撰有论文多篇。他为本卷撰写了丁编传记部分的第二章。

陈绍畴同志,中共中央文献研究室研究员。主要编著、合著有《刘少奇在白区》、《刘少奇年谱》等著作,并撰有关论文多篇。他为本卷撰写了丁编传记部分的第三章、十一章。

王纪一同志,中共中央文献研究室编辑。他为本卷撰写了丁编传记部分的第四章。

朱志敏同志,北京师范大学法律与政治研究所副教授。他为本卷撰写了丁编传记部分的第五章。

唐宝林同志,1964年毕业于中国人民大学党史系,现为中国社会科学院近代史研究所研究员、中国现代文化学会陈独秀研究会执行会长、《陈独秀研究动态》主编。他为本卷撰写了丁编传记部分的第十章。

李少兵同志,历史学博士。现为北京师范大学历史系副主任、副教授。他为本卷撰写了丁编传记部分的第十二章、四十五章。

罗敏同志,中国社会科学院近代史研究所在读博士研究生。她为本卷撰写了丁编传记部分的第十三章。

李茂盛同志,山西省史志研究院研究员。他为本卷撰写了丁编传记部分的第十四章、二十三章。

耿向东同志,北京师范大学历史系副主任、副教授。他为本卷撰写了丁编传记部分的第十六章。

王宗荣同志,北京师范大学历史系教授、解放军出版社特约编辑。他为本卷撰写了丁编传记部分的第十七章。

郭晓合同志,广西师范大学历史系副教授。他为本卷撰写了丁编传记部分的第十八章。

习五一同志,北京市社会科学院历史研究所研究员、日本冈山大学文学部客座研究员。她为本卷撰写了丁编传记部分的第二十一章。

李起民同志,北京铁道管理干部学院教授、全国铁路中共党史会会长。他为本卷撰写了丁编传记部分的第二十五章、二十七章、二十八章。

陈兴唐同志,中国第二历史档案馆研究员、《民国档案》杂志前任主编、南京大学中华民国史研究中心兼职教授。他为本卷撰写了丁编传记部分的第二十六章。

周天度同志,中国社会科学院近代史研究所研究员、中华民国史编委、蔡元培研究会理事。他为本卷撰写了丁编传记部分的第二十九章、三十一章。

欧阳礼泉同志,北京商学院讲师。他为本卷撰写了丁编传记部分的第三十章、三十六章、三十七章。

岳梅同志,北京市外国语学校一级教师。颜江红同志,中国科学院中科集团人事处干部。她们为本卷共同撰写了丁编传记部分的第三十二章。

公茂虹同志,北京市委宣传部干部、历史学博士。他为本卷撰写了丁编传记部分的第三十三章。

孙茂生同志,中国工运学院历史系教授。孙向远同志,武汉工业大学北京研究生部研究生、国家建材局机关党委副书记。他们为本卷合撰了丁编传记部分的第三十四章、三十九章。

周遑同志,《北京日报》编辑。她为本卷撰写了丁编传记部分的第三十八章。

耿云志同志,中国科学院近代史研究所研究员。他为本卷撰写了丁编传记部分的第四十章。

郑大华同志,历史学博士、中国社会科学院近代史研究所副研究员。他为本卷撰写了丁编传记部分的第四十一章。

叶丽璪同志,中国工运学院副教授。她为本卷撰写了丁编传记部分的第四十二章。

孙立峰同志,北京师范大学汉语中心教师。她为本卷撰写了丁编传记部分的第四十三章。

李汉松同志,北京师范大学教育系副教授。他为本卷撰写了丁编传记部分的第四十四章。

左玉河同志,北京师范大学历史学博士,现为中国社会科学院近代史研究所博士后。他为本卷撰写了丁编传记部分的第四十六章。

段万倜同志,1949年7月毕业于南京中央大学理学院地质学系,1953年10月至1964年4月担任李四光先生的秘书,现为地质矿产部地质力学研究所高级工程师、研究员。他为本卷撰写了丁编传记部分的第四十七章。

王元同志,中国科学院院士、原中国科学院数学研究所所长、中国数学会理事长。他为本卷撰写了丁编传记部分的第四十八章。

钱振纲同志,北京师范大学中文系中国现代文学教研室副教授。他为本卷撰写了丁编传记部分的第四十九章。

李岫同志,北京师范大学中文系教授、博士生导师,中国茅盾研究会常务理事,《茅盾研究》杂志副主编。她为本卷撰写了丁编传记部分的第五十章。

徐庆平同志,中央美术学院外国美术史教研室主任、研究生导师,徐悲鸿纪念馆副馆长,中国书画家联谊会副会长,全国政协委员。1981年至1985年曾在法国进行美术史研究,获巴黎大学美术史博士学位。他为本卷撰写了丁编传记部分的第五十一章、五十二章。

刘乃崇同志,北京师范大学中文系毕业,1948年进入解放区,曾先后在华北戏剧音乐工作委员会、文化部戏曲改进局、艺术事业管理局、中国戏剧家协会工作编审,现为中国戏剧家协会会员、中国戏曲学会理事、北京京剧史研究会理事。他为本卷撰写了丁编传记部分的第五十三章、五十四章。

张奠宙同志,华东师范大学数学系教授。他为本卷撰写了丁编传记部分的第五十五章。

丁蔚同志,中国科学院自然科学史研究所研究员。她为本卷撰写了丁编传记部分的第五十六章。

程纯枢同志(1914—1997),中国科学院院士,中国气象局研究员级高级工程师,原中国气象局总工程师、副局长。他为本卷撰写了丁编传记部分的第五十七章。

王冰同志,中国科学院自然科学史研究所研究员。他为本卷撰写了丁编传记部分的第五十八章。

张藜同志,中国科学院自然科学史研究所副研究员。她为本卷撰写了丁编传记部分的第五十九章。

张九辰同志,中国科学院自然科学史研究所助理研究员。他为本卷撰写了丁编传记部分的第六十章。

罗桂环同志,中国科学院自然科学史研究所研究员。他为本卷撰写了丁编传记部分的第六十一章。

蔡景峰同志,中国中医研究院医史文献研究所研究员、博士生导师。他为本卷撰写了丁编传记部分的第六十二章。

林文照同志,中国科学院自然科学史研究所研究员。他为本卷撰写了丁编传记部分的第六十三章。

何绍庚同志,中国社会科学院自然科学史研究所研究员。他负责本卷科技部分的全部组稿审阅、定稿工作。

张皓同志,北京师范大学历史学博士、历史系教师。他为本卷做了图版资料的搜集工作。

刘雪英同志,北京师范大学史学研究所副研究员。她为本卷做了编目及选图工作。本卷图版由北京师范大学图书馆宫伟同志翻拍。

本卷的编撰是在几乎全无依傍的情况下编写的。在编写过程中,遇到了不少的问题,我们认为这是正常的。我们只有努力,尽先解决比较重要的问题,能解决多少写多少。历史上还有许多一时不能解决的问题,需要做长期的打算,不能着急,更不能草率从事。我们的任务是还要和同志们一齐继续努力研究下去。

蔡尚思同志和李新同志分别为本卷上、下册题写了书名,在此谨表感谢。

白寿彝

1998年7月于北京

《中国通史》后记[*]

我们的书至此已全部告竣,全书共 12 卷 22 册,也算是一部巨著了。我们能在二十余年时间里完成这项工程,首先要感谢:

感谢北京师范大学、各兄弟院校、研究单位的支持。

感谢全国哲学社会科学规划领导小组、教育部(原国家教委)全国高校古籍整理研究工作指导委员会的支持和资助。

感谢参加本书撰写工作的全体同志。

感谢上海人民出版社的全力支持。

白寿彝
1998 年 9 月 19 日于北京

---

[*] "《中国通史》后记"标题为编者所加,本文原载《中国通史》第十三卷下册《近代后编:1919—1949》,上海人民出版社 1999 年 3 月出版。

古籍整理和通史编纂*

在教育系统里,开这么一个大规模的古籍整理研究的工作会议,是历史上的第一次。能躬逢这个会议,很受鼓舞。我对古籍整理没什么经验。在这里谈几点感想,也汇报一下我们工作的情况,请同志们指教。

一、古籍整理的历史意义

古籍整理有长期的历史。在我们的历史上,我认为,古籍应该有它的地位。从最早的历史讲,我们的祖先创造了文字,这是我们认识史上的一件大事。有了文字跟没文字,区别很大。有文字以前所得的经验知识,靠亲自传授、靠传说,影响范围比较小。传下去了,也不可能原封不动传得很久。文字出现以后呢?情况就不一样了。不见面的人,相隔几千里,可以通过文字得到知识。相隔几千年,可以通过文字得到认识。文字的出现可以说是人类认识史上、人类社会进化史上一件非常重大的事情。这是一大进步。我们的文字也不断地发展。我们见到的甲骨文,也可能不是最原始的文字。甲骨文是片

---

* 这是作者 1983 年 3 月 4 日在高等院校古籍整理规划会议上的发言,发表前经过补充修改。本文原载《白寿彝史学论集》上册,北京师范大学出版社 1994 年 2 月出版。

片段段的。后来用文字系统地写成书了,这就是典籍。从有文字到有典籍,这是第二个大进步。后来书多起来了,就有了整理问题。从有文字到有书,从有书到书籍整理,我看这在人类历史上,不只是在中国,代表我们进步的三个很重要的阶段。

我们还得承认孔老夫子是圣人。他是第一个整理古籍的。他那时尽管有弟子三千人,恐怕还是匹马单枪地干。孔子作《春秋》"笔则笔,削则削,游夏不能赞一辞",高足弟子连一句话也说不上。他是个体生产,自己在那儿搞,但开了个整理古籍的头。从孔夫子到司马迁,把整理古籍逐渐看成是一种事业,但在他们心中并不一定明确地想过"要整理古籍"。孔夫子是要搞点教材吧。司马迁是要把这些材料写成历史书。他们都还不是自觉地要整理古籍。

西汉末年,刘向父子校理群书,写七略、写别录,这可以说是比较自觉地进行整理古籍的工作。他们进行的工程很大,对皇家收藏的书做了大量的整理工作。那时,不少书有好多种本子,各种版本之间还有出入。他们面临这种复杂的情况,做了比较细致的工作。他们的成绩长期以来是受到赞美的。这可以说是整理古籍的一个飞跃。后来刘知幾写《史通》,章学诚写《文史通义》,我认为这是又一个飞跃。他们不光是把古籍中的材料进行整理,而是就古籍的本身进行研究,作出评价,并指出如何写书、采取什么形式。这可以说是整理古籍的第三次飞跃。他们跟孔老夫子、司马迁不一样,跟刘向父子也不一样。当然,从司马迁以后,都是封建时代的人物。无论他们怎样飞跃,也跃不出他们的时代。

五四以后,有些人提倡"整理国故",其中主要的内容也是整理古籍。这里反映了两种思想状况。一种是以胡适为代表的。他说,整理国故就是让大家知道,中国什么也没有,什么都不如人。这是买办资产阶级的民族虚无主义的表现,是半殖民地社会的反映。另一种是宣扬中国几千年来的东西多么完美,因而成为国粹主义者。这是半封建社会的反映。在整理方法上,这时有些人吸收了传统的及西方的方法。他们在方法上精密了一些,在范围上扩大了一些。因而在古籍整理上做出了很好的成绩,如王国维、陈寅恪、陈垣、顾颉刚诸位。此后,以郭沫若为代表的一些同志又以马克思主义为指导进行古籍整理工作,做出了优异的成就。

新中国成立以来,我们党是一直抓古籍整理工作的。如二十四史的标点,《永乐大典》、《册府元龟》等书的影印,等等,工作取得了不少的成绩。这一次的古籍整理工作,是陈云同志提倡,中央作出了决定的。今天整理古籍跟以前不一样,这是在全国范围内大规模地进行整理工作,而且在思想上、方法上要用马克思主义作指导。以马克思主义为指导,不只是在理论上按照马克思主义原则进行工作,而且还要求不能脱离现实,专讲马克思主义理论。我们不是为整理而整理,而是为了清理出对今天有用的东西,为了继承过去的优良文化传统。继承不是照样搬过来。继承中间就有批判,就有扬弃。要去掉坏的,吸收好的,发展好的,不是原封不动。另外,有些东西看着没用了,但还可能是研究问题的资料。腐朽可以变成神奇嘛。问题在于我们会不会利用。

整理古籍的工作是关系到子孙万代的事情。要通过这个工作把我们的民族文化传统继承下来,为建设社会主义服务。今天我们整理古籍的工作可以说是"起死人而肉白骨"的工作。这不是说要把历史的僵尸复活,而是要对过去的东西赋予新的生命,让它们在新的历史时期发挥更大的作用。这个意义是很大的。不要认为整理古籍是拿本书标点标点,加点注解就算了。在具体工作上,我们要标点,要校勘,要注解。尽管这些工作有时很烦琐,还是应当做的。但必须认识到,我们的目的是要通过这些工作建设社会主义。为了建设新文化,我们必须善于利用旧文化以积累财富。为了建设有中国民族特点的新文化,我们更必须善于整理、利用我们的文化遗产。古籍整理意义是很大的。尽管我们现在也是摸书本,但我们的工作性质不同了,我们的认识也不同了。新的历史时期为我们的工作带来了新的活力。我们需要从已有的文化中吸收精华,转化糟粕,这对我们建设社会主义新文化是有益的。对于我们这个工作的历史意义决不可轻估。

二、古籍作为研究资料的广阔天地

客观的历史是一去不复返了。讲历史,都讲的是过去。但现在是过去的继续,将来是现在的继续。不了解过去,很难更确切地了解现在;不了解现在,很难观察未来。了解现在有多少、有多深,对观察未来的帮助就有多大。历史的研究,不能简单地看作只是研究过去的事情。我们不能割断历史,要把过去跟现在联系起来看。但我们也必须承认,研究过去毕竟是历史工作者所致力的大量的工作,研究过去,不能不靠历史资料。历史资料中,有古代遗址、遗物,可以帮助我们了解历史,有时还起很重要的作用。但是要是没有文献的记载,光靠考古材料,研究起来还是困难的。文献加上考古材料,研究的资料就更充分了。历史文献到那里找呢?主要从古籍里找。作为历史资料,作为我们认识过去历史的条件讲,古籍是很重要的。古籍作为历史资料,这是大家一向公认的。就是在"左"倾思想泛滥的时候,这个看法也没有多大变化。70年代,我们标点二十四史的时候,正是"四人帮"当权时期。因此,在每一部史的出版说明中,总是先说这书的历史观是怎么唯心的,是宣扬帝王将相创造历史的。然后笔锋一转,就说这书作为历史资料还是有用的。古籍之为历史资料,我想不必多说了。这里,我想特别提出来,古籍不只是历史资料,同时还是其他研究领域里的资料。古籍作为研究资料的天地是很广阔的。

在标点二十四史时,有的同志提出,这些书不只是历史资料,还有思想资料。有些同志不理解,认为这是思想史的资料。在一定条件下,思想资料跟思想史资料是可以统一起来的,思想资料同时也是思想史资料。但二者并不能等同起来。有些资料,我们可用以考察历代思想发展的过程和规律,考察不同学派的特点和演变的过程,考察一定的社会条件在思想上的反映及一定的思想对社会的影响。像这样的资料,我们用以考察历史思想家所提出的问题,其中包含哲学问题、经济问题、政治问题、文化问题等,并看他们是如何解答这些问题的,作为目前研究这些问题的参考。像这样的资料,是属于思想资料的。事实上,一项资料往往可以具备这两种性质,但从性质上说,资料的用处是很不一样的。理解这两种性质的区别,可以扩大我们对历史资料的理解,从旧的资料中可以得到新的好处。

举例来说:"仓廪实而知礼节,衣食足而知荣辱",说的是物质生活跟精神生活的关系,生产跟教育的关系。古人谈到这个问题的不少。《论语》记孔老夫子到卫国去,他看到卫的人口多,就赞叹说:庶矣哉!他的学生问:既庶矣,又何加焉?他说:富之。学生又问:既富矣,有何加焉?他说:教之。他的意思是说,人口多了,先让他们富起来,然后让他们受教育。但在另一个地方,他又说:"士志于道,而耻恶衣、恶食者,未足与议也。"他这好像对于士又另眼看待,认为士就活该恶衣恶食。后来孟子讲究百亩之田,五亩之宽,要人们不饥不寒,但却责备一个学生学先王之道而对于吃喝有兴趣。老子不同于孔孟,他一方面宣传"甘其食,美其服",另一方面却主张"绝圣弃智"。我们距离孔孟老子两千几百年,某些情形居然还有很相似之处。我们说,农民要先富起来,这是没有异议的。富起来以后怎么办?意见就不一致了。有的人认为,农民的生活改善了,文化的要求也高了。也有人认为,农民富了,更感到劳动力可以赚钱,愿意考学的就少了。把两千几百年前的思想跟现在对照,何者同,何者不同,何以有这样的同异,这是可以值得深思的。

再举一例。《礼记》里的《学记》,大约写于西汉,是一篇关于教育、教学的重要著作,其中有不少精辟的话。如说:"善学者,师逸而功倍,又从而庸之(归功于师)。不善学者,师勤而功半,又从而怨之。善问者如攻坚木,先其易者,后其节目,及其久也,相说(悦)以解。不善问者,反此。善答问者如撞钟,叩之以小者则小鸣,叩之以大者则大鸣。待其从容,然后尽其声,不善答问者,反此。"这些话好像是为目前教学中某些现象而发,是很值得我们教师玩味的。这是教育史上的资料。很明显,这也是有现实意义的教育资料。古籍中有不少可贵的思想资料,是值得探索的。

在自然科学、应用技术方面,情况更明显。我们的医药书是医药史上的资料,而又不只是医药史上的资料。它们记载了许多有疗效的医疗经验,许多有疗效的药品,过去曾为千千万万人治好病,今天仍然可以为广大的病人医疗。我们在医药学上不能故步自封,但这是建立有中国特点的新医学的良好基础。如果简单地把这些资料看作医学史上的资料,是很不应该的。《齐民要术》以下的农书,记有丰富的农业资料,也有不少手工业和水利方面的资料。这些是历史资料,同时也是生产资料,其中有不少对于现在还是有用的。

古人在文学艺术方面的成就,因为历史条件的不同,有好多是不能再现的,也是后人所无法赶得上的。它们一直到现在还保持一定的生命力,仍然可以很吸引人,可以供创作上的借鉴。它们不只是历史上的文学艺术资料,而且仍然是有生气的文学艺术作品。甚至于有些作品,因为时代远了,反增加了某些光彩。从教育工作来说,历史资料是很好的教育资料,教育工作是一种必须经常持久的工作,必须经过耳濡目染、潜移默化,才可能得到效果。我们不能期望今天讲个课,明天就使孩子们有变化。一般是不会那么快的。历史资料,作为教育的工具,是人们从儿童时期起就易于接受、易于受到感染的。当然,要讲究进行教育的方式,使其更为有效。利用历史进行教育,是我国教育工作中的优良传统,但我们对于这个传统没有继承、发扬起来。这些年,我们提倡用历史资料进行爱国主义教育,进行辩证唯物主义历史唯物主义的教育,这都是很正确的,但我们贯彻得很不够。在这个问题上,我们教师和历史工作者的责任都很大,都还须艰苦地努力。目前,中学的历史课时数太少,小学里对有关历史的教材更不受到重视,这种情况必须改变。

还有一个问题,古籍作为历史资料,对史学工作来说,其中有史学历史学的资料,我们注意得也很不够。我们历史界有一个很奇怪的现象,与学术界的其他部门大不相同。搞文学的讲文学史,搞各门科学的有各门科学的历史。就是搞历史的,很少讲史学历史。现在有些学校开了史学史的课程,但讲的是什么呢?基本是目录学史或历史要籍介绍,对史学史本身沾不了多少边。我们中国的史学是发展的、丰富的,它的历史也很长。中国史学有很多东西,今天还是有用的。你也许会说,我们有马克思主义,那个时候有吗?不错,以前的历史学家没有马克思主义,但不等于说,他们对每一件历史问题,每一件历史现象,都没有可取的看法。在具体问题上,他们有些看法还是不错的,不能一概抹杀。说他们不是马克思主义的,是从思想体系上讲的。在具体问题上,他们的解释,他们的观点,可能是正确的,也可能是错误的。但总的来说,我们细心地看看过去的历史学家对历史问题的论断,还是很有益的,有的还对我们有启发的。司马迁写《秦始皇本纪》,我看他的眼光,比搞儒法斗争时的某些历史学家的眼光要高明得多。他颂扬秦始皇的统一,谴责秦始皇的暴虐。这难道不正确吗?我们对过去历史学家的观点,要重视,要分析吸收,以丰富我们的思想。对这份重要的遗产,不要简单地当作历史资料看,而要当作历史学资料看。我们在整理古籍的工作中,应当特别注意这个问题。

在我国古代的史学资料中,还有历史文献学资料、历史编纂经验的资料和历史文学的资料。历史资料中历史文献学的资料,是研究历史文献的资料,不是一般的历史文献。我们尽管对历史文献做过大量的工作,但对历史文献学资料的重视是远远不够的。前几天,李一氓同志讲到乾嘉学派。乾嘉学派在文献考订方面有时是很烦琐的,但不能说人家没成绩。研究他们的成绩,总结他们的经验,对于史学工作的发展是有作用的。对于怎样写史书,历代的历史学家是认真考虑过的,他们写的历史书在形式上也是多种多样的,很值得我们研究。现在,我们写历史书,都是千篇一律地一章一节的写。这样写,对讲理论有方便之处,但还须有别的写法。在这个问题上,有好多地方也是应该向前人领教的。对历史的表达,对历史文学,一般很少重视。过去的大历史学家,都是大思想家,同时也是大文学家。我们没有把这个好传统继承下来。经常有读者反映,说我们的历史书写得干巴巴的。写书,本来就是为了让人看嘛,我们应该努力写得让人爱看。爱看,除了内容以外,表达的形式很重要。从历史学说到历史文学,有好多东西是应该向古籍学习的,我们不应当对历史资料作出轻率的评价。

三、历史文献学的设想

我们搞古籍整理研究,不管是文学、历史、哲学,总应有它的理论和方法。研究整理古籍,就是对古代历史文献进行研究整理。为了更好地进行整理研究,就需要建立一个新的学科,即历史文献学。没有这个学科指导,效果和进度都要差一点。既然想把古籍整理工作大规模地进行,这个学科的建立就很迫切。我个人希望能早一点建立起这门学科,各高等院校文史等系都开出这门课。历史文献学怎么个搞法,没有经验。过去我们不是没有搞过,但不是有系统地搞,而是局部地、比较零碎地搞。我认为,现在是全面考虑这个问题的时候了。做起来,当然也还要一步一步地进行。我个人的初步意见,可以从4个方面考虑。

第一个是理论方面。理论问题不研究,是不行的。理论上究竟要研究哪些问题,这需要大家来探索。比如历史跟历史文献的联系和区别,这就是一个很重要的理论问题。咱们平常讲历史,概念比较含糊。平常讲的历史,都是指历史的记录、历史书的本本。但历史书和各种古籍不能算历史,它们记载的才是历史,这是有区别的。所谓历史,应该是指客观存在的历史。你写它也好,不写它也好,它是客观存在的。写起来了,用文字表述出来,那就是历史文献。这个区别很要紧。长期以来,特别是乾嘉学派,把研究历史文献看做研究历史了,这是不对的。要通过研究历史文献,去了解历史,观察历史,我们应该采取这种态度。历史文献本身不等于历史。没有这个认识,我们的路子就搞错了。在历史文献学领域里作出这种区别,是第一个大问题。又比如历史文献学的范围问题,这也是一个重要的问题。

少数人在这个问题上有争论。我认为,历史文献学是以研究历史文献本身的一些问题为对象的学科。有些学科跟研究历史文献有关,但不属于历史文献学的范围。如古文字学,是研究古代文字的学科,它对研究历史文献有帮助,但它本身不是历史文献学。金石学、考古学等,都对历史文献的研究有帮助,但它们本身也都不能算历史文献学。又如,历史文献在史学工作中的地位,这也是一个重要的理论问题。历史文献究竟占什么地位,我们搞古籍整理的要注意这个问题。古籍整理工作很具体,需要比较广阔的知识,但也很容易使我们陷进具体工作里面,跳不出来,不考虑理论方面的问题。不考虑理论问题,是不利于我们这个工作的正常发展的。我们研究历史文献学,就必须提倡理论问题的研究。

第二个方面,是对于历史文献学之历史的研究。我国历史文献和历史文献学的历史,都有一个长期的过程。对历史文献学的进程及其规律给予总结,对其优良的传统和成果予以继承和发展,这将对于建立历史文献学的科学体系有很大的好处。

第三个方面,是历史文献的分类学。我的不成熟看法,认为历史文献的分类学跟过去我们说的目录学有些接近,但不一样。目录学是研究目录本身的学问,例如对于《汉书·艺文志》、《隋书·经籍志》的研究,对于过去目录书中图书分类的研究,目录书中著录的哪些书的研究,等等。现在我们说的历史文献的分类学,是如何就历史文献本身的各种不同的性质、特点进行分类的学问,是从文献本身出发的,而不是从前人目录书出发的。

第四个方面,是关于整理古籍必需的知识,这是不是可以称作应用的历史文献学。我想,这里可以包含目录、版本、校勘、辨伪、辑佚、注释等学科。旧的目录学,在图书分类上很不科学,但相沿已久。在历史文献分类上,应研究出来新的办法以便于我们古籍整理工作的开展。在具体的古籍研究中,旧的目录书仍然须参考。旧的目录学不仅不能废除,还应研究利用。对于版本、校勘等,前人已有不少成果,我们应该总结他们的经验,使之条理化,以便于进一步提高。另外,还有些学科,跟整理古籍有关,但不属于应用的历史文献学的范围。比如年代学,在整理古籍时有用,但年代学本身不是历史文献学,它是另外一门学问。历史地理学对整理古籍有用,但也是另外一种专门的学问。有人把职官沿革的研究,算作历史文献学的一部分,这恐怕不对。职官沿革的研究是政治制度史的一部分,也不属于历史文献学的范围。

以上是我对于建立历史文献学的设想,需要好好地研究,并在实践中不断地提高。希望同志们多提意见,把对历史文献学的设想多提一些。在实际工作中,可以一步一步地做,从小范围做起,先把这个学科的基础搞起来。为了发展古籍的整理工作,对这门学科的建立,是应该投进力量的。

四、多卷本《中国通史》的编写计划

前几天,李一氓同志曾说到,古籍经过整理后,工作不算完,还要接着研究,写成专著。又说到需要有一个大部头中国通史的问题。我很有同感。近年我们联系兄弟单位的同志们编写多卷本中国通史,就是在做这个工作。

大概在1971年,开了第二次全国出版工作座谈会。周总理在会上提出来要写一部中国通史。后来,国家出版局为此组织了两次写作班子,都没有成功。当时,我正在中华书局参加二十四史标点的工作,没有参与编写中国通史的事,但也引起我对1962年在达卡召开的国际史学家会议的回忆。在那次会议期间,巴基斯坦的朋友曾说:"过去我们搞历史,是以欧美为中心,现在我们是以东方为中心。我们要大讲中国的历史,可是我们没书,不好办。"人家的态度很友好,但我们的工作跟不上。1974年,我在巴基斯坦又遇到史学界的朋友,人家打听关于中国史的新著。这距离上次的史学家会议整整12年了,我们还没有拿出成果,心里很难过。回来以后,跟师大党委做了汇报。同志们鼓励我做这件工作。经过一段相当长的酝酿过程,我们打算编写大型、中型、小型的 3 种中国通史。中型的,写了二百几十万字,全部草稿已完,但我们很不满意,就搁下了。1977 年开始筹划小型的中国通史,1980 年定稿,约 27 万字。这就是现在公开发行的《中国通史纲要》。《纲要》写到 1919 年。现正在写一个续篇,写 1919～1949 年的历史。这本小书,原来是想写给外国人看的,因考虑到翻译上的困难,在我们看来是很习见的专门术语,这里都有意地避开了。在内容上和体例上,这本小书都有一些考虑,但不一定成功,请同志们批评。

这几年,我们筹划大型的中国通史。确实是像不少同志所说的那样,我们这么大的国家,有这么长这么丰富的历史,我们不能只满足那么简单的几本小书,这跟我们这个伟大的国家不相称,跟我们的国家地位不相称。经过相当时期的努力,这个多卷本的中国通史在体系的设想上和人力的组织上已有点眉目。全书正文,打算出 12 卷。第一卷,绪论。第二卷,远古,指殷商以前。第三卷,上古,秦以前。第四卷至第十卷是中古。第四卷,秦、汉。第五卷,魏晋南北朝。第六卷,隋、唐。第七卷,五代、宋、辽、夏、金。第八卷,元。第九卷,明。第十卷,清。第十一卷。近代前编。1840～1919 年。第十二卷,近代后编。1919～1949 年。1949 年,中华人民共和国成立,我国历史进入现代,本书就不写了。另外,还有两个附卷,即第十三卷,是图版,它是比较系统的设想下编撰的;第十四卷,是大事记。全书共 14 卷,42 册。

第一卷和第二卷,在体例上,结合具体的内容,分别作不同的安排,第三卷至第十二卷,每卷分 4 个部分。第一部分是序说,论述本卷有关的基本材料,学术界已经提出来的主要问题和本卷的编写要求。第二部分是综述,综述本卷所包含的历史时期之政治、经济、文化、民族关系、中外关系等方面的发展,要求能够论述这个时期的历史过程、时代特点及其规律,而以大量篇幅论述政治。第三部分是别录,凡综述中不便论述的,都以专题形式写入别录。这个名称是借用刘向的旧名。有些同志不喜欢这个"别"字,建议许多别的称法,但也都不理想,因此就先用这个名称,以后如有更合适的称法,可以再改。别录,是写必要的专门论述,不必求全责备。对于有成果的作品,我们也可以吸收起来。第四部分是传记。近几十年,我们写历史不大重视写人物,更看不到完整的人物形象。有一个时期,还有意地尽量回避历史人物的表述,害怕人家说是英雄史观的表现。但历史毕竟是人的活动所构成,有人民群众的活动,也有杰出人物的作用。这都是不应回避,也是回避不了的。而且,讲历史,对于群众比较引起兴趣,具有社会效果的,主要还是人物的传记。我们对写历史人物有优秀的传统,但没有继承下来。近来,西方历史学家也写传记文学,出品还不少。我们应该吸取我国已有的经验和国外的经验,把传记写好。当前,我们史学界能写传记的人比较少,但只要努力,这个缺点是可以克服的。在组织工作上,每卷有主编一至三人,分别负责各卷工作的进行。计划在近三年写出6卷。8年内,可以把全书写出来。第十二卷,研究基础差,写成的时期可能要比较地晚一些。本书各卷的册数不等,少的一册,多的有6册。每册大概有30万字。12卷共1 200万字。第十三、十四卷在外。参加工作的同志们积极性很高。50岁上下的人劲头更大。我们七十多岁的人就差一点。工作上也不是没有问题,主要是组织力量和经费方面都有困难。在领导和同志们的支持下,我想这些困难是可以解决的。今天我在这里汇报情况,一方面是因为大家关心这项工作,另一方面也是希望大家支持。这是史学界的一件大事,在群策群力的努力下是可以完成的。

五、规划问题和人才培养问题

规划不好搞。我想,我们是不是可以比较有系统地搞几部丛书,另外还可以零碎搞一些东西,不一定列入规划。从史学上讲,可以出一套有代表性的历代历史书。像二十四史,是很重要的历史书,但已经标点出版了,我们可以不再搞了。《资治通鉴》也重要,但也已经标点出版了,我们也可不搞。跟《资治通鉴》很有关系的一部书,叫《资治通鉴考异》,从这书可以看出司马光怎样选择材料。但《通鉴》的通行本,包括标点本在内,都把《考异》分散在正文之下,《考异》的观点和功力就看不出来了。《资治通鉴》还有一个目录,这个目录实际上是《资治通鉴》的提纲,标点本也没有收进去。以上这两种书都可以整理出版,可以放在丛书里。文学、哲学方面也都可以系统地出些书。另外,社会史资料的书,这是一个新的领域,我们应该开辟。从教育系统的单位来说,尽早出版围绕新学科的建立及一切迫切需要而不易买到的书,可以说是当务之急。

人才培养方面,可有各种渠道。从本科生、研究生中选拔人才,这是正规化的办法。办进修班,吸收一些中年的大学教师,培养他们整理古籍的能力。或者办专修班,招收中学毕业的学生,培养他们整理古籍的初步的能力。采用这两种办法,可以快点出人才以适应工作上的亟须。另外,通过给老教师当助手,帮助老教师多出点成绩,同时使当助手的在实践中提高,这也是一个可行的办法。

关于助手问题,我这几年深有感触,想多说几句。培养助手,在我这个年龄,已经晚了点。要想真正培养助手,不是三两年的事情,要更长的时间。要他逐渐了解了你的思想及学术兴趣,心甘情愿地想当助手才好。即使他们水平低,也会对你的帮助很大,他的水平也会不断提高。研究生在整理工作上可能更方便些,但他不一定愿意当助手,他要搞他那一套。这也很正常。但是一个学者工作了几十年,只因智力结构问题没有帮助他解决好,就限制了他,甚至在很大程度上不能出成果,我们不能不谋求切合实际的办法,解决好助手问题。而且,一个学者的学问不是在课堂上都谈得出来的,往往在跟他日常接触之间,启发是比较大的。可能是几句话,也可能是零零碎碎的,也可能是系统的。如果有得力的助手在他的身边,随时吸取教益,是有很大意义的。"得力"二字很要紧,应该允许老教师自己物色助手,不应受各种限制。如果老教师有自己的子女可以继承他的学业,也应该允许他们的子女当他的助手,这对于他的生活也可以照顾,是一举两得的。

这几年,我的眼睛不行,视力很弱,看书写字都受限制。最初,我是想用录音机帮助我,可是它在那儿转,我跟不上,压力大,不能从容地说出来。后来我找一个中学毕业生来,我说,他写,比较地能解决问题。找水平高些的助手,当然有好处,但也有不方便的地方。他往往喜欢给你出主意,使你的东西变了样。现在,我找一个中学生,我怎么说,他怎么写,效果很好。他写得慢。写得慢,好嘛。他在那儿写着,我在这边想着,我可以跟得上。在有准备的情况下,一个上午工作半天,可以写3 000字,我看这就不错了。一个有点年纪的人,伏案工作的时间长了点,就受不了,感到胸部受压抑。现在我说着,他写着,就感到很舒坦。当然,人家要辛苦一点,但年轻嘛,为了工作,只有辛苦一点了。再则,有一个人在那里坐着,是一个谈话对象,跟对着录音机不一样。时间长了些,有些需用的材料,你告诉他,他也会查了。这是我的经验,不见得人人可行。我的意思是说,培养助手,要看具体情况,从效果上考虑,要允许老教师自己物色人,这样工作就好做。当然,选研究生、本科生做助手,我也并不反对。现在我们古籍整理很缺人,要多想一点办法。

我刚才提到的,办专修班,招收中学毕业生来训练,搞上两三年,要说有大用,也许没有,但可让他们在工作中成长。在短期的训练班里,学习的知识面不宽,可让他们在工作中继续成长,不断地利用各种机会让他们补课。其实,不光是年轻人要补课,七十多岁的人,需要知道而不知道的东西太多了,也得不断地补课。我们不能一下子就对年轻人要求什么都学好,这恐怕是什么时候都办不到的。

以上说的很拉杂,好多意见也不成熟,只是想借这个机会,向同志们汇报汇报,请同志们批评指正。

绘画本《中国通史》序*

这是写给少年朋友阅读的一部书。这书的写法，在历史读物中是没有过的，在少年读物中也是没有过的。在过去的历史书中，是早就有过图画的，但把上下几千年的历史，按着时代先后的顺序用图画表示出来，这还是第一次。在少年读物中，写历史片断的书是有的，采用历史故事的内容，加上细节的虚构，用文艺形式表达的书也是有的，但是在通史的要求下写出来少年读物，这也还是第一次。

我们研究历史，并不是要把研究成果写出来，放在抽斗里，而是要把正确的研究结果向更多的人宣传，使更多的人得到正确的历史知识后而有利于对过去的理解、对现实的认识，从而对我们的工做也产生好的作用。毛泽东同志说过，"精神变物质"。我们的史学工作，从社会影响上说，也并不例外。我们的史学工作，必须做专门研究，这是没有疑义的。同样我们须做普及工作，这也是没有疑义的。以少年朋友为对象，写出适合年龄特征的历史读物，是一件大事情，很值得我们史学工作者重视，应该把它作为发展史学工作的一个方面。

万事开头难。同志们经过艰苦的劳动，迈出了可喜的第一步。这部书，对于开拓少年朋友们的眼界，启发他们的智慧，加强他们的民族自豪感，增强他们日日向上的意愿和必然胜利的信心，都会起积

---

* 本文原载《白寿彝史学论集》下册，北京师范大学出版社 1994 年 2 月出版。

极的作用。这是培育下一代的庄严事业,其学术意义和社会意义并不在专门著作之下。希望同志们精益求精,在本书问世以后还要不断加工,同时还要把 1840 年以后的历史编写下去。我在这里谨为同志们在历史工作上的新发展所做出的成绩祝贺,为少年朋友读到这样的一部史书祝贺。

1990 年 3 月

附录一

中国历史上的 12 个方面 346 个问题[*]

第一章　历史年代

第一节　年代学的历史

一、年代学在历史研究中的地位。二、地质年代、考古年代和文献记载的年代。三、相对年代、绝对年代。测定年代的方法。四、清以前的年代学。五、清代的年代学。六、年代学在近代的发展。

第二节　纪年的历法

一、历史纪年和中原历法。二、岁星纪年和太岁纪年。三、藏历、傣历。四、希吉来历、西历。

第三节　朝代和年代

一、朝代。二、帝王公侯的纪年。三、帝王年号、改元、年号的雷同。四、农民起义军的年号。五、历法和年号的神圣化。

第四节　纪年的混乱、失误,本书的纪年方法

一、因多种历法的并行而致纪年的混乱。二、因割据政权之并存而致纪年的混乱。三、因帝位和年号更易太骤而引起纪年的失误。四、因拘泥成例而引起纪年的失误。五、因不明历法而引起纪年的失误。六、因不谙史事而引起纪年的失误。七、本书的纪年方法。

第二章　地理环境

第一节　历史地理学的历史

---

[*] 原载《史学史研究》1981 年第 2 期。

一、历史地理学在历史研究上的地位。二、地志、史注、行纪。三、清代的历史地理学。四、近代的历史地理学。五、50年代以来历史地理学的发展。

第二节　关于地理环境的理论

一、伏尔泰、孟德斯鸠、黑格尔的论点。二、马克思、恩格斯的有关理论。三、普列汉诺夫的论点。四、斯大林的概括。

第三节　中国地理的特点

一、作为一个自然单位的中国疆域。二、地形的复杂。三、各地区间的差异。四、交通状况的特点。五、地理条件对中国社会发展的影响。

第四节　地理状况的历史变化

一、古今气候的变化。二、黄河和江湖的变化。三、森林地区的变化。四、土壤肥力的变化。五、农业区和畜牧区占有面积间的变化。六、矿藏开发的发展。七、水陆道路的发展。八、地理状况的变化对中国社会发展的影响。

第五节　历史地理问题上的混乱、失误，本书的看法及处理

一、因记载缺乏而引起的混乱。二、因记载失实而引起的混乱。三、因地名的转移而引起的混乱。四、因异地同名、同地异名而引起的混乱。五、因译名歧异而引起的混乱。六、因不明建置沿革而致失误。七、因疆域概念不明而致失误。八、本书对祖国疆域的看法和一些技术上的处理。

第三章　民　族

第一节　国内现有民族

一、汉族。二、蒙古族、满族及东北各民族。三、维吾尔族、回族及西北各民族。四、藏族、彝族、壮族、苗族及西南各民族。五、黎族、高山族等东南民族。六、民族发展的不平衡和互相依存的兄弟关系。

第二节　历史上的古老民族

一、匈奴、东胡及东北各古老民族。二、乌孙、月氏、突厥及西北各古老民族。三、昆明、哀牢等西南古老民族。四、蛮、越等东南古老

民族。五、民族的混合和迁徙。

第三节 民族史研究的历史

一、汉族史资料的丰富。二、少数民族的有关传说和撰述。三、关于少数民族史的汉文撰述。四、近代关于民族史的研究。五、50年代以来民族史研究的发展。

第四节 关于民族史的理论

一、"民族"的概念。二、民族主义的历史观点。三、马克思主义关于民族史的理论。四、科学的民族史工作有助于民族间的理解和团结。

第五节 本书对民族史上一些问题的看法

一、民族的先进和落后。二、民族斗争和阶级斗争。三、民族斗争和民族友好。战争、和亲,会盟和互市。四、少数民族的历史贡献。五、少数民族建立的政权。六、民族英雄。七、多民族国家对社会发展的作用。

第四章 社会生产方式、阶级关系

第一节 生产史、阶级史研究的历史

一、古代的有关撰述。二、近代关于社会经济史的研究。三、20世纪50年代以来关于生产史、阶级史的研究。

第二节 社会生产方式

一、马克思主义对历史理论的重大贡献。二、社会存在和社会意识。三、物质生产是社会生活的基础。四、社会生产方式:生产力和生产关系。五、历史发展中的5种生产方式。六、中国历史上的生产方式。

第三节 社会生产力

一、马克思主义关于社会生产力的理论。二、生产力在社会发展中的决定作用。三、中国历史上生产力的发展。四、生产力在各地区间发展的不平衡。五、小农和手工业的结合。产业的官营。中国封建社会生产力发展的迟滞。六、外国资本主义入侵后,社会生产力的状况。

第四节　生产力和科学技术

一、马克思主义论生产力和科学技术的关系。二、科学技术对生产力发展作用的现实性和潜在性。三、中国在科学技术上的首创精神及其局限。四、西方科学技术输入的影响及其局限。

第五节　生产关系

一、马克思主义关于生产关系的理论。二、中国历史上生产资料所有制的各种形式。三、人们在生产过程中的地位。四、产品分配的各种形式。五、各种生产关系的并存。占支配地位的生产关系。六、生产关系跟生产力的适应和矛盾。

第六节　自然经济和商品经济

一、马克思主义关于交换关系的理论。二、原始交换和商品生产。三、商人和商业活动。四、商业官营。五、货币。六、商业资本和高利贷资本。七、中国历史上自然经济和商品经济的关系。

第七节　阶级关系

一、马克思主义的阶级学说。二、中国历史上奴隶制社会的阶级结构。三、中国历史上封建社会的阶级结构。四、近代阶级结构的变化。无产阶级和资产阶级。五、阶级之间和阶级内部的矛盾和斗争。

第八节　人口问题

一、历史上的"富""庶"并举。户籍制度。二、人口结构对社会发展的影响。三、流民问题。四、马尔萨斯的人口论。五、马克思主义关于人口问题的理论。

第九节　本书对生产史、阶级史上一些问题的看法

一、阶级斗争在社会发展中起了什么作用。二、地主阶级在历史发展中起了什么作用。三、农民战争是否推动了社会生产力的发展。四、资本主义萌芽产生的条件及其不易成长的原因。

第五章　家　庭

第一节　家庭史研究的历史

一、关于家庭史最早的记录。二、世谱、族谱、家传、乡贤传。三、家训、女诫、幼仪。四、儒家对家庭、家庭史的观点。五、中古时代史

家对家庭史的态度。六、近代关于家庭史的研究。七、马克思主义关于家庭史的理论。八、20世纪50年代以来关于家庭史的研究。

第二节　家庭的结构

一、劳动者的个体家庭。二、权势人物的大家庭制。三、宗族、宗法和族长。四、宗族和郡望，血缘和地缘的结合。五、近代家庭的演变。六、母系家庭的残余。

第三节　婚姻，妇女和继承

一、婚制和有关的礼俗。二、"门当户对"和"合两姓之好"。三、不同民族间的通婚。四、主妇。烟火的延续。母教。五、历史上杰出的妇女。六、财产继承权。七、政治地位的世袭。八、家学。九、技术传习。

第四节　家庭和国家的关系

一、作为劳动力编制单位的民户。二、作为统治支柱的名门大族。三、维护封建伦理的法令。四、"为民父母"、"以孝治天下"和"求忠臣于孝子之门"。

第五节　中国家庭制度对社会发展的影响。本书对家庭史的设想。

一、对社会秩序的稳定作用。二、对社会发展的阻碍作用。三、生产力发展水平和家庭制度演变的辩证关系。四、本书对家庭史的设想。

第六章　城乡、市镇、会社

第一节　有关城乡、市镇史、会社史的论述

一、文化遗存和古老的记录。二、《史记》以下的有关论述。三、《通典》以下的有关论述。四、方志、乡土志、都邑志。五、内部文书、见闻录。六、马克思主义关于村社和城的论断。七、近人的有关研究。

第二节　城乡

一、国野、都鄙、邑聚。二、作为政治、军事堡垒的京都、郡县和边城。三、城的兴建和迁、毁。四、乡党邻里和什伍相保。五、聚族而居和权势人物在乡村的地位。

第三节　市镇

一、集市。二、乡镇。三、街市。四、码头。五、牙行。六、茶馆、旅店、娼寮。七、近代城乡市镇的变化。

第四节　会社

一、村社。二、行帮、行会。三、乡谊、会馆。四、民间秘密结社和农民起义。五、士大夫结社和党争。六、有关民族斗争的秘密结社。七、传统节日的集会。八、宗教节日的集会。九、宗法关系的集会。十、海外侨民的会社。十一、近代的会社。

第五节　城乡、市镇、会社的历史意义和本书的设想

一、城乡、市镇史、会社史在中国历史发展上的意义。二、本书对城乡、市镇、会社史的设想。

第七章　国家、法和军队

第一节　国家、法、军队史研究的历史

一、以政治史为主体的史学传统。二、有关的古老记录。三、史书中的职官志、刑法志和兵志。四、宋以后有关的专著。五、近代以来的研究状况。

第二节　有关国家、法和军队的理论

一、古老的神权思想。二、儒法两家的国家起源论。三、封建皇权的神化。四、明清之际的进步思想。五、近代的民主思想。六、马克思主义的国家学说，关于法权、军队和专制主义的理论。

第三节　国体和政体

一、中国历史上的国家类型。二、封建专制主义政权形式的发展。三、统一政权和割据政权。四、民族政权和农民政权。五、母后、宗室、外戚、宦官。六、外国势力侵入后的国家。

第四节　法和法律

一、礼与刑。二、刑书的出现。三、封建法典。私法的欠缺。四、"前主所是著为律，后主所是疏为令"。五、舞文弄法和法外用刑。六、近代所谓"立法"和"司法"。七、法治和人治。

第五节　军队。本书对国家、法和军队史的设想

一、中国历史上军队组织形式。二、军人的身份。三、军队和社会经济。四、军权和政权的隆替。五、国家政权、法和军队在中国历史上的作用。六、本书对国家、法和军队史的设想。

第八章　社会意识形态

第一节　社会意识形态的理论

一、马克思主义关于社会意识的学说。二、社会意识对社会存在的反作用。三、社会意识形态的各种表现形式。

第二节　宗教

一、原始宗教。祖先崇拜。二、道教。三、佛教、伊斯兰教等外来宗教及其中国化。四、基督教。五、封建政权的宗教活动和宗教政策。六、少数民族的宗教信仰。七、宗教活动和农民起义。八、宗教和其他意识形态的关系。九、士大夫之隐于佛道。

第三节　哲学

一、上古的哲学思想和哲学流派。二、中古时代正宗哲学的神学化。三、唯物主义哲学的优良传统。四、社会思想和人生哲学的历史地位。五、近代西方哲学的未来。六、马克思主义在中国的传播及其重大意义。

第四节　文学

一、文学形式的繁富。二、庙堂文学和宫廷文学。三、各民族的人民文学。四、现实主义的优良传统。五、西方文学在近代的输入。

第五节　艺术

一、艺术形式的丰富多彩。二、艺术来自民间。三、艺术的民族特点。四、中外艺术的综合。佛教艺术。五、艺术形式和艺术内容的协调和矛盾。六、艺术发展水平和经济水平、文化水平的关系。七、艺术和政治。

第六节　意识形态史研究的历史。本书的设想

一、对古代意识形态史研究的历史。二、对近代意识形态史研究的情况。三、本书对意识形态史的设想。

第九章 人民群众和个人

第一节 有关人民群众和个人的历史作用的论述

一、古代政治家、历史家的观点。二、近代政治家、历史学家的观点。三、马克思主义的理论。

第二节 人民群众的历史作用

一、历史活动是人民群众的事业。二、人民群众的历史活动和客观的历史条件的关系。三、人民群众在历史活动中的自发性和自觉性。四、马克思主义帮助先进阶级掌握自己的命运。

第三节 历史人物和人民群众

一、中国历史上的杰出人物及其历史作用。二、杰出政治人物的群众基础。三、思想家、文学家、艺术家与人民群众的联系。四、宗教家与信徒间的关系。五、无产阶级群众、政党和领袖间的相互关系。

第四节 本书对有关人物评论一些问题的看法

一、简单的阶级标签和品质鉴定。二、脱离历史条件,以成败论人。三、关于帝王将相的评论。四、关于农民领袖的评论。五、关于改良主义者的评论。

第十章 中国和世界

第一节 中国人的世界概念之发展

一、世界联系的逐渐形成。二、中国人的世界概念的发展。三、中国和外国的古代自我中心思想。四、本书对上述自我中心思想的态度。

第二节 中国人关于外国史地的撰述

一、史书中的外国传。二、佛徒所记。三、私人撰述。四、近代中国人对外国史地的研究。

第三节 外国人关于中国的撰述

一、希腊、罗马、印度关于中国的传说。二、中古时代外国旅行家的记载。三、明清耶稣会士的记载。四、日本、朝鲜、越南关于中国的记载。五、近代西方学者对中国的论述。

第四节 中外文化的交流

一、中国文化的东传和南传。二、中国文化的西行。三、外国文化在古代的输入。四、西方文化在近代的东来。五、本书对文化交流史的要求。

第五节　中国在世界史上的地位

一、作为世界大国之一,有悠久历史的中国。二、中国在世界上地位的变化。三、马克思主义经典作家论中国和世界。

第六节　中外历史的比较研究

一、中外历史比较研究的先例。二、比较研究对于历史工作的重要性和必要性。三、本书的设想。

第十一章　史学遗产和批判继承

第一节　历史和史学

一、历史和史学。二、史学的任务。三、史学的范围。四、史学史。五、马克思主义论文化遗产之批判地继承。

第二节　历史观

一、神意史观。二、英雄史观。三、经济史观。四、实用主义历史观。五、历史上出现的唯物史观因素。六、马克思主义唯物史观在中国的传播和中国史学的发展。

第三节　历史文献学

一、历史文献对史学研究工作的意义。二、历史文献的繁富。三、记注、修纂和专著。四、汉唐宋人对历史文献的考订。五、清代的历史文献学。六、近代的历史文献学。七、20世纪50年代以来历史文献的发现和整理。八、历史文献以外的历史资料。

第四节　历史撰述的体例

一、历史撰述体例的重要性。二、史书的主要体裁。三、史体的综合运用。四、抄撮和类编。五、史论、史注和札记。六、近代历史撰述体例的变化。

第五节　历史文学

一、历史文学的重要性。二、传记文学。三、战争文学。四、语言表述。五、世情描写。六、历史环境的描写。七、史和诗文。

第六节　历史学家的器识

一、总结历史经验教训,察往观来。二、重视修史作为不朽之业。三、史德。四、曲笔与直书。

第七节　本书对史学遗产的批判继承

一、史学在批判继承过程中不断发展。二、本书吸取过去的有益观点,坚持辩证唯物主义和历史唯物主义的理论武器。三、详审使用、熔炼历史资料。四、在综合利用传统体例的基础上有所创新。五、提倡朴实而生动的文风。

第十二章　历史时代的划分

第一节　历史的客观过程和历史学上对时代的划分

一、历史分期的重要性和必要性。二、客观历史过程的连续性和阶段性。三、历史过程的多方面性。四、历史过程、阶段的多层次性。

第二节　历史上对历史时代的种种划分法

一、先秦诸子关于历史时代划分的论述。二、中古时代主要以朝代为据的历史时代划分法。三、近代学者对历史时代的种种划分法。四、上述种种时代划分法的演进和局限性。

第三节　五四以来关于中国历史时代划分的各种说法

一、第一次社会史论战和中国历史的划分。二、马克思主义史学家在中国历史时代划分问题上的异同。三、20世纪50年代以来关于中国古史划分时代问题的讨论。

第四节　本书对于中国史的时代划分

一、本书对于历史演进和时代的理解。二、本书对于中国历史时代的划分。

附录二

新增少数民族自治地方

在本卷排校过程中,毛难族改称毛南族,本卷第一章中已经照改。在本卷排成后,陆续有新增的民族地方的建制,而版面已不便改动,今列表于下:

湖南	芷江侗族自治县	1987.9.24 成立
	靖州侗族自治县	1987.9.27
贵州	务川仡佬族苗族自治县	1987.11.26
	道真仡佬族苗族自治县	1987.11.29
	沿河土家族自治县	1987.11.23
	印江土家族苗族自治县	1987.11.20
广西	环江毛南族自治县	1987.11.24
河北	青龙满族自治县	1987.5.5
	丰宁满族自治县	1987.5.15

本卷第一章列有国务院已批准待成立的 6 个民族自治地方,已经先后成立,现列表如下:

四川	黔江土家族苗族自治县	1984.11.13 成立
	彭水苗族土家族自治县	1984.11.10
	马边彝族自治县	1984.9.4
	峨边彝族自治县	1984.10.5
	石柱土家族自治县	1984.11.18
贵州	玉屏侗族自治县	1984.11.7

论中国封建社会

关于中国封建社会的几个问题[*]

我今天准备讲的题目是《关于中国封建社会的几个问题》。想讲3个问题。

一、中国历史上的国土问题。

二、中国封建社会发展阶段的问题。

三、中国历史上所谓统一和割据、集权和分权、复辟和反复辟问题。

这3个问题都是有争论的问题,我就这些有争论的问题讲些个人的看法,不一定对,请大家讨论、批评。这3个问题内容比较多,今天不可能很详细地讲,只扼要谈一点看法。

第一个问题:中国历史上的国土问题,或者说是中国历史上的疆域问题

这个问题是个比较尖锐的问题,是科学上的问题,但不只是科学上的问题,还是一个政治上的问题。这里包含4个方面的内容:

---

[*] 本文系作者1977年在中国历史博物馆所作的讲演,北京市教育局教研室历史组、内蒙古通辽师范学院政史系据录音整理有铅印稿,呼和浩特市教育局教研室翻印。四川《历史知识》曾正式发表本文某些部分,全文首次收入《白寿彝史学论集》上册,北京师范大学出版社1994年2月出版。

1. 在中国历史发展的过程中,中国的疆域是怎么发展下来的。

2. 随着历史的发展,过去历史上出现的现象会取得新的、不完全局限于当时情况的意义,还要看后来的发展。

3. 在谈这个问题的时候,要理解兄弟民族的思想感情。

4. 要注意到对外活动上的必要性。

这个问题不完全是书本上的问题,还是一个很现实的问题。

长期以来,我们对这个问题采取的是王朝史的观点。传统的看法,是把一个朝代的疆域看成是中国的疆域,认为王朝变了,那时候的中国疆域也变了。过去我们教历史时都是采取这样一个观点。这个观点对不对呢?也不能说不对,因为过去历代王朝统治的地区是有变化的。拿过去皇朝统治的疆域的变化来说明中国疆域的变化,也不能说不符合当时的中国历史实际。问题在于,我们今天看历史问题,不能局限于当时那个情况。了解当时的具体情况是必要的,局限于当时的情况是不够的。为什么不够呢?因为历史是不能割断的,随着历史的发展,过去的事情在新的环境里边,会取得新的意义。如果仅仅停留在当时的具体条件之下,那是很不够的,看着好像很客观,但那是用静止观点观察问题,认为那时怎么样,就是怎么样,这反而看不到历史的全貌了。比如说,两家人,前一辈子打架,感情很坏,后来两家的孩子结成夫妇了,那上一辈两家老人的关系也就变了,让他们的子女给改变了,变成亲戚了。当初感情不好是事实,但是他们儿女结成夫妇,他们就加上了新关系,成亲戚了,光论老关系就不行了。不说他们的老关系是不对的,不合当时的历史情况;不承认新关系也不对,新关系更现实,它是往前发展的。要注意这个问题。在中国历史上的国土问题也应该这样看。不只是说当时王朝的统治地域怎么样,也要从中国历史的发展上来看待疆域问题。现在中华人民共和国的疆域比过去朝代大得多了,好多地区不属于当时的王朝,而是属于当时的好多个兄弟民族活动的区域。当时中原地区的人不承认他们属于中国,这些兄弟民族自己也不一定就说他们是哪一国的人。但是,今天我们这些兄弟民族都是中华人民共和国的民族,他们居住的地区,就是他们自古以来活动的地区。这算是哪一国的地区呀?不是中国的,是哪一国的呀?这就是说,我们不能拘泥于当时的所谓"版图",不能局限于那样一个概念。局限于那个概念,是不对的。

我们的历史有个舞台。这个舞台有多大呢?这个舞台应该是我们现在五十几个民族曾经活动的那个舞台。这并没有改变历史。这个意思很要紧。这里牵涉到一个问题是,对"中国"这个概念怎么理解,对中国的历史这个概念怎么理解。"中国"这个概念,是时时刻刻在变化,一个时期、一个时期在变化的。最早的概念,在文献上看,黄河流域中下游叫做"中国",春秋时候,像河南南部、楚国这一带,就不算"中国"了。后来,楚国和北方这些国接近的多了,西方的秦国反而不算"中国"了,对它"夷狄视之"。后来,"中国"这个概念又不断地变。南北朝时,南朝自认为"中国",北朝也自认为"中国"。北朝说南朝是岛夷,南朝说北朝是索虏,互不承认对方是"中国"。今天咱们的中国,是中华人民共和国,今天咱们的历史,是中华人民共和国各族人民的历史,不是那一个皇朝的历史。今天的"中国",是新的概念,不是旧的。要明确这个概念,不是旧的。要明确这个概念,讲中国历史,是讲中华人民共和国各个民族的历史。这就比较容易地对咱们历史上的疆域问题或国土问题有个较全面的理解。如果说今天这个"中国"的概念不用,说过去不是这样用法,那咱们用哪个时候"中国"的概念呢?用春秋时的概念呢?还是战国时候"中国"的概念呢?还是南北朝时候"中国"的概念呢?很显然,咱们是现在的中国人,讲中国史,应该用现在的概念,不应用过去的概念。这不只是名词问题,不只是概念问题,是具体的历史分析,是合乎历史唯物主义的。如果单纯地把过去孤立起来一个一个地讲,是不对的。过去提过这个问题。这些年,有二十几年了吧,不断有争论,在历史界有不同的看法,在历史界以外,也有不同的看法。但如果我们既从当时的情况看历史,又从它的发展意义上看,问题还是比较容易解决的。

现在要说到兄弟民族的思想感情了。兄弟民族的感情,有时我们在北京住着的同志不一定很理解。北京有好多个少数民族,但是看不出来,从语言上服装上,很不容易分辨,不大感觉这个问题的重要性。咱们兄弟民族的思想状况,是认为我这个民族自古以来就是中国的民族,我们活动的地区就是中国的地方。如果你们说,这原来不是中国的地方,那么,难道是外国人的?是怎么回事啊?这在民族感情上很说不通。兄弟民族说,我们原来就是中国人,我们的地方就是中国的地方。如硬要给人家泼冷水,说这原来不是中国的地方应该不应该?这个问题不是小事情,不是单纯的历史问题,是个很现实的政治问题。

对外讲,"四人帮"他们的论点,是把咱们中国的疆域以长城为界,长城以外那就不属于中国喽。话没这么说,意思是这么说喽。如果长城以内的政权同长城以外的政权发生关系了,表示政治态度了,"四人帮"就给区分为两种态度:一种叫爱国主义,一种叫卖国主义。比方说汉代匈奴往长城以内进军了,抵抗他的叫爱国主义,不抵抗他的叫卖国主义。要是汉代的军队向匈奴进军叫什么主义呢?那他们就不说了。这种办法,这种论调,在对国际活动上是很不利的。这个问题应该首先明确起来。

从这4个方面考虑,我们讲历史的,要讲中国疆域,就是要以我们中华人民共和国的疆域为基础,不应该把过去皇朝的统治地区来作为咱们中国的疆域。可以说,那个皇朝的政权统治到什么地方,那是事实嘛。但是,咱们今天的观点,不只是那些地方。有在中原地区的汉族的政权,有在边疆地区的少数民族的政权,这些政权都是中国的,应该这么看。这么看,才符合中华人民共和国的历史是多民族历史的精神。我觉得这样一个看法,合乎科学,也合乎我们兄弟民族的思想感情,也有利于我们外交上的活动。这样是不是考虑得更全面一些?如果用旧办法,那么汉族地区在哪儿呢?你去哪儿找一个最初的汉族地区呢?怪难找的。殷周时期所谓戎狄,所谓南蛮,也是在内地杂居的,那怎么办呢?汉族怎么形成的?汉族也是好多个民族混合形成的。如果仅仅逗留在最初那个情况来讲咱们的国土问题,就讲的不全面。既看当时的情况,考虑历史的发展,还要结合我们今天政治上的需要。这样一种看法,是不是更符合马克思主义。离开现实政治,专讲过去,不是马克思主义。我们教历史几十年,旧的王朝观念很重,今天是不是重新考虑考虑。这是第一个问题。

第二个问题:中国封建社会发展的阶段性问题

这是讲中国史的一个大问题。中国封建社会的历史长,有两三千年。尽管说我们原始社会很长,几十万年、一百几十万年,究竟那是考古学上的年代。至于到阶级社会以后,封建社会最长。近代一百多年,比较好说,毛主席的论述详细、具体。这两千多年,在史学研究上存在问题特别多。这两三千年的历史,是怎么发展下来的,这个发展线索怎么看,这个问题没解决。因为这个问题没解决,所以有些历史课本或一般读物,写这两三千年的历史好像一大堆,好像没个规律似的。读者读不清,给同学们讲不清,讲到末了,往往是一大堆的朝代的更替,再就有些农民战争。中国封建社会究竟怎么发展下来的?这个问题,我看还是个首先要研究的问题。

新中国成立以来,要求历史讲阶级斗争。阶级斗争抓什么?抓农民起义、农民战争。过去对农民起义、农民战争有所讨论。当然不够啦。抓这一方面,那是对的,但是光抓农民起义、农民战争,解决不了中国封建社会历史发展的问题。光谈农民战争、农民起义,对于解决中国封建社会的全貌,也觉得不够。不是说打仗了,才阶级斗争呢,每天都在那儿阶级斗争着呢。表现形式不一样:有时是显著的,有时是潜伏的;有时是紧的,有时是松的;有时是高的,有时是低的。这两三千年无时无刻不在搞阶级斗争。专讲农民战争还是不够的。那应该怎么讲呢?讲社会发展规律,首先还要讲经济基础。不从经济基础上解决这个问题,讲农民战争就有好多问题不好解释。讲农民战争的发展,也要从经济基础的发展上来讲。那么讲经济基础,讲什么呢？生产力、生产关系嘛。封建社会生产力发展很缓慢，抓这个，困难大。生产关系抓哪一个呢？要抓农民阶级，但是首先要抓地主阶级。为什么？因为地主阶级是封建社会矛盾的主要方面。看封建社会变化，在地主阶级身上体现得清楚些，材料也多些。有了这个材料，再分析农民阶级、分析农民战争，就好办得多。在封建社会两三千年里面，阶级斗争有一定的量的变化，在不同的阶段里，显示着不同的情况。这一点可以帮助咱们对于封建社会发展线索多知道一点。我个人的意思，就是先从这儿来分析：从地主阶级变化来分析；然后再从农民战争的口号、行动来分析。还有一个，从民族关系上来分析。

中国封建社会可以分几个阶段。新中国成立将近30年了，对中国封建社会有各种划分，有分成两段的，分成三段的，分成四段的，分成五段的，分成六段的，多种分法，角度不一样喽。我倾向于是不是分四段比较合适。

第一个阶段：战国、秦汉时代。

春秋战国，是中国中原地区由奴隶制向封建制过渡的时代，封建社会开始的绝对年代不好定。秦汉建立了封建制皇朝。

在这一段里边，地主阶级的最高阶层就是皇权（战国是王权）。中国整个封建社会里，皇权总是占第一位的。皇权是最大的地主，也是最高地主。这一点不必再说了，4个阶段都存在这种情况。在战国秦汉时代，在皇权（王权）之下，地主阶级内部的上层，最有力量的，包含了两类人：一类叫做"世家"地主，这是《史记》《汉书》上的名词。世家地主包含皇族，即皇家子孙封王封侯的，他们是地主阶级里有权有势的集团。大家可能被一种现象迷糊住了：汉武帝以后，皇族不是没有势力了吗？那不对。汉武帝以后，皇族还是很有势力的。"世家"第二部分人是功勋地主、功臣，主要是武功、军功地主，也有文臣在里边。这两部分人：皇族地主和功勋地主，在两汉封王封侯的。这两种地主势力很大。按《汉书·地理志》记载，粗略地计算一下，全国户数是12 233 062户，诸侯王的户数是1 343 390户。人口数，全国是59 594 978人，诸侯王掌有的人口是6 382 205人。全国户口数与诸侯王掌有户口数,为九与一之比。他们在地主阶级中人数不是太多,但占有土地人口数量很多,这个势力很大。不是说汉武帝以后不行了,不是那么回事,比以前差一点,还是势力很大。

东汉怎么样?东汉诸侯王的比例数上升了,据《续汉书·郡国志》的记载粗略地统计一下,国家的户比王国、侯国的户为4.4:1。国家是4.4,诸侯王是1。人口数,国家是3.5,诸侯王是1,同西汉9:1的比重,大大增加了。这一部分一直受到忽视。"四人帮"讲,汉武帝以后,分封制没有了,完全是郡县制。没有那回事。两汉以后,分封制是发展了,不是没有了。皇权的统治是最高统治,它不能悬起来,它要依靠一部分力量,它要依靠谁?皇族是要依靠的;功勋地主,他是要依靠的,这两种还是很要紧的。"世家"里边还有一种人,叫做"二千石"的人,在中央政府做很大的官,在地方上是地方长官。这种人也是"世家"。还有一种是"儒宗",就是大儒。大儒是"世家"。当时的儒宗不是光讲道理的,儒宗都是大地主,都是大官而讲学的。皇族、功勋、二千石、儒宗,组成了当时的世家地主,在全国地主阶级里边拥有很大的权力。这是第一类的地主,包含这4种人。

第二类地主:"豪杰"。汉代的"豪杰",不是从能力上讲的,而是从财产、社会地位上讲的。汉代"豪杰"也包含4种人:六国的后裔(秦国的后裔在楚汉战争时候死光了),当年他们是世族,秦汉时候,他们是豪杰。第二种人是地方大姓,地方大族。第三种人是边区的牧主。第四种人是游侠。这4种人都属于豪杰地主。

另外,还有一类人,是"富人"。这里边包含3种人,一种是盐铁工商业者。煮盐的、冶铁的当时利最厚,从战国以来就是这样子。一种人是富商大贾,不从事生产而专做生意的。再有一种是子钱家,放利息的。这一类里,有这3种人。

世家、豪杰、富人,不是截然划分的,但是各有各的特点。在这三类人里边,第一类人,不是光有土地,而是有政治身份的,并且往往是世袭的身份。第三类人也必然会占有一些土地,但他们的经济来源主要不是靠土地。他们在政治上是没有地位的,但在经济上是有实力的。

当时的农民,对这些地主来讲,对地主国家、对地主的各个集团来讲,都是带有依附身份的。地主势力很大,农民生活没有保障,生命也往往没有保障。所以秦汉时候农民起义的要求有他们的时代特点。秦末农民大起义,陈胜、吴广怎么起来的?是反徭役起来的嘛!你不造反,要死;造反,也可能死,也不一定死。在这种情况之下起来的。刘邦入关,"约法三章":"杀人者死,伤人及盗,抵罪。""盗"字是刘邦加上去的。杀人的,死,伤人的人,也要抵罪,这是战国时候墨家的传统。刘邦加上个"盗",是保护私有财产,实际上是保护地主财产。"杀人者死,伤人者抵罪",群众要求是这么个要求。这个时候的农民战争是要求人身的生存权,还谈不到土地问题。西汉末年的农民战争,提出了这样一个口号:"杀人者死,伤人者偿创",还是秦末农民大起义的口号。东汉末年激烈了,看着不推翻汉皇朝不行,就说"苍天已死,黄天当立",要推翻他的皇朝。当时农民战争的口号,是从当时地主压迫的情况下提出来的要求。

世家、豪杰、富商这些集团在秦汉时代是比较突出的,以后有变化。

这个时候,在民族关系上,是中国历史上第一次民族大融合。它把黄河中下游流域、长江流域、珠江流域的各民族都联系在一起了。这是过去历史上没有的。秦始皇开始,通过两汉,民族关系越来越密切了。中国的主体民族——汉族,是秦汉时期形成的。秦汉以前,还没有一个汉族。为啥叫"汉族",是汉朝开始的。这是中国第一次民族大融合。

第二个阶段:魏晋南北朝隋唐时代。

这个时候,地主阶级内部,照样有两个集团,另外,还有富人。这3个集团里边,所谓"豪杰",变化不大,所谓"富人",变化也不大。变化最大的是顶上那一层,不叫"世家"了,叫"门阀",比起"世家"来,"门阀"内容有变化。这里边包含4种人。一种人是"名门",很大名气的,有全国闻名的,有在地方上闻名的,叫名门地主。一般讲的士族,就是属于名门的。名门里也很复杂:有山东的士族,有过江的侨居士族,有江南原有的士族,有关中的士族,有代北的贵族。这当时在皇权底下是最出名的、最重要的。第二种是勋贵:有功勋的人同贵族。当时皇族的地位在名门底下,不太高。另外,唐末的藩镇也是一种门阀,是军事体系的门阀。还有一种在意识形态上出现的新地主,不是儒宗,是和尚和道士,叫僧道地主,或叫寺院地主。这个时候的门阀,包含这4种人。以魏晋南北朝隋唐时代的地主阶级的构成,同秦汉地主阶级构成来比,共同的地方是,按着世袭的身份来规定地主的地位,这一点是共同的,世家也罢,名门也罢,是按世袭身份来定的。不同的是,秦汉的世家这个身份,是按国家的政治待遇来定的,世家来历不一定出身很高,可以是布衣卿相,有从老百姓起家的,但是通过国家的政治待遇、经济待遇得到这个地位,主要是政治待遇。这是秦汉时代世家贵族的特色。魏晋南北朝隋唐时候的门阀,是由习惯势力规定的,不是皇权规定的,是长期以来形成的。其中有好多是从西汉的世家转化继承过来的,有许多是西汉豪杰来的。豪杰在两汉不能与世家比,但在隋唐时候,也就能转化成门阀。门阀比世家容纳的成分有变化,范围比较大,主要不是靠国家的规定,而是靠习惯势力经好多代而形成的。

秦汉的农民负担主要是劳役,有实物,也有货币地租,但主要是劳役负担重。魏晋南北朝隋唐时期,农民的负担,劳役同实物都很重,所以这个时期农民战争的口号,两个都有。隋末农民大起义,同派兵征高丽有关系。因为征高丽,好多农民站在水里修船,有的腿上都长了蛆,腐烂了。运输沿途死的都是人,"死者相望"。在这种情况之下,农民提出了口号:"勿向辽东浪死",不要到辽东去送死,是反对徭役的。黄巢他们起来,就提倡"平均",有财产问题出来了,这同两汉不一样。两汉没有财产问题,都是人身问题。这时候,有人身问题,也有财产问题。这是魏晋南北朝隋唐时候的情形。

过去讲门阀,说是隋唐时候门阀已经没有了,这是不合乎实际情况的,还是有的,是研究工作没跟上去,还应该跟上去。说这个时代的地主阶级内容变了,跟秦汉不一样,农民的负担不一样,农民战争的口号、提出的要求跟过去不一样。

魏晋南北朝时期,边区的经济情况,跟秦汉时期边区的经济情况不一样。秦汉边区经济发展很不平衡,可以说很落后。魏晋南北朝隋唐时期,边区有新发展。

中外交通关系,魏晋南北朝比秦汉有所前进。这个时期,魏晋南北朝三四百年的复杂的民族矛盾,通过长期历史过程,到隋唐时期,逐渐有所溶解。魏晋南北朝隋唐时期,是中国民族关系上的第二次大融合,范围比秦汉时期大得多,密度也大得多。

第三个阶段:宋元时代。

宋元时代有一个比较突出的特点,是少数民族建立的政权越来越显得重要。北宋时期有辽、金、西夏,北宋政权对中原地区还不能统一起来。南宋时期,到南方去了,北方是辽、金。后来到了元朝,蒙古贵族统治了全国。

宋元时代,从封建时代发展的角度,从地主阶级变化的角度,从农民战争性质的角度怎么看呢?首先应该这样看:宋元时代是咱们广大的边区进入封建化,进入封建社会。这是个大问题。广大边区封建化,少数民族封建化的地区更宽:有蒙古、有西藏,新疆是更加深了封建化,西南地区封建化也加深了。这是中国封建社会发展上一件大事。封建化地区大大扩大,面积比过去大得多了。

中外关系上,贸易也发展起来了。魏晋南北朝隋唐时代也有中外贸易,但不像宋元时代这么宽。陆地、海上,交通贸易都很发展。这是过去不能比的。南宋政府财政收入里,对外贸易的收入占的比重很大,就可以说明当时的贸易情况同过去不一样。蒙古西征,今天说是对外国侵略,但另一方面讲,中西关系打通了,好多中国东西过去,西方东西过来,这是历史上没有过的。从封建社会讲,宋元时代是中外交通贸易的兴盛时期,国内生产力也有所发展。

一个广大边区封建化,一个中外交通贸易的新发展,把宋元时代摆在全国来看,摆在世界关系上来看,是个新时期。宋元时代有人把它划成封建后期,我看是不对的。宋元时期还是封建社会上升时期,但已出现有衰落的踪迹。

这个时候地主阶级的特点是,地主阶级出现了多民族的地主阶级组织。北宋时期,边区有民族政权。南宋时期,华北也有了民族政权。在不同的政权里边,有不同的地主阶级集团。到元代,有蒙古贵族地主、色目地主同更多的汉族地主的组合。这同过去不一样,复杂了。由于民族关系的变化,这时地主阶级内部出现了新的情况。

在商人里边,有两种商人:一种是入番客,到外国做生意的商人;又一种是色目商人,从国外来的,从边疆来的,相当有势力,在有的地方比汉族商人有势力。

这时候的农民,遭受两种压迫:一种是阶级压迫,另一种还有民族压迫。这时候的农民起义,也带有两种性质。宋代的"等贵贱,均贫富",同民族矛盾有联系,但更主要的是在身份上、财产上提要求。在元代,阶级斗争就带有了浓厚的民族斗争色彩,有"穷极江南,富夸塞北"这样一个口号。这是宋元时代的特点。

宋元时代民族矛盾比较显著,但从民族发展上看,宋元时代是中国历史上第三次民族大融合,比过去又发展一层了。民族友好、民族融合是付出了代价的。付出代价的过程里边,不同民族的统治阶级有矛盾、有勾结,各族人民的友谊日益增加。从中外关系上讲,交往比以前频繁多了。农民起义也向前发展了。

第四个阶段:明清时代。

明清时代,从全国讲,广大地区进一步封建化,特别是由于满族入关,东北地区很快地进入封建化过程。通过明清这几百年,在咱们现在中华人民共和国境内看,基本上都完成了封建化过程,只有很少数地区没有这样做。这好不容易哩,全国封建化经历时间很长,前后两千多年。

明清地主阶级内部,同宋元时代地主阶级内部,有个共同的特点,就是官僚地主的地位增加了。以前是有世袭身份的有势力。官僚地主不是世袭的,老子做官,儿子不一定做官,更不能做同样大的官,他们家的政治地位、经济地位都会有变动。

明清时代社会经济特点,就是商业资本有些发展。宋元时代就有些发展,明清时代更有些发展,资本主义萌芽出现了。过去拿这个资本主义萌芽作时代的标志,现在看,不够。资本主义萌芽还很幼稚,没有多大力气,那时的萌芽还不可能突破当时的生产关系,而进入一个新的历史时代,是零零星星的,是很软弱的。明中期以后到清代,江南的资本主义萌芽多一些,江南的资本主义萌芽也不能够摆脱封建束缚,力量有限得很。过去编教科书,对资本主义萌芽讲得多了一点。

在政治上,明初的政治,清初的政治,多少还是有些办法的。但整个地看明清的政治,封建统治力量是腐朽的。顾炎武说明代的政权不在百官手里,而在吏胥手里。吏胥,是办例行公事的一些人。这些人,昏昏庸庸,吃饭混日子,就算是安分的了。他们在封建的合法规定外,还要营私舞弊,干些所谓"鱼肉乡民"的事。这对于他们,是家常便饭。清代也是这样。明清的八股文取士成为入仕的重要途径,这些人是根本不了解社会情况的。对于新的生产力,如对资本主义萌芽、商业资本的发展,明清统治阶级是采取压制、摧残的办法。农民负担很重,手工业者、商人负担也很重。离开了封建关系,做生意比较困难。这时代有独立的商人,但是不能摆脱封建束缚。明清时代腐朽的生产关系束缚着新生产力的发展,新生产力发展不易强大,整个社会现象是"死的拖住活的"。

在中外关系上,这时出现了逆转的现象:中外关系倒转了。过去是中国为主,外国商人、外国政治使节来,叫朝贡,中国居于主要地位。中国商人到外国去的也不少,中国船只从中国通商口岸一直可以到波斯湾,很活跃。明清时代就不行了。郑和下西洋,这是一件大事情。除此以外,整个看明清时代,中外关系倒转了,被动了。明代一开始,倭寇就来了,这是过去没有的。他们在中国沿海登岸骚扰,明初就没办法,到明中叶以后越来越厉害。葡萄牙人、西班牙人、荷兰人,到东方来,把澳门给了他,他们占领了台湾,这些事情都出来了。清代进行一段"闭关政策",不准下海,老百姓下海是"自背王化",不准出去。中外贸易、交通,明清是个倒转时代。过去那种正常的、比较兴盛的贸易关系,主客位置关系,起了相当大的变化。越到后来,清政府对国外的情况是愚昧无知,比明代更不行了。这以后,鸦片战争,是外国资本主义国家侵略。从中国内部讲,也有内部原因:清政权的腐化,越来越清楚。我国历史就转入近代史了。

从民族关系上讲,明清时代完成了中国民族的第四次融合。东北地区同内地关系和过去不一样了。

明清农民战争的规模和延续的时间,比过去要大得多、长得多。这也说明这个时代阶级关系的尖锐、复杂,封建关系的腐朽。时代要求一个新的历史阶段到来。由于帝国主义的入侵,中国没有走上正常的发展道路,就走上一个半殖民地半封建社会的道路上去了。

以上是从阶级关系上,从地主阶级内部的变化、农民战争的要求、民族关系的发展、各地区封建化的普遍化和加深,来理解中国封建社会虽然是两三千年,还是一步一步地向前,还是有它的阶段性的。大致说起来,第一个、第二个阶段,大概都有700年上下,第三个、第四个阶段,大概有500年上下。这样一个分法是我个人的一个看法,还很不成熟,是个极为粗浅的看法,希望大家批评指教。

第三个问题:中国封建社会史上集权和分权、统一和割据、复辟和反复辟的问题

分权和集权的问题。在这个问题上,有一些我认为是不确切的看法。这不只是"四人帮",史学界很早就有这样一个看法:拿分封制和郡县制作为集权和分权的标准。这是个传统的看法。"四人帮"利用了这个传统的看法。原来的看法只是一个学术观点,"四人帮"利用这个来进行他们的反革命阴谋,为他们反革命制造舆论。我们还记得,1974年曾经大规模地宣传柳宗元的《封建论》,宣传王夫之《读通鉴论》前面的"论秦始皇"。"四人帮"宣扬《封建论》,用意是反对

各大军区,反对老帅老将们,我们应该清楚。1974年就是这个情况。从历史上看,拿郡县制、分封制来作为集权、分权的画线是不正确的。"四人帮"宣扬,战国以前,特别是西周,是分封制,秦始皇统一六国以后,是郡县制,这个是不符合历史的。他们说分封制是什么意思呢?就是在全国范围之内,有个最高的君主,在地方上分封了多少个地区的诸侯,说成是奴隶社会的等级制,像宝塔式的,一层一层:天子—诸侯—卿大夫,叫分封制。说郡县制是秦始皇开始,各地区的行政直接地属中央,有郡,有县。实际上不是这样。"封建"是封国、建侯。"侯"是军事首长。原来是射箭的箭靶子叫"侯",射中靶子的人,武艺好,也叫"侯"。封他到一个地区去,占了土地,盖个城,主要是从事于农业的生产活动。西周时周民族把农业推广了,周族是个以农业见长的民族。周代的"封建"事业,是推广农业生产的活动,由一个武装的头头,带着一批人,到各地区去开辟土地,建个城,扎下根,那个城就叫做"国",不是现在咱们国家的"国"。字有个圈圈,里边有个"或"字,有"口",有"戈",手里拿着武器,守卫那个地方,就叫做"国"。有了"国"以后,他就长期在那里活动起来了,同周天子的关系,并没有多么密切,并不是他们说的宝塔式的关系,就是一批人出去了,开辟一个地方,不是一层一层下来的。当时同周天子,最多或者是血统的关系,或者是亲戚的关系,或者是前朝留下来的"殷商之后"。南方的氏族部落,建立起来的"国"也是有的。所以,王同侯的关系,并不是君臣的关系,谈不到分封不分封。要说周天子是最高的,下边是诸侯、卿大夫,一层一层下来,这是春秋末年到战国时期儒家的思想,把古代社会理想化、整齐化的思想。"四人帮"打着"反孔""反儒"旗号,实际上这是儒家的思想,是儒家把古代历史理想化以后的东西,不是真实的情况。西周社会,从社会性质上讲是奴隶制,从政治外壳讲,带有浓厚的部落联盟的形式。这是中国历史的特点。西周并没有什么严格的"分封制",当时所说"封建"同后来说的封建制意思不一样。封建制一定有严格的君臣关系,有严格君臣关系的分封。秦始皇并没有废掉分封制。战国时开始有了分封制,是慢慢有的,即所谓"封君"。商鞅变法,废封君了吗?没有。商鞅叫做商君,就是个封君嘛,他就有他自己的土地、人口嘛!分封制同过去西周"封国建侯"不同之处,就在于封君同帝王有君臣关系,是相隶属的,不像过去那种情况,这一点很要紧。封建制的国家,从政治经济讲,都是等级制的,是宝塔式的,从皇帝一直下来,皇帝是最高的尖尖,最下层是农民。奴隶社会不是这样。如果要说有宝塔,也只是一个小地方一个小宝塔,全国没有那么高的宝塔,底下没那么宽,顶上没那么高。到两汉,分封制发展了。前边讲了,两汉诸侯王国统治的户口,同全国户口比,占了那么大的数目字。东汉比西汉还发展。这就是说,两汉的分封制是发展了,不是没有了。两汉有郡县,也有诸侯王国,即所谓郡国制度,两者是并存的。两汉是不是不统一呢?不是。不因为它有分封制就不统一了,两汉还是统一的。郡县也罢,诸侯王国也罢,同皇朝都有个君臣关系,都要受皇朝约束。这个组织情况,同西周不一样。所以拿郡县制、分封制来作为集权、分权的标准是不对的。

中国封建社会集权制,所谓中央集权,是专制主义中央集权,是逐步上升的,越到后来,集权就越厉害。在两汉的初期,诸侯王国可以管理国内的一切政治、军事、经济。汉武帝以后,他的用人权有了限制,王国、侯国的主要官吏,都要由皇朝派人去,集权便进了一步。汉武帝以后,在皇朝里边,集权也比以前进了一步。汉武帝以后,两汉皇朝有内朝、外朝。外朝由宰相当家,权力很大。内朝是大将军、大司马当家,有军权,差不多全是外戚。他信赖亲戚比信赖大臣更信得过。汉武帝以后,中央集权进了一步。还有一件事,也是汉武帝开始的,他有中书,用宦官来当,在朝廷里好多事,通过中书的手。中书官不大,可是有点类似机要的地位,但在汉武帝时候,权还不算大。宦官是什么东西?是皇帝的家奴,是宫廷奴隶。这就体现了集权又上升了。西汉、东汉,地方官的权很大。地方长官自己能掌握用人的权力,有地方武装,有地方财政,所以两汉郡守,在某种意义上讲,同西周的诸侯也有类似的地方,当然也不完全一样,而是在地方政权独揽上讲,很像西周的诸侯。西汉地方官的下级与地方长官,有君臣的关系,很显著,后来不行了,只有皇帝才算君。这时候,两汉是统一的皇朝,但权力还不是很集中的。

汉以后,唐朝的集权比两汉又进一步地集中了,集权上升了一级。两汉有宰相,相当当家,大事可以管。唐朝就不一定,宰相的权力分割了。说一个宰相能当天子的第一把助手,在唐代不是这么回事。唐朝政权组织,分成三个部分:有中书省,是管发布命令的;有门下省,可以对命令表示不同的意见,认为不合适的,可以交回去;有尚书省,管执行,是行政机构。唐代把汉代宰相的权分成三份,归三个衙门管,不像汉朝宰相一个人掌握。分成三份,皇帝的权就提高了,这是进一步的集权。地方上比较重要的官,地方长官自己不能决定,要从中央的吏部派官去,当地方长官的重要助手,地方的权力受到限制,与汉代很不一样了。所谓集权,就是君权的进一步提高。秦汉与过去不一样,唐同秦汉又不一样。

宋代的集权更高了。宋代地方上,用人、军权、财政权,没有一点权力,完全收归中央,与唐代又不一样了。宋代地方官都是从朝廷派出来的、在中央有职务的人,不叫令、不叫长、不叫太守,叫知县、知州等。为什么叫"知"?以中央官吏兼任地方的事情,是这么一个身份,不是专职的地方官。这就是把地方上的政权,进一步抓到手里,同唐代不一样。在中央,尚书权力也受到限制,军事他不能管了,另外有枢密管军事,又有专门机构管财政,叫所谓"三司"。宋朝用兵、军事大事,有时宰相不知道。从中央到地方,权力越来越集中到皇帝身上,宋比唐又上升了一级。

明代的尚书与宋代的尚书又不一样。宋代尚书令,名义上还是总头头,尽管军事、财政分开了。明代不是,明代设六部尚书,六个头,没有总头,把重要的行政权分成六份。就是说,没有哪一个大臣能够总揽国家大事,而是分到各个部门手里。明代有内阁大学士,看来很有权,内阁管书写文字、起稿子,本人并没权,顶多搞个建议,要由皇帝来批。明代政权依靠的是宦官。明初不是这样。永乐帝以后,宦官的权越来越重,全国行政大权落在宦官最大头头手里,叫司礼监。司礼监有时替皇帝批公文,权很大,还搞特务组织。北京有个东厂胡同,明代的东厂就在那儿,是宦官搞的特务组织。特务组织主要是侦察大臣的言行。明代集权超过过去,又升了一级。明代外戚问题不大,宦官权力很大,皇帝相信自己的家奴。万历皇帝二十几年不上朝,不同群臣见面,他依靠的就是他的一批宦官。

清代最当家的是军机处。设在宫里,最要紧的事情通过军机处传达。地方官,大官叫总督,叫巡抚,原意都是军事长官。所以清代是用官事统治的办法统治全国。他的集权比明代还高,又升了一级。

所以,集权是逐步发展的,不能拿分封制、郡县制来说明。集权制好不好?总比无政府要好,但集权制逐步发展的过程,实际上是封建关系逐步削弱的过程,是封建生产关系的生命力逐渐衰退的过程。宋代集权同汉唐不能比,宋代地方上没有什么权了,军权、用人权、财政权,地方上没有,所以宋代就不能打仗。从北宋起,中原地区他就统一不了。他怎么能统一呢?他把中央政权吊起来,不相信、害怕地方。地方官在地方上不能发挥一个政权结构的社会职能,地方上应该办的事,他办不起来,来了军事上的威胁,他对付不了。到了南宋,宋金对峙时,南宋有些人很能打仗,岳飞就很能打仗,他后来被杀了。秦桧是奸臣,把他害了。秦桧为啥能害岳飞?按宋代政治体制、宋代的国策,岳飞就得死,不能活。他那样能打仗是不行的,对皇朝是个威胁,肯定要杀他。宋高宗就害怕岳飞嘛,忌妒他。这样一个政权形式,说明宋代封建统治势力本身虚弱,不像汉唐统治者胸襟那样开阔,说明他不行了。

明清更不行了,明清政府就没法说了,坏得很。《红楼梦》里的贾雨村出去做官,想按他想的那一套去做官,但是做不下去,还得领教他们的门子。在衙门里跑动的那一批人行,他不行,他无能为力。说明清代盛世,吏治就败坏到那个程度,不行了。封建统治力量,封建关系,宋已经有所削弱,明清已经很腐朽了。明清是封建社会末期的景象了。怎么看末期呢?就是从政治上看的,太不行了。万历皇帝二十多年不上朝,那算是个什么政府呢?清代地方高级长官,从中央到下头,靠军事力量进行统治。宋还不是这样,明加紧一些,清代完全靠军事力量进行统治。这就是说,他这个统治很不稳定,所以清代农民起义规模大,接连不断,每一朝都大规模起义,这情况以前没有。这就说明不行了。

所以不能一般地讲集权就是好事。"四人帮"宣扬这个,为什么?为他搞法西斯统治找历史根据嘛。我们要根据历史条件来分析集权在当时发生的作用。秦始皇统一全国,两汉的统治、唐的统治,那个集权对历史的发展起了一些推动的作用。后来看这个集权,就说明它的生命力越来越差了。要这样分析,不能一般地讲。集权、分权问题,封建社会本身是没法解决的。为什么?剥削阶级内部存在尖锐的矛盾,要争权夺利嘛。集权太厉害了,地方上没有权不行;不集权了,地方权力太大,割据。这个问题就不好解决。当然前期好一些。社会主义就不一样了,民主集中制,发挥两个积极性,这才能够解决。所以,集权、分权的问题在剥削阶级内部始终存在,而从集权程度上讲,越来越集中,看出它生命力的削弱。明清没有外来力量压制,它还在那儿维持。外国资本主义势力一来,它抵抗不了。鸦片战争算啥战争,居然也失败了,这就暴露了他们统治的腐朽。集权、分权问题,不能简单地按郡县制、分封制来划;也不能说,凡是集权都好,不能这样讲。反而是,从集权的逐步上升,来作为观察封建统治力量的标志之一,还是有用处的。

再一个问题,讲割据和统一的问题。这个问题,有些一般化的看法:统一就是好的,割据就是不好的。这也是"四人帮"搞乱的。"四人帮"强调统一,说法家坚持统一。他这个统一是什么统一?统一于"四人帮"嘛,造这个舆论。不听他的那就是割据。是不是统一就好?是不是割据就不好?要具体分析。历代的农民战争都是要把统一打乱的,你说统一好哇不好哇?要具体分析,不能一概而论。要看哪个阶级搞统一、搞割据,要这样区别。整个讲,中国统一的时间长,越来统一的时间越长,这是中国历史发展的好现象喽。这是讲全国范围内多民族的统一。

　　统一有3种,有3个类型的统一。一个是汉族地区的统一。一个是兄弟民族地区的统一。汉代冒顿单于把匈奴统一了,成吉思汗把蒙古族统一了,努尔哈赤把满族统一了,这是在他民族区域里的统一。他这个统一比以前的混乱进步,要肯定他这个统一。就汉族地区讲,也有这样的情况。秦始皇灭六国,功劳写在谁身上?秦始皇有一份,六国也有一份。周武王伐纣,"不期而会"的有八百诸侯,到战国就剩下"七雄"了嘛。秦国以外,有6个强国嘛。八百诸侯变成7个国,秦做了一部分统一工作,六国也做了一部分统一工作。讲这个统一事业,不能光说秦始皇,那六国都有份,最后是秦始皇进行了更大规模的统一。要这样具体分析。不能说秦始皇是正义的,那六国就不是正义的,不能这样说。什么正义不正义?七国战争是封建集团的混战嘛,最后谁统一中国,那他就起进步作用嘛。不能说非得天生下来的秦始皇来统一才行。在这个统一问题上,明清两代是做出贡献的,那是全国性的统一,比过去不同了。今天咱们的统一是过去没法比,咱们这个统一是空前的。我们要对统一问题作具体的分析。

　　对割据问题也要分析,就是从整个历史发展上看,这个割据应该怎么看。南北朝时期,南北分开了。南北朝比两汉、比隋唐不行了,它分割了,是不是就是漆黑一团呢?三四百年黑暗时代?也不能这样说。南北朝割据,也有他们所起的历史意义。南朝建立以后,同南朝建立以前,东晋、宋齐梁陈,南方地区开发的情况,秦汉时期不能比嘛。如果南方没有东晋,没有宋齐梁陈,南方也发展,但发展情况可能就不一样。北朝也不一样嘛。也要具体地看。这样讲,南北朝时期就不全是消极阶段了,也有它的积极意义。就封建社会讲,统一,割据;割据,又统一,是不可避免的过程。为什么,因为封建经济是分散的,地方性太强,同资本主义社会不一样。每次统一,每次割据,都不一样。经过割据而统一,第二次统一就比第一次统一要高了;再经过割据再统一,第三次统一比第二次统一又前进了。后边的统一不是第一次统一的重复,而是向新的高度发展了,是个螺旋形体。这样理解咱们的历史发展,尽管中间可能有一点倒退,总的形势还是逐步前进的。

在割据局面里边,像战国时代,不要急于下定论,说哪个集团正义,哪个集团不正义,很难说,都是地主阶级,都要争权夺利。这也要看他们的具体情况。他们在混战的时候。很难说谁正义不正义,但是最后统一了,这个统一本身是要肯定的。马克思主义的最要紧一条,是要摆在具体时间、地点、条件之下进行具体分析,不能一般化。笼统地说割据、说统一,超时代,超阶级,是不行的。"四人帮"搞乱史学的一个手法,弄乱大家思想的一个手法,就是用超时代、超阶级的笼统概念来代替具体分析。批"四人帮"在史学方面的谬论,就必须结合具体条件,进行具体分析。

再一个是复辟反复辟的问题。这个问题,是"四人帮"伪造历史为他们反革命阴谋造舆论的。"四人帮"这一套历史方面的谬论,核心就是复辟反复辟的问题。这一点很迷惑人。一开始,我们没有发现他们的问题,批林批孔嘛,从中央来的,我们应该响应中央的号召。后来发现:林,他们没批;孔,实际上也没批。他们假造一些历史上的事,攻击我们敬爱的周总理,攻击我们革命的老干部,压制我们革命的新干部,最后矛头对着中央,对着毛主席。复辟反复辟很容易让我们迷惑。他们利用这一点,把历史说得到处、随时都有复辟反复辟的斗争。一方面是制造舆论,让大家觉得到处有复辟的问题,另一方面用反复辟来掩盖他们的复辟活动,用心很狠毒。到今天,这一条毒害还没有真正肃清,很唬人。批他们这一点,指出他们的政治阴谋,是很必要的。对历史工作者来讲,还应该从历史上批判他们这一点,用历史事实指出"四人帮"复辟反复辟是对历史的捏造。

第一点,他说复辟反复辟是大量存在于从奴隶社会到封建社会的过程中,所谓战国秦汉之际的复辟反复辟斗争。事实上,我们说,从奴隶社会到封建社会过渡里边,最要紧的一个问题,是地主阶级的形成。地主阶级从哪儿来的?"四人帮"答复不了。战国是封建社会的开头吧,战国的地主从哪儿来的呢?战国地主阶级主要是从奴隶主阶级来的。秦孝公任用商鞅变法,秦孝公是什么人?他是地主阶级还是奴隶主阶级?如果他已经是地主阶级了,那么秦孝公前辈的秦君,也一定是奴隶主阶级。旁的六国国王,没有一个不是从奴隶主那儿转化过来的,这一点很清楚嘛。各国变法变什么法呀?谁是头头哇?七国的国王是头头。地主阶级最主要的一个来源,就是从奴隶主阶级转化而来。七国的国王、贵族、大臣,原来都是奴隶主,后来大量地变成封建地主阶级了嘛,他反什么复辟呀?他复辟什么呀?很奇怪,为什么大地主阶级都是从奴隶主阶级来的呢?不奇怪:奴隶主是剥削阶级,地主还是剥削阶级。这两者的区别在哪儿?是所有制问题嘛。奴隶社会,奴隶主占有生产资料;封建社会,地主占有了生产资料。还有什么区别呢?有一条区别:奴隶主阶级完全占有直接生产者——奴隶,地主阶级不完全占有直接生产者——农民、农奴、依附身份的农民。主要区别在这儿。在直接劳动者的身份上,有比较不同的区别。这个区别,这个劳动者身份的变化,对剥削阶级有没有损失呢?那不一定有损失。奴隶主阶级对付奴隶,比地主阶级对付农民,要麻烦得多,他要管奴隶吃,管奴隶穿,还要拿着鞭子赶着奴隶干活。新的、好的劳动工具不敢交给奴隶,怕奴隶破坏。比较新的封建制下的劳动者没有这些问题。农民有自己的私有经济,地主不用管他衣食问题。农民有自己的生产工具,工具越好他越爱惜,这对生产力的提高非常有利。地主不要拿鞭子赶农民,到时候得给他交租子。这对地主阶级有利嘛。这是个社会发展的必然趋势,他也没有办法。除这一点以外,在奴隶社会后期,对奴隶主阶级发生很不利的事情,就是奴隶阶级对奴隶主阶级的斗争:破坏工具、起义、大量逃亡,这个他受不了。由于阶级斗争的发展,由于社会身份的变化,奴隶制对奴隶主阶级变得无利可图,他就不得不被迫接受新的生产方式。这样一个转变,对原来的奴隶主有好处,他不必要搞复辟。这个过程里有没有斗争呢?有斗争。一个是思想上斗争,接受新东西也不是那么容易,有一个反复斗争过程。再一个,有一个权力的问题,权力的争夺也有问题。但是,这两种斗争,并不等于说,在封建制建立以后,要再恢复奴隶制,不存在这个问题。不像现在,资产阶级要恢复资本主义制度。现在的两个阶级不一样了,一个是无产阶级,一个是资产阶级。拿两个剥削阶级内部的斗争,和剥削者被剥削者的斗争等同起来,是非常错误的。从大地主阶级大量地由大奴隶主阶级转化而来这一点看,说这个时候复辟反复辟斗争频繁,是没有根据的,说不过去的。这是一条。

第二点,从商鞅变法上看。商鞅变法最重要的精神,就是促进男耕女织、一夫一妻制生产单位的发展。它主要的贡献在这儿。男耕女织、一夫一妻制,就是自然经济占支配地位的个体生产力,这是封建性质的生产力,是有利于封建生产力、封建生产关系发展的。毛主席在《组织起来》一文中讲,一家一户的生产单位是封建统治的经济基础,是农民陷于穷困的根源。这个指示对我们研究封建社会有重要的指导意义。这种个体经济是封建社会主要的生产力。商鞅变法推进了这个生产力。凡是粮食、纺织品交得多的,受到优待;家里有两个成年男子不分家不行,要加重他们的赋税。这就是鼓励老百姓向一夫一妻制的封建经济发展,这对封建生产关系的推动起了很好的作用。一家一户的小农,在原始社会解体时期也有,资本主义社会也有小农。但是这两个时期的小农,身份比较自由,不像封建社会的农民有大量的依附身份。这是一个区别。还有,这两个时期的小农在当时社会生产力上不占主要地位,而封建社会的小农是占支配地位的。这个区别很要紧。商鞅变法在这一点上看准了,符合当时社会发展的倾向。但是,商鞅并不排斥、并不消灭奴隶制。他对奴隶制还采取了适当的保护。《商君书》规定,一个县的县尉,要给他6个"虏",就是6个奴隶。这是战争俘获的人变为奴隶。商鞅还规定,老百姓不好好生产,穷了,就要把他全家变为奴隶。这又是一条保护奴隶制的规定。还有一点,对军功地主,按他的战功给他不同的田宅,还给他不同的臣仆,就是男奴隶、女奴隶。这又是一条保护奴隶制的规定。另外,从秦到汉,在盐铁工业里面,是大量地使用奴隶劳动的。

这里的奴隶劳动不是非法的,而是合法的。按"四人帮"说法,商鞅是法家,可是他保护奴隶制,不是又成儒家啦?中国历史的发展不同于西方,革命不彻底,奴隶制保留了很长的尾巴。在长期的封建社会里,奴隶制作为一种补充的社会制度,还是长期存在的。这里不存在复辟反复辟的斗争。历代封建皇朝,他的主要经济来源是剥削农民。从他的政权性质讲,是封建地主的,是地主阶级最高头头;从他的宫廷生活讲,他过的是奴隶主的生活。两三千年,皇帝老爷过的是奴隶主生活。唐玄宗时,宫女4万人,都是女奴隶,太监是百分之百的奴隶。封建国家有法律,但是皇帝可以随便杀人。皇帝的宫廷生活里,奴隶主的尾巴没有割掉。他政治上、经济上比奴隶主有更大的好处;在生活上,奴隶主享受的,他全可以享受,要搞什么复辟?拿近代、现代的东西,和古代的东西等同起来,这是反马克思主义的办法。这并不是说,两种所有制交替的时候没有矛盾、没有斗争,有,但封建制建立以后,我们看不出在所有制上有什么复辟反复辟的斗争。

第三点,"四人帮"所谓复辟反复辟的斗争,举了好多例子,特别是秦汉之际。现在看都不是那回事。赵高篡权要干什么呀?复辟奴隶制?赵高篡权是争夺王位嘛。吴楚七国之乱,还是皇权的争夺嘛。他要当皇帝,当封建社会的皇帝嘛。他要回复到西周?不可能,也没有这个必要嘛。另外,在汉武帝时候,下了"告缗令",好多商人被没收了土地、财产、奴婢,"以千万数",人很多。"四人帮"就说这些人是工商奴隶主,告缗令的执行是反复辟的斗争。但是,这个斗争告一段落了,皇权得势了,把这些奴婢怎么办?汉武帝没有把他们解放,而是没收了,把私有奴隶变成官有奴隶了。这是封建统治阶级内部的斗争,不是封建地主同奴隶主的争斗。

《盐铁论》的问题。对盐铁会议也说是工商奴隶主对新兴地主的斗争。实际上还是地主阶级内部的斗争。把桑弘羊抬得很高。桑弘羊是干什么的?他原来是一个商人的儿子,汉武帝通过他对大商人进行了打击,打垮了一大批大商人,同时又提拔了一批大商人当官。就是这么一回事。整个封建社会里,一个皇朝倒了,一个新的皇朝起来了,在同一时期的皇朝里,这些人倒了,那些人起来,这都是统治阶级内部这一派代替那一派,这个集团代替那个集团,实际上是这么个问题。

王安石的问题。"四人帮"讲王安石代表中小地主的利益,司马光代表大地主的利益。这就出问题了:封建皇帝依靠的力量主要是什么力量?最大的地主依靠中小地主,说得过去吗?从皇帝讲,他依靠的力量更重要的是大地主,不是中小地主。为什么?因为大地主在地方上有势力,作为他的阶级基础比较牢靠,中小地主比较分散。这个问题从农民战争看,各地的大地主,抵抗农民战争,而中小地主想抵抗也不容易集结起来。皇帝也依靠中小地主,但主要是大地主。但是有时候皇权要打击大地主,为什么?因为不能让大地主冒尖,大地主太膨胀了,威胁皇权存在,这就要收拾他。这就是皇权地主同大地主的关系,是又勾结、又矛盾的关系。简单地说皇权同大地主利益不一样,不合适,离开了他们的阶级本质了。

今天就讲到这儿。中国封建社会问题很多。今天讲的3个问题,牵涉的内容也是很多的。讲得很粗浅,一定有不正确的地方,请同志们指教。

关于中国封建社会的发展[*]

中国封建社会经历相当长久。历来的史学家对封建社会内部的分期,总是拿时代来划分。朝代的交替,标志着历史发展的大大小小的变动,但这还不能是社会分期的主要标志。社会分期的总的标志,应该从社会变化的总相上去考察。前两年,我们编写《中国通史纲要》,试图从这方面做一些探索。

人民群众是历史的创造者。但阶级社会的各个历史阶段,是可以不同的统治阶级作为主要的标志的。这是因为在阶级社会的社会矛盾运动中,统治阶级属于主要的矛盾方面,抓住了主要矛盾的特点,就便于说明其他相应的某些方面了。马克思、恩格斯写《共产党宣言》,把"我们的时代"称作"资产阶级时代",并说"资产阶级在历史上曾经起过非常革命的作用"。列宁在《帝国主义是资本主义的最高阶段》中,具体地分析了资产阶级从自由竞争阶段走向垄断阶段。列宁在《十九世纪末俄国的土地问题》中,分析当时地主阶级的经济的变化,说:"到19世纪末,贵族的封建地产或农奴制地产仍然占私有土地的绝大部分,但是发展的趋势显然是造成资产阶级的土地私

---

[*] 本文是作者1984年3月关于《中国通史》编撰工作的一次讲话,据录音整理而成,曾刊于《〈中国通史〉编撰通讯》第1号,后经作者本人编入《白寿彝史学论集》上册第一部分"中国封建社会",北京师范大学出版社1994年2月出版。

有制。由侍从、世袭领主、官宦及其他等人那里继承下来的私有土地正在减少,干脆用钱买进的私有土地正在增加。土地的权力在削减,货币的权力在增长。土地日益卷入商业周转。"[1]这些经典论断,给了我们很好的启发。

《纲要》把封建社会分成4个阶段,对于每个阶段都举出了各有特点的占有相当支配地位的地主阶级。对秦汉时期地主,举出3种不同身份的人,有世家地主、高赀地主、豪族地主,这是根据《汉书·地理志》提法而略有变动。《汉书·地理志》说:"汉兴,立都长安,徙齐诸田,楚昭屈景及诸功臣家于长陵。后世,世徙吏二千石、高訾富人及豪杰并兼之家于诸陵。盖亦以强干弱支,非独为奉山园也。是故五方杂错,风俗不纯,其世家则好礼文,富人则商贾为利,豪杰则游侠通奸。"汉代所谓"世家"、"豪杰",都有特定意义。司马迁所谓"世家",也同样有特定意义,这跟我们现在从字面上理解的世家是不相同的。"豪族",也应该有特定意义,不应把有权有势的人家,都泛称为豪族。

马克思在《资本论》里,有一大段话,论到封建社会的土地所有制、劳动者身份和赋税制度。他说:"在这些条件下,要能够为名义上的地主从小农身上榨取剩余劳动,就只有通过超经济的强制,而不管这种强制是采取什么形式。它和奴隶经济或种植园经济的区别在于,奴隶要用别人的生产条件来劳动,并且不是独立的。所以这里必须有人身的依附关系,必须有不管什么程度的人身不自由和人身作为土地的附属物对土地的依附,必须有真正的依附农制度。如果不是私有土地的所有者,而像在亚洲那样,国家既作为土地所有者,同时又作为主权者而同直接生产者相对立,那么,地租和赋税就会合为一体,或者不如说,不会再有什么同这个地租形式不同的赋税。在这种情况下,依附关系在政治方面和经济方面,除了所有臣民对这个国家都有的臣属关系以外,不需要更严酷的形式。在这里,国家就是最

---

[1] 《列宁全集》第15卷,第52页。人民出版社,1963年版。

高的地主。在这里,主权就是在全国范围内集中的土地所有权。但因此那时也就没有私有土地的所有权,虽然存在着对土地的私人的和共同的占有权和使用权。"[1]在所有制的问题上,《纲要》的提法是"封建等级所有制"。这在理论上的根据是马克思恩格斯在《德意志意识形态》里所说:"封建的或等级的所有制。"[2]这里,可以说,是把封建的所有制和等级的所有制等同起来的。马克思恩格斯在《共产党宣言》里,更详细地说:"在过去的各个历史时代,我们几乎到处都可以看到社会完全划分为各个不同的等级,看到由各种社会地位构成的多级的阶梯。在古罗马,有贵族、骑士、平民、奴隶,在中世纪,有封建领主、陪臣、行会师傅、帮工、农奴,而且几乎在每一个阶级内部又有各种独特的等第。"[3]列宁在《俄国社会民主党的土地纲领》中有"等级的阶级"的提法,他在注解中说:"社会划分为阶级,这是奴隶社会、封建社会和资产阶级社会共同的现象,但是在前两种社会中存在的是等级的阶级,在后一种社会中则是非等级的阶级。"[4]《纲要》的这种提法,可能还符合《资本论》和《共产党宣言》等经典著作所说的意思。对于20世纪六七十年代史学界所争论的"国有土地制"和"地主阶级土地所有制"也都各吸取了他们的一些论点。这种提法大概是符合历史情况的。关于劳动者身份,中国封建社会的农民在封建社会的各个阶段,都难免带有不同程度的依附身份。大约在汉初成书的《大学》有一句话,说:"有人此有土",可见,有土的先决条件,还是要有人。"有"是"占有"的意思,比我们现在所说有无之"有",有比较具体的含义。所谓"编户齐民"是一种封建的劳动力编制,跟我们现在的户口制度,有根本的区别。随着历史的发展,直接生产者的依附程度要不断地减少些,但依附的性质是不容易摆脱

---

[1]《资本论》第3卷,第891页。人民出版社,1975年版。
[2]《马恩选集》第1卷,第28页。人民出版社,1972年版。
[3]《马恩选集》第1卷,第251页。人民出版社,1972年版。
[4]《列宁全集》第6卷,第93页。人民出版社,1963年版。

的。关于赋税制度,中国确实存在过国税和地租统一的情况,但同时也存在着两者分离的情况。对于这两种情况,《纲要》也都有所表述。

　　《纲要》对于中国封建社会发展中的重大问题,提出了一些看法,其中有些看法可能是新的。因为《纲要》为本书的性质所限,这些论点都没有能够展开。说老实话,我们研究得也很不够,错误和疏漏是难免的,请同志们指教。

说 豪 族*

豪族,是中国封建制时代地主阶级结构中的一个等级,在一些历史阶段中有相当重要的地位。我们对这个问题一直研究得不够。

《辞源》有"豪富"条,解释说:"豪富,犹言巨富。《史记·秦始皇本纪》二十六年:'徙天下豪富於咸阳十二万户。'《三国志·吴潘璋传》'性博荡嗜酒,居贫,好赊酤,债家至门,辄言后豪富相还。'"对"豪富"的这种解释,可能代表一些学者的看法,但并不正确。"豪"和"富",是两种人,"豪"并不是"富"的形容词。

王符《潜夫论·浮侈》有"今京师贵戚,郡县豪家"的话,汪继培注"豪家"云:"《管子·轻重甲》云:吾国之豪家。《史记·吕不韦传》云:子楚夫人,赵豪家女也。"《管子》及《史记》所记"豪家",当为今所见关于豪族之最早记载。秦始皇十九年取邯郸,"诸尝与王(指始皇)生赵时,母家有仇怨,皆坑之"。始皇母家,当为大族,故有仇怨之家不是个别的。《史记》始皇母家,只说是豪,并没有说富。与始皇母家有密切关系的吕不韦,当时是阳翟大贾人,"往来贩贱卖贵,家累千金",这也只是一个富商,谈不上"豪"。后来始皇优遇乌倮和寡妇清,也是因为他们富,谈不上豪不豪。所以司马迁说:"夫倮,鄙人牧

---

* 本文是作者1987年关于西汉地主阶级的一篇谈话,经作者本人编于《白寿彝史学论集》上册第一部分"中国封建社会",北京师范大学出版社1994年2月出版。

长,清,穷乡寡妇,礼抗万乘,名显天下,岂非以富耶?"

《史记》记秦始皇徙豪富事,虽简单,但所记"豪富",是豪与富,为两种人,则甚明白。以当年徙豪富的客观形势来看,始皇的主要意图,显然在于集中六国后裔以便控制。因此,在迁徙政策上,徙豪族比徙富人更受重视。

《史记·货殖列传》:"汉兴……徙豪杰诸侯强族于京师。"《刘敬列传》说这事是由于刘敬的建议。当时,刘敬说:"夫诸侯初起时,非齐诸田,楚昭、屈、景,莫能兴。今陛下虽都关中,实少人,北近胡寇,东有六国之族,宗强,一日有变,陛下亦未得高枕而卧也。臣愿陛下徙齐诸田,楚昭、屈、景、燕、赵、韩、魏后,及豪杰名家居关中。无事,可以备胡。诸侯有变,亦足率以东伐。此强本弱末之术也。"刘敬的建议,得到汉高祖的采纳,并受命"徙所言关中十余万口"。

刘敬的这番话,指出了4点。第一,秦末的反秦大起义,六国豪族是起了作用的。第二,六国后裔聚居东方,对汉家的统治是不稳定的因素。第三,六国豪族的西迁,有利于对匈奴的防御。第四,六国豪族的西迁,有利于对变乱的镇压。对秦汉之际豪族在政治上、军事上的重要性,刘敬的话是说得很具体了。

在西汉200年间,豪族和世家、高资富人,是构成地主阶级上层的3个等级。《汉书·地理志下》:"汉兴,立都长安。徙齐诸田,楚昭屈景及诸功臣于长陵。后世世徙吏二千石,高訾富人及豪杰并兼之家于诸陵,盖亦以强干弱支,非独为奉山园也,是故五方杂错,风俗不纯。其世家,则好礼文,富人则商贾为利,豪杰则游侠通奸。"这说的是长安附近诸陵地区的情况,亦可理解为全国情况在诸陵地区是比较集中的反映。此外,还有一些可以作为补充说明的材料。

世家,《汉书·食货志》下有"世家子弟"。如淳注云:"世家,谓世世有禄秩家也。"《地理志》所称"诸功臣家"及"吏二千石",都属"世家"。具体地说,"世家"可包括宗室、功勋、贵官、高爵以及儒宗。"世家则好礼文",在形式上是讲究繁文缛节,在实质上是重视"别上下,分贵贱"的政治身份。世家地主,一般是身份性地主。

高资富人,是指有钱300万以上的富人。他们之中,有的是以冶铁、铸钱、煮盐起家的,如《史记·货殖列传》所记蜀卓氏、宛孔氏等。有的是"力农畜工虞商贾为权利以成富,大者倾郡,中者倾县,下者倾乡里"。有的是以旧贵族的身份而兼营商业的。"关中富商大贾,大抵尽诸田,田啬、田兰。韦家栗氏,安陵、杜杜氏,亦巨万,此其章章尤异者也。"有的是普通商人,利用时机,买卖致富。所有这些富人,一般地说,是"以末致财,用本守之",都甩不开地主这张皮。

豪族,包括六国后裔。这本来是贵族,国灭后,转化为豪族。汉兴后,其中部分成员享有"利其田宅"的待遇,可说仍是身份性地主或半身份性地主。其中也不乏有登仕新朝,成为新朝的世家,即封建贵族。两汉建国,也有六国贵族在内,并非完全是"布衣卿相之局"。豪族中又有豪猾和豪侠。豪猾,如济南瞷氏,宗人三百余家,两千石莫能制。如涿郡西高氏、东高氏,"自郡吏以下,皆畏避之,莫敢与忤。……宾客放为盗贼,发,辄入高氏,吏不敢追"。《史记·酷吏列传》中,酷吏所惩治的对象,多为这类人物。豪侠,不止一种。豪侠中,如朱家、郭解等不避个人安危,爱打个抱不平。以上豪族中的这3种人,第一种是朝廷既不放心又要加以利用的人,后两种人虽表现的形式不一样,但在不同程度上都与统治者有对抗行动或对抗意识,有时就成为统治者的镇压对象。在以上3种人外,豪族中还有其他类型的人物。在汉代地主阶级中,世家是作为最高地主的皇权之下的最高等级,豪族次之,高资富人又次之。在社会变动激烈的时候,豪族的作用往往相当显著,秦汉之际是如此,两汉之际也是如此。

《通典》卷三引宋孝王《关东风俗传》曰:"昔六国之亡,豪族处处而有,秦氏失驭,竞起为乱。及汉高徙诸大姓齐、田、楚、景之辈以实关中,盖所以强本弱末之计也。文宣之代,政令严猛,羊、毕诸豪,颇被徙逐。至若瀛、冀诸刘,清河张、宋,并州王氏,濮阳侯族,诸如此辈,一宗近将万室,烟火连接,比屋而居。献武初在冀郡,大族猾起应之。侯景之反,河南侯氏几为大患,有同刘元海、石勒之众也。"孝王所论,不尽为豪族,然中国封建制时代豪族势力之源远流长,于此可见。

　　顾炎武曾用《通典》所引《关东风俗传》的材料论"北方门族",见《日知录》卷二十三。然顾炎武对豪族的历史作用,在看法上则与孝王不同。顾炎武著《裴村记》说:"自治道愈下而国无强宗,无强宗是以无立国,无立国是以内溃外畔而卒至于亡。然则宗法之存,非所以扶人纪而张国势者乎。余至闻喜县之裴村,拜于晋公之祠。问其苗裔,尚一二百人,有释来而陪拜者。出至官道旁,读唐时碑,载其谱牒世系。登陇而望,十里之内,邱墓相连,其名字官爵可考者尚百数十人。盖近古氏族之盛,莫过于唐。而河中为唐近畿地,其地重而族厚,若解之柳、闻喜之裴,皆历任数百年,冠裳不绝。汾阴之薛,凭河自保于石虎、苻坚割据之际而未尝一仕其朝。猗氏之樊王,举义兵以抗高欢之众,此非三代之法犹存,而其人之贤者又率之以保家亢宗之道,胡以能久而不衰。若是自唐之亡,而谱牒与之俱尽,然而裴枢辈六七人,犹为全忠所忌,必待杀之白马驿而后篡唐。氏族之有关于人国也如此。至于五代之季,天位几如弈棋,而大族高门降为皂隶。靖康之变,无一家能相统帅以自保者。夏县之司马氏,举宗南渡,而反其里者,未百年也。呜呼!此治道之所以日趋于下,而一旦有变,人主无可仗之大臣,国人无可依之巨室,相率奔窜,以求苟免,是非其必至之势也与!是以唐之天子,贵士族而厚门荫。盖知封建之不可复,而寓其意于士大夫,以自卫于一旦仓皇之际,固非后之人主所能知也。予尝历览山东河北自兵兴以来州县之能不至于残破者,多得之豪家大姓之力,而不尽恃乎其长吏。"顾炎武所论似与孝王不同,然只是立论的角度不同。在地主阶级内部,豪族有与统治集团相矛盾的一面,但在地主阶级的统治受到威胁时,又有互相依存的一面。合顾宋二氏之说,更可认清豪族在封建制社会中的历史意义。

　　按照社会发展的一般规律,氏族社会解体后,以血缘关系为单位的社会结构转化为地缘单位,地缘关系取代了血缘关系。中国的氏族社会解体后,地缘关系得到了不断的发展,但地缘关系一直不能完全取代血缘关系,而是血缘关系跟地缘关系结合起来,形成一种顽固的联盟。这跟中古以来中国历史发展的迟滞,可能有密切的关系,很值得我们研究。豪族也罢,世家也罢,在一定的意义上,都可说是血缘关系跟地缘关系密切结合的产物。深入地探索这个问题,有很大的理论意义,也有很大的现实意义。

说秦汉到明末
官手工业和封建制度的关系[*]

一、官手工业的封建性质

从秦汉到明末的官手工业是这一千八九百年间的皇家统治集团为了自己的消费和政治统治的需要，继承着老早就已有了的官手工业传统而组织的。在官手工业成品中，虽然也有为了售卖而生产的，但跟一般的商品有性质上的不同，而售卖的目的是为了供给统治机构和统治武装，不是为了扩大再生产，售卖的本身有时也带有强迫性。

汉中央官制中，有考工令，主作兵器弓弩刀铠之类，并主织绶诸杂工。平准令，主练染，作采色。御府令，典官婢作中衣服，所属有织室。尚方令，掌上手工，作御刀剑，诸好器物。这些都是关于服饰、兵器、器物的制作。又继承秦的将作少府，设将作大匠，掌修作宗庙、路

---

[*] 1954年与王毓铨合著，原载《历史研究》1954年第5期，后收入作者论集《学步集》，三联书店1962年1月出版，再经作者编于《白寿彝史学论集》上册第一部分"中国封建社会"，北京师范大学出版社1994年2月出版。

寝、宫室、陵园等营造。[1]地方官制中,有盐官、铁官、铜官、工官[2]。齐有服官,丹阳等地有银官,蜀广汉有金银器的官作,南郡有发弩官,庐江有楼船官。[3]

唐官手工业的组织,比汉时庞大而整齐。中央设有少府监,掌百工技巧之政;监下设中尚(礼器制造)、左尚(车伞制造)、右尚(马辔皮毛等工)、织染、掌冶五署,还管理各地的冶监和铸钱监。将作监,掌土木工匠之政;监下设左校(梓匠)、右校(土工)、中校(舟车等工)、甄官(石工、陶工)四署,百工等五监(木材工)。军器监,掌缮甲弩;监下设有弩坊(弓矢刀矛制造)、甲坊两署。都水监,掌川泽津梁渠堰陂池之政;监下有河渠署,有河堤谒者,有诸津令。这4个监,都是关于手工业的专设机构。其中仅少府监织染署就包含有二十五作,其中织衽之作有布、绢、绝、纱、绫、罗、锦、绮、绸、褐等10项,组绶之作有组、绶、绦、绳、缨等5项,䌷线之作有䌷、线、弦、纲等4项,练染之作有青、绛、黄、白、皂、紫等6项。[4]另外,内侍省下有掖庭局,宫官有尚宫局,司农寺下有诸盐池监,这些都是有关手工业的附设机构。

宋代官手工业组织比唐时更加庞大。少府监的一个附设机构——文思院,"掌金银犀玉工巧之物,金彩绘素装钿之饰,以供舆辇、册宝、法物,及凡器服之用"的,就领有:

打 作	棱 作	钑 作	镀金作
镐 作	钉子作	玉 作	玳瑁作
银泥作	碾砑作	钉腰带作	生色作

---

[1] 《汉书》卷十九上《百官公卿表》;《后汉书》卷三十五~三十七《百官》二~四。

[2] 《汉书》卷二十四下《食货志》下,卷二十八《地理志》;《后汉书》卷三十八《百官五》。

[3] 《汉书》卷七十二《贡禹传》,卷二十八上《地理志上》。

[4] 《唐六典》卷二十二、卷二十三。

装銮作	藤作	拔条作	捵洗作
杂钉作	场裹作	扇子作	平画作
裹剑作	面花作	花作	犀作
结绦作	捏塑作	旋作	牙作
销金作	镂金作	雕木作	打鱼作
绣作	裁缝作	真珠作	丝鞋作
琥珀作	弓稍作	打弦作	拍金作
珊金作	克丝作		

共四十二作。[1] 另外，内侍省里有一个造作所，是"掌造禁中及皇属婚娶名物"的，领有：

生色作	镂金作	烧朱作	腰带作
钑作	打造作	面花作	结条作
玉作	真珠作	犀作	琥珀作
玳瑁作	花作	蜡裹作	装銮作
小木作	锯匠作	漆作	雕木作
平拨作	镐作	旋作	宝装作
缨络作	染牙作	砑作	胎素作
竹作	镟镂作	糊粘作	像生作
靴作	折竹作	棱作	匙筋作
拍金作	铁作	小炉作	错磨作
乐器作	毯子作	抡捧作	毯仗作
丝鞋作	镀金作	捵洗作	牙作
梢子作	裁缝作	拽条作	钉子作
克丝作	绣作	织罗作	绦作
伤裹作	藤作	打弦作	铜碌作
绵胭脂作	胭脂作	桶作	杂钉作
响铁作	油衣作	染作	戎具作

---

[1] 《宋会要辑稿·职官二九》页1。

扇子作	鞍 作	冷坠作	伞 作
剑鞘作	打线作	金线作	裹剑作
冠子作	角衬作	浮动作	沥水作
照子作			

共八十一作。[1] 文思院和造作所的产品都不过是皇家日常使用的器物，已经有这么多的作了。土木工程、军器制造、车舆制造、礼器、各种织染、盐、铁等等，还不在内。

明太祖洪武二十六年规定的各地到京师轮班人匠，包含有六十二行匠人。永乐以后，另有住坐人匠。嘉靖间，革去老弱残病、有名无人1.5万多人，还存留住坐人匠一万二千二百多人。这些人是分配到司礼监、尚衣监、御马监、印绶监、司设监、内承运库、供用库、织染局、针工局、银作局、兵仗局、巾帽局、工部织染所、钦天监、崇文门外大木二厂等单位的。这些人，除了油户、铺户、背什物的人等外，包含有下列数目的各种人匠：

笺纸匠 62　　　　表背匠 400
折配匠 206　　　　裁历匠 86
刷印匠 180　　　　黑墨匠 77
笔　匠 48　　　　画　匠 223
刊字匠 324　　　　铁　匠 264
销金匠 70　　　　合香匠 8
木　匠 383　　　　瓦　匠 11
油漆匠 99　　　　象牙匠 25
镟　匠 103　　　　砚瓦匠 7
绦　匠 70　　　　石　匠 11
锯　匠 24　　　　神帛匠 1
裁缝匠 875　　　　镶儿匠 5
铜　匠 106　　　　雕銮匠 57

---

[1]《宋会要辑稿·职官三六》页72~73。

钉铰匠	35	竹篾匠	3
铸　匠	40	卷胎匠	20
桶　匠	2	双线匠	343
锡　匠	8	镀金匠	57
钑花匠	62	减铁匠	63
琐　匠	3	坛　匠	1
锉磨匠	241	绣　匠	731
毛袄匠	99	碾玉匠	44
冠帽匠	136	漆　匠	255
草帽匠	10	钻珠匠	13
穿珠匠	12	泥水匠	14
箍桶匠	2	斜皮匠	23
棉线匠	3	竹　匠	77
毡　匠	207	麻鞋匠	7
钉带匠	25	履鞋匠	28
缠椶匠	16	油伞匠	3
椶巾匠	22	熟皮匠	110
网巾匠	32	凉胎匠	39
边儿匠	9	绵　匠	36
磨镜匠	2	刺金匠	5
凉衫匠	8	打线匠	114
香　匠	102	皮　匠	2
钉底匠	1	镜儿匠	1
妆銮匠	35	抹金匠	20
鞭子匠	67	刺金线匠	1
花　匠	1	瑱子匠	1
鬃巾匠	1	帮巾匠	1
楦头匠	10	打角匠	12
索　匠	78	缨子匠	5

砍轿匠 23　　　　弓　匠 179
络丝匠 465　　　水绳匠 3
弦　匠 85　　　　护衣匠 7
描金匠 4　　　　铺著匠 7
肚带匠 5　　　　五墨匠 11
事件匠 4　　　　腰机匠 50
油靴匠 7　　　　研磨匠 2
鞍辔匠 12　　　　拔丝匠 21
鞍辔匠 6　　　　罕答胲匠 1
戗金匠 29　　　　绳　匠 79
挣磨匠 1　　　　骨作匠 2
拈椶匠 1　　　　烧珠匠 1
彩漆匠 14　　　　鞋匠 2
挑花匠 269　　　染　匠 466
攒丝匠 138　　　花毡匠 3
帘子匠 65　　　　缨　匠 195
穿交椅匠 9　　　毯　匠 38
洗白匠 21　　　　车　匠 11
背金匠 23　　　　弓弦匠 1
交椅匠 11　　　　搭材匠 6
伞　匠 20　　　　草席匠 39
针　匠 6　　　　藤枕匠 9
觥蓬匠 4　　　　银　匠 148
觥灯匠 2　　　　绵花匠 36
蒸笼匠 1　　　　木桶匠 3
扇　匠 9　　　　颜料匠 9
金箔匠 5　　　　织　匠 111
牙　匠 4　　　　秤　匠 5
纸　匠 1　　　　浇烛匠 155

· 231 ·

揭俎匠 14	挑花匠 83
刻丝匠 23	染纸匠 11
纺棉花匠 12	缉麻匠 1
捻棉线匠 5	织罗匠 2
捻金匠 20	篗 匠 2
捶纸匠 3	络纬匠 53
裁金匠 6	包头匠 13
胭脂匠 9	三梭布匠 16
笤 匠 14	驼毛匠 26
结棕匠 10	驼子匠 1
弹棉花匠 2	旗 匠 13
大器匠 42	厢嵌匠 11
金箔匠 14	磨光匠 15
累丝匠 5	箭 匠 135
皮帽匠 69	刷牙匠 24
剪子匠 8	刀 匠 53
锁子匠 21	针 匠 67
星儿匠 7	窑 匠 92
鞓带匠 141	木梳匠 11
线子匠 2	弩 匠 17
笙 匠 2	喇叭匠 4
神箭匠 52	银硃匠 1
机 匠 2	火药匠 84

以上共有 188 种匠,[1]每种人数由 1 人到 875 人不等。

这些官名和匠作名称的列举,不是没有意义的。从这里可以具体地看到皇家统治集团所进行的官手工业种类之复杂。凡是皇家统治集团所需用的手工业制造品,官手工业作坊局院几乎都可以供给

---

[1] 《明会典》卷一百八十九《工部九·工匠二》。

了。这样种类复杂、组织庞大的官手工业,是以皇有形式的手工业生产去进行的。它是封建土地所有制国有形式下的附属物,是以庞大资源的占有和劳动力的封建依附关系为条件而实现的。这是官手工业之封建特点的所在。

官手工业的物料来源约有 4 种。有一种是由官府直接经营而获得的。这是最广大的物料资源,盐、金属、竹木、柴炭等等都从这里出来。官手工业中的两个重要部门,煮盐和坑冶,是依靠这些资源来建立的。所谓"山林川泽之产,若金、银、珠、玉、铜、铁、水银、朱砂、碧甸子、铅、锡、矾、硝、硵、竹木之类,皆天地自然之利,有国者之所必资也"[1]。皇家的山泽之禁是封建土地所有制皇有形式下对生产资料直接占有的体现。

物料来源的第二种是土贡,或称岁贡、岁课、岁办。全国各地方的特产,官手工业上所需要的原料或半制成品,皇家及官府所需要的供应,"任所出州土以时而供送"[2]。如唐代中尚署的制造所需要的金木齿革羽毛之属,其紫檀、桐木、檀香、象牙、翡翠毛、黄婴毛、青虫、珍珠、紫矿、水银出广州和安南,赤麂皮、琴瑟、赤圭、琥珀、白玉、碧玉、金刚钻、盆灌、鍮石、胡桐律、大鹏砂出凉州,麝香出兰州,铜钵铜出代州。左尚署所需要的金帛胶漆材竹之属:漆出金州,竹出司竹监,松出岚胜州,文柏出陇州,梓楸出京兆府,紫檀出广州,黄杨出荆州。右尚署所需要的棱绢金铁毛革等:白马尾、白牦牛尾出陇右诸州,翟尾、孔雀尾、白鹭鲜出安南、江东,貂皮出诸军州。织染署练染上所需要各种染料,也是由所出方土采供的。[3]明代曾把某些岁办改成"折纳",或称"折色"。这只是形态上的不同,本质上仍是贡。

物料的第三种来源是科买,或称和买、科市、采办。这种办法,表面上说是用钱来买,实际上是不给钱或少给钱。例如元代"京师岁所需物,郡邑例买于民,其值旷欠不给"。给了钱,也是大半入了贪吏之

---

[1] 《元史》卷九十四《食货二·岁课》。

[2][3] 《唐六典》卷二十二《少府监》。

手,结果造成"名为和而实白"[1]。所以至元二十一年,行中书省咨文说:"和买诸物,不分皂白,一例施行;分文价钞并不支给。"[2]又如明代召商和买,"商贾匿迹"[3]。这是因为官府和买,最多只给"中贾(价)"[4],并且"物价贱则减,而贵则不敢增"。再加上"官司折阅于上,番役齮龁于下",结果"名虽平估,所得不能半"。[5]但问题的实质还不在于科买时不给钱或少给钱,而在于科买本身就是一种科派。宋太宗太平兴国五年诏:"官中买物,有原不出产处,毋得抑配扰民。"[6]"抑配扰民",正说着科买的本质。元代在诏令里屡次申明"民间和雇和买"中除少数特定人户外,其他人户必须一体均当的"差役"。[7]

物料的第四种来源是坐派。例如明代的徽州府,除岁办工部军需之供外,还有工部额外坐派之供和工部不时坐派之供。工部不时坐派之供有:一、坐派城砖,二、坐派青笔竹、青猫竹、黄藤,三、坐派织造龙衣,四、坐派木料,五、坐派回运工料,六、坐派冠顶仪仗物件,七、坐派生漆桐油等项。[8]这既是说"坐派之供",大概是干脆不给钱了。土贡、科买和坐派,虽有种种不同的办法,但本质上都是隶属于皇家臣民所上交的贡赋。

官手工业的物料还有别的来源,如工匠有时自备杂料,[9]而工地也有时自办棕园、漆园、桐园等。[10]但以上所说4种来源应是最基本的。

---

[1] 许有壬:《至正集》卷五十四《知州元公墓志铭》。
[2] 《元典章》卷二十六《户部十二·科役和买》。
[3][5] 《明史》卷八十二《食货六·上供采造》。
[4] 《唐六典》卷二十《太府寺·京都诸市署》。
[6] 《文献通考》卷二十《市籴考一·均输市易和买》。
[7] 《元典章》卷三《圣政二·均赋役》。
[8] 《天下郡国利病书》卷三十二《徽州府》。
[9] 《工部厂库须知》卷七《宝源局》。
[10] 《天下郡国利病书》卷十三《江南一·都城》。

官手工业劳动力的来源,主要的有4种:没入官府的奴婢,罚作的罪犯,征调来的工匠和人夫,抑配的坑冶户、灶户。另外,还有宋元时和雇及明时招募来的劳动力。和雇、招募,在形式上是给以自然物或货币作报酬,类似工资。但本质上,劳动者的被和雇、招募,并不是劳动者的出卖劳动力,而是由于劳动者对皇家之封建的人格的依附。对皇家之封建的人格的依附,这是官手工业劳动力所共同具有的。劳动力的问题是一个比较复杂的问题,在本文第三章里还要有所说明。

官手工业制成品的使用,除皇家自用及赏赐外,也有以售卖形式处理的。这基本上是对于盐,有时对于铁,是如此。这里,大概有两种情况。一种情况是强制售卖。如西汉时"县官作盐铁,铁器苦恶贾(价)贵,或强令民买卖之"[1]。宋熙宁中"盐价既增,民不肯买,乃课民买官盐,随贫富作业为多少之差"[2]。南宋时"福建下州例抑民买盐,以户产高下均卖者曰产盐,以交易契纸钱科敷者曰浮盐,皆出常赋外,久之遂为定赋"[3]。元世祖时"以大都民户多食私盐,因亏国课,验口给以食盐……令益都山东民户,月买食盐三斤"[4]。元时也有强卖农具的事。元人有诗说:"农人种田争寸阴,农器易求无止滞。年来货卖拘入官,苦窳偷浮价增倍……耕时不幸屡破损,往返劳劳凡几辈……一铧废夺十农功,办与官家多少利。劳形馁腹死甘心,最苦官拘卖农器。"[5]

强制售卖盐铁,即对于统治集团说,也毕竟是一个最笨的办法,所以还不是比较通用的办法。比较通用的办法,是第二种情况,即不采取强制形式的售卖。这种售卖,在形式上不是强制的,在实质上还

---

[1]《史记》卷三十《平准书》。
[2]《宋史》卷一百八十一《食货下》。
[3]《续文献通考》卷十九《征榷二》。
[4]《元史》卷九十四《食货二·盐法》。
[5]《紫山大全集》卷四《农器叹寄呈左丞公》。

是强制的。因为盐铁都是生活必需的东西，而私人又不准制作，人民是不得不忍受高价到官府去买的。所以官手工业制成品的售卖，并不是商业的自由交易，而是人民对皇家封建义务的负担。

无论从物料来源说，劳动者性质说，以及制成品出卖的性质说，官手工业都是以封建土地所有制皇有形式下的附属物的身份出现的。马克思曾指出，在古代的封建的社会里，农业居于支配地位，"连工业和它的组织以及相应的所有权形式都多少带有土地所有权的性质"[1]。

官手工业之附属于封建土地所有制的身份正是它所赋有的土地权力性质的体现。

二、官手工业的两个时期

从秦汉到明末的官手工业，大致可以分作两个时期。从秦汉到唐中叶，即从公元前3世纪末到公元8世纪中叶，是一个时期；从唐中叶到明末，即从8世纪中叶到17世纪中叶，又是一个时期。

在第一个时期的官手工业中，劳动力主要是由官奴婢、徒、匠、卒来担负的。在汉代官手工业中，这4种劳动者都已经有了。武帝时，赵过教田太常三辅，"大农置工巧奴与从事，为作田器"[2]。昭帝时，大夫同贤良辩诘说："卒、徒、工匠以县官日作工事。"[3]元帝时，贡禹说："今汉家铸钱及诸铁官，皆置吏、卒、徒，攻山取铜铁，一岁功十万人以上。"[4]

汉律，罪人妻子没为官奴婢，黥面。到三国时，这种"黥面供官"

---

[1] 马克思：《政治经济学批判》，第169页，人民出版社1955年版。
[2] 《汉书》卷二十四上《食货志》。
[3] 《盐铁论》卷八《水旱》。
[4] 《汉书》卷七十二《贡禹传》。

的办法还存在。[1]

徒是犯罪罚作的人。汉承秦制,自髡钳以下统谓之"作",所以徒刑也可以说是"作刑"。[2] 庞岑曾坐法输作若卢,杨秉坐法输作左校,单超坐髡钳输作右校。[3] 汉一岁刑名罚作(男)或复作(女),二岁刑名司寇,三岁刑名鬼薪(男)或白粲(女),四岁刑名完城旦,五岁刑名髡钳城旦。[4]

卒,就是"更卒"。"更卒"是汉代徭役的一种。汉承秦制,人民月为"更卒","居更县中"。[5]《盐铁论·禁耕》载文学们批评官营铁作说:"郡中卒践更者多不堪责,取庸代。"在铁官里劳作的"卒践更者"就是更卒,也就是卒。更卒居更县中,而盐铁官又设在郡县,所以更卒便可就地给役。这也就是《后汉书·百官志》所谓郡中有盐官、铁官、工官者,"在所诸县均差吏更给之"。

工匠这个名称,汉文献中不多见。《后汉书》卷四十三《隗嚣传》说:"徒隶殷积数十万人,工匠饥死,长安皆臭。"这也只能表示徒隶和工匠的不同,但不能表示他们所以不同的地方。

南北朝时,在中国封建社会历史上首次发现了为供应官手工业造作配户永役的记载。那时,有银户、金户、绫罗户等[6],这大概就

---

[1]《三国志·魏志》卷十二《毛玠传》。
[2] 参考程树德:《汉律考》二《刑名考》。魏也有作刑,见《晋书》卷三十《刑法志》。
[3]《后汉书》卷八十一《庞岑传》卷八十四《杨秉传》、卷一百零八《单超传》。
[4] 参考《汉旧仪》及《汉律考》。
[5] "月为更卒",是董仲舒语,见《汉书》卷二十四上《食货志》。《汉书·昭帝纪》注引如淳曰:"古者正座无常人,皆当选为之,一月一更……律说卒更者居也,居更县中五月乃更也。后从尉律,卒践更一月,休十一月也。"
[6]《宋书》卷九十二《徐豁传》:始兴郡领有"银民三百余户"。《魏书》卷一百一十《食货志》,汉中有"金户千余家"。又卷九十四《仇洛齐传》,载后魏有"绫罗户"。

等于后来的坑冶户(冶金银铜铁之户)、匠户。说是户,因为他们应役的范围是被户籍固定下来的。像匠被列为户的条件,卒是没有的,这是匠跟卒的分别之一。卒是非特定的差役,匠是特定的户役。

唐制,"反逆相坐,没其家为官奴婢"。被籍没的包括男女成员和原有奴婢。被没之后,这些人即配各官曹,长役永作。"妇人以罪配没,工缝巧者隶之〔掖庭局〕,无技能者隶司农诸司营作"。司农寺丞再"以其所能,各配诸司"[1]。朝廷上如此,地方上也这样。[2]

唐代,在官奴婢外,还有近似官奴婢的番户和杂户。他们原来都是官奴婢,因遇赦而得宥免:"一免为番户,再免为杂户。"番户、杂户和官奴婢不同的地方,在于官奴婢"长役无番",而番户、杂户不是长役,是按时上番。番户一年三番,番皆一月。每年番户应役三个月,杂户应役两个半月。[3]

刑徒配作,唐代也是一样,《唐六典》卷六:"其应徒则皆配居作。""在京送将作监,妇人送少府监缝作。外州者供当处官役及修理城隍仓库及公廨杂使。犯流应住居作者,亦准此。妇人亦留当州缝作及配舂。"

卒,隋唐时叫做丁夫。如隋炀帝营建东都,每月役丁夫200万。唐律中有"诸应差丁夫","诸被差充丁夫杂匠","诸丁夫杂匠"。[4]

匠,在唐时官手工业中,主要是匠户。《新唐书》记少府监有短蕃匠5 029人,绫锦坊巧儿365人,内作使绫匠83人,掖庭绫匠150人,内作巧儿42人,配京都诸司诸使杂匠125人;将作监有短蕃匠12 744人,明资匠260人。[5] 短蕃匠是按着一定的时期到官作坊轮

---

[1] 以上见《唐六典》卷六《都官郎中员外郎》;又卷十九《司农寺》;《新唐书》卷四十六~四十七,《百官志》刑部,都官郎中员外郎、内侍省。
[2] 元稹:《长庆集》卷三十七《弹奏剑南东川节度使状》:"所收资财奴婢悉皆货卖破用及配充作坊驱使。"
[3] 以上见《唐六典》卷六《刑部·都官郎中员外郎》。
[4] 《唐律疏议》卷十六《擅兴》。
[5] 《新唐书》卷四十八《百官志》。

番上班的匠人。另外有长上匠,是长期上班的,但也不一定是全年上班,实际的情况可能是比短蕃匠上班的时间多些。[1] 长上匠在数目上是少的,巧儿、绫匠,可能都是长上的。依照唐律,工匠著匠籍,是"配隶之色,不属州县",虽非"贱人",但和一般民户不同。[2] 南北朝时出现的官手工业劳动力征发上的配户当差的办法,到此已完全制度化了。这到了宋元明各朝,成为官手工业劳动力的主要形态。

在第一个时期的官手工业中,这4种主要劳动力的性质和使用情况,大概是这样:官奴婢是没有人身自由的人,徒是在徒刑期间没有人身自由的人,这两种人都是没有自己的生产工具的。匠和卒、丁夫有不完全的身体自由,对于差派的工役是必须承当的。匠户对于主管的工役机关,更有身份的直接隶属关系,这在工役上是比卒、丁夫更多了一层束缚。匠和卒、丁夫,都可能有自己的生产工具,但也不一定每人都有,这在文献上是看不出的。匠是生产技术的主要担当者。徒和奴婢可能是生产技术的担当者,也可能只是生产上的助手。卒和丁夫,有时使用的人数很多,但他们总是生产上的助手,一般地担当最费劳力的工作。

第一个时期官手工业的特点,首先就在于它的更原始的劳役制。官奴婢和徒的劳动力之提供,是接近于奴隶制性质的劳役制。他们的劳动是无偿的,生活资料是通过恩赐的形式取得的,他们没有为自己工作的时间和自由。匠和卒、丁夫对于劳动力的提供,是农奴制性质的劳役制。在盐铁的生产方面,因限于资料,不知道劳动报偿的情况。在其他的生产方面,劳动也是基本上无偿的。匠和卒、丁夫在服役的时候,虽可以支领口粮,但在不服役的时候,或是"诸作有租及铸(注:以手力所作而卖之),率缗钱四千一算"(汉武帝时),[3] 或是以

---

[1] 明代有轮班人匠和长住人匠之别,后者也只是每月上班10天。这可以作为了解唐代长上匠的参考。

[2] 《唐律疏议》卷三《名例三》。

[3] 《史记》卷三十《平准书》。

日常工作获之利十贡其一(王莽时),或是平常出有租调(唐时的部分工匠是如此)。[1]因而他们支领的口粮也是在平常自己拿出来的或仅仅是自己拿出来的一部分。不过他们有为自己工作的时间和自由,他们在一定的时间和一定的地方为自己工作,在另外的时间和另外的地方为官府工作。

其次,第一个时期的官手工业还是以制作皇家统治集团所需用的种种成品为首要的目的,而获取货币、便于消费的目的是比较次要的。盐铁的经营在这一时期有多种形式。秦"颛川泽之利,管山林之饶","田租口赋盐铁之利二十倍于古",但同时,蜀的卓氏、山东的程郑、宛的孔氏都可以铁冶致富。在汉代的中叶以前,"山川园池市肆租税之入,自天子以至封君汤沐邑,皆各为私奉养",但同时"富商贾或滞财役贫……冶铸鬻盐,财或累万金,而不佐公家之急"。[2]这里的盐铁,有官家经营和私人经营的两种形式,唐玄宗开元二十五年《仓部格》:"蒲州盐池,令州司监当租分与有力之家营种之,课收盐。每年上中下畦通融收一万石,仍差官人检校。若陂渠穿穴,所须功力,先以营种之家人丁充。若破坏过多,量力不济者,听役随近人夫。"[3]这是又一种经营形式,是官监民营的形式。在这一个时期里,官家对于盐铁的直接经营,虽是一个重要的经营方式,但并不是唯一的重要的经营方式。汉武帝时虽强调盐铁的经营,但也只是把盐铁交给大司农去管,"募民自给费,因官器作煮盐,官为牢盆"。到了东汉时,章帝"遗戒郡国罢盐铁之禁,纵民煮铸,入税县官"[4]。和帝重申此令。东汉代官营盐铁事实上已不存在。唐时也把诸盐池监

---

[1] 《通典》卷六《食货六·赋税下》,开元二十二年敕:"诸丁匠不役者收庸。"这以应役和庸对等,说明丁匠应役之无偿的劳役性质,同时,也说明匠之应役,和一般人民之应役,在性质上是相同的。

[2] 《汉书》卷二十四《食货志上》。

[3] 《通典》卷十《食货十·盐铁》。

[4] 《文献通考》卷十五《征榷考五·盐铁》。

置于司农寺之下,把掌冶署和诸冶监、诸铸钱监置于少府监之下,不像后来对于盐的官营特别重视。

中国历史到了第八世纪,封建经济的发展显示出一定程度的划期阶段。这表现在封建土地所有制皇有形式下的土地经营,从政治的(移民垦地、课田、均田)、军事的(军屯)统治形式,到经济的统治形式(官田、皇田、官庄、皇庄等等)的出现;表现在地租形态上,是地租形态的更加复杂;表现在统治阶级内部的发展上,是从品级性的地主阶级(世族、名门、大姓)的政权垄断,到非品级性地主阶级参政机会的加多;表现在劳动人民的斗争上,是从争取生命存在权、人身自由权,到争取经济平均权。因此,在官手工业方面也相应地发生变化,由第一个时期转入了第二个时期。

官手工业的第二个时期,是从安史之乱后开始的。这一开始,和第一个时期相比较,就有显著的不同情况。《新唐书》卷五十四《食货志》:"乾元元年,盐铁、铸钱使第五琦初变盐法,就山海井灶近利之地置监院,游民业盐者为亭户,免杂徭。盗鬻者论以法。及琦为诸州榷盐铁使,尽榷天下盐,斗加时价百钱而出之,为钱一百一十。自兵起,流庸未复,税赋不足供费,盐铁使刘晏以为因民所急而税之,则国足用。于是上盐法轻重之宜,以盐吏多则州县扰,出盐乡因旧监置吏,亭户粜商人,纵其所之……晏又以盐生霖潦则卤薄,暵旱则土溜圩,乃随时为令,遣吏晓导,倍于劝农。吴、越、扬、楚盐廪至数千,积盐二万余石。有涟水、湖州、越州、杭州四场,嘉兴、海陵、盐城、新亭、临平、兰亭、永嘉、大昌、侯官、富都十监……自淮北置巡院十三,曰扬州、陈许、汴州、庐寿、白沙、淮西、甬桥、浙西、宋州、泗州、岭南、兖郓、郑滑,捕私盐者,奸盗为之衰息",这是把盐铁使提到主持国家用度的地位,把盐的经营作为国家首要的事业,这是以前所没有的。宋时,盐铁使是同度支使、户部使并列的,叫做三司使,位仅亚于执政,而盐在官手工业中的地位也是最重要的。历元及明,这种情形都是继续的。铁及其他矿冶也重要,但要比盐差得多了。

随着皇家统治集团加强盐铁等经营而来的,是亭户和坑冶户在文献上出现的频繁。第五琦、刘晏推行新盐法时,亭户在文献中开始显著起来。在宋代,亭户经营海盐,"岁课入官受钱,或折租赋",畦夫经营池盐,"官廪给之"。井盐则有"土民干鬻,如其数输课"[1]。土民也必定是一种民户。在矿冶方面,有坑冶户采炼,镬户制矾。亭户、畦夫、坑冶户、镬户,都给以"本钱",元明叫做"工本钱"或"工本银"。

元代承担盐的煮造的,不分池盐、井盐或海盐,一律叫"灶户"。岁有课额若干引,不得少减。在矿冶方面,金有淘金户,银有银户,玉有淘玉户,铜有煽炼户,铁有冶户。其他如铅锡矾的生产,也无不如此。[2]

明代,灶户课营煮盐,大致"仍宋元旧制……给草场以供樵采……又给工本米,引一石"。但灶户分为上中下三等,每一正丁贴以余丁。上中户丁力多者或贴二三丁,下户免。[3]矿冶,也是以冶户等承担。

灶户和采冶人户等在这一时期的官手工业中,是人数上发展得特别多的。例如在北宋末年,铅山采铜坑丁,据说有10万余人。[4]明代两浙盐业盛时,灶丁曾达到155 500多人。[5]

在盐铁及其他矿冶以外,官手工业的监、局、所、院等也比第一个时期的规模大,用的匠户也是比以前多的。安史之乱后,唐的朝廷大概还保留少府监、将作监、军器监、都水监等编制,其详不明。宋承唐制,就原有组织单位加以扩大:少府监有四案、八所、五院,还有诸铸铁监;将作监有五案、二十七所、十个附属单位;军器监有五案、十三所、四个附属单位。此外,还有都水监,内侍省的后苑造作所,司农寺

[1] 《宋史》卷一百八十一《食货下三·盐上》;又卷一百八十三《食货下五》。
[2] 《元史》卷九十四《食货二·岁课》。
[3] 《明史》卷八十《食货志·盐法》;又卷七十八《食货志·赋役》。
[4] 《宋会要辑稿·食货三四》页27。
[5] 《天下郡国利病书》卷八十五《浙江三·会稽县》。

的都曲院、水磨务、炭场等等。元代官手工业机构更多,有工部所属、将作院所属、大都留守司所属、武备寺所属、徽政院所属,及其他机关所属各手工业单位,见于《元史·百官志》《元典章·职品》者,名目繁多。仅就至元十六年造作局院来说,就有七十余所,配有系官匠户42万多。[1]明代官手工业机构比元少,但管理集中在二十四衙门的某些单位及工部手里。

亭户(畦夫、灶户)、坑冶户和匠户都是劳役制下的劳动者。前两种户和匠户不同,在于后者是按工作日提供劳动力,而灶户、冶户等是按产品数量提供劳动力。按产品数量提供劳动力,好像是代役制(实物地租),但亭户和坑冶户既是在盐区和矿区工作,不是在自己的土地上工作,劳役制的性质是很明显的。

卒,这一时期叫做夫役、民夫、军夫;徒,叫做刑徒、囚徒、囚人等。这两种人,基本上是担当生产的辅助工作,使用的人数还是多的。唐中叶以后,如盐井就"以刑徒充役"[2],而扬、洪、宣三州官坊作"征夫役工"。[3]元代,诸强盗窃犯罪,徒一年至三年,"皆先决讫,然后发遣合属,带镣居役。应配役人,随有金银铜铁洞冶、屯田、堤岸、桥道一切等处就作"[4]。《明会典》卷一百八十八:"国初造作工役,以囚人罚充。役满,工部咨送刑部都察院,引赴御桥,叩头发落,至今犹然。"而明"夫役旧例,一匠五夫"[5]。

在工作中,灶户、坑冶户、匠户、囚徒、夫役等劳动者是相配合的。《遵化铁冶事例》:

> 本厂夫匠,永乐间起蓟州、遵化等州县民夫一千三百六十六名,匠二百名;遵化等六卫军夫九百二十四名,匠七十名。采办

---

[1]《秋涧先生大全集》卷五十八《行工部尚书孙公神道碑铭》。
[2]《元和郡县志》卷三十三《陵州仁寿县》。
[3]《全唐文》卷四十七《停扬洪宣三州作坊诏》。
[4]《元史》卷一百零四《刑法志·盗贼》。
[5]《工部厂库须知》卷四。

> 柴炭,炼生熟铁,一年一运至京。正统三年,凡烧炭人匠七十一户……淘沙人匠六十三户……铸铁等匠六十户,附近州县民夫六百八十三名,军夫四百六十二名……此外又有顺天、永平输班匠人,原额六百三十名,岁分为四班,按委办柴炭铁沙。又有法司送到炒炼囚人……[1]

这个厂里有差营专户——烧炭户、淘沙户、铸铁户等,有轮班匠人,有民夫军夫,又有刑徒。这就劳动力的成分上说,是相当复杂的。

官奴婢在第二个时期的官手工业中是基本上不采用了。就是在元代的官手工业中,官奴婢也是不重要的。新发展起来的是和雇。和雇,明代叫做召募。这是临时的或一定作业范围内的劳动力的吸收,给以自然物或货币作报酬,生产工具大概都是自备。

和雇在唐代已经有了,[2]但那时还不多。历宋[3]到明,和雇的情形渐多。明万历年间,工部定有开石工价规则,每开石若干寸作为一工,给银七分;有修仓工价,匠夫长短工不同,每工给银三分五厘到六分;还有土工价规则,雕工匠价规则,山陵夫匠工价、军器制造及冶造工金银等的规定。[4]这很像是有了很多的拿工资的雇佣工人了。但被和雇的匠夫并不是雇佣工人,他们虽按工计酬,但他们的工作并不是自由劳动力的出售,而是在封建隶属关系下强迫应当的差役。他们也不是无产者,因为他们有自己的生产工具。他们所以不同于一般劳役制的,是他们可以按照工作的情况,取得不同的低廉的报

---

[1] 《明会典》卷一百九十四《工部十四》。
[2] 《全唐文》卷八十二《大中改元南郊赦文》:"自今已后,所在州县,如要修理者,任和雇诸色人役。"《旧唐书》卷四《高宗本纪上》:永徽五年十一月,"筑京师罗郭。和雇京兆百姓四万一千人,板筑三十日而罢"。又卷九《玄宗本纪下》:天宝十二载十月,"和雇京城丁户一万三千人,筑兴庆宫墙,起楼观"。《新唐书》卷五十四《食货志》,记天宝年间事:"内作判官韦伦请厚价募工,繇是役用减而鼓铸多。"
[3] 参看《愧郯录》卷十三《京师木工》。
[4] 《工部厂库须知》卷四、卷五、卷七、卷八。

酬。这就是列宁所说的工役制。[1]

在经营形式上,宋代的铁冶及其他矿冶,间或也有"出备工本,为官开浚"的。但"元佃之家已施工力,及自用财本起创,未享其利,而哗徒诬胁,检踏官吏方且如追重囚,黥配估籍"[2],很难真正开采成功的。

元代矿冶中,有一种抽分的办法。英宗至治三年罢上都、云州等地金银冶,听民采炼,以十分之一输官。延祐四年,霍邱县豹子崖银洞以生产品的十分之三输官。此外,"各路系官铁冶……百姓自备工本,二八抽分"。但这种抽分办法施行的也不多,时间好像也不很久。至少二八抽分的办法,终因"纳官之数额不尽实",于成宗元贞二年罢除,改作"官为煽卖"了。[3]明初矿冶也有抽分的办法。如洪武十八年,罢各地矿冶。后来,"以工部言,复尽开,令民得自采炼,每三十分取其二"[4]。

"出备工本,为官开浚"和抽分的办法,都是官监民营的办法。这种办法,不只仅限于矿冶,并且都是不能真正地施行。这在第二个时期的官手工业中,只是例外的经营方式。它在官手工业中的地位,是不能和官府直接经营的方式相比的。

三 官手工业对封建专制主义的积极作用

官手工业对于封建专制主义起着积极的作用。这首先在于通过手工业生产的方式,压榨农业生产以外的劳动力,为皇家生产手工业成品。这些手工业成品,从它们不同的性质和用途上,主要地可分为五大类。第一类是土木工程及其有关的制作。第二类是织造、烧造

---

[1] 列宁:《俄国资本主义的发展》,人民出版社1953年版,第163页。
[2] 《宋会要辑稿·食货三四》页24。
[3] 《续文献通考》卷二十三《征榷考六·坑冶》。
[4] 《明史》卷八十一《食货五·铁冶所》。

及各种有关服御的制作。这两类成品是供皇家统治集团的享用、消耗,同时并用以章贵贱、别等威的。第三类是军器,如甲胄、弓箭、兵刃、火器等,也是供皇家统治集团建立武装,用以对内镇压人民、对外攻战防守的。第四类是货币,基本上是皇家用以作储藏手段和支付手段的,用以掠夺民财,支付种种费用和赏赐。第五类是盐、坑冶产品、加过工的茶叶等。这一类,有供制造军器或别种器物之用的(如铜、铁、金、银等),有供制造货币用的(如铜、银),有供换取军马的,有用作增加皇家收入的手段的。这一类的成品,在用途上是复杂的,几乎每一种成品都可以有不止一种用途。

汉武帝及其以后的一定的时期内,铁制农具的需要是很迫切的。所以说:"铁器者,农夫之死生也。"[1]这时,铁和盐是相提并论的。所以《史记·平准书》说:"县官有盐铁缗钱之故,用益饶矣。"《盐铁论·非鞅》说:"盐铁之利所以佐百姓之急,足军旅之费,务蓄积以备乏绝。所给甚众,有益于国。"

但盐比铁更受到重视。依文献所记,汉明帝时,张林上言:"盐铁,食之急者(这实际上说的只是盐);虽贵,人不得不须。"汉献帝时,卫觊议:"盐者,国之大宝。"[2]东魏时,"于沧、瀛、幽、青四州之境,傍海置盐官,以煮盐,每岁收钱,军国之资,得以周赡"[3]。陈文帝时,虞荔、孔奂"以国用不足,奏立煮海盐赋"[4]。唐玄宗开元年间,仅"蜀道、陵绵等十州盐井,总九十所,每年课盐都当钱八千五十八贯"[5]。这些,都可见盐对统治阶级的重要性。

如本文第二章所说,官手工业第二个时期开始时,盐的生产提到首要的地位。第五琦推行新盐法时,盐价每斗 10 钱,官价出售时是 110 钱,利在 10 倍以上。等到刘晏做盐铁使,岁得钱百余万缗,就

---

[1] 《盐铁论》卷一《禁耕五》。
[2][5] 据《通典》卷十《食货十·盐铁》。
[3] 《隋书》卷二十四《食货志》。
[4] 《陈书》卷三《世祖本纪》,天嘉二年。

"当百余州之赋"。到了代宗大历末年,煮盐所入是六百多万贯。这时国家总收入是1 200万贯。盐利的数目占了国家总收入的二分之一强。"宫闱服御、军饷、百官禄俸,皆仰给焉。"[1]后来不久,盐利又达到九百多万贯的数字。[2]

宋时,"东南盐利,视天下为最厚。盐之入官,淮南、福建、两浙之温台明,斤为钱四,杭秀为钱六,广南为钱五……其估利有至十倍者"。南渡以后,盐利的数字增加得很显著。绍兴末年,仅泰州海宁一监,就收利六七百万贯。孝宗乾道六年,户部侍郎叶衡说:"今日财赋,鬻海之利居其半。"这时,仅淮盐一项就收入2 200万而弱;浙盐收入500万而强。但叶衡还说:"年来课入不增,商贾不行。"[3]

元代,"国之所资,其利最广者,莫如盐"。文宗天历年间,盐课总数是中统钞七百六十六万一千多锭。[4]一锭合钱一百贯,共合钱七万六千六百一十多万贯。天历间钞价是低的,但数字已很够庞大了。

明时盐课是按银计算的。在神宗万历年间,仅正课以外的"余盐",就折纳95万两之巨。[5]

盐利的丰厚说明它对皇家封建经济上所起的作用。别的官手工业成品虽不能像盐这样地获利丰厚,或是根本不能用以获利的,但也是在不同的程度上,从不同的方面为皇家封建经济服务。

最后,官手工业对于封建专制主义的积极作用在于抑制豪族地主。抑制豪族地主的问题,也就是皇族地主和豪族地主斗争的问题,是中国封建社会史上一个很复杂的问题;从经济到政治、到思想,从

---

[1]《新唐书》卷五十四《食货志》;《旧唐书》卷一百二十三《刘晏传》。

[2]《通典》卷十《食货十·盐铁》篇末,杜佑自注:"自兵兴,上元以后,天下出盐,各置盐司,节级权利。每岁所入,九百余万贯文。"这不能早过大历末年,不能晚过贞元十九年。因为佑进呈《通典》时在贞元十九年,这时《通典》全稿已定。

[3]《宋史》卷一百八十二《食货下》。

[4]《元史》卷九十四《食货二·盐法》。

[5]《明史》卷八十《食货四·盐法》。

俗界到僧界,从土地、赋税、人口到手工业,无处不有这样的一个问题。在手工业的领域内,煮盐和开矿,有时还有铸钱,往往成为斗争的焦点。

《盐铁论·禁耕》说:"家人有宝器,尚函匣而藏之,况人主之山海乎?夫权利之处必在深山穷泽之中,非豪民不能通其利。异时,盐铁未笼,布衣有朐邴,人君有吴王,皆盐铁初议也。吴王专山泽之饶,薄赋其民,赈澹穷小,以成私威。私威积,而逆节之心作。夫不蚤绝其源而忧其末,若决吕梁,沛然其所伤必多矣。"同书《复古》:"今意总一盐铁,非独为利入也,将以建本抑末、离朋党、禁淫侈、绝并兼之路也。古者名山大泽不以封,为下之专利也。山海之利,广泽之畜,天下之藏也,皆宜属少府……往者豪强大家得管山海之利,采铁石、鼓铸、煮盐,一家聚众或至千余人,大抵尽收放流人民也。远去乡里,弃坟墓,依倚大家,聚深山穷泽之中,成奸伪之业,遂朋党之权,其轻为非亦大矣。"这说明山泽之利是人主应该专有的利权。如果人主不专有这些利权,利权就要旁落,就要滋长豪强的对抗力量和对抗情绪。山泽之利不是帮助皇权的抬高,就是帮着私威的成长。

《盐铁论》所反映的是汉昭帝时候的议论。此后约 800 年左右,唐玄宗开元元年,刘彤上《盐铁表》,说:"臣闻汉孝武之时,外讨戎夷,内兴宫室,殚费之甚,十倍当今。然而古费多而货有余,今用少而财不足者,何也?岂非古取山泽,而今取贫人哉……夫煮海为盐,采山铸金,伐木为室,丰余之辈也。寒而无衣,饥而无食,佣赁自资者,穷苦之流也。若能收山海厚利,夺丰余之人,宽调敛重徭,免穷苦之子,所谓损有余而益不足。帝王之道可不谓然乎?臣愿陛下诏盐铁伐木等官各收其利,贸迁于人,则不及数年,府有余储矣。然后下宽大之令,蠲穷独之徭,可以惠群生,可以柔荒服。虽戎狄未服,尧汤水旱,无足虞也。"[1]这所谓"夺丰余之人",只是掩护斗争本质的伪装。皇家专有山泽之利的结果,不只"损有益",也损"不足"。

---

[1]《通典》卷十《食货十·盐铁》。

自汉到唐,皇家地主和豪族地主在山泽之利的斗争上是公开的。这时,封建专制主义还不够强化,皇家和地方豪强的势力是此盛彼衰的,因而在这个斗争上的表现是一个回合一个回合的起伏式的。北魏时,"河东郡有盐池,旧立官司以收税利。先是罢之。而民有富强者专擅其用,贫弱者不得资益。延兴末,复立监司,量其贵贱,节其赋入。于是,公私兼利。世宗即位,政存宽简,复罢其禁,与百姓共之……自后豪贵之家复乘势占夺,近池之民又辄障吝,强弱相陵,闻于远近。神龟初……复置监官以监检焉。其后,更罢更立,以至于永熙"。〔1〕一禁一罢,是一个回合。北魏在这个斗争上,是往还了好多次的回合的。这是一个很典型的例子。后来隋文帝罢盐池盐井之禁,《隋书·食货志》说是"与百姓共之,远近大悦"。事实上,这就是文帝在窃取政权之初,对贵族让步的一种表示。

唐代以后,封建专制主义是越来越强化了,同时山泽之利的皇家专有也是越来越厉害了。明代专制主义发展到了高度,这时便有以作为皇帝家奴的宦官们来监矿税。〔2〕在唐中叶以后的时期里,皇家地主和豪族地主间在山泽之利上的斗争还是有的,但主要的是豪族地主以隐蔽的方式进行斗争。同时,非品级性的地主也有了力量,他们也以隐蔽的方式在皇家和豪族之间进行三角式的分合斗争。这就是负责官吏的"盐铁之利积于私室","贪墨无耻之士大夫垄断笼利","官荫豪富之家立客名前去算清","大豪巨猾交通巡监武官,因而垄断盐场"等等。〔3〕固然,隐蔽的斗争是一种更困难的斗争,但隐蔽的斗争之代替公开的斗争也说明了专制主义的向前发展。

---

〔1〕《魏书》卷一百一十《食货志》。"先是罢之"原作"是时罢之",依《通典》卷十盐铁同一记载之文校改。

〔2〕参看《明史纪事本末》卷六百零五《矿税之弊》。

〔3〕以上引语,分见《新唐书》卷五十四《食货志》;《宋史》卷一百八十二《食货下》;《宋会要辑稿·食货二六》,绍兴四年;《天下郡国利病书》卷四十二《山东八·青州府乐安》。

所有上述的官手工业对封建专制主义的积极作用，都是在一定的条件下出现的。对于不同时期、不同方面的官手工业的作用，是需要根据具体的事实进一步具体地分析研究的。

四　官手工业对社会生产力的束缚

从社会生产力的发展说，中国封建社会内部的生产技术的改进，是在一定条件下跟官手工业有关联的，从而官手工业的某些作业可能起着扩大或推动社会生产的作用。一种条件是社会生产所需要的手工作业，私人不可能举办，只有官手工业才能组织劳动力举办起来，并且还能办得好的时候，这些作业对社会生产力的发展是可以起些作用的。历代有成效的灌溉、治水工程和交通工程中的手工作业，都属于这一类。又一种条件是为了生产的需要或为了推广生产技术的需要而进行若干作业的改良，这种作业在一定的情况下也可以起好的作用的。《盐铁论·水旱》："卒徒工匠，以县官日作工事，财用饶，器用备。家人合会。褊于日而勤于用，铁力不销炼，坚柔不和。故有司请总盐铁，一其用，平其贾（价），以便百姓公私。虽虞夏之为治，不易于此。吏明其教，工致其事，则刚柔和，器用便。"这虽是汉昭帝时，大夫为总营盐利，答复贤良的饰词，但所说官手工业中铁冶技术的优良条件应该是符合于实际情况的。《后汉书》卷六十一记杜诗为南阳太守，"善于计略，省爱民役，造作水排，铸为农器，用力少，见功多，百姓便之"。《三国志·魏志》卷二十四记韩暨"徙监冶谒者。旧时，冶作马排，每一熟石，用马百匹；更作人耕，又费功力。暨乃因长流为水排，计其利益，三倍于前。在职七年，器用充实"。杜诗和韩暨的事迹，都说明当时官手工业对铁冶技术的改良是有作用的。此外，汉武帝时赵过所制的田器，宋太祖时所制的踏犁，这是大家熟知的官手工业对发展农业生产力的好的帮助。

但官手工业对社会生产力所可能起的推动作用，是有限度的，最多只能是一定时期的生产量的增加，在同一的社会经济体系内生产量的增加。在相反的方面,官手工业对社会生产力的束缚是没有限度的,它阻碍封建社会生产力的发展。官手工业的这种反动性质是越到后来越显著的。生产过程的个体性质和封建所有制本是封建生产过程中的基本矛盾,而官手工业的统治形式更加强了这种矛盾。个体生产的自由发展愈为官手工业所限制,手工业的社会生产力的发展就越困难。

在官手工业中,人力物力的浪费是巨大的。秦始皇建阿房宫,役使70万人,北取北山之石,南取蜀荆木材,累年不成。汉修未央宫,周28里,前殿东西40丈、深15丈。隋炀帝营东都,每月役丁200万人。宋徽宗的花石纲,"舳舻相衔于淮汴";"尝得太湖石,高四丈,载以巨舰,役夫数千人,所经州县有拆水门、桥梁,凿城垣以过者"[1]。明嘉靖中修三殿,"三殿中道阶级大石,长三丈阔一丈,厚五尺。派顺天等八府民夫二万造旱船拽运。派同知通判县佐贰督率之。每里掘一井以浇旱船,资渴饮。计二十八日到京,官民之费总计银十一万两有奇"[2]。这些事例好像都是特殊的,但绝不是偶然的,反而是最足以集中地代表浪费现象之严重的程度的。

在官文书的记载中,官手工业劳动者好像还可受到一些优待,例如疾病有医药,死罪可以免死,等等。但这为的是要使用他们的劳动力,等到一旦把他们投到劳作上来,不只人力的浪费是受不到怜惜的,生命的践踏也是毫无怜惜的。长时期以来,民间流传的孟姜女哭长城的故事,就深刻地反映着官工程中草营人命的事实。隋文帝营仁寿宫,"役使严急,丁夫多死。疲顿颠仆,推填坑坎,覆以土石,因而筑为平地。死者以万数"。隋炀帝在东莱海口造船,"官吏督役昼夜立水中,略不敢息。自腰以下皆生蛆,死者什三四"[3]。明代在楚蜀

---

[1] 《宋史》卷四百七十《朱勔传》。
[2] 明贺仲轼:《两宫鼎建记》,卷上《学海类编》本。
[3] 《通鉴》卷一百七十八《隋纪二》,开皇十三年;卷一百八十一《隋纪五》,大业七年。

采木，"一木下山，常损数命"[1]。成化间开湖广金场，"役民夫五十五万，死者无算，得金仅五十三两"[2]。这只是列举史书上记载的几个例子。应该指出，历代的矿丁盐丁，都是更处在非人的生活中，经常面临着死的边缘的。

历代统治集团为了保证他们对手工业劳动力的使用，便利用古老的传统，凭着国家的权力，把手工业劳动力固定起来。办法有3个：一是控制劳动力的编制，二是加强手工业者和农业的结合，三是巩固手工业技术的世代传袭。

《新唐书》卷四十六《百官志》："凡工匠，以州县为团，五人为火，五火置长一人。"这是关于手工业劳动力编制的一个比较早的记录。但手工业劳动力的编制，不是在唐时才有的。《国语·齐语》说："工商之乡六"，"工立三族"，大概就指的是对手工业者的编制。

宋人著作中，如《愧郯录》卷十三《京师木工》说："今世郡县官府，营缮创缔，募匠庀役。凡木工，率计在市之朴斫规矩者，虽启楔之技无能逃。平日皆籍其姓名，鳞差以俟命，谓之当行。间有幸而脱，则其侪相与讼挽之不置，盖不出不止也。谓之纠差。"《梦粱录》卷十三《团行》说："市肆谓之团行者，盖因官府回买而立此名。不以物之大小，皆置为团行。虽医卜工役，亦有差使，则与当行同也。""其他工使之人或名为作分者：辗玉作、钻卷作、箆刀作、腰带作……等作分。"行和作，是宋时手工业劳动力编制的单位。编制的目的，这里说得清楚，不只是为供应官府差遣的方便，并且有使同行互相纠察的作用。

《天下郡国利病书》卷十四记明初南京的事，说："洪武十三年起取苏浙等处上户四万五千余家填实京师。壮丁发各监局充匠，余为编户，置都城之内外，爰有坊厢。上元坊厢原编百七十有六类，有人丁而无田赋，止供勾摄而无征派。"这所说的百七十有六类，大概就是百七十有六行。他们不只是在行业上有编制，并且也在居住的区域

---

[1] 明陶晋英：《楚书》。
[2] 《明史》卷八十一《食货五·坑冶》。

上有分别。

手工业劳动者一经编制,都名列籍上,终身不得改易。唐制:"业作之子弟一入工匠后,不得别入诸色。"[1]明制:"军匠灶户,役皆永充。""凡军民驿灶医卜工乐诸色人户,并以籍为定。若诈冒脱免,避重就轻者,杖八十。其官司妄准脱免及变乱版籍者,罪同。"[2]对于亭户,限制更严,不只不能改业,并且不能抛离本灶。宋制,亭户抛离本灶者,除依法断罪外,还要押归本灶,按原来负担的额数,赶煮盐课。[3]

像这样地用国家的权力把手工业劳动者编制起来,这不只使现役的手工业劳动者在官手工业中操作,并且使全国的手工业劳动者都成为官手工业的后备军。这样的编制实在是手工业劳动者的枷锁,它可以随时搅乱他们的经营生产,妨碍他们的正常发展。这是中国封建社会中的团行的特点,是跟欧洲中世纪的手工业行会有本质上的区别的。

手工业者和农业的结合,不是对每一个手工业者都存在的,但对于大多数手工业者是存在的。北魏京都"人工伎巧十余万家……各给耕牛,计口授田"[4]。唐的丁匠出租调,盐民有田园,官户"受田减百姓之半"[5]。宋的亭户"岁课入官受钱,或折租赋"[6]。元代"丁税少而地税多者,纳地税。地税少而丁税多者,纳丁税。工匠僧道验地,官吏商贾验丁"。对于土地的占有,"民匠限地一项"。因此,在

---

[1] 《唐六典》卷七《工部》。
[2] 《明史》卷七十八《食货二·赋役》;《明律集解附例》卷四《户律一·户役·人户以籍为定》。
[3] 《宋会要辑稿·食货二六》页13,绍兴三年。
[4] 《魏书》卷一百一十《食货志》。
[5] 《通典》卷六《食货六·赋役下》;《新唐书》卷五十四《食货志》;《唐六典》卷三《户部》。
[6] 《宋史》卷一百八十三《食货下五·盐下》。

元代,"工匠盐场铁冶诸色等户",都负有缴纳"丁地税粮"的义务。[1]明代灶户名下一般有田土,名为灶田。另外灶户草场以供采樵,盐场附近"堪耕者许开垦"。对于龙江船厂的厂田,则查审各匠丁力多寡,"量分承佃"。[2]这些都说明手工业者和农业的结合。

手工业者和农业的结合,对于一个从事于季节性作业的手工业者说,他可能是以一人之身对于手工业和农业作季节性的分工;对于一个全年从事于作业的手工业者说,就必须是在手工业和农业的操作上,做了家属的分工,例如从性别和年龄上去分工。这两种分工,都是原始的自然的分工,不是社会的分工。并且这种分工,因时间和精力的节省,还排拒社会的分工,对于手工业的独立发展起着顽固的阻碍作用。历代皇家统治集团用国家权力把手工业者和农业的结合固定下来,这一方面是用"最低廉"的办法使手工业者取得生活资料,又一方面也就把手工业者束缚在土地上。

至于手工业技术的世代传袭,事实上就是匠户灶户等户籍的继续。唐制:"工商皆为家专其业以求利。"[3]元制:"诸匠户子女,使男习工事,女习黹绣。其辄敢拘刷者,禁之。"[4]明制:"凡匠役事故……揭册查取户下应补亲丁,验送上工。"[5]有时,为了技术的世代传袭,官府还要干涉到某些手工业者家属的婚姻。[6]

手工业技术的世代传袭,本来在官手工业中和在民间手工业中,都是一样。元稹《织女词》:"东家头白双女儿,为解挑纹嫁不得。"这可见这种传习的顽固性。这种传习,根绝了技术上的竞争,是妨碍生

---

[1]《元史》卷九十三《食货一·税粮》;卷一百四十九《郭宝玉传》;《元典章》卷三《圣政二·复租税》。

[2]《明史》卷八十《食货四·盐法》;《龙江船厂志》卷五。

[3]《唐六典》卷三《户部郎中》。

[4]《元史》卷一百零三《刑法志·户婚》。

[5]《明会典》卷一百八十九《工部九·工匠二》,嘉靖十年。

[6]《唐六典》卷十九《司农寺》:"凡官户奴婢,男女成人,先以本色媲偶。"参看《通制条格》卷四《擅配匠妻》。

产技术的发展的。历代皇家统治集团为了保证自己可以役使的劳动力的再生产,就用国家的权力把这一种传习巩固起来。

历代的皇家统治集团用这3种办法来保证他们对于手工业劳动者的大量获得。而劳动者是处在很低下的生活中,甚至是在死亡的边缘上。

官手工业对于社会生产力的发展是越来越多地带来了危害。列宁在论19世纪末期俄国的土地问题时说得好:"有名的村社……在事实上,它起了中世纪式的划分农民的作用,这种划分方法隔离了农民,把农民牢牢地束缚于小小的社团和失掉了任何'存在意义'的类别以内"[1],"这是一个非常重要的事实,因为它无可争辩地证明,俄国农业的落后性,全部国民经济的停滞以及农人在世界上空前未有的卑微,其主要而基本的原因,便是工役制,即农奴制度的直接的残余。只要农奴制的大庄园的压迫传统、经营方法存在一日,则不论什么贷款,不论什么农地改良,不论对农民的什么'帮助'……都是不会有什么大的成绩的"[2]。"这种以地主贵族大庄园为方式,以工役制度为方式的农奴制度,乃是经济发展的阻碍,乃是俄国生活中压迫、野蛮、无穷无尽的东方专制主义形态的泉源。"[3]"地主经营的工役制,乃是令人难以相信地落后的耕作法之保存,乃是农业中以及全部社会生活中野蛮性的永世长存。"[4]列宁的这些话,几乎都可以拿来送给中国史上的官手工业。中国史上的官手工业也是把劳动者用划分的方法隔离起来,把它们牢牢地束缚于小小的团行的框格内。它促成了手工业者的劳力浪费,更阻碍封建社会的发展,成为中国封建社会生活中压迫、野蛮、无穷无尽的东方专制主义形态的源泉之一。它保持了落后的手工业制度,使手工业者世世代代受到奴役。而中

---

[1] 《列宁文集》,第3册,人民出版社1954年版,第9页。
[2] 《列宁文集》,第3册,人民出版社1954年版,第22页。
[3] 《列宁文集》,第3册,第26页。
[4] 《列宁文集》,第3册,第77页。

国官手工业长期存在的奴役制度是比19世纪末期的俄国的工役制更落后的制度。

官手工业束缚生产力发展的种种制度,和其他的剥削制度相结合,既然强化了封建经济的个体性质和封建所有制的基本矛盾,则无疑地也要促成对抗性的阶级斗争,因而在不同的历史情况下把阶级斗争推到不同的发展程度。而手工业者对封建统治集团的阶级斗争,又促进了跟官手工业有关的被压迫阶级、阶层对封建统治集团的斗争。

在官手工业内部,劳动者故意把成品的质量压低,是一种斗争的方法。早在汉代就有"县官作铁器多苦恶"的记载。为防止造作不中程,汉唐各代均规定"物勒工名"。北宋中叶以后,制军器的工匠因不愿费力气,所作衣甲都是软的,不能抵挡矢石。南宋时,官府应役的木工"苟简钝拙,务闵其技巧,使人之不已知,务夸其工料,使人之不愿为"。[1] 明中叶以后,官手工业中质量低下的情形非常严重。《龙江船厂志》卷六记造船之弊,其中有8条是:

减薄船板	入钉稀疏
油艌不精	尺度不式
不用故板	勔作省工
稽延完工	克减物料

在这8条中,有的是主管人"中饱"的问题,有的就是劳动者故意压低质量的问题。万历三十六年,何士晋奏称:

> 且臣查每岁修戊字库盔甲三万副,腰刀三万把,预造盔甲二千五百副,所费不下二万四五千金。而各省直所造解,堆积库中,至不可胜数。讵不称有备无患?然而布衬稀疏,铁叶易锈,修者与解者并属不堪。解者积之逾年而后修,修者积之逾年而改造,总归无用……设一旦有意外之虞,势不得不更造以应。是今之修造,不徒靡费,兼类销兵……今查戊字库所贮弓不下数十

---

〔1〕《愧郯录》卷十三《京师木工》。

万,箭不下数百万,亦既称多矣。乃当外解验收之时固已剥羽脱金,裂弦反角。藏之浃岁,使京军关领而出,彼此换钱数十文,于敌忾毫无当也!近该工部议行省直,刻官匠姓名于上,似乎振刷。然解官越数千里解至,即不合式……合无自今以后,行令各省直,将弓箭弦条折色解部,遇兑换之年,径以价给军,俾择其精者置用,实为两便。[1]

这奏疏的话说明这时官制军器质量低下的严重情况。原因是复杂的,但劳动者的故意压低质量总是其中的一个重要原因,所以工部也要采用旧办法,"刻官匠姓名于上"。这时的劳动者对于压低质量的技巧似已相当地熟练,所以能瞒过解官的眼,运到数千里外才开始露出毛病来。官手工业到了这步田地,已步入了解体的阶段。这已不是国家权力所能为力的了。

逃亡,是斗争的第二种方法。元代灶户逃亡,占了很大的一个比数。河间盐场原有灶户5 774户,至正间,除逃亡外,只存4 301户。两浙盐场原有灶户1.7万多户,后至元间只有七千多户。广东盐场的灶户,在正统年间也已经是"十逃三四"了。[2]

明初,南京上元民匠户4.5万多户,编为坊厢,共176类,这在上文已说过。后来成祖迁走了2.7万户,还剩下1.8万多户。但正统二年合并坊厢,只有坊厢44个,每坊10甲,每甲10户,只合4 400户。[3]三十多年间,民匠户减少了四分之三而强,逃亡当是重要原因之一。

怠工,也是一种斗争方法。元成宗元贞元年,中书省议定造作条款中说:"禁约在局人匠,不得妄称饰词,恐吓官吏,扇惑人匠,推故不肯入局,耽误工程。"[4]这说的就是怠工。但怠工见于记载者,还只

[1]《工部厂库须知》卷二。
[2]《新元史》卷七十一《食货志四·盐课》。
[3]《天下郡国利病书》卷十四《上元县·坊厢赋役》。
[4]《通制条格》卷三十《营缮造作》。

发现这一条。

斗争的高度发展,是武装斗争。这在《汉书》里就有两条记载。一条是在成帝阳朔三年"夏六月,颍川铁官徒申屠圣等百八十人杀长吏,盗库兵,自称将军。经历九郡"。又一条是在成帝永始三年"十二月,山阳铁官徒苏令等二百二十八人,攻杀长吏,盗库兵,自称将军。经历郡国十九,杀东郡太守、汝南都尉"[1]。这两条都是关于铁官徒的。所谓"百八十人"、"二百二十八人",大概都是最初发起的人。后来的人数一定要有发展的。依其经历地区的宽广来说,应该是具有相当大的规模的。

唐中叶以后,官手工业者的武装斗争越来越多地出现着。唐末的黄巢起义,是一次大规模的起义。《通鉴》说他"以贩私盐为事",在初起义时"横行山东,民之困于重敛者争归之"[2]。贩私盐是要和盐丁密切联系的。归他的困于重敛之民,依常情推测,山东的盐丁应该占有相当的成分。

宋时,"亭户贫困,往往起为盗贼"。"盗贩者众,捕之急,则起为盗贼"。虔州、汀州"民多盗贩广南盐以射利。每岁秋冬,田事才毕,恒数十百为群,持甲兵旗鼓往来虔、汀、漳、潮、循、梅、惠、广八州之地。所至劫人谷帛,掠人妇女,与巡捕吏卒斗格,至杀伤吏卒,则起为盗,依阻险要,捕不能得"。"闽越山林险阻,连亘数千里,无赖奸民比他路为多,大抵盗贩盐耳"。[3]

徽宗宣和二年,方腊在睦州青溪起义,历时450日,破睦、歙、处、衢、婺、杭6州52县。《青溪寇轨》记他起义的原因是:"腊有漆园,造作局屡酷取之。腊怨而未敢发。会花石纲之扰,遂因民不忍,阴取贫

---

[1]《汉书》卷十《成帝本纪》。参看张政烺《汉代的铁官徒》第6节,《历史教学》月刊创刊号。

[2]《通鉴》卷二百五十二《唐纪六十八》,僖宗乾符二年。

[3]《宋史》卷一百八十二《食货下四·盐中》、一百八十三《食货下五·盐下》。

乏游手之徒赈恤结纳之。"又记他的誓师词说："今赋役繁重,官吏侵渔,农桑不足以供给。吾侪所赖为命者,漆楮竹木耳,又悉科取无锱铢遗。"方腊的起义,可以说是反抗官手工业各种苛政的起义。茶盐禁令的苛刻,也和这次起义有密切的关系。[1]

元顺帝至元二十年,在江南一带发生群众武装暴动的有二百多处,都是因为要出兵日本,拘刷水手和造海船而起。[2]而元末起兵反元的张士诚和方国珍,则都和盐有关。方国珍是"世以贩盐浮海为业"的。张士诚和他的3个弟弟贩私盐,因盐丁们苦于劳役的繁重,就被推为王。[3]盐丁是他初起兵反元时的基本队伍。

明代反对官手工业的斗争,表现在更多的方面。私盐问题在明代,是比以前更复杂的。在这个问题里,不只有盐丁、盐贩的反抗,并且有时还要和矿区的反抗活动相联系,[4]和海上的"非法"武装相联系。[5]但矿区的反抗活动是在这里更突出的,关于盐的反抗活动反被遮盖起来了。

明的统治集团有时为了避免出乱子,曾不只一次地有封闭矿穴或禁止采矿的事情。但也有时为了获得矿税,又滥用权力,强迫开采。矿工及有关人民,对于前者有"盗矿"的斗争,对于后者有反矿官的斗争。《明史》卷八十一曾说景帝时"盗矿者多",世宗时"浙江、江西盗矿者且劫徽宁"。而弘治十七年广东归善县唐大鬓因反对管铁

---

[1] 《宋会要辑稿·食货二六》页18,绍兴二年:"昨来两浙贼方腊、福建贼范汝为,皆因私贩茶盐之人以起。"
[2] 《元史》卷一百七十三《崔彧传》。
[3] 《明史》卷一百二十三《张士诚传》、《方国珍传》。
[4] 《天下郡国利病书》卷四十二《山东八》,常把"盐徒"、"矿徒"等词连用,可见他们在某些地区内的互相联系。
[5] 《明史纪事本末》卷七十六,谷应泰曰:"海上亡赖奸民多相聚为盗……盖以鱼盐蜃蛤商舶往来剽掠其间者累千金,利则乘潮上下,不利则啸聚岛中。"

冶者的索赂而暴动,〔1〕万历二十八年蔚州民毕矿"哄散矿夫",殴伤矿监王虎的参随,〔2〕都是反矿官的斗争。

明英宗时,叶宗留、陈鉴胡领导的"盗矿"斗争是一次规模相当大的斗争。从正统七年起,一直到景泰元年,共有8个年头。斗争的地区,大致在浙江,有时也在福建和江西。他们的友军,有佃农邓茂七和炉主蒋福成的队伍在福建的广大地区活动,彼此没有严密的联系,但是互助呼应的。叶、陈、邓、蒋都自称为王,陈并建元泰定,国号太平。〔3〕

在城镇里,万历年间手工业者的斗争是突出的。以时间先后为序:万历二十九年,苏州织工反抗织造太监孙隆对织机的加税,打死了孙隆的参随黄建节,放火烧了棍徒汤莘等的家,孙隆跳墙跑了。〔4〕万历三十年,景德镇人民反抗矿监潘相,烧毁厂房,潘相仅以身免。〔5〕万历四十二年,福州"铺行匠作诸色人等因在税监告讨久欠价银,反被闭门杀伤",从而激起对税监高寀的反抗,大家罢市,号召杀寀。〔6〕这三件事无一不和官手工业有关。织造太监是监皇家织造,同时也管得着当地的织户织红。景德镇人民当然以陶工为基本成员,所毁厂房可能就是御窑的厂房。福州铺行匠作诸色人等之告讨欠银,其中也一定有应役官作时应得的银。

---

〔1〕《明史》卷八十一《食货五·铁冶》。

〔2〕《明神宗实录》卷三百四十四。

〔3〕《明史》卷十《英宗前纪》,正统九年、一一年、一三年、一四年,卷十一《景帝纪》,卷一百七十二《张骥传》;《天下郡国利病书》卷八十二《江西四》李鸿《封禁考略》;卷九十六《福建六·兵事·泉州》;《明史纪事本末》卷三十一《平浙闽盗》。

〔4〕《明神宗实录》卷三百六十一;同治重修《苏州府志》卷一百四十七《杂记·葛成》。

〔5〕《明神宗实录》卷四百一十九;《明史》卷三百零五《梁永传》。

〔6〕周顺昌:《烬余集》卷一《福州高珰纪事》、附《申详税监变异缘由》后;《东西洋考》卷八《袁一骥奏》。

明代城乡手工业者的暴动,往往有市民参加。同时,市民的反封建活动也伴随着手工业者的暴动而发展起来。《明史·宦官传》中有不少这样的事例。其中如万历二十七年开始的反太监陈奉的斗争,起于荆州,"聚数千人噪于涂,竞掷瓦石击之。奉走免"。继之是在武昌的斗争,"士民公愤,万余人甘与奉同死",在汉口、黄州、襄阳、宝庆、德安、湘潭等处,也都有反陈奉的斗争。

巧得很,万历年间某些地方的手工业者和市民正在反抗太监的时候,也正是另外一些地方的手工业者在官作坊中熟练地压低产品质量的时候。这和朝廷把物料的征收变成现银的折色,变成就地的召买,把某些劳动力的轮输变成就地的招募,都透露了社会经济的某些变化。官手工业在主观上不要变,但客观上不能不变,虽说这种变也还不是最根本的变。接着,继续多年的种种斗争之后,农民大起义的高潮埋没了明的专制皇朝,同时封建土地所有制形式和官手工业制度都起了更多的变化。此后,官手工业还是存在的,但那又是一种情形了。

明代矿业的发展[*]

一 明代官矿的衰落

明代矿业有官矿,有民矿。这两种矿业,分别地说,有发展,有衰落。就生产量总的来说,明代矿业是发展的。

明代官矿,是明廷派官直接经营管理的矿。它不是发展的,也不是一条直线地走向衰落,而是在总的趋势上走向衰落的。

明洪武间,官矿的金银课很少。二十三年(1390年)仅课金200两、银29 830余两。[1] 二十四年(1391年),课银24 740两。[2] 在此以前,福建曾岁输银2 670余两,浙江岁输银2 870余两。[3] 永乐、宣德间(1403~1434年),金银课逐渐增加。依《明实录》每年所

---

[*] 原载《北京师范大学学报》1956年第1期,后收入作者论集《学步集》,三联书店1962年1月出版,又经作者编于《白寿彝史学论集》上册第一部分"中国封建社会",北京师范大学出版社1994年2月出版。

[1] 《明太祖实录》卷二百零六。

[2] 《明太祖实录》卷二百一十四。

[3] 《典故记闻》卷十一;《菽园杂记》卷十一。

列岁计可如下表:[1]

永乐	元年△	(1403)	金 50 两	银 80 185 两
	二年	(1404)	50	100 373
	三年	(1405)	50	82 104
	四年△	(1406)	50	209 136
	五年	(1407)	50	159 268
	六年	(1408)	50	172 670
	七年△	(1409)	54	272 262
	八年	(1410)	50	214 815
	九年△	(1411)	50	285 751
	十一年	(1413)	50	271 226
	十二年△	(1414)	495	393 949
	十三年	(1415)	86	276 336
	十四年	(1416)	1 410	280 523
	十五年△	(1417)	3 660	298 550
	十六年	(1418)	3 952	278 274
	十七年	(1419)	1 965	281 323
	十八年△	(1420)	2 381	302 544
	十九年	(1421)	1 692	149 020
	二十年△	(1422)	1 192	285 767
	二一年	(1423)	5 340	295 342
	二二年	(1424)	1 200	175 686
洪熙	元年△	(1425)		37 178

---

[1] 根据《明成祖实录》卷二十五、三十二、三十九、四十七、五十四、六十、六十七、七十三、八十、九十、九十四、九十九、一百零三、一百零八、一百一十二、一百一十五、一百一十八、一百二十三、一百四十六、一百五十九、一百七十一、一百八十三、一百九十五、二百零七、二百一十九、二百三十二、二百四十四、二百五十四下、二百六十六;《明仁宗实录》卷五下;《明宣宗实录》卷十二、二十三、三十四、四十九、六十、七十四、八十五、九十七、一百零七、一百一十五。以上各卷实录所列岁计,都列金银于采纳项下,列铜铁铅等于杂课项下。采纳者,官矿所采;杂课者,民矿所出。但两者混言,也都称作课。表中年旁有△者,是有闰月的年。

宣德	元年	(1426)	369	59 290
	二年	(1427)	483	185 738
	三年△	(1428)	457	191 192
	四年	(1429)	359	294 081
	五年△	(1430)	400	320 297
	六年	(1431)	344	305 459
	七年	(1432)	349	299 257
	八年△	(1433)	397	325 136
	九年	(1434)	335	327 608

三十一二年间，金课增加得不多，银课就增加得多了。宣德九年（1434年）的银课是永乐元年（1403年）的4倍多些，是洪武二十三年（1390年）的11倍弱些。但宣德年间的银课，实际上有了超过官矿生产额的部分。《菽园杂记》卷十一曾指出这时的浙江银课87 580余两，坑冶户只能办银25 790余两，要陪纳61 780余两之多。

明初六十余年间的金银官矿，主要是在福建尤溪县和浙江温州、处州、丽水、平阳，都是洪武年间所开。其次陕西商县、云南大理、福建浦城，都是永乐间所开。至于湖广辰州和贵州铜仁则并出金银。[1]

宣德十年（1435年）一月，英宗即位后，诏罢各处金银铜铁等官矿，封闭坑冶。此后，银矿采闭不时，开采时的生产量也远不如以前。正统九年（1444年），浙江、福建共输银62 820两。天顺二年（1458年），浙江、福建、云南共输银102 000两。天顺四年（1460年），浙江、福建、云南、四川4省共输银183 077两。成化三年（1467年），上述4省输银再回到102 000两。成化八年（1482年），输银总额不详，仅知云南银数是31 900两。[2] 弘治二年（1489年），各省共输银151 000余两。[3] 弘治二年的银数是宣德十年（1435年）以来记载中最高的

---

[1]《明史》卷八十一《坑冶》；《明会典》卷三十七《金银诸课》。

[2]《明英宗实录》卷一、一百一十九、三百一十四；《明宪宗实录》卷四十；《明孝宗实录》卷二十八。

[3]《罪惟录》卷十《贡赋志·岁额税粮》。

数字,但还不及宣德九年(1434年)数额的一半。金矿开采的成绩更坏。《罪惟录·贡赋志》说:"成化以前,凡金场,宝庆等府,武陵等县,共二十有一,役民夫五十五万有奇,额金一十五万两。时夫之伤于蛇虎大水者无计,仅得金三十五两。成化十年(1474年)罢湖广及辽东黑山淘金,旋尽闭金场。"

嘉靖三十五年(1656年),世宗"以军需匮乏,谕阁部议广开采",决定宣示委派各处采银的官"务实采取。其未开之所,仍令行各巡按官严督所属,一一搜访,以称天地降祥及夫圣主足国裕民之意"。〔1〕从这年10月到第二年12月,共采得银28500余两,但开采所费在三万数千两以上。〔2〕

到了万历二十四年(1596年),金银矿的搜求以更大的规模进行。《明史》卷三百零五《陈增传》说:"万历十二年(1584年),房山县民史锦奏请开矿,下抚按查勘,不果行。十六年(1588年),中使祠五台山,还言紫荆关外广昌、灵邱有矿砂,可作银冶。帝闻之喜,以大学士申时行等言而止。十八年(1590年)易州民周言、张世才复言,阜平、房山各产矿砂,请遣官开矿。时行等仍执不可。至二十年(1592年)宁夏用兵,费帑金二百余万。其冬,朝鲜用兵,首尾八年。费帑金七百余万。二十七年(1599年)播州用兵,又费帑金二三百万。三大征踵接,国用大匮。而二十四年(1596年)乾清坤宁两宫灾。二十五年(1597年),皇极、建极、中极三殿灾。营建乏资,计臣束手,矿税由此大兴矣。其遣官自二十四年始,其后言矿者争走阙下,帝即命中官与其人偕往,天下在在有之。真、保、蓟、永则王亮,昌黎、迁安则田进,昌平、横岭、涞水、珠宝、窝山则王忠,真定复益以王虎,并采山西平定、稷山,浙江则曹金,后代以刘忠,陕西则赵钦,山西则张忠,河南则鲁坤,广东则李凤、李敬,云南则杨荣,辽东则高淮,江西则潘

---

〔1〕 《明世宗实录》卷四百三十八。
〔2〕 "三十五年",原作"二十五年",今参照下文校改。《明神宗实录》卷二百四十九。

相,福建则高审,湖广则陈奉,而(陈)增奉敕开采山东。"这样大规模的开采并没有真正地进行生产的活动,只是给这些中使们以搜括的借口,而酿成了有名的"矿税之祸"。万历三十三年(1605年),神宗终于不得不下诏说:"今开矿年久,各差内外官俱奏出砂微细。朕念得不偿费,都着停免……凡有矿洞,悉令各该地方官封闭培筑,不许私自擅开,务完地脉灵气。"[1]明廷的金银采冶,至是基本上告了结束。此后三四十年,见于记载者,仅崇祯九年有采铜铁铅银等矿的诏书。[2]

明代官铁矿,据《明会典》卷一百九十四,"国初定各处炉冶,该铁一千八百四十七万五千二十六斤",其中包括:

湖广	6 752 927 斤
广东	1 896 641 斤
北平	351 241 斤
江西	3 260 000 斤
陕西	12 666 斤
山东	3 152 187 斤
四川	468 809 斤
河南	718 336 斤
浙江	591 686 斤
山西	1 106 017 斤
福建	124 336 斤

这所谓"国初",按照《会典》纂修的凡例,是指"洪武初草创未定及吴元年以前"[3]。

《明太祖实录》卷八十八,洪武七年(1374年)"命置铁冶所官,凡一十三所。每所置大使一员,秩正八品;副使一员,秩正九品。"这时,各所的炼铁岁额是:

江西南昌府进贤冶	1 630 000 斤

---

[1] 《明神宗实录》卷四百一十六,诏文中所说的"矿",实际上就是金银官矿。

[2] 《明怀宗实录》卷九。

[3] 《明会典》卷首《弘治间凡例》。

临江府新喻冶	815 000 斤
袁州府分宜冶	815 000 斤
湖广兴国冶	1 148 785 斤
蕲州黄梅冶	1 283 992 斤
山东济南府莱芜冶	720 000 斤
广东广州府阳山冶	700 000 斤
陕西巩昌冶	178 210 斤
山西平阳府富国丰国各冶	221 000 斤
太原府太通冶	120 000 斤
潞州润国冶	10 000 斤
泽州益国冶	10 000 斤

共为9 052 987斤,铁数总额比《会典》所记"国初"额数少了一半以上。然《明太祖实录》卷七十七记洪武五年(1372年)湖广、广西、江西、山东、陕西、山西、河南7省铁课8 056 405斤,则在十三冶以外,广西、河南还另有官铁冶的存在。

洪武十八年(1385年),太祖因存铁已多,把各处铁冶都罢了。二十六年(1393年)因为需要,再开铁冶。二十八年(1395年),内库存铁3 743万余斤,太祖"诏罢各处铁冶,令民得自采炼,而岁给课程,每三十分取其二"[1]。此后,铁的官冶就少了,民矿就多起来。永乐间(1403~1424年)设四川龙州铁冶、顺天府遵化铁冶[2]和辽东三万卫铁冶[3],产额不详。正统间(1436~1449年)遵化铁冶略足供工部之用[4]。而正统十二年以前,尚有福建建宁、延平的铁冶岁输铁50万斤[5]。成化十九年(1483年)起,遵化铁冶岁运北京铁30万斤。正德四年(1509年),遵化炼生铁486 000斤、熟铁208 000斤、

---

[1] 《明太祖实录》卷一百七十六、二百四十二。
[2] 《明会典》卷一百九十四《冶课》。
[3] 《明史》卷八十一《铁冶课》。
[4] 《春明梦余录》卷四十六《铁厂》。
[5] 《明世宗实录》卷四百二十二。

钢铁62 000斤。[1]十四年(1519年)设广州铁厂,产额不详。[2]嘉靖八年(1529年)以后,遵化每年炼生板铁188 800斤、生碎铁64 000斤、熟挂铁208 000斤。[3]三十四年(1555年),复设建宁、延平铁冶,[4]每年征铁170 000多斤,遇闰另加。同时,又将建宁出的铁改征折色,每斤价银一分、水脚钱一分二厘。万历元年(1573年),大量裁减遵化铁冶的夫匠,改征民夫匠价。九年(1581年)题准,将遵化"山场封闭,裁革郎中及杂造局官吏,额设民夫匠价、地租银征收解部,买铁支用"[5],这个历史最长的官铁冶也就完了。

明代的官铜铅矿,记载很少。我们只知道洪武初年,济南、青州、莱州三府采铅323 400余斤,池州府采铜15万斤。[6]洪武十五年(1382年),因铅出产日少,罢三府铅冶。[7]宣德年间(1426~1434年),江西德兴、铅山每岁产铜50余万斤,[8]不知继续到什么时候。

明中叶后,云南铜产似逐渐重要。《明史》卷八十一记:"成化十七年(1481年),封闭云南路南州铜坑。""正德九年(1514年),军士周达请开云南诸银矿,因及铜锡青绿。诏可,遂次第开采。嘉靖、万隆间(1522~1572年)因鼓铸,屡开云南诸处铜场。久之,所获渐少。崇祯时遂括古钱以供炉冶焉。"按嘉靖三十四年(1555年)宣敕云南,铸"嘉靖通宝"钱33 012 000文,[9]依照嘉靖中铸钱则例"通宝钱

---

[1][3][5] 《明会典》卷一百九十四《冶课》。
[2] 王圻:《续文献通考》卷二十九《课钞》。
[4] 《明世宗实录》卷四百二十二。
[6] 《明太祖实录》卷七十七。
[7] 《明太祖实录》卷一百五十。
[8] 《明宣宗实录》卷四十七所记岁额是"五千余斤",数目太少,当系传抄讹脱;嵇璜等《续文献通考》卷二十三作"五十余万斤"。当有所据,今依之。
[9] 嵇璜等:《续文献通考》卷十一《钱币五》。

600万文合用二火黄铜47 272斤"[1],不过二火黄铜26万斤。当时二火黄铜成分,窝铅占四成,红铜占六成。[2]二火黄铜26万斤所含红铜,不过156 000斤,还不到宣德间江西产铜额的三分之一。

明官矿中还有水银朱砂场局和矾课等[3]产量更少。

邱浚说:"我朝坑冶之利,比前代不及什一二。"[4]就官矿来说,明比宋元确是衰落了。洪武二十八年(1395年)的罢各处铁冶,是官铁矿衰落开始的标志。宣德十年(1453年)的罢各处金银铜铁等官矿、封闭坑冶,是官矿普遍衰落的标志。嘉靖三十五年(1656年)开始了白银的"广开采",同时也更突出地表明采银的得不偿失,这就连皇家在这时所特别注意的白银开采也日益走向末路了。

二 明代民矿的发展

明代民矿是按照规定,取得官方许可,向官方交纳一定课额的民矿。它的历史是走向发展的。

民矿在明洪武间(1368～1398年)的材料没有见到。永乐、宣德间(1403～1434年)的民营铁铜铅矿业所交纳的矿课,《明实录》中记有数字[5],今汇列如下:

永乐	元年△	(1403)	铁 79 806 斤	铜 2 423 斤	铅 62 042 斤
	二年	(1404)	80 186	2 533	52 141
	三年	(1405)	75 720	2 430	39 985
	四年△	(1406)	82 306	2 549	46 662

---

[1] 《明会典》卷一百九十四《铸钱》。
[2] 《天工开物》卷下《五金》:"每红铜六斤,入倭铅四斤,先后入罐熔化,冷定取出,即成黄铜";"凡铸器……高者名三火黄铜,四火熟铜,则铜七而铅三也。"
[3] 《明会典》卷三十七《金银诸课》;《明史》卷八十一《铜场》。
[4] 《大学衍义补》卷二十九,《山泽之利下》。
[5] 本表所据《明实录》卷数,同本书第265页注[1]。

	年份		铜课	铅课
	五年	(1407)	77 677	2 701	36 666
	六年	(1408)	79 709	2 530	949 437
	七年△	(1409)	84 338	2 543	27 416 488
	八年	(1410)	79 709	2 635	110 916
	九年△	(1411)	84 338	2 667	6 718 171
	十一年	(1413)	80 859	2 848	109 909
	十二年△	(1414)	86 829	2 699	90 864
	十三年	(1415)	389 600	2 849	52 905
	十四年	(1416)	490 398	2 555	74 653
	十五年△	(1417)	214 399	2 575	79 693
	十六年	(1418)	493 631	2 128	20 785
	十七年	(1419)	489 166	2 128	20 780
	十八年△	(1420)	489 166	2 128	20 780
	十九年	(1421)	113 783	2 128	20 780
	二十年△	(1422)	448 175	2 128	20 780
	二一年	(1423)	413 783	2 128	20 780
	二二年	(1424)	(缺文)	2 128	20 780
洪熙	元年△	(1425)	527 264	2 299	
宣德	元年	(1426)	488 598	2 129	
	二年	(1427)	488 598	2 129	
	三年△	(1428)	529 756	2 299	
	四年	(1429)	490 898	2 129	
	五年△	(1430)	529 757	2 299	
	六年	(1431)	490 898	2 132	
	七年	(1432)	483 800	2 132	
	八年△	(1433)	545 168	2 089	
	九年	(1434)	555 267	1 989	

从这表上看,铜课总在二千斤到二千八九百斤之间,当是定额的指派,不能表示出生产量来。永乐十六年以后,更是如此。铅课的变动很大,除了永乐十六年到二十二年间(1418~1424年),每年保持20 700多斤外,其他各年间涨落不定,可以高到2 741万多斤,可以低到36 000多斤。在这表上,看不出铅矿业的变动特别大的道理,但可看出铅矿业有很大的潜力。永乐十六年以后的铅课,也表示出定额

指派的情形。

铁课有数度的涨落,但总的趋势是逐步上升的,由永乐元年(1403年)的 79 800 多斤上升到宣德九年(1434年)的 555 000 多斤。铁课的课率,按照洪武二十八年(1395年)的规定,是"每三十分取其二",即每产铁 15 斤要交 1 斤的矿课。按照这个课率,则:

永乐元年的产铁量是	79 806 斤 × 15 = 1 197 090 斤
永乐十一年的产铁量是	80 859 斤 × 15 = 1 212 885 斤
永乐二十一年的产铁量是	413 783 斤 × 15 = 6 206 745 斤
宣德九年的产铁量是	555 267 斤 × 15 = 8 329 005 斤

30 余年间,铁的产量上升到 7 倍以上。这一情况基本上可以标志出这些年民营铁矿业发展的速度。

宣德十年(1435 年)二月,英宗诏:"各处山场园林湖池坑冶及花果树木等件原系民业,曾经官府采取,见有人看守及禁约者,自今听民采取,不许禁约,其看守内外官员人等各回原职役。"[1]这一诏书,是在英宗下诏封闭官矿的第二个月内。这是反映着民营矿业发展的要求的。

宣德十年到成化年间(1435~1487 年)的民营矿业,仍以铁矿业的发展为明显。嘉靖、万历年间(1522~1619 年),铜的发展则有了明显的记载。

从宣德十年(1435 年)到天顺七年(1463 年),实录在每年岁计的杂课中列有铁课 74 583 斤。[2]这是浙江的铁课额。[3]这一数额

---

〔1〕《明英宗实录》卷二。

〔2〕《明英宗实录》卷十二、三十七、六十二、七十四、八十七、九十九、一百一十一、一百二十四、一百四十八、一百六十一、一百七十三、一百八十六、一百九十九、二百一十一、二百二十四、二百三十六、二百四十八、二百六十一、二百七十三、二百八十五、二百九十八、三百一十、三百二十三、三百三十五、三百四十七、三百六十,均同。只有卷一百三十六作 74 584 斤。

〔3〕《明会典》卷一百九十四《冶课》,记正德到万历间的浙江铁课,数额相同,仅多出零数"五两四钱"及遇闰加派之数。

经多年不变,当是固定的额数。但在最初定额的时候,当仍按生产量计算。如果这时的课率,仍是十五分之一,浙江一省民营铁矿业生产的数字在一定时期内,每年要在 110 万斤以上,这约为明初浙江每年铁量(59 万多斤)的一倍而弱。

山西全省每年产铁量在明初是 114 万多斤[1],但在天顺、成化间(1457~1487年)山西阳城一县所产就比这个数字多得多。《明英宗实录》卷三百二十九,天顺五年(1461年)六月:

> 陕西总兵官保定侯梁瑶奏:"胡寇犯边,正急用兵器。而陕西州县铁料缺甚。虽尝以税粮折纳,然地无出产,官吏催征,民不堪困。臣闻山西阳城县铁冶甚多,每年课铁不下五六十万斤。乞不为例。运十万斤,至陕西给与各卫,速造兵器。仍令山西布政司自后每年运五万斤于曲沃县,陕西布政司遣人关领贮库,以备急用。"从之。

《明宪宗实录》卷一百二十二,成化九年(1473年)十一月:

> 巡抚陕左副都御史马文升奏上足食养民事宜:"一、陕西都司并行都司所属四十卫所岁造军器,用熟铁三十一万四千余斤。又各边不时奏乞补造军器,动辄一二十万,俱派取民间。然无土产,多毁农器充纳,深为民患。访得山西泽州阳城县产铁甚贱,而河东盐课不费煎熬。往年泽州人每以铁一百斤至曲沃县易盐二百斤,以此陕西铁价稍贱。因添设巡盐御史,私盐不行,熟铁愈贵。若以盐课五十万引、中铁五百万斤,俱于安邑县上纳,运至布政司官库收贮支用,庶民力可省。"

从这两条材料来看,陕西各卫岁造军器及不时补造军器,经常需铁四五十万斤,都取给于民间。陕西如此,别省当不免有类似情形,这时全国岁造军器所需民间供应的铁当是一个很大的数字。阳城所产铁

---

[1] 这是按明初山西官铁矿产量说的(见上引《明会典》卷一百九十四)。因为这时还没有准人民自行采铁,所以这个数字可以代表当时山西的产铁量。

也是民矿所产,故泽州人得运铁到曲沃换盐。所谓"课铁",即向民矿征收的课税。[1]"每年课铁不下五六十万斤",如仍按课率十五分之一计算,即相当于生产量750万斤到900万斤。这是明初山西每年铁量的七八倍,比宣德九年民矿产铁总量还要超过。

  关于和阳城铁矿同时发展的别种矿业和别地的铁矿业,我们苦于材料太少,说不出什么。天顺五年(1461年)编成的《明一统志》反映了当时各地矿产的基本情况。依《明一统志》所记,(一)铁的产地以湖广、福建为盛。湖广的武昌、大冶、黄州、蕲水、广济、黄梅、巴陵、石门、浏阳、醴陵、宁乡、攸县、安化、茶陵、衡阳、耒阳、常宁、桂阳州、零陵、祁阳、宁远、江华、永明、卢溪、辰溪、溆浦、郴州、永兴、宜章、桂阳、福建的福清、闽清、建安、瓯宁、松溪、政和、南平、尤溪、长汀、宁化、上杭、邵武、光泽、安溪、永春、德化、龙溪、宁德都产铁。山西,除阳城外,太原、榆次、交城、平定、五台、临汾、翼城、汾西、绛县、吉州、乡宁、孝义、潞州、怀仁、高平也产铁。此外,浙江、河南产铁者各有十余县,广东、贵州、云南、四川产铁者各有七八县,江西、广西、南北直隶也都产铁。(二)铜的产地,有山西的代州、保德、曲沃、翼城、闻喜、垣曲,四川的中江、宁番卫、乌撒、东川,江西的饶州、广信、弋阳、铅山、九江,云南的路南、永宁、永昌,湖广的武昌、大冶、辰溪、郴州、宜章,和浙江、南直隶、福建、广东、广西、河南、陕西、山东等处。(三)锡在湖广、河南、广东、广西、山西、四川、南北直隶、山东、浙江、福建都有出产。(四)铅在浙江、广西、江西、南直隶、湖南、贵州、广东、陕西都有出产。(五)煤炭以山西、河南为多,山西的阳曲、太原、榆次、寿阳、清源、交城、静乐、霍州、吉州、临汾、洪洞、浮山、赵城、汾西、岳阳、翼城、河津、灵石、泽州、阳城和河南的鲁山及河南府所属14州县都出石炭。北京附近的房山也出石炭。由于民营矿业经常受到各种阻难,所有这些产矿地区不一定都有民营矿业。但这些资源既已为当时人所知道,从而进行了一些临时性的或经常性的生产活动,并不是

---

  [1] 这大概是向地方官厅交纳的矿课,不一定解交京师。

不可能的。

嘉靖三十二年(1553年),世宗命铸钱1 900万锭,每锭5 000文,工部铸十分之六,南京工部铸十分之四。同时,"令黄铜照例行户部买办",以供工部铸钱之用。[1]按:

1 900(万锭)×5 000(文)×0.6(工部铸)÷600(万文)×47.272(嘉靖铸分则例所定黄铜斤数)= 212 724 000 斤

工部所需黄铜,共计212 724 000 斤,其中含有红铜约为141 816 000 斤。后来户部工部以铸这么多的钱,须用工料银3 282万多两银子,一时没有这么多的现款,改为"每年陆续造进"[2]。固然,当时如有足够的现款,也不一定能一时买足这么多的铜,但重要的是这一材料充分说明了极大数量的铜是掌握在民营矿业手中,而为官方铸钱所必需依赖的原料,并且民营铜矿的生产量也是明初官铜矿所决不能比拟的。此后两年(1555年)《明世宗实录》卷四百二十一记,"兵科给事中殷正茂言,今财用不足,惟铸钱一事可助国计。但两京所铸以铜价大(太)高,得不价(偿)费"。这也可见两京铸钱,一直是在依赖民间的铜料。这种情况发展下去,就无怪万历年间郝敬要说:"二百余年来,钱法不修。天下废铜在民间为供具什器者,不知几千万亿。其产于各处名山者,豪姓大贾负贩以擅厚利,又不知几千万亿。""今云南、陕西、四川、广东各省有铜矿,为奸商专擅。"[3]

崇祯年间(1628~1643年),民营矿业的发展气象是显著的,这一方面表现为生产地点的比较广泛,又一方面是出现了新的比较集中的生产地区和市场。这时,铁场铜坑"所在有之"。铁矿被分为锭铁、砂铁两种,成品有生铁、熟铁、钢铁之分。铜以四川贵州为盛,武昌、广信和绛、盂、垣曲、闻喜次之,成品有红铜、黄铜、白铜、青铜、响铜、铸铜。锡"偏出西南郡邑"。"今衣被天下者独广西南丹、河池二

---

[1] 《明会典》卷一百九十四《铸钱》。
[2] 《明世宗实录》卷四百零五。
[3] 《春明梦余录》卷四十七引郝敬《钱法议》。

州居其十八,衡(衡州府属)、永(永州府属)则次之。"大理、楚雄也产锡甚盛。铅的"山穴繁于铜锡,其质有三种"。除云南的银矿铅外,有贵州盛产的铜山铅和四川嘉定、广元、雅州、剑州,江西上饶、乐平所出的单生铅。[1] 铜铅的市场常在一处。当时的荆州,"上接黔蜀,下联江(江西)、广(湖广),商贩铜铅毕集"[2],是一个大市场。

煤炭在明初就已经有比前较多的开采和输运。洪武二十六年(1393年)定抽分竹木局的抽分例中有煤炭一项,是十分取二。永乐六年(1408年)设通州、白河、芦沟、通积、广积抽分五局,十三年(1415年)定抽分例,中有石炭一项,是三十分取一。煤炭或石炭成为抽分对象,可见它在燃料中已有相当地位。[3] 此后见于记载者,如正统间的大同等处,天顺、成化间的浑河、大峪山,正德间的和州含山县牛首山,都有人采煤,或自用,或出卖。[4] 万历、崇祯间(1573～1644年),煤炭的用途日广。李时珍说:"石炭,南北诸山产处亦多。昔人不用,故识之者少。今则人以代薪炊爨,锻炼铁石,大为民利。土人皆凿山为穴,横入十余丈取之。"[5] 宋应星说:"凡煤炭,普天皆生,以供锻炼金石之用……煤有三种,有明煤、碎煤、末煤。明煤,大块如斗许,燕、齐、秦、晋生之。不用风箱鼓扇,以木炭少许引燃,熯炽达昼夜。其傍夹带碎屑,则用洁净黄土,调水作饼而烧之。碎煤有两种,多生吴、楚。炎高者曰'饭炭',用以炊烹;炎平者曰'铁炭',用以冶锻。入炉,先用水沃湿,必用鼓鞴后红,以次增添而用。末煤如面者,名曰'自来风',泥水调成饼,入于沪内,既灼之后,与明煤相同,经昼夜不灭,半供炊爨,半供熔铜、化石、升朱。至于燔石为灰与矾、硫,

---

[1] 《天工开物》卷下《五金》。
[2] 《明史》卷八十一《钱钞》。
[3] 王圻:《续文献通考》卷二十九《课钞》。
[4] 《明英宗实录》卷一百五十二、一百五十八;《明会典》卷一百九十四《窑冶》;《读史方舆纪要》卷二十九。
[5] 《本草纲目》卷九。

则三煤皆可用也。凡取煤经历久者,从土面能辨有无之色,然后掘挖,深至五丈许,方始得煤。初见煤端时,毒气灼人。有将巨竹凿去中节,尖锐其末,插入炭中,其毒烟从竹中透上,人从其下施钁拾取者。或一井而下,炭纵横广有,则随其左右阔取,其上支板,以防压崩耳……其底及四周石卵,土人名曰铜炭者,取出烧皂矾与硫黄。凡石卵单取硫黄者,其气熏甚,名曰臭煤,燕京房山、固安,湖广荆州等处间有之。"[1] 煤炭业的发展,不只可提供日常的廉价燃料,并可减少别种矿冶燃料不足及成本过高的困难,同时并可提炼皂矾及硫黄等副产物。这是明末新发展起来的一种新的民营矿业,对于当时一定的地区的铁铜等矿业的发展是可能起一些促进作用的。

明代民矿的发展,基本上是和官矿的衰落相应的。洪武二十八年(1395年)罢各处官铁冶,令民得自采,这在官矿方面是标志着官铁衰落的开始,在人民方面是开始取得采炼铁矿的合法权利,这也就是民营铁矿发展的标志。宣德十年(1435年)诏罢各种官矿后,官矿有了普遍的衰落,民营矿业则有了继续的发展。这并不是说洪武二十八年和宣德十年的诏书起了整个矿业发展上的决定作用,而是说,在矿业发展的客观形势下,这两个诏书以法权形式表达出来或肯定下来了。因为银矿业一般地不准民间经营,嘉靖以后官银矿的衰落情形不可能在民营矿业中得到对比。但嘉靖以后,民营矿业在金银以外的矿产中,取得了压倒官矿的优势,是很显然的。依万历四十三年(1615年)编成的《工部厂库须知》六、七两卷所记,万历年间的工部厂局里出现了这一类的物料单,如:

〇兵仗局补造神器,己卯(1579年)甲申(1584年)庚寅(1590年)年造

会有——

节慎库:熟建铁三万七千四百斤,每斤银一分六厘,该银五百九十八两四钱。苏州钢二千一百四十六斤,每斤

---

[1] 《天工开物》卷中《燔石》。

银三分六厘五毫,该银七十八两三钱二分九厘。南铅一万三百二十斤,每斤银四分五厘,该银四百六十四两四钱。

　　丁字库:……二火黄铜八万七千四百六斤,每斤银八分一厘,该银七千七十九两八钱八分一厘。

　　通州抽分竹木局:……

　　　　以上七项共银八千六百三十八两三钱五分五厘。

○丁字库羊皮等料,乙酉年(1585年)办送

　　遇缺如买——

　　　　山羊皮……

　　　　熟建铁十九万三千二百七十五斤,每斤一分六厘,该银三千九十二两四钱。

　　　　以上二项共银七千二百四十四两二钱。

○代南部铸解太仓钱一百万文,户部给各衙门俸钱

　　召买——

　　　　四火黄铜三万六千斤,每斤价银一钱零五厘,该银三千七百八十两。

　　炉头自备今改商买办——

　　　　水锡二千二百八十一斤三钱五分,每斤价银八分,该银一百八十二两四钱八分一厘七毫五丝。

在这些物料单里,依着物料来源的不同,而分作"会有"(各库现存)、"召买"、"炉头自备"三类。重要的是,不管物料来源是属于哪一类,也不管它们是哪些东西,都有一个规定的价额。这就是说,这些物料在物料单上都是作为交换价值被考虑的,都是以它们的价额被考虑的。在这意义上,矿产品的市场价额直接影响官手工业的制造。这是民营矿业占到压倒地位后所造成的,不是自给性质的官矿业所能造成的。

　　明代民矿,在合法的采冶外,还有在皇家统治力量薄弱或空白的地方,不经过合法手续,自行采冶的。这有的是采取隐蔽的形式,有

的是采取公开的或半公开的形式。李鸿《封禁考略》所说上饶境内"永乐、宣德间矿徒入山"[1]，是这种采冶的较早记录。此后，这种情形在不少地方都已有了。记载中如：

《典故纪闻》卷十一，正统三年（1438年），浙江、福建等处军民"不遵法度，往往聚众偷开坑穴，私煎银矿"。

《明英宗实录》卷二百一十一，景泰三年（1452年），"设陕西华州石家坡巡检司，以其地近银矿，逃民多聚采故也"。

《明宪宗实录》卷十五，成化元年（1465年）"设河南内乡县金斗山巡检司，以其地产银砂，军民盗采构患故也"。

《明史》卷二百二十三《王宗沐传》："（万历初）宗沐以徐邳俗犷悍多奸猾，滨海盐徒出没，六安霍山矿贼窃发，奏设守将。"

《天下郡国利病书》第27册引《阶州志》："设所虽止防番，然去郡渐远，矿盗、茶徒、回夷、乱民，不时窃发。"

《豫志》记万历年间"内、召、卢氏之间多有矿徒……其开采在深山大谷之中，人迹不到，即今之官采亦不敢及。今所采者，咸近市井道路处也"。

而天启元年（1621年），熊廷弼经略辽东，甚至以招集东山矿徒为防辽兵源之一，疏请"参矿头目有能结聚千人者即署都司，五百人上下即署备守有差，将一呼而应，而一二万兵可立致也"[2]。崇祯十二年（1639年），湖广的临武、蓝山间，"矿洞二十余处，狂徒数百，倏忽千万"[3]。

这种不经合法手续的开采，有时发展为武装斗争。斗争的对象，有时就是禁止人民开采的官矿。正统七年（1442年）起，叶宗留在福

---

[1]　《天下郡国利病书》第34册，商务印书馆影印本。
[2]　《明熹宗实录》卷八。
[3]　嵇璜等：《续文献通考》卷二十三《征榷六》。

建、浙江强采官银场,耸动一时。[1]《明实录》记正统十年(1445年)事,说:"时福建既开银场,贼犹侵扰不已。或投牒有司云:'留宝丰场听我采取,不然,杀人。'或以竹揭纸票,题云:'浙江马大王领五百余人,定限某日大战'。"[2]这生动地写出当时强采官矿时的气派。

在正统十二年(1447年)以后,叶宗留领导的斗争,声势更为浩大。其后,景泰二年(1451年)"云南军民及诸处逃来军匠常啸聚,千百为群,盗矿于诸银场,张旗持刃杀伤甚众"。[3]正德十年(1515年)有江西民田在广信铜塘山采铁,和铅山周、吴、李等相应而起的斗争。[4]嘉靖元年(1522年)有山东青州"矿盗王堂等"[5]和蓟州"金山矿盗"[6]的斗争。嘉靖四十一年(1562年)有祝十八的斗争。[7]嘉靖四十五年(1566年),"江西德兴、浙江开化矿贼作乱,劫掠直隶、徽宁等处,突入婺源县,烧毁县治,大掠而还"[8]。隆庆三年(1569年)有"矿贼千余人突入徽州婺源县焚库及官舍"[9]。万历二十一年(1593年),有河南的"矿贼大起"[10],三十六年(1608年),有郴州的"矿贼起"[11]。崇祯十二年(1639年)有桂阳、常宁等地的斗争。[12]

非法的采冶的发展从明代矿业整个发展的形势上看,第一,说明

---

[1] 《鸿猷录》卷十《平处州寇》;《明史》卷一百七十二《张骥传》;《明史纪事本末》卷三十一《平浙闽盗》。
[2] 《明英宗实录》卷一百三十六。
[3] 《明英宗实录》卷二百零七。
[4] 《天下郡国利病书》第34册。
[5] 《明世宗实录》卷二十、二十一。
[6] 《明世宗实录》卷二十。
[7] 《天下郡国利病书》第34册,引李鸿《封禁考略》。
[8] 王圻:《续文献通考》卷三十《杂课》。
[9] 《明穆宗实录》卷三十二。
[10] 《明史》卷二十《神宗纪》。
[11] 《明史》卷二十一《神宗纪》。
[12] 嵇璜等:《续文献通考》卷二十三《征榷六》。

采矿是有利可图的。成化年间,丘濬曾说:"山泽之利,官取之则不足,民取之则有余。今处州等山场虽闭,而其间尤(犹)不能无渗漏之微利遗焉。此不逞之徒所以犹囊其间以竞利起乱也。"[1]嘉靖年间,朱恩也说:"金银铅锡之利,人所共趋。公私相角,其势必争。"[2]第二,非法的采冶是和合法的民营矿业互相补充的。民矿一般地不能经营白银,但非法采冶则以采冶白银为主要的目标。非法采冶的生产不便运销,但一般的矿业商人也可以运销这样的生产。这就是所谓"各省有铜矿为奸商专擅(民矿),或封闭未开,为土人窃发"[3],"常宁、桂阳地产铅锡等利,富商大贾贸易其中。四方亡命之徒往往依之,凭山阻险,实为盗薮"[4]。因此,非法采冶的发展是和合法民营矿业的发展相平行的,是和官矿的衰落相对比的。嘉靖、万历年间是官矿最衰落的时候,也就是合法的和非法的民营矿业最发展的时候。

三　明代矿业中封建所有制的统治及形式上的变化

明代矿业中大量官矿的存在、矿课的征收,都不是偶然出现的,而是由当时矿业中的封建所有制所决定的。

这种封建所有制,主要是以国有形式出现的。万历间,沈淮引或人的话:"天地固有自然之利出于常赋之外者,下不瘠民,上不损官,孳利盐田,铲货铜山,古之人皆用之……今之矿洞,诚国家之外帑也。"王锡爵说:"天地生财,本以资国家之用。今帑藏无余财,山泽无遗利,则权宜开矿,亦是理财一策。"[5]神宗说:"其开矿抽税,原为助

---

[1]　《大学衍义补》卷二十九《山泽之利下》。
[2][5]　《西园闻见录》卷九十二《坑冶》。
[3]　《春明梦余录》卷四十七,郝敬《钱法议》。
[4]　《天下郡国利病书》第36册引《衡州府志·险要》。

济大工,不忍加派小民,采征天地自然之利。"[1]这些话都是把矿藏国有视为当然,视为历史的传统。嘉靖年间,世宗同侍臣谈开矿说:"今可仰承天地之赐,今如法取上,不可自误。各处还有未开之场。仍今查访取用,以显金玉露形经旨,昭太上玄风焉。"户部上疏称颂,说:"帝(上帝)锡嘉祉,不当壅阏无用之地。"[2]这更是把矿藏国有还原为"神授"了。

明律例:"凡盗掘金银铜锡水银等项矿砂,每金砂一斤折钞二十贯,银砂一斤折钞四贯,铜锡水银等砂一斤折银一贯,俱比照'盗无人看守物'准窃盗论。"[3]这是以法权形式把国家对矿藏的权力固定下来的。尽管有许多矿藏没有开采,或没有开采过,甚至没有被官方发现,但也都可以作为"无人看守物",是归国家所有的。如果未得到封建国家的允许,而去开采矿藏,是不合法的,这就是所谓"盗掘"了。这一条可说是明代矿禁法令之最基本的规定,后来的许多禁令都是从这里引申出来的。

《明史·职官志》记户部职掌之一,是"以山泽陂池关市坑冶之政佐邦国,赡军输"。《春明梦余录》卷三十五记户部职掌之一,是"封闭矿砂"。这两条也不会是作者凭自己的看法写出来的,当有官方文献的根据。这又是用法权形式把国家对矿藏的权力从国家机能方面固定下来的,我们不可简单地理解它为户部职掌的说明。

矿藏的国有形式是明代矿业中经济基础的支配形式。它在经济形式上的体现就是官矿和合法的民营矿中的矿课。矿课,本质上就是封建地租,它跟农民向地主交纳的地租之间的区别,在于后者是向地主个人交纳,而矿课是向地主阶级的国家交纳。

---

[1] 《明神宗实录》卷四百一十六。

[2] 《明世宗实录》卷四百三十八。

[3] 《明律集解附例》卷十八《刑律·贼盗》。《明会要》卷一百六十八所载同。这条律例所依据的明律原文是:"凡盗田野谷麦苹果及无人看守之器物者,并计贼,准窃盗论,免刺。"

在官矿中,矿课数额就是生产定额。明廷在矿场上役使大批的坑冶户来进行矿课的生产。《明太祖实录》卷一百四十五,记洪武十五年(1382年)五月:

> 广平府吏王允道言:"磁州临水镇地产铁。元时尝于此置铁冶都提举司,总辖沙窝等八冶炉丁万五千户,岁收铁百余万斤,请如旧置炉冶铁。"

同书卷一百五十记同年十二月事:

> 济南、青州、莱州三府奏,岁役民二千六百六十户,采铅三十二万三千四百余斤。及今岁久,凿山愈深而得铅愈少,乞停其役。

其后,宣德三年(1428年):

> 诏蠲江西德兴、铅山铜场夫徭役。先是,二县铜场岁浸铜,得五千余斤。所用铁炭,丁夫自备。其诸差徭科征皆不免,岁额累亏。至是敕有司悉免其杂役,税粮于附近输纳,仍令广信、饶州、徽州等府办给铁炭。所需铁炭之家免杂役之半,税粮则运输南京淮安。[1]

宣德十年(1435年),浙江温州府奏:

> 本府平阳县既采办银课,宜如处州府青田等县例,优免杂役军需以宽民力。[2]

正统九年(1444年),浙江按察使轩輗等奏:

> 复开银场虽一时之利,然凡百器具皆出民间,恐有司横加科敛,人心摇动,其患尤深。[3]

景泰五年(1454年)孙原贞等奏:

> 况福建自经兵以来,民心未安。今欲开场,器具工力悉出民间,闻风惊惶,必致逃窜,其患匪轻。[4]

---

[1]《明宣宗实录》卷四十七。
[2]《明英宗实录》卷七。
[3]《明英宗实录》卷一百一十九。
[4]《明英宗实录》卷二百三十七。

从这几条记载来看,可知:(一)铁铅铜银官矿都役使大量的坑冶户;(二)他们的劳动力不是以人来计算而是以户来计算的;(三)他们原有担负的税粮照旧输纳;(四)他们原有的杂役军需等差徭,或得到优免、减半,或照旧的处理;(五)他们基本上自备工具和燃料("铁炭"、"器具"),但也有不能自备的("所需铁炭之家")。所有这些特点,说明官矿劳动者不是独立手工业者的身份,而是普通农民的身份,是以农业和手工业相结合者的身份。同时,一个官矿劳动者也不是以个人身份出现,而是以一个农户的成员出现。他所出生的这个农户是担负着普通农户所要担负的封建义务;他作为这个农户的成员,是作为履行一种徭役来提供采冶劳动的。很显然,官矿采冶劳动之得以实现,是以坑冶户占有一小块土地为前提的。矿冶户从土地上获得了自己的衣食,皇家则利用土地作为保证劳动人手的手段。矿冶户不能脱离土地去生活,因而皇家得以强制他们从事采冶劳动,因而坑冶户实质上是进行农奴式的劳动。他们创造出来的矿课,实质上就是劳役制地租。明代皇家所以能实现矿课的榨取,不只是因为国家对矿藏有所有权,并且还因为农民对封建国家的人格依附关系。在明初以及明中叶,因农民紧紧束缚在土地上,从而保证了劳动人手,所以许多官矿能随时兴革,不必像后来那样要考虑劳动力的集中和遗散的问题。

《明会典》卷一百九十四记正统三年(1438年)遵化铁冶使用劳动力的情况比较详细。它说:

> 正统三年,凡烧炭人,匠七十一户,该木炭一十四万三千七十斤;淘沙人,匠六十三户,该铁沙四百四十七石三斗。铸铁等匠六十户。附近州县民夫六百八十三名,军夫四百六十二名。
>
> 每年十月上工,至次年四月放工。凡民夫民匠月支口粮三斗,放工住支。
>
> 军夫军匠,月粮六斗,行粮三斗,俱岁办柴炭铁沙。看厂军,月粮同,行粮减半。各军俱给冬夏衣布二匹,棉花二斤八两。帮贴余丁不支粮,该卫免其差役,岁办半于正军。

此外,又有顺天、永平输班人匠,原额六百三十名,岁分为四班,按季办柴炭铁沙。又有法司送到炒炼囚人,每名日给粟米一升。

这里的劳动者,有烧柴、采淘铁沙、炼铸等不同的分工,工匠、人夫、囚人等不同的等级,军、民不同的户籍,一年(岁办)、半年(每年十月上工至次年二月放工)、三个月(季办)等不同的时期,衣粮、月粮、日粮、免役及无任何"支""免"(输班人匠)等不同的看待。由于劳动时期长短的不同,有的就可以完全不脱离农业生产(某些季工),有些就要在一年内的一定时期脱离农业生产,有些就要全年脱离农业生产。但这些区别都不改变他们家的农户性质。由于官方看待的不同,输班人匠还完全是劳役制下的劳动力,其他军民人匠则是列宁所说工役制的劳动力,但这些也都不改变他们所创造的矿课之共同的性质,即劳役制地租的基本性质。因为官矿劳动力既按户来计算,作为坑冶户的军户或民户(包括劳役制性质的和工役制性质的)"为自己做的劳动,和他为地主做的劳动,在空间和时间上,都还是分开的。他为地主做的劳动,还是直接出现在为第三者而做的强制劳动的野蛮形态上"。坑冶户不是"在实际上属于他自己的生产场所内,他自己所利用的土地内"进行生产,而是"在领主的所有地内"进行生产。[1]

遵化铁冶以军户充当坑冶户给予衣粮的办法,在云南官银矿中是相当普遍的。但因为赔纳情况的严重,衣粮的给予是有名无实的。成化九年(1437年)云南监察御史胡泾等说:"云南所属楚雄、大理、洱海、临安等卫军全充矿夫,岁给粮布。采办之初,洞浅矿多,课额易完,军获衣粮之利,未见其病。今洞深利少,而军夫多以瘴毒死。煎办不足,或典妻鬻子,赔补其数。甚至流移逃生,啸聚为盗。"[2]弘治十三年(1500年),云南都御史李士实奏:"云南银场有九,近年矿脉甚微,各卫俱以矿夫口粮赔纳,岁折银三万四百三十四两,名曰矿夫

---

[1] 马克思:《资本论》,第三卷,人民出版社1953年版,第1033页、1037页。

[2] 《明宪宗实录》卷一百一十四。

口粮。余丁或三五人朋当一名,岁办银二万一千九百四十五两,名曰夫丁干认。今判山、窝村、广运、宝泉四场,矿脉久绝,赔纳无已。"[1]弘治十八年(1505年),云南都御史陈金奏:"云南旧有银场,矿脉微绝。近减银课,岁征银三万一千九百余两,然皆出于矿夫及军余赔纳。矿场所取者,仅足供加耗纲解之费。"[2]像这样徒具形式的工役制,是比一般劳役制的剥削还要残酷的。

遵化铁冶中使用的炒炼囚人,是徒罪人犯。这种人如用于官矿,是只在铁冶上服劳役的。他们生产的矿课不算在正课之内。明律:"徒役各照所徒年限,并以到配所之日为始,发盐场者每日煎盐三斤,铁冶者每日炒铁三斤,另项结课。"律文并指出发配场所:"江西布政司府分发泰安、莱芜等处铁冶","山西布政司府分发巩昌铁冶,北平布政司府分发平阳铁冶","海北海南府分发进贤、新喻铁冶,四川布政司府分发黄梅、兴国铁冶。"纂注:"'另项结课'者,谓扣算其每日煎盐若干、炒铁若干,另项归结课程,不在本等灶丁炉丁额设正课之例。国初徒罪俱发盐场铁冶,今则无力者有摆站做工之例。"[3]这种人所受的奴役,比别的官矿劳动者更坏,他们几乎是奴隶的身份,时常面临死亡的边缘。商辂(1414~1486年)在《燕山笔谈》就说过:"蓟州铁冶,皆鬼薪城旦耳,顾十九毙命。"

嘉靖、万历年间,官矿的劳动力性质和剥削形态有一定程度的变化。

嘉靖十五年(1536年)郭勋建议采矿的办法是:"佥家业殷实者为矿甲,熟知矿脉者为矿夫。所获矿银以十分为率,三分为官课,五分充雇办费,二分归之甲夫人等,用酬其劳,则彼此皆毕力于矿而所获自陪矣。"[4]我们不知道这个办法在当时是否会被采纳实行,但这

---

[1] 《明孝宗实录》卷一百六十八。矿夫口粮,是说把矿夫照例应领的口粮折作银课。夫丁干认,是说每三五人合起来,赔纳一丁的课额。

[2] 《明孝宗实录》卷二百一十八。

[3] 《明律集解附例》卷一《名例》。

[4] 《明世宗实录》卷一百九十四。

个办法至少已可反映出原有的剥削制度已因不能刺激劳动者的生产情绪,而必须加以改变了。这个办法的特点是:(一)矿课不是依定额征收而是依实际生产的比例征收。(二)生产者分化为两种人,一种人是家业殷实者(意味着可提供工具及各种必需设备者),一种人是熟知矿脉者(有生产经验的体力劳动者)。(三)矿甲矿夫都可按生产量的比例得到报酬,矿甲并可收回他的垫办费。(四)矿甲矿夫都还是被签发的人。这些特点所体现的剥削形态是第一种工役制、第二种工役制的混合形态,并带有一定程度的实物代役制的外表。所谓第一种工役制,用列宁的话来说,"只是那些拥有耕畜和农具的农民经营主才能实行的工役"。所谓第二种工役制是"那些没有任何农具的农村无产者才能实行的工役"[1]。

嘉靖三十五年(1556年)新开银矿,矿上有"廪食并合用器具、铅炭"[2]等费的支出。这说明劳动者的身份是农村无产者的身份,他们领有口粮,他们使用矿上的工具而不是使用自己的工具,他们使用矿上的铅炭而不是自备铅炭。这种情形就完全是第二种工役制的形态。这些劳动者虽照旧是被强制地工作着。但他们既"没有任何经济,或只有极小一块土地,不像'中'农一样束缚于土地,因此很容易跑开,在'自由'条件下被人雇佣"[3]。

万历年间,官银矿劳动者中之有大量的脱离土地的农村无产者,更为显著。万历二十四年(1596年),魏允贞奏:"所用开矿者,皆矿徒也,习于作奸亡命……计开矿,近不过终年止耳,远不过二三年止耳。彼时差官已去,矿徒犹在,散之何所?给之何食?此辈岂能归故里事农业者!"[4]这说明了矿徒和坑冶户的根本区别:坑冶户是附着于土地的,矿徒则"习于作奸亡命",不能"归故里,事农业"了。这时的情况

---

[1] 列宁:《俄国资本主义的发展》,人民出版社1953年版,第174页。
[2] 《明神宗实录》卷二百四十九。
[3] 《俄国资本主义的发展》,第176页。
[4] 王圻:《续文献通考》卷二十七《金银课》。

和明初的启闭矿场,不需考虑劳动力集散的情况是很不相同的。

对于使用这样的劳动力去开矿场,明廷内部的意见是不一致的。一种人认为这是危险的,很容易弄出乱子来,宁可以不开矿的好。这就是万历二十二年(1594年)户部所考虑的:"角脑如何分辖?棍徒如何约束?奸细如何防范?四方奸顽如闻风沓至,如何防御?变或叵测,群众生乱者如何解散?"[1]也就是万历二十四年(1596年)魏允贞所考虑的:"倘衅由中作,则矿夫冗役为祸尤烈。"[2]也就是沈淮所考虑的:"今所使开矿之人又非饶衣食,知礼节,类皆饥寒奸究而偷为利者也。种桑得衣,种谷得食,犹时有贪邪窃盗之虞,况乎躯群无籍之人而开之以非望之利,而予之以必争之路,欲其无为奸究,岂可得哉?"[3]另一种人是主张使用这样的劳动力的,他们要利用这些人的"惯熟煎销"和"精壮能事"。万历二十四年(1596年)王虎的奏请[4]以及上文所引嘉靖十五年(1536年)郭勋的建议,都是这样的。这两种人的意见虽是相反,但都各反映了某一方面的情况。如果要开矿,只有使用这样的劳动力。但使用了这样的劳动力,也不一定能达到原来开矿的愿望。这是嘉靖、万历年间官矿所遇到的致命的问题。这个问题,意味着官矿中所存在着的剥削形态(劳役制的,工役制的)无法继续下去,官矿的生产无法继续下去,从而官矿不得不走向无法挽回的衰落。

在合法的民营矿业中,关于矿课的情形,我们知道得很少,但主要的剥削形态和征收方法还可以看得出来。洪武二十八年(1395年),规定民铁矿课"每三十分取其二"。这是实物代役制地租,是按产量的比例来征收的。宣德十年(1435年)到天顺七年(1463年)的浙江铁课是74 583斤,《明会典》卷一百九十四记正德元年(1506年)到万历十三年(1585年)的浙江铁课是74 583斤5两4钱,前后150

---

[1][4]　王圻:《续文献通考》卷二十七《金银课》。

[2]　《明史》卷八十一《坑冶》。

[3]　《西园闻见录》卷九十二《坑冶》。

年,可说没有变化,这总可以说是按定额征收的实物代役制的矿课了,[1]但这也只是朝廷向地方官指定的课额,还不是直接向民矿要的课额。《天下郡国利病书》第41册记:

> 潮矿冶出海阳等五县。每年听各县商民采山置冶。每冶一座,岁纳军饷银二十三两。前去收矿炼铁各山,座数不等。计通共饷银一千两。

这才是民矿交纳的定额矿课,但已不是实物代役制地租,而是货币地租了。这条材料所代表的年代不明,可能是在嘉靖、万历之间。

从封建经济发展的通例来说,实物代役制地租是劳役制地租向前发展的较高阶段,货币地租是向前发展的更高阶段。民营矿业所提供的地租形态是较官矿中的地租形态为前进的,因而明代矿业中官矿的逐趋衰落和民矿的相应发展,标志着中国封建社会矿业史上的阶段性变化。

四　明代矿业中商品生产的增长和资本主义的萌芽

明代矿业的发展和劳动力性质及地租形态上的变化,同时也就体现当时矿业中商品生产的增长及资本主义的萌芽。我们可以分成3个阶段来说。

明初,官矿占统治地位,官矿的铁、铜、铅生产额不住地变动,官矿的启闭不定,以及劳役制下的劳动力的使用,都还是自然经济的性

---

[1]《典故纪闻》卷十一:"福建尤溪县银屏山,自永乐间县民朱得立开采纳银。宣德间设官局。后奉诏书,罢局封坑。而坑首额户犹照旧纳银。布按二司以为言。英宗曰:生财有道,不在坑冶,况厉民以为益乎?其即罢之。"这可能是定额征收民营矿课的最早记载,征课的对象当是银矿。设官局后,坑首额户的纳银是官矿上的定额纳银。设官局前,朱得立的纳银,可能是民矿的定额纳银。永乐间之可能有民矿的定额纳银,和明代之有民营银矿,我们只见到这一条史料,都可说是特例。

质。这时官矿设置的意图,在于为官手工业制造部门提供一部分原料的自给。当官手工业需要原料多的时候,就多开一些矿。当矿产原料不需要这么多的时候,照旧的多量生产就不必要了,因为它们除了供应皇家消费外,并不是要拿去卖钱的。所以,洪武十五年(1382年),有人请开磁州铁矿。明太祖没有答应的理由是:"今各银铁数尚多,军需不乏。"到了十八年(1385年),太祖因存铁已多,把各处铁冶都罢了。二十八(1395年),因为需要,再开铁冶。三年以后,因存铁又多了,又罢了各处铁冶。三十一年(1398年),"工部臣言:各处铁冶久已住罢,今内库所贮铁有限,而营造所费甚多,恐岁用不敷"。太祖就又命"暂开炉冶一年,仍复住罢"了。[1]

明初官矿的白银生产,好像在生产着作为特种商品的货币,但实际上还反映浓厚的自然经济的性质。这时,明廷禁止民间用金银进行交易,"违者治罪",后更规定:"犯者准奸恶论。"同时,规定金银同钞的比价,准许以金银向官库兑钞[2],对于商税渔课,也有征银的规定[3]。这些措施同在矿业上对白银的贪求,都不是要便利金银在市场上流行,而是要封销金银的流行,要把金银尽量地储藏在宫廷里面。金银跟钞的比价,不是把金银当作价值尺度,而是便于民间以金银折钞,好把金银送到官库里去。在这里。金银是"被阻止作为流动手段去变成只是商品的转瞬即逝的货币形式",是当作"被保存形式上的""持久不变的"财富,当作"权力的表征"。在这里,金银是"生产物中并非直接需要的使用价值部分的形式,或者说,是其使用价值不属于最必需范围的那些生产物之占有"[4],是"有余或富之社会表现",是在"有传统的自给自足的生产方式和固定的有限的需要范围

---

[1]《明太祖实录》卷一百四十五、一百七十六、二百四十二、二百五十六。

[2]《明会典》卷三十一《钞法》。

[3]《明宣宗实录》卷八十"(宣德六年六月)浙江温州府知府何文渊言:……近虽禁使银,而商税鱼课仍征银,巡拦网户陪纳甚艰。"

[4] 马克思:《政治经济学批判》,人民出版社1955年版,第91、92、94页。

相适合的民族内"的"永久化了"的"素朴的货币贮藏形态"。[1] 所以,这时的白银生产是在生产着拒绝流通的"硬化"的货币,而反映了自给性质的自然经济,因而以提供白银为目的的银矿经营基本上是属于自然经济范畴的。

永乐、宣德间(1403～1434年),民营矿业在逐渐地滋长。民矿的生产,除交纳矿课外,基本上都是商品生产。但这时商品生产在矿业中是微弱的。拿这时的民矿生产量和洪武年间官矿生产量相比,还是差得多的。

我们可以把洪武元年到宣德九年(1386～1434年)的六十多年,划作明代矿业发展的第一个阶段。这一阶段的特点是:自然经济和官矿的统治,商品生产和民矿的微弱,矿藏国有形式的巩固及劳役制剥削的支配形态。

宣德十年(1435年)起,矿业中的商品生产有了增长,自然经济的统治显得削弱,民矿向前发展,官矿趋向衰落,矿藏国有形式受到非法采冶的不断地摇撼,官矿中的劳役制向工役制过渡,民矿以实物代役制地租形态提供大量的矿课。这些可以说是明代矿业发展第二阶段的特点,一直可以算到嘉靖三十五年(1556年)。

在这一阶段,商品生产增长基本情况,已可从本文第二章说民营矿业发展情况时看到。这里要补充的有两点。首先要说到的一点,是民营矿业的产品在以"召买"的名义交到国家手里的时候,并非自由的商业交换。这就是说,这些产品带有商品性质,也带有封建地租性质。供应卫所军器制造的铁和供应官局铸钱的铜,都带有这样的双重性质。这里的第二种性质,和民矿所生产的实物代役制地租,都还是体现自然经济的。

第二点,这时不只是官矿的产量减少了,并且是与官矿密切联系的白银的货币机能向前发展了。上文已说过,明初禁止民间用金银交易。但现在白银是正式的货币了。史记英宗即位后,"弛用银之禁,朝野率

---

[1] 《资本论》,第1卷,人民出版社1953年版,第127页。

皆用银,其小者乃用钱,惟折官俸用钞,钞壅不行"[1],于是白银被当作合法的价值尺度,流通手段和支付手段,堂皇地进入市场。铜钱只起辅币的作用,大明宝钞从货币的宝座上跌下来了。原来收钞或兼收钱钞的课税,都逐渐改折用银。原来兼发钱钞的银俸,逐渐改成钱一银九。明廷虽还想保持宝钞的地位,但终归无效。洪武间原规定的比价是:每钞一贯,准钱千文,银一两。成化年间,钞价跌到"钞一贯不能值钱一文"。到了嘉靖初年,"钞久不行,钱亦大壅,益专用银矣"。[2]

明初的禁令并没有能终止了白银的流通及其向正式货币发展的道路,但它对于白银的流通和向正式货币的发展起了阻碍的作用,对于宫廷储银则加强了它硬化的性质。英宗对白银的弛禁,并没有凭空创造出来白银的货币机能,但这一方面反映了白银扩大流通的要求,又一方面也促进了白银的流通,便利了白银的货币机能的发展;它并不能立即消灭宫廷储银的"硬化",但有助于宫廷储银之性质上的改变。

从史料上看,这个解除银禁的皇帝(英宗)恰好就是更好储银的人。他在正统元年(1436年),决定把每年的额折漕粮百万多两金花银尽解内库。七年(1442年),又设太仓库,专用以储银。"各直省派剩麦米,十库中绵丝绢布及马草盐课关税,凡折银者皆入太仓库。籍没家财、变卖田产、追收店钱、援例上纳者,亦皆入焉。以其贮银,故又谓之银库。"银库中有中库,经常积银八百余万两,是不动支的。另外在两庑中存银,叫做外库,是预备随时动支的[3]。不错,英宗的储银是更多了,但英宗的储银,就不完全像以前那样是"流动本身之外的活动",而是为准备未来的支付的货币。这是宫廷储银性质的变化。

宫廷储银既要为准备未来的支付,那就要看支付的需要而决定用银的多少,库藏的动支与不动支的分别是终必归于突破的。这就是说,属于"流动本身之外的活动"之硬化的储银要渐趋减少,而当作支付手段之准备的储银要逐渐增加起来。王圻说:"国家内帑积金,

---

[1][2] 《明史》卷《八十一·钱钞》。
[3] 嵇璜等:《续文献通考》卷三十《国用一》。

凡十窖。每窖凡若干两……景泰末，颇赏赐浪费。英宗居南城，闻之叹曰：累世之积其尽乎！甫复位，亟往观之，则金俱存，止缺其一角，旋节他费补之。及成化中，太监梁芳、韦兴等作奇技淫巧、祷祀宫见，宝石之事兴，于是十窖俱罄矣。"[1]这一系列的事例说明宫廷储银在性质上改变后之终归要服从于支付的需要，而参加流通过程。

宫廷储银之性质上的改变，反映到官银矿的经营上，就是以准备支付手段为采银的目的。天顺二年(1458年)，司礼监太监福安奏："永乐、宣德间，云南、福建、浙江产有银矿之所，悉令采办煎销，上纳京库，此诚国家大利。近年或采或止，国用不足，请如旧制，各遣内外官员开场煎办。"[2]这就指出，采银既是要"上纳京库"，又是要用以避免"国用不足"的；这就是说，要以开采银矿来准备支付手段。马克思说，货币在支付手段的形态上，"它是当作商品的绝对形态出现的"，或说是"当作交换价值的独立的存在"。[3]明中叶的银矿，随着它所生产的白银之当作支付手段，也就使自己具有生产交换价值的性质。但银矿并不是为市场生产，而是为皇家生产，银课并不是当作货币直接进入市场，而是以生产品形态进入皇家手中后，再作为货币流入市场。白银在官矿中，还没有取得货币的"自由姿态"[4]，官银矿的组织也还是过去的老样子。所以，明中叶官银矿中滋生起来的商品性质也还不能排挤掉旧有的自然经济的形式。

官铁矿中也有了商品生产。这就是嘉靖三十四年(1555年)，把建宁铁起课改征折色，每斤价银一分、水脚钱一分二厘。折色的出现，一方面说明官铁矿的生产品需要投入市场，交换白银，又一方面说明矿产市场广泛起来了，皇家可以把用不着的东西卖出去，也可以把需要的东西随时由市场买进来，这比征解本色还要方便些。

---

[1] 王圻：《续文献通考》卷三十六《国用考》。
[2] 《明英宗实录》卷二百八十七。
[3] 《资本论》，第3卷，第777页；第1卷，第136页。
[4] 《政治经济学批判》，第23页。

我们对于明代矿业发展第二阶段上限的划定,是以英宗的解除银禁和听民采矿为标志的;对于下限的划定,是以嘉靖三十五年(1556年)世宗"广开采"的失败及第二种工役制的出现为标志的。从嘉靖三十五年到明亡(1556~1643年),可说是第三阶段。第三阶段的特点是:商品生产继续增长,自然经济的统治更为削弱,民矿和反矿禁的生产发展起来,官矿走向失败,矿藏国有形式下的剥削形态在实物地租外,出现了第二种工役制和货币地租。在这一阶段,铁铜铅锡的生产都较前发展,煤炭生产是一个新兴的部门,官手工业更加强地依赖着带有商品性的矿产原料的供应。白银,像在第二阶段一样,通过非法开采,进行着商品性的生产。这些都已在本文第二章和第三章说到了,我们在这里只指出来这一总的情况。现在要特别提出的,是矿业中资本主义的萌芽。矿业中资本主义的萌芽,从记载上看,在明嘉靖以后,是在个别地方留了一些踪迹的。

嘉靖四十五年(1566年)成书的《徽州府志》卷三说:

> 凡取矿,先认地脉,租赁他人之山,穿山入穴。深数丈,远或至一里。矿尽,又穿他穴。凡入穴,必祈祷于神。不幸而复压者,有之。既得矿,必先烹炼,然后入炉。煽者、看者、上矿者、炼者取钩(矿)沙者、炼生者,而各有其任。昼夜番换,约四五十人。若取矿之夫、造炭之夫,又不止是。故一炉之起,厥费亦重。或炉既起,而风路不通,不可镕冶。或风路虽通,而镕冶不成,未免重起。亦或有一再而成者,凡此皆得不補费。

从这条记载看,这时的徽州府矿业中,已有工场手工业形式的生产组织出现,而拥有四五十人以上的劳动力。并且矿商租地开矿,这从矿主对土地占有者说,已体现了资本主义地租的出现。这种劳动力是什么性质的,在记载中虽不太明确,但使用劳动力的费用占相当大的比重,是很清楚的。

崇祯年间,侯恂条陈鼓铸事宜,说"谨按铜矿产于石山之中……每矿百斤,上者烧铜十五斤,次者十二、十一不等。其用锤手并烧炉匠,共二十名。每日给工食,共银八钱。用造饭运水夫二名,每日给工食六分。用帮扯提矿小夫四名,每日给工食一钱二分"。[1] 这说的是官矿上采冶铜矿百斤所须匠夫工作日及其酬偿的估计。这种酬偿制度在当时的官矿,如果实行起来,仍不免还是一种工役制,但这种依照劳动性质按日计酬的办法则也可多少反映当时某些矿场中所已经推行的制度。

明代矿业中的资本主义的萌芽是微弱的,它不能发展成资本主义生产关系。这首先是由于当时生产力的水平,尚不能容纳新的生产关系由萌芽而滋长。当时的矿厂常常不能维持本身的再生产,并且为矿厂附近地区的生产带来灾害。见于记载者,如《西园闻见录》卷九十二:

> 处州庆元人叶宗留盗掘小阳坑,雇矿手二百余人,开坑大作,官不能禁。采数月,得矿不够食用,弃之。正统十二年(1447年)九月,领其众往云和地方有坑场处悉发掘,皆无所得。云和亦万山中,官府不之计也。还庆元七都山中。住数日,往政和,掘小亭坑,矿薄,亦不给用。

《天下郡国利病书》第43册:

> 惠之归善、海丰,广之从化、香山,皆有银矿……正德(1506~1521年)中,顺德豪民勾引势家,纠集逃叛及白水贼徒,伪捏朝旨执照,乃开矿采煎。村民初犹拒之,其后力不能胜,尽被屠戮,而淫其妻女,使供炊爨。每岁得银渐至千余两。嘉靖甲辰(1544年),苗脉已尽,贼徒乃散。然其地鸡犬桑柘亦俱尽矣。近来海寇滋多,皆此曹也。

前引《徽州府志》所说"一炉之起,厥费亦重。或炉既起,而风路不通,不可镕冶。或风路虽通,而镕冶不成,未免重起。亦或有一再而成者,凡此皆得不補费",这也说明生产力水平低下的情况。

除了生产力水平的限制外,明封建统治集团对民营矿业生产的阻碍和破坏,也为资本主义萌芽的滋长带来严重的困难。明代矿禁

---

[1] 《春明梦余录》卷三十八《宝泉局》。

的严厉[1],可开矿洞被封闭的严密、普遍[2],矿课的征取、矿产物料

---

[1] 参看《明会典》卷三十七《金银诸课》。
[2] 《天下郡国利病书》第20册,曾提供山东各地封闭矿洞的情形,可作为典型的例证。它指出山东矿洞的封闭者,计:

济南府:莱芜县锡矿洞三处,"今封塞完固"。

兖州府:沂州银矿洞四处,费县银矿洞二处、铅矿洞一处,峄县银矿洞一处,滕县银矿洞一处。"以上矿洞,俱封塞完固,沂州兵备道驻扎统辖,设总巡沂州卫千户一员,带领团操快手,协同老人并邻近地方保甲人等巡逻看守"。

青州府:益都县铅矿洞一处,颜神镇铅矿洞六处。"以上矿洞七处,俱封塞完固,各有义民一名,带领近洞枪手牌甲,日输十五名,巡逻看守"。莒州银矿洞四处,"俱封塞完固,各有义勇官一员,带领下班团操快壮,巡逻看守"。蒙阴县银矿洞一处,"今封塞完固,县设义勇官一员率领保甲人役,巡逻看守"。临朐县有银矿洞六处,其中略水埠一处,"嘉靖间奉钦差官采三次",黑山河一处,"嘉靖三十年,奉明文,官采一次"。"以上矿洞六处,俱封塞完固,总设义勇官一员,督率打手十名,并附近总甲二十名,枪手一十名,巡逻看守"。

登州府:宁海州银矿洞五处,"俱封塞完固。除编定地方夫役民壮巡守外,仍本州巡捕官带领巡捕人役巡逻看守"。蓬莱县金银矿各二处,"有高家杨家店二巡司督令下班团操快壮十名,登州营每季委官一员带领旗军二十名,并地方保甲人等,巡逻看守"。莱阳县银矿洞一处,"本县官快等役、外金邻近地方乡夫五名,在彼巡逻看守"。福山县银铅矿洞各一处,"俱封塞完固,各有下班快壮每月轮拨五名,中前所军每月轮拨五名,巡检司弓兵每月轮拨六名,各跟随本县及中前所各巡捕官并孙桥镇巡检,常川巡逻,仍令该管地方保甲人等巡逻看守"。招远县有金矿洞一处,"嘉靖四十五年奉旨,差官采取一次"。有银矿洞四处。"以上矿洞五处,俱封塞完固。本县差义勇官带领下班团操快壮巡逻看守"。栖霞县金矿洞一处,银矿洞十一处,"俱封塞完固,除古积顶洞系登州营官军二十名每季轮流防守外,其余俱系地方夫役巡逻看守"。文登县金矿二处,银矿二十一处,"俱封塞完固,各有地方保甲人等巡逻看守"。

的召买和临时的摊派,海外贸易的限制,无一不妨碍矿业中资本主义幼芽的滋长。万历二十四年至三十三年间(1596～1605年)的"矿税之祸",其惨苦的程度至于:"不论地有与无,有包矿包税之苦。不论民愿与否,有派矿派税之苦。指其屋而挟之曰彼有矿,则家立破矣。指其货而吓之曰彼漏税,则橐立倾矣。以无可稽查之数,用无所顾畏之人,行无天理无王法之事。大略以十分为率,入于内帑者一,克于中使者二,瓜分于参随者三,指骗于土棍者四,而地方之供应、岁时之馈遗、驿递之骚扰与夫不才官吏指以为市者,皆不与焉。"[1]"或指砂地名派,定岁纳金若干。或发些须零银,买金若干。或指其家有金银二窖欲掘之,而诈其银二千两。又或指其家有金帛,有奇玩或墓金,以数百人围而挟之,有司睥睨不敢救。男子幸脱而缚其妇女,或裸体鞭笞,或轮奸备辱,至于奸死垂发之幼女者。或将孕妇夹打堕胎,母子并死,而以钉钉其胫骨者。甚至断人手足,投之江流。"[2]这是对于人民生活,各种生产事业的破坏,对于矿业中资本主义萌芽的滋长,直接间接都有很恶劣的影响。此外,对于不经由合法手续的民间采冶,明廷则经常采取武力镇压的办法,有时调动了很大的兵力。像这种种封建势力的压迫和摧残,像一座大山一样,把资本主义的幼芽紧紧压在下面。

关于中国矿业中资本主义萌芽问题,在史学界中还存在着一些不同的看法。

有的学者怀疑明代矿业中资本主义的稳定性。不错,它们不只是不稳定的,并且还是分散的、微弱的。但我们不能因此而否认它们的存在。就按西欧的情况说,不是"自16世纪至大工业时期,资本还不能占有手工制造业劳动者全部可以利用的时间,各种手工制造业

---

〔1〕 冯琦:《为灾旱异常,备陈民间疾苦,恳乞圣明亟图拯救,以收人心,以答天戒疏》,见《明经世文编》卷四百四十。

〔2〕 王圻:《续文献通考》卷二十七《金银课》。

都是短命的,要跟随劳动者迁入和迁出,而由一国迁至他国"[1]吗?

有的学者认为明代矿厂处在深山大谷之中,是处于商品经济体系之外的。这是不恰当的看法。矿厂虽不少是在深山大谷之中,但只是在这里进行生产,它们的产品是要到城市和农村中行销的。如果明代的矿业处在商品经济之外,它就不会得到发展。

有的学者把资本主义萌芽跟资本主义制度等同起来,认为必须有自由雇佣的劳动力的出现,才能算是资本主义萌芽。依我个人的理解,资本主义萌芽是否存在,取决于商品生产过程是否以社会化的生产代替了个人性质的生产,而不一定取决于自由雇佣劳动的是否出现。一旦自由雇佣劳动出现了,并且形成了一种制度,那么,资本主义制度也就成长了,也就不再是资本主义的萌芽。马克思把资本主义生产分成三个阶段:协作、工场手工业和机器工业。他在《资本论》第一卷,讲"协作"的一章中,一开头就说:"较多数劳动者在同时,在同地(或在同一工作场所),在同一资本家的命令下,生产同种商品,在历史上和在概念上,都是资本主义生产的出发点。就生产方式本身说,初期的手工制造业,仅在下述一点,和行会手工业相区别。那就是同时由同一个资本雇用较多数的劳动者。行会老板的工场不过是扩大了罢了。"他紧跟着就说:"所以,二者的差异,当初只是理的差になり。"[2]恩格斯在《反杜林论》中阐述同一论点说:

> 在中世纪得到发展的那种商品生产中,劳动产品应当属于谁的问题不可能发生。当时个体生产者通常都用自己所有的往往是自己生产的原料,用自己的劳动资料,用自己或家属的手工劳动来制造产品。这样的产品根本用不着他去占有,它自然是属于他的。因此,产品的所有权是以自己的劳动为基础的。即使利用过别人的帮助,这种帮助通常也是次要的,而且往往除工资以外还得到别的报酬:行会的学徒和帮工与其说是为了吃饭

---

[1] 《资本论》,第1卷,第445页。
[2] 《资本论》,第1卷,第384页。

和挣钱而劳动,不如说是为了自己学成手艺当师傅而劳动。后来生产资料开始集中在大的作坊和手工工场中,开始变为真正社会的生产资料。但是,这些社会的生产资料和产品还像从前一样被当作个人的生产资料和产品来处理。从前,劳动资料的占有者占有产品,因为这些产品通常是他自己的产品,别人的辅助劳动只是一种例外,而现在,劳动资料的有者还继续占有产品,虽然这些产品已经不是他的产品,而完全是别人劳动的产品了。这样,现在按社会方式生产的产品,已经不归那些真正使用生产资料的和真正生产这些产品的人占有,而是归资本家占有。生产资料和生产实质上已经变社会的了。[1]

恩格斯在注文中又说:

> 我占有自己的产品还是别人的产品,这自然是两种很不同的占有。顺便提一下:包含着整个资本主义生产方式的萌芽的雇佣劳动是很古老的;它个别地和分散地同奴隶制度并存了几百年。但是,只有在历史前提已经具备时,这一萌芽才能发展成为资本主义生产方式。[2]

我认为,这些经典论断很能说明问题。明中叶以后,矿业商品生产中的生产社会化,这已足说明资本主义萌芽的存在,但因生产力水平发展的不足及封建制度的束缚,就不具有发展成为资本主义生产方式的历史条件。

---

[1]《反杜林论》,人民出版社,1999年12月第三版,第286~287页。
[2] 同上书,第287页。

论 秦 始 皇[*]

一、秦的耕战政策,促进了封建经济的发展

评论秦始皇,须从商鞅变法说起。秦始皇的事业是商鞅变法的继续和发展。

商鞅变法,开始于公元前359年,在前350年又有一些补充。他比吴起在楚国的变法,晚了二十几年;比起李悝在魏国的变法,晚了七八十年。但商鞅所变的法,在秦能长期坚持下去,并且做得比较彻底,这跟楚魏的情况是不同的。

商鞅变法,最重要的是抓住了政治上最根本的东西,这就是作为他变法核心的耕战政策。他在推动新的经济基础上下工夫。他的耕战政策促进了封建经济前进,取得挫败敌人的不断增长的力量。

《商君书·徕民篇》说:"意民之情,其所欲者,田宅也,而晋之无有也信,秦之有余也必,如此而民不西者,秦士戚而民苦也。今利其田宅而复之三世,此必与其所欲,而不使行其所恶也。然则山东之民无不西者矣。"

同篇又说:"夫秦之所患者,兴兵而伐,则国家贫;安居而农农,则

[*] 原载《北京师范大学学报》1973年第1期,并见1974年2月25日《北京日报》,经作者编于《白寿彝史学论集》上册第一部分"中国封建社会",北京师范大学出版社1994年2月出版。

敌得休息。此王所不能两成也。故三世战胜,而天下不能令。以故秦(原来的秦民)事敌,而使新民作本,兵虽百宿于外,境内不失须臾之时,此富强两成之效也。臣之所谓兵者,非谓悉兴尽起也。论境内所能给军卒车骑,令故秦兵(叫原来的秦民当兵),新民给刍食。天下有不服之国,则王以春围其农,夏食其食,秋取其刈,冬陈其宝……十年之内,诸侯将无异民,而王何为爱爵而重复乎?……今以草茅之地徕三晋之民,而使之事本,此其损敌也,与战胜同实,而秦得之以为粟。"

吸引三晋的人到秦来,给他们田宅,免去他们三代人的徭役,使得专力耕田,同时就可把大量的秦人投入战斗,不受农时的限制而继续进行战争。这是商鞅耕战政策的基本内容。杜佑说这个政策的效果是"数年之间,国富民强,天下无敌"[1]。这个政策之所以有效以及它的历史意义,就因为它在当时能促进新的封建的生产力和封建的生产关系的发展,使封建经济进一步代替奴隶制经济。

列宁在《俄国资本主义的发展》中曾指出农奴制时期的地主经济制度,有4个作为前提的必要条件。(一)"自然经济占统治地位"。(二)"直接生产者必须分有一般生产资料特别是土地,同时他必须束缚在土地上,否则就不能保证地主获得劳动力"。(三)"农民对地主的人身依附"。(四)"技术水平的低下"[2]。列宁在这里指出了封建经济"自给自足"的性质、农民跟土地的关系、农民跟地主的关系和生产技术的水平问题,这里包含了封建的生产力和封建的生产关系。除了生产技术水平问题不准备在这里接触外,其他三点对于我们研究商鞅的耕战政策对促进封建经济的关系是很重要的理论。

毛主席在《组织起来》中指出:"在农民群众方面,几千年来都是个体经济,一家一户就是一个生产单位,这种分散的个体生产,就是封建统治的经济基础,而使农民自己陷于永远的穷苦。"一家一户的

---

[1]《通典》卷一。

[2]《列宁全集》第3卷,第158页、161页。

个体经济作为支配形态,是封建的生产力的组织形式。毛主席在这里指出了封建生产力在组织形式上的特点,对于我们理解耕战政策的作用和我国封建经济的发展有很重要的指导意义。

商鞅的变法令中说:

(1)"民有二男以上不分异者,倍其赋"。这就是以法令迫使成丁的男子要各立门户,从而促进封建的一夫一妻组成的一家一户的个体经济的发展。

(2)"有军功者各以率受上爵,为私斗者各以轻重被刑"。这就是通过对军功的奖赏,去扶植新兴地主阶级,以新兴地主的政治地位代替过去奴隶主的政治地位,从而促使旧的生产关系和阶级关系的进一步变化。

(3)"大小僇力本业,耕织致粟帛多者复其身。事末利及怠而贫者,举以为收孥"。这是奖励以男耕女织为内容的个体经济,打击离开农业生产的商人和游民,从而加强了自然经济的统治,加强了直接生产者在土地上的束缚,以保证地主获得劳动力。

(4)"宗室非有军功论,不得为属籍。明尊卑爵秩等级各以差次,名田宅臣妾衣服以家次。有功者,显荣。无功者,虽富无所芬华"。这是按有无军功及军功的大小来规定新兴地主和旧贵族之间的升降及地主阶级内部等级的办法。对于新兴地主阶级是一种扶植,对旧日的贵族阶级是一种打击。即使旧贵族仍有可以保持其政治地位的,但他们的身份已经不是简单的贵族身份了。

商鞅通过这些重大措施,在秦发展了男耕女织的个体经济,发展了以军功获得社会地位的新兴地主阶级。这是符合于当时历史发展的形势并且有助于这种形势进一步发展的。

公元前350年,商鞅下达了第二次变法令。其中有一条说:"令民父子兄弟同室内息者为禁。"这是改变秦地过去的一家之中两性关系的混乱,而促进一夫一妻制个体家庭的发展,使其有利于男耕女织的个体经济的发展。还有一条说:"为田开阡陌封疆。"这是对旧贵族土地所有制的打击,在发展耕地的情况下使旧日贵族占有的土地疆界受到破坏。

《史记》称第一次变法令实行后,"行之十年,秦民大悦,道不拾遗,山无盗贼,家给人足,民勇于公战,怯于私斗,乡邑大治"。这话说得未免夸大,但总可以在一定程度上反映了商鞅变法对发展农业的个体经济,扶植地主阶级,使生产关系与生产力相适应是卓有成效的。

《吕氏春秋·上农》说:"民农则其产复,其产复则重徙,重徙则死其处而无二虑。""民舍本而事末,则其产约。其产约,则轻迁徙。轻迁徙则国家有患,皆有远志,无有居心。""苟非同姓,农不出御,女不外嫁,以安农也。"又《爱类》:"士有当年而不耕者,则天下或受其饥矣。女有当年而不绩者,则天下或受其寒矣。"吕不韦和秦始皇之间是有斗争的,但这里说的却是反映了男耕女织的个体经济、自然经济的统治和直接生产者之被束缚于土地,都是在社会生产上作为支配的形式出现的。《吕氏春秋》约成书于公元前239年,秦始皇已经在王位8年,距商鞅变法约有120年了。

秦始皇亲自掌握政权,是在公元前238年。他在已经发展起来的封建经济的基础上继续推行耕战政策。公元前211年灭六国以后,战争是结束了,他继续按照耕战政策的精神,推进有利于封建经济的措施。有关的整套法令没有见到,但秦始皇在各地的刻石上表现了当时的施政的方向。

公元前219年,泰山刻石记秦始皇的教诲,有"贵贱分明,男女礼顺,慎遵职事"。这说的是发展了新的阶级关系和封建等级制,并规定了男女有别的措施以巩固个体家庭。

同年,琅琊台刻石说:"皇帝之功,勤劳本事,上农除末,黔首是富。"这就是始皇以发展农业作为自己的功劳。"本事"就是农事。"上农除末",就是重农抑商,是维护自然经济的统治,维护直接生产者束缚于土地的办法。

公元前215年,碣石刻石:"男乐其畴,女修其业,事各有序,惠被诸产,久并来田,莫不安所。"前210年,会稽刻石:"饰省宣义,有子而嫁,倍死不贞。防隔内外,禁止淫泆,男女洁诚。夫为寄豭,杀之无罪,男秉义程。妻为逃嫁,子不得母,咸化廉清。"这里提出来当时鼓励个体经济是男耕女织的个体经济,秦始皇自颂这是有利于生产和人民生活的经济措施。这里提出的"男女洁诚"和女贞男义,也还是为了巩固作为个体经济单位的家庭组织。对妇女贞节的要求特别强调,这是要求有儿子的妇女在丈夫死了以后,仍能为地主国家保持这一生产单位的继续。这在当时是为了经济原因对妇女进行政治上和道德上的压迫,在此后的长期封建社会中越来越成为妇女的枷锁。但这比奴隶制下的处于奴隶地位的妇女和"父子兄弟同室内息"状态下的妇女,妇女地位是有所改善的。

《史记》记秦始皇赐甘罗以田宅,王翦请美田宅园池甚众,"为子孙业",李斯狱中上书称"官斗士,尊功臣,盛其爵禄",这都是秦始皇扶植新兴地主的事例,在时间上包括了灭六国以前和以后。而郑国渠的开凿,能灌溉咸卤之地4万多亩,亩收6斛4斗,"关中由是益富饶",这也是秦始皇在发展农业上的重大措施。

秦以落后的地区奋起西方,经过长时期的努力,终于在10年之间(公元前230~前221)先后灭了六国,其原因不是一方面的,但适应历史的发展,使上层建筑能够不断推动经济基础前进,这就符合历史要求,是最后取得胜利的根本原因。《汉书·沟洫志》说秦修郑国渠,"于是关中为沃野,无凶年,秦以富强,卒并诸侯"。这把秦灭六国简单地同郑国渠联系起来,未免太肤浅了,但这也可在一定程度上反映了秦灭六国同它发展封建经济的关系。

变法是自上而下的变革。但当时如无一定的经济基础,变法是不能成功的。应该说,商鞅和秦始皇是起了促进历史发展的作用的。他们的历史功绩是应该肯定的。但真正创造历史的仍然是人民群众。没有奴隶们的暴力斗争,没有奴隶的大量逃亡以致造成奴隶制下劳动力缺乏等等,生产力不会得到相应的转变,封建的生产关系即不会形成,封建经济是不能实现、不可能前进的。

历来的孔门的信徒们,其中包含一些政治家和历史学家,一向反对秦的变法,他们把封建社会的"富者田连阡陌而贫者无立锥之地",

归咎于秦的耕战政策"灭先王之道",责备秦以地主所有制代替奴隶主所有制。我们说,秦的耕战政策不能使地主所有制代替奴隶主土地所有制,但能促进这种代替。这种促进在历史上是起进步作用的。他们"灭先王之道",是灭得好的。当然,封建制度出现了,同时就出现了地主阶级和农民阶级的对立。这个问题,在整个封建时代,包括秦始皇时期在内,是不能解决的。只有在中国共产党领导下,打倒了地主阶级,这个问题才得到解决。

二、秦始皇灭六国,立郡县,实现了中央集权的统一国家

秦始皇灭六国,把分割局面做了结束,实现了中国很大地区的统一,是历史上未曾有过的煊赫事业。

秦始皇的统一事业,有它长期的历史背景,是我国历史长期发展的产物。相传,禹时,涂山之会,执玉帛者万国。汤时,有国三千。武王时,有一千八百国。这些数字不可尽信,但可反映当时的所谓国,即部落,数目是多的。春秋时,见于记载的有一百四十余国。其中有较多记载的,《史记》概括为十二诸侯。战国时,主要只有7个大国。当时,国之由多到少,由分散到相对集中,表明社会经济的不断发展,从而有政治军事力量的增长。七国的活动地域,除了灭掉一些国外,还发展了一些落后地区。在今云南、贵州和四川西南一带,总称为西南夷的,在战国时已分别属于秦楚统治的地区。分布在今东南地区的,也有不少地域为楚所控制。燕赵也向北方和东北方有所发展。秦国在西方有所发展。秦的统一,基本上是在战国时期这种发展规模上的统一,而在一些边远地方,又有一些发展。中国的统一,是一个长期发展过程。秦始皇还不能使整个中国统一起来,但他做到的统一的规模还是空前的。

历史的发展必然反映到思想上来。春秋战国时期已出现了要求全国统一的思想。儒家把西周理想化,把周王和诸侯之间的关系,说

成是等级严明,其思想的本质在于恢复所谓"周礼",但也反映了当时要求统一的思想。《禹贡》和《周礼》这两部书,大概是战国人的作品,也反映了这种要求统一的思想。《春秋》大一统之义是后来公羊家吹起来的,这是为了适应汉的政治形势。但《春秋》尊王的思想是显著的。战国时合纵、连横的斗争,实际上也是统一和反统一的斗争。

自春秋到战国,战争的规模越来越大,各国之间已形成不能并立的局面。不只秦与六国间的战争不能停止,六国之间也是存在着不可避免的矛盾。连横之所以能够占了上风,而合纵搞不起来,就因为山东六国有解不开的死结。以统一的战争来结束割据的战争,这就成为历史发展的必然趋势。正是在这样的形势下,秦始皇利用秦国多年积累的力量,发挥了他个人的作用,实现了空前的统一事业。

秦在10年之内,灭了六国。进展之快,可谓神速。但也不是没有曲折的。攻楚的时候,始皇派李信带了20万人去,结果被楚人打得大败。后来把王翦请出来,带了60万人去,还是用了坚壁乘隙的办法,在楚军撤走的时候,才把楚军打败。灭齐是容易的,可以说是不战而下。但还是有人想使用齐的兵力,利用三晋和楚的流亡贵族,抵抗秦兵,并袭取三晋和楚的故地。这些事也可以说明秦灭六国,就在最后时刻,也不都是一帆风顺的。

秦能灭六国,其重要原因,首先是由于政治上比六国搞得好些,搞得比较有办法。上文所说的耕战政策,是最重要的。此外,吏治也是有办法的。荀子在秦始皇即王位前的一二十年,曾到过秦国。他称道秦的官府,"百吏肃然",秦的朝廷"百事不留,恬然如无治者"。荀子说"佚而治,约而详,不烦而功,治之至也。秦类之矣"(《强国篇》)。这是其他六国难以做到的。

秦灭六国后,办了几件大事。第一件是"器械一量,同书文字"。这是统一度量衡,统一文字。这都是便于统治阶级在全国范围内进行统治的工具。统一度量衡,便于官方税收等的用途;统一文字,便于官方的行文。这在民间是做不到,也不必要的。许慎《说文解字·后叙》:"秦始皇帝初兼天下,丞相李斯乃奏同之,罢其不与秦文合者。

斯作《仓颉篇》，中车府令赵高作《爰历篇》，太史令胡毋敬作《博学篇》，皆取史籀大篆，或颇省改，所谓小篆者也。是时……官狱职务繁，初有隶书，以趋约易。"所谓"同书文字"，当指小篆，而隶书后来的流行，不一定在"同书文字"范围之内。

第二件是修驰道。《汉书·贾山传》说秦"为驰道于天下，东穷燕齐，南极吴楚，江湖之上濒海之观毕至。道广五十步，三丈而树，厚筑其外，隐以金椎，树以青松"。这是对付六国残余势力，预防地方势力再起的军事措施。《史记·蒙恬传》，"始皇欲游天下，道九原，直抵甘泉。乃使蒙恬通道，自九原抵甘泉，堑山堙谷，千八百里"。这是北防匈奴的军事措施。像这样的全国性通道，有利于军事交通，也方便于皇帝的巡游。普通老百姓是否也可以利用这种路，还没有见到记载。

第三件是移民。前221年，徙天下豪富12万户于咸阳，这是削弱地方势力，加强中央对他们的控制。前219年，徙民三万户于琅邪台下，复12岁。前213年，迁3万家于丽邑，5万家于云阳，"皆复不事，十岁"。前212年，迁于河北榆中3万家。这都是移民实边。

第四件是修长城。把战国时期秦、赵、燕原来在北方修筑的长城连接起来，建成一条防御匈奴奴隶主南下的军事防御工程。

第五件是"堕坏城郭，决通川防，夷去险阻"。堕坏城郭，有军事上的意义，同时也可以说明以都市为据点的商业在经济地位上是下降了。"决通川防，夷去险阻"，是有利于人民的生产、生活和交通的。

以上这几件事，都是有利于加强统一的措施。但秦始皇灭六国后，最重要的措施还是废除分封制度，建立中央集权的郡县制度。

耕战政策，是封建制经济代替奴隶制经济，其特征是新兴地主阶级对农民阶级的统治。郡县制度，是在政治上以地主阶级专政代替奴隶主贵族阶级专政，以专制主义的中央集权代替王侯世卿的世袭分封。秦的封建经济是以个体经济为出发点，秦的封建政治也是以统治个体农民为出发点的。上文引了毛主席的教导："一家一户就是一个生产单位，这种分散的个体生产，就是封建统治的经济基础。"从经济上,并从政治上去学习这一教导,比单从经济上去学习这一教导,要理解的更为全面一些。《共产党宣言》说:"资产阶级无意中造成而又无力抵抗的工业进步,使工人通过联合而达到的革命团结,代替了他们由于竞争而造成的分散状态。于是,随着大工业的发展,资产阶级赖以生产和占有产品的基础本身也就从它的脚下被挖掉了。"尽管农民和工人的阶级身份不同,但作为劳动者的分散状态,无论在封建社会还是资本主义社会,都成为被剥削、被压迫的重要条件。无产阶级最终会结束这种状态,而农民阶级只有在无产阶级领导下才能结束这种状态。专制主义的中央集权正是以政治的强制手段,把处于分散状态的农民编制起来,作为粮源兵源的保证,从而为封建国家服务,也就是为地主阶级专政服务。

公元前221年,即秦始皇灭六国之后,"分天下以为三十六郡,郡置守、尉、监",分司行政、军事和监察,有如朝廷之设丞相、太尉和御史。郡之下有县,县有令(万户以上)、长(万户以下),有丞、尉。丞是县令长的副手。县下有乡,乡设三老"掌教化";设游徼,"禁盗贼";设啬夫,掌诉讼,收赋税。小乡只有啬夫,"主知民善恶,为役先后;知民贫富,为赋多少"。乡之下,按商鞅的法,还要"令民为什伍,而相收司连坐"。郡县制这一整套系统,从朝廷直到一家一户,专制到一家一户的"为役多少""为赋多少"。这种制度以农村为出发点的统治,和奴隶主贵族的分封制之以血缘关系为出发点的统治,有很大的不同。前者是全国统筹的,强化了全国政治上的统一;后者是政权分割的,不只是诸侯王之间的分割,而且是王国侯国内部的分割。前者的守、令等官是可以随时撤换的,后者的掌权者是世袭的。前者是中央政府下的地方权力,只有服从中央;后者是贵族的割据势力,经常互相争夺。在促成全国统一,利于人民生产说,郡县制显然是比分封制进步的政治制度。当然,郡县制普遍建立以后,也并不能使"兵不复起",但这并不是郡县制本身造成的后果,而是阶级矛盾以及统治阶级内部矛盾必然引起的后果。

郡县制度不始于秦始皇。顾炎武举出春秋时有县的记载11条,战国时有郡的记载7条,战国时有郡守县令的记载11条(《日知录》卷二十二)。而实际上,见于《史记·秦始皇本纪》的,秦灭六国以前,已置有南郡、河东郡、太原郡、上党郡、三川郡、东郡、颍川郡、会稽郡等。秦之36郡中,沿袭燕、赵、魏已置之郡,又有上谷、渔阳、右北平、辽西、辽东、云中、雁门、代郡、西河、上郡等。可见郡县的设置至少已有四百多年继续发展的历史。而秦始皇在灭六国后,把郡县制度作为一个统一的政治制度,是一个创始人。春秋时虽有县的产生,但又有"兴灭国继绝世"的存在。郡的设立,也多开始在边远地区。像这种情况,是因为春秋战国时期尚不能在经济上、政治上具备充分吸收灭国及克服国内旧势力的力量。秦始皇普遍设置郡县,表明当时秦国力的强大。

自汉以后,孔门的信徒们特别反对中央集权的郡县制度。这主要有两种说法。一种是说"荡灭前圣之苗裔,靡有孑遗"。这以班固的《汉书·地理志》为代表。一种是把分封子弟、功臣和朝廷的关系说成是枝干的相辅,把分封制的废除说成是王朝寿命不能长久的原因。这实际也是想复活地方割据的政治体制。柳宗元、顾炎武和王夫之,都曾对有关郡县制度的错误论点进行批评,还是有一些见解的。

柳宗元著《封建论》,说周之衰亡,在于诸侯盛强,末大不掉,"失在于制(指分封制),不在于政";秦的灭亡,"有叛人而无叛吏,人怨于下而吏畏于上","失在于政,不在于制(指郡县制)";汉初,兼置郡国,"天子之政行于郡不行于国",当时"有叛国而无叛郡;"唐代藩镇之乱,"失不在于州而在于兵,时则有叛将而无叛州"。柳宗元对周、秦、汉、唐的历史成败的论议不尽符合历史情况,但把郡县制度同其他政治因素加以区别,这是有见识的。柳宗元认为,分封制的出现是由于"势",用现在的话说,可以说是历史的条件。但把秦始皇的废除分封制说是:"其为制,公之大者也。其情,私也,私其一己之威也,私其尽臣畜于我也。"这个"公"也只能是在统治阶级内部,比起奴隶主世袭来说,是相对的"公"。这个"能成其私",不只是由于有其"情",仍然是取决于"势"。秦始皇的个人作用固然要肯定,但没有那个时代的客观形势的发展，他的主观愿望是无从谈起的。

顾炎武著《郡县论》，说"知封建（指分封制）之所以变为郡县，则知郡县之敝而将复变。""封建（指分封制）之废，固自衰周之日，而不自于秦也。封建（指分封制）之废，非一日之故也，虽圣人起，亦将变而为郡县。方今郡县之敝已极，而无圣人出焉，尚一一仍其故事，此民生之所以日贫，中国之所以日弱而益趋于乱也。何则？封建（指分封制）之失，其专在下；郡县之失，其专在上。"顾炎武谈郡县的产生及其变化是有道理的，但他提的这个问题，那时是不能解决的。

王夫之《读通鉴论》说："两端争胜，而徒为无益之论者，辨封建（指分封制）者是也。郡县之制垂二千年，而弗能改矣。合古今上下皆安之，势之所趋，岂非理而能然哉？""郡县者，非天子之利也，国祚所以不长也。而为天下计，则害不如封建（指分封制）之滋也多矣。""若夫国祚之不长，为一姓言也，非公义也。"他指出，一向为分封制谈利害的，都是为一姓着想。这是一句很有见地的话。这所谓为天下计利害是指民族利害说的，王夫之也是看到了"天下"人民的利害的。

林彪一伙也反对秦始皇的"封建专制独裁"。他们的阴险用心在于攻击毛主席，攻击无产阶级专政。这是马克思主义的敌人一向使用的恶劣手法。在无产阶级革命的历史上，马克思主义的敌人，为了篡改党的无产阶级性质，反对无产阶级革命，颠覆无产阶级专政，总是用"独裁者""暴君"这种胡言乱语诽谤无产阶级的革命领袖。早在1949年，毛主席就痛斥过这种反动的攻击。毛主席在《论人民民主专政》一文中说："'你们独裁。'可爱的先生们，你们讲对了，我们正是这样。中国人民在几十年中积累起来的一切经验，都叫我们实行人民民主专政，或曰人民民主独裁，总之是一样，就是剥夺反动派的发言权，只让人民有发言权。"

国家是一个阶级压迫一个阶级的工具。秦始皇灭六国，立郡县，实现了中央集权的统一国家，在历史上是有功劳的。但他建立的毕竟是地主阶级国家，这个国家的阶级本质决定它必然是压迫农民阶级和其他劳动人民的工具。

三、秦始皇"焚书坑儒"，
　　以"新圣"代替"先王"

在意识形态上，秦始皇进行了"焚书坑儒"的措施。"焚书坑儒"，在思想根源上是来自法家的社会变革的思想，这也可从商鞅谈起。而"焚书"，在商鞅时是已经做过了的。

商鞅变法时提出的口号是："苟可以强国，不法其故；苟可以利民，不循其礼。"

当时保守派甘龙反对他说，"圣人不易民而教，智者不变法而治。因民而教，不劳而成功。缘法而治者，吏习而民安之"。

商鞅说："三代不同礼而王，五伯不同法而霸。智者作法，愚者制焉，贤者更礼，不肖者拘焉。"

保守派杜挚又出来反对："利不百不变法，功不十不易器。法古无过，循礼无邪。"

商鞅说："治世不一道，便国不法古。故汤武不循古而王，夏殷不易礼而亡。反古者不可非，而循礼者不足多。"

这场辩论是法古同变古的斗争，是循礼同作法的斗争，是维护奴隶制还是促进封建制的斗争，这是当时秦在思想上政治上两条路线的斗争。只有变革才有历史的前途，这是商鞅的指导思想。这是跟儒家把所谓"先王之道"说成是万古不易的绝对真理是尖锐对立的。《韩非子·和氏》："商君教秦孝公以连什伍，设告坐之过。燔诗书而明法令，塞私门之请而遂公家之劳，禁游宦之民而显耕战之士。"这是商鞅已经开始以"焚书"，来打击在当时有反动影响的思想议论，并且是跟"塞私门"，"显耕战之士"并提的，是跟"明法令"作为对立的矛盾提出来的。这已是在秦始皇"焚书"以前一百三四十年的事了。至如孟子说："诸侯恶其害己也，而皆去其籍"，这说的是去掉了周班爵禄的故籍，详情不清楚。

韩非子发展了商鞅的变革思想。《五蠹篇》把历史的变化分成上古、中古、近古和当今,各有各的时代特点。他说:"今有美尧、舜、禹、汤、武之道于当今之世者,必为新圣笑矣。"他抬出"新圣"来,把儒家所称道的尧、舜、禹、汤、武这许多"古圣先王",都一概否定了。从历史的基本观点上说,这是唯心论的英雄史观。但把历史看成是有阶段性发展的,这在当时是进步的。他提出"圣人不期修古、不法常可。论世之事,因为之备"。"世异则事异","事异则备变"。这就是说,一个时代有一个时代的特点,一个时代有一个时代的事业。时代需要的事业不同了,就必须有变革的准备。

《韩非子·五蠹篇》又说:"今修文学,习言谈,则无耕之劳而有富之实,无战之危而有贵之尊,则人孰不为也?是以百人事智,而一人用力。事智者众则法败,用力者寡则国贫。此世之所以乱也。故明主之国无书简之文,以法为教;无先王之语,以吏为师;无私剑之捍,以斩首为勇。是境内之民,其言谈者必轨于法,动作者归之于功,为勇者尽之于军。是故无事则国富,有事则兵强……超五帝,侔三王者,必此法也。"这里已经明白地提出了"以法为教""以吏为师",这就是以"新圣"代替"先王"的具体化。这里没有说"坑儒",却也已明白说出当时文学言谈无益于用,"必轨于法"了。

韩非著书是在灭六国之前。秦始皇见到了《孤愤》《五蠹》之书,说:"嗟乎,寡人得见此人,与之游,死不恨矣。"这可见韩非的议论深深打动了秦始皇。后来秦始皇焚书坑儒,可以说是与韩非子的论述有联系的。

秦始皇"焚书",是经历了关于郡县制度的两度争论后所采取的严厉措施。

公元前221年,丞相王绾主张在燕、齐、楚地置王,理由是:"地远不为置王,毋以填之。请立诸子。"群臣都同意这个说法,只有李斯反对。李斯的理由是:"周封子弟同姓很多,但后来互相攻击,像仇人一样。诸侯之间互相征伐,周天子并不能禁止。现在全国统一,都成为郡县了。诸子功臣,用赋税重重地赏赐他们也就够了。这是使国家安宁的办法。重新设置诸侯是很不方便的。"秦始皇同意了他的意见,说:"天下共苦战斗不休,以有侯王。赖宗庙,天下初定。又复立国,是树兵也。而求其宁息,岂不难哉?"此后,就做出废除分封制的决定。这是斗争的第一个回合。

前203年,郡县制已决定实行了8年,博士齐人淳于越又把恢复分封制提出来,说:"臣闻殷周之王千余岁,封子弟功臣,自为枝辅。今陛下有海内,而子弟为匹夫。卒有田常、六卿之臣,无辅拂,何以相救哉? 事不师古而能长久者,非所闻也。"淳于越公然把复古的旗帜打出来了。李斯坚决地回击他,并指出当时复古思想的不可容忍。李斯说:"五帝不相复,三代不相袭,各以治。非其相反,时变异也……今天下已定,法令出一。百姓当家则力农工,士则学习法令避禁。今诸生不师今而学古,以非当世,惑乱黔首……今皇帝并有天下,别黑白而定一尊。私学而相与非法教,人闻令下,则各以其学议之。入则心非,出则巷议,夸主以为名,异取以为高,率群下以造谤。如此弗禁,则主势降乎上,党与成乎下。"于是李斯紧接着就提出了他所拟定的禁令,得到秦始皇的批准施行。

李斯的禁令是:

(1)史官非秦记,皆烧之。

(2)非博士官所职,天下敢有藏诗书、百家语者,悉诣守尉杂烧之。

(3)有敢偶语《诗》《书》者,弃市。

(4)以古非今者,族。

(5)吏见知不举者,与同罪。

(6)令下30日不烧,黥为城旦(4年徒刑)。

(7)所不去者,医药、卜筮、种树之书。

(8)若欲有学法令,以吏为师。

从私藏诗书、百家语,到偶语诗书,再到以古非今,分别处以"黥为城旦",以至弃市和族的重刑,可见这一系列禁令的严厉,也可见当时斗争的激烈。孔门的信徒们所最不满的,是烧《诗》《书》。刘向说,烧《诗》《书》是"上小尧舜,下邈三王"(《战国策·书录》)。刘歆说"道术由是遂灭"(《汉书》卷三十六)。对他们来说,这就是最恶毒的语言了。但对李斯和秦始皇来说,他们都是说对了。韩非子不是已经抬出"新王"了吗?恰好就是要灭"先王"的道术,是压根儿不把尧舜三王放在眼下的。章炳麟说"不燔六艺,不足以尊新王。诸子之术,分流至于九家,游说乞贷,人善其私,其相攻,甚于六艺,今即弗焚,则恣其曼衍乎?诸子与百家语,名实一也,不焚诸子,其所议者云何?"(《太炎文录·秦献记》)这是可以说明当时的一些情况的。

李斯所定禁令中的"学法令,以吏为师"是过去"学诗书,以儒为师"的对立面,同时也是后者的转化。《诗》(《诗》中的部分民歌除外)《书》以及同《诗》《书》有同样重要地位的礼乐,原来是奴隶主贵族的经典,在一定意义上也是他们的法典。这些东西原来也是作为官学而由官府掌握的。经过东周以后的动乱,这些东西才散失出来,成为儒家称颂"先王""周礼"的依据,成为诸子百家论议的资料。经春秋而至战国,这些为奴隶主贵族服务的东西,越来越成为阻碍封建社会前进的东西。秦始皇批准了李斯拟定的禁令,以法令代替诗书,以吏代替儒生,是以法令维护并巩固以"新圣"代替"先王"的思想阵线,是社会制度由奴隶制向封建制转化,在上层建筑方面的具体体现。秦始皇批准了这一禁令,是企图以政治的强制力量促进其转化。

焚书的第二年,因卢生等对秦始皇的诽谤以及一些儒生方士宣扬一些复旧的议论,秦始皇使案问他们。"诸生传相告引,乃自除犯禁者四百六十余人,皆坑之咸阳"。秦始皇的这件事,也同"焚书"一样,很受到一些人的抨击。但这种用暴力对待反对派的办法,也并不是从秦始皇开始的。公元前498年,少正卯以有进步的言论而为孔子所杀。前381年,吴起因变法受到楚贵族的仇恨,为贵族们射死。前338年,商鞅也因变法受到秦贵族的仇恨,被车裂而死,还被杀了全家。"焚书坑儒"是春秋以来儒法斗争的一个组成部分。这是新旧社会制度、新旧阶级专政的斗争,是哪一个阶级占领政治思想阵地的斗争。当然,以暴力解决思想问题的办法,是想得太简单了,是不会有多大效果的。

唐人章碣《焚书坑》"竹帛烟销帝业虚,关河空锁祖龙居,坑灰未冷山东乱,刘项原来不读书"。这是说,书焚了,秦的帝业衰落下去,秦始皇也死了。而不久以后,刘邦项羽这些原来不读书的人,却起兵把秦打垮了。简单地说,是秦焚书还带来了自己的衰落而无救于灭亡。这种说法,简直是生拉硬扯。焚《诗》《书》跟秦末农民起义是不相干的两件事。农民起义也并不是突然发生的。自商鞅变法到秦灭六国,已是一个半世纪了。伴随变法后封建关系的发展,农民阶级和地主阶级间的矛盾必然存在,但暂时还不是主要矛盾。灭六国以后,这种矛盾上升为主要矛盾。但秦始皇看不到这一点。他在灭六国之后,幻想销毁各地的兵器就可能预防反秦的活动。他根本看不见人民群众在他取得胜利中所起的积极作用,也看不到人民群众对他的帝业可能起到的摧毁作用。他晚年使用的过度的劳役,大量地践踏了人民的生产力和生命,这就激起了人民的反抗。他刚死不久,反抗奴役的农民起义的大风暴就起来了,秦王朝像一座纸糊的大房子一样,一下子就倒下来了。

我们评价秦始皇,肯定他的历史作用,是给他"以一定的科学的地位,是尊重历史的辩证法的发展",绝"不是赞扬任何封建的毒素"。从我们无产阶级的事业来看,秦始皇算什么,我们超过了秦始皇一百倍,斯大林说得好:"彼得大帝为了提高地主阶级和发展新兴商人阶级是做了许多事情的,彼得为了建立并巩固地主和商人的民族国家是做了很多事情的。同时也应该说,提高地主阶级、帮助新兴商人阶级和巩固这两个阶级的民族国家都是靠残酷地剥削农奴来进行的。""我毕生的任务就是要提高另一个阶级,即工人阶级。""至于列宁和彼得大帝,那么彼得大帝是沧海一粟,而列宁是整个大海。"[1]我们反对任何对秦始皇历史面目的歪曲,更反对以被歪曲的秦始皇来攻击我们的无产阶级专政。

---

[1] 《和德国作家艾米尔·路德维希的谈话》,《斯大林全集》第13卷,第93~94页。

"儒法斗争"的虚构[*]

从 1973 年 9 月开始,王洪文、张春桥、江青、姚文元"四人帮"利用中国历史上曾经存在过的儒法斗争,虚构了大量的谎言,为他们篡党夺权服务。在这里我们想谈谈中国历史上儒法斗争的真相,揭露、批判"四人帮"对"儒法斗争"的虚构和他们的政治阴谋。

历史上的儒法斗争

中国历史上的春秋战国时期,是从奴隶制社会向封建制社会转变的时期。从春秋晚年以后,这种社会变化进入激烈的动乱阶段,统治秩序有了很大的变动,阶级关系有了很大的变动,社会矛盾尖锐而复杂起来了。这时的社会,存在着剥削阶级和被剥削阶级的矛盾,这里包括奴隶主和奴隶、自由民之间的矛盾,也包括封建地主和农民、奴隶之间的矛盾。这是从过去沿袭下来的矛盾,而又出现了新的内容,这是当时主要的社会矛盾。同时,还存在着奴隶主阶级和封建地主阶级之间的矛盾,存在着奴隶主阶级内部的矛盾,存在着封建地主阶级内部的矛盾。另外,还存在着民族之间的矛盾。在剥削阶级和被剥削阶级之间的矛盾还须经过漫长的年代才有可能解决的时候,

---

[*] 原载《中国建设》1978 年 9 月号,经作者编于《白寿彝史学论集》上册第一部分"中国封建社会",北京师范大学出版社 1994 年 2 月出版。

奴隶制和封建制之间的矛盾、奴隶主阶级和封建地主阶级之间的矛盾是这个时期新出现的,关系到社会发展的历史特点,是应该予以足够的重视的。而封建制比奴隶制进步,封建地主阶级比奴隶主阶级进步,这也是应该肯定的。但奴隶制和封建制之不同,主要表现在剥削形式上的不同,而奴隶主阶级和地主阶级间的矛盾,也主要是围绕着如何占有进行剥削的条件,如何对劳动人民进行剥削,从而夺取更大的利益这样的问题展开的。决不能忘记,奴隶主阶级和封建地主阶级间的矛盾,是不能排除剥削阶级和被剥削阶级之间的矛盾,反而是从属于后者的。也决不能忘记,奴隶主阶级和封建地主阶级的内部都不是铁板一块,也是充满着这样那样的矛盾的。像这样的矛盾重重,正是儒法斗争开展时期的历史背景。"四人帮"为了突出儒法斗争,因而别有用心地把儒法斗争的历史背景简单化了,把奴隶主阶级和封建地主阶级间的矛盾说成是唯一存在的社会矛盾,这是不符合历史的真实的。

  春秋战国时期的社会大变动引起政治领域、思想领域的大变动。私人讲学代替了官府的学术垄断。代表不同阶级利益的不同政治集团和不同学派出现了,在同一阶级内部持有不同政见的政治家和思想家也出现了。有的人把时代的动乱归结于原有统治秩序的破坏。他们主张维持原有的区别尊卑的等级制度和区别亲疏的宗法制度,他们要维护的是奴隶主的政治身份和宗法制度。以孔子为代表的儒家,就是这样主张的。有的人把时代的动乱归结于原有统治秩序的腐朽。他们主张推翻原有的等级制度和宗法制度,而代之以新的等级制度和宗法制度,他们所要推行的是封建地主的政治身份和宗法制度。以商鞅为代表的法家,就是这样主张的。在生产力问题上,法家是要推动劳动力与土地相结合的小农经济向前发展的。儒家如孟子也是肯定耕织相结合的小农经济,在这个问题上跟法家还看不出来有什么分歧。但在土地制度上,儒家主张保持奴隶主世袭领地的制度,法家主张按照军功分配土地,而且土地可以买卖。可以说,从经济权力到政治权力的问题上,儒法之间存在着尖锐的矛盾。这就是儒法斗争的基本情况。但是儒法两家以外,当时还有墨家、老、庄等等其他学派。他们中,有的人也要推翻原有的社会秩序,但他们的办法就跟法家有很大的不同。有的人虽也反对原有的社会秩序,但他们的主张却比儒家还要后退。在另一方面,孔子去世以后,"儒分为八",而法家内部,商鞅和其他法家的主张也各不相同。在具体的个人利益冲突中,法家代表人物李斯还不惜下毒手,把另一法家代表人物韩非置于死地。正像当时的社会矛盾一样,政治领域、思想领域里的斗争也是很复杂的。"四人帮"一伙把儒法斗争几乎说成是战国时期仅有的阶级斗争,而且把儒法都说成是一个静止、凝固,没有矛盾没有变化的集团,这都是不符合历史的真实的。

历史上儒法关系的变化

西汉皇朝建立后,封建统治逐渐巩固起来,历史条件变了,儒法两家的本身有了新的变化,儒法的关系也有了新的变化。这时,法家的任务不只是反对旧制度,赞扬新制度,而更重要的是怎样不断巩固地主阶级既得的政权。儒家的任务,不再是维护旧制度,反对新制度,而是怎样适应新制度,为不断巩固新制度服务。原来好像是势不两立的儒法两家,实际上这时是互相配合,有的成为封建帝王的策士、法官和刽子手,有的成为宣扬封建教条的牧师。

其实,在战国初期,儒法配合的苗头就出现了。魏文侯是当时很活跃的一个国君,他就一方面以孔子的弟子卜子夏为师,同时又付托法家李悝和吴起以政治、军事上的重大责任。显然,他认为这两种人对他进行统治,都有好处。但这种做法,对于战国时期的发展形势并不能适应,这个苗头一时不能成长起来。到了汉代,历史条件变了,儒法的配合就成为政策的一个重要部分。

汉代的第一个皇帝刘邦,原来是很不喜欢儒家的。但自从儒生叔孙通为他制定了朝贺的礼仪,他懂得了儒家的用处。后来他路过孔子的故乡曲阜,用极为隆重的祭礼去致祭,成为封建社会第一个祭孔的皇帝。旧史上说他用叔孙通制朝仪,宰相萧何定律令,这正是儒法兼用的显著标志。他的后裔、有名的汉武帝刘彻,是惯于用"外儒内法"的办法进行统治的一个皇帝。"四人帮"吹捧汉武帝是一个大法家,偏巧他就是大作"独尊儒术"文章的大手笔。汉武帝以后的第二个皇帝汉宣帝刘询,也是被"四人帮"宣称为法家的皇帝。但是在公元前51年,他亲自召集和主持了大规模的会议,集合了大量的儒生,讲论儒家经典的异同。当时汉宣帝总结了刘邦以来一个半世纪的统治经验,说:"汉家自有法度,本以霸王道杂之。"所谓"霸道",指的就是法家的统治方法。所谓"王道",指的就是儒家的统治方法。汉宣帝的话,透露了汉代儒法并用的历史真相。说汉宣帝是法家,并没有错,但更重要的是他同时也是一个更为公开的儒家。而"四人帮"却说他尊法反儒。他们说什么"两千多年来的儒法斗争,一直影响到现在,继续到现在,还会影响到今后"。这是利用了儒法关系早年的历史现象,虚构了两千多年的历史。

"四人帮"一伙把儒法斗争说成是贯串两千多年历史的斗争,这跟他们把儒法斗争说成几乎是战国时期仅有的阶级斗争一样,实际上都以剥削阶级内部斗争或地主阶级内部斗争代替对抗阶级的阶级斗争,这是以儒法斗争作为历史发展的轴线,是对马克思主义的阶级学说进行无耻的篡改,其目的在为美化法家,将法家置于历史发展的重要地位,提供理论基础。

"四人帮"对法家的美化

"四人帮"一伙为了美化法家,首先下工夫在法家跟人民群众的关系上进行涂抹。大家都知道人民群众是历史的主人,而对历史人物的评价,先要看他们对于人民群众的态度。如果法家跟人民群众的关系不好,法家的形象岂不就美化不成了吗?因此"四人帮"一伙一定要把法家的这种关系搞好。

第一,他们说"法家是爱人民的"。但在封建社会,地主阶级和农民阶级是两个对抗的阶级,存在着不可调和的矛盾,代表地主阶级的法家只能是同人民对立的。自从李悝在战国年间制定了第一部封建法典,一直到历代的封建法典,毫无例外地要强制人民接受封建的财产制度,顺从封建的统治秩序。商鞅变法,把5家和10家农民作为两级单位编制起来,使农民紧紧地束缚在土地上,以便于地主阶级政权榨取劳动成果和掌握兵源。后来的王朝也毫无例外地奉行商鞅这一套办法作为占有劳动人手的重要手段。法家制定、推行的封建法典,爱人民的什么呢?除了爱人民的穷困和奴役外,还能有别的吗?

第二,他们既要宣扬法家爱人民,就必然掩盖农民起义跟他们所谓法家政权(实即封建政权)之间的斗争。秦朝末年农民大起义,本来是农民群众反对秦封建暴政的斗争。当秦始皇在世的时候,已存在着随时可以燃烧起来的反秦火种。历史记载,后来成为农民起义军领袖的陈胜、项羽和刘邦,都早已滋长着反秦的思想。秦始皇死了才10个月,农民起义的烈火就到处燃烧起来了。起义军宣布"天下苦秦久矣",这说明起义有它长期的政治原因。"四人帮"力图掩盖秦始皇在世时已经潜在的危机,竭力宣扬秦末农民大起义是因为秦始皇去世后,宦官赵高篡夺了秦朝的大权,改变了秦始皇法家路线,推行了复辟奴隶制的儒家路线,加重了对劳动人民的剥削与压迫,使农民与秦皇朝的矛盾尖锐化。这完全是对秦末阶级斗争真相的恣意歪曲。

第三,他们不满足于遮盖农民起义跟所谓法家政权之间的斗争,还要把农民起义跟所谓法家政权拉在一起,而且把农民起义放在从属的地位。他们公然宣扬,农民起义为新的皇朝推行法家路线铺平道路。但是在农民起义后出现的皇朝如汉、唐、明、清,或是由于蜕化变质的农民领袖所建立的,或是由于镇压了农民起义的地主阶级人物所建立的,都是掠夺了农民起义的胜利果实。农民起义跟它所要推翻的皇朝,以及跟它失败后建立起来的皇朝,都是敌对的关系,决不是站在一条战线上的关系。农民起义的打击目标集中在封建统治,农民起义后建立起来的皇朝,他们的施政目标集中在恢复封建统治。两者之间的道路根本是背道而驰的,"铺平道路"又从何说起呢?"四人帮"一伙为了美化法家,把农民革命群众说成是铺平道路的人,而法家,不言而喻,却成了真正走路的人,是道路的主人。这就不只是要搞好法家跟人民群众的关系,而且是把法家推到了历史舞台的首席,要他们代替人民群众做历史的主人了。这是对马克思主义唯物史观的又一篡改。

所谓"复辟反复辟斗争"

"四人帮"一伙为了美化法家,还制造了一条"复辟反复辟斗争"的历史规律。他们说,法家坚持前进,坚持革新,坚持统一,而儒家是坚持倒退,坚持复古,坚持分裂。他们说,儒家总是要复辟的,而法家是反复辟的。于是中国历史,特别是战国到西汉中期,是充满了复辟反复辟斗争的历史。他们这种说法显然是不符合事实的。秦始皇是"四人帮"一伙吹捧的大法家。秦始皇灭了6个诸侯国,创建了第一个统一的中央集权的封建皇朝,可以说是前进了,是革新了。但他一做了皇帝,就梦想把皇位"二世、三世传之无穷",还能说这是前进、是革新吗?这和奴隶制社会时代的君位世袭有什么区别呢?法家固然是讲究统一的,孔子、孟子又何尝不是希望中国统一的?有人问孟子:"天下乌乎定?"孟子说:"定于一。"在地主阶级建立了封建皇朝后,在理论上建立适应王朝一统的学说的人,并不是法家,而是儒家。汉武帝时的儒家大师董仲舒,从天人关系上宣扬大一统的必然性和皇权的神化,在伦理关系上概括了"君为臣纲,父为子纲,夫为妻纲"的封建秩序,这当然都是唯心主义的说教,但成为在理论上宣扬统一的武器。"四人帮"一伙对划分儒法复辟反复辟的标准,根本就是捏造的。

奴隶制和封建制都是剥削制度,奴隶主阶级和地主阶级都是剥削阶级,他们之间虽有不同,但并不存在不可逾越的鸿沟。战国时期的大封建主,如七国的国君和他们的臣相,都是由大奴隶主转化而来的。著名的法家,如商鞅,如韩非,或是魏国奴隶主贵族之后,或是韩国奴隶主贵族之后,也都不妨碍他们是新兴地主阶级的有力的代言人。对剥削阶级来说,封建制比奴隶制更对他们有利,奴隶主转向封建主义并不像资产阶级转向社会主义那样的痛苦。从社会制度的形成过程说,封建制同社会主义制度不同,社会主义制度是在无产阶级夺取政权后建立的,资产阶级势力在一定时期内还相当强大。封建制是在奴隶社会母体内成长起来。封建社会建立了,奴隶主的旧势力是很有限的。另外,中国封建社会并没有认真地排斥奴隶制的存在。商鞅变法,促进了封建制的生产力和生产关系的发展,但仍在一定程度上保留了奴隶制。自汉以后,在官手工业中奴隶制的合法存在仍然是长期的。在这种种原因下,奴隶制的复辟不是必然要发生的,儒法之间不存在什么长期的"复辟反复辟斗争",这种斗争更谈不上是一条历史的规律。

罪恶的政治目的

"四人帮"一伙开动他们掌握的宣传机器,大肆宣扬他们所虚构的儒法斗争史。他们宣扬儒法斗争继续到现在,"到现在"这三个字是他们的要害。江青还怕人家弄不清楚,特别在一次群众大会上公开地宣称"复辟和反复辟,前进和倒退的斗争,从奴隶社会到封建社会,一直到社会主义社会,都贯串这个,现在还有人要复辟,不能说没有。要复辟必然要抬出儒家。我们要革命,对历史上法家就要批判继承"。话说得很清楚,他们就是要继承历史上的法家,他们就是当代的法家。他们宣扬历史上的法家就是宣扬他们自己。他们贬抑的儒家,就是影射革命老干部,把他们说成是当代的儒家。他们说的复辟,就是攻击老干部对毛主席革命路线的坚持。他们说的反复辟,就是宣扬他们的反革命法西斯活动。他们虚构的一部儒法斗争史,其罪恶的政治目的,一句话,是打着反复辟的招牌进行复辟资本主义的篡党夺权的阴谋。

为了加强其反革命宣传的罪恶效果,"四人帮"一伙在儒法斗争史的幌子下,一方面刮起"批宰相"的妖风,又一方面演出捧女皇的丑剧。

在宣扬儒法斗争的开始,"批宰相"就是他们宣扬的重点。在1973年11月初发表的一篇文章里,他们一口气点出了8个宰相。这8个宰相都成了所谓"奴隶主贵族的代表",用"四人帮"的术语来说,就都是儒家,都是复辟派。但文章只是给这些宰相扣帽子,并不能举出可信的例证。文章把秦国的吕不韦列在8个宰相里边,声称吕不韦是折中主义。江青特别赞赏这篇文章,说:"这篇文章的好处,是批吕不韦,吕是个宰相"。显然,这篇文章只是喻今,不是要批历史人物,而是要批宰相。批宰相,就是要攻击我们敬爱的周恩来总理。批折衷主义,就是攻击周总理坚持无产阶级的革命团结、坚持毛主席的革命统一战线。此后,批汉武帝时候的韩千秋,批宋神宗时候的司马光,都只是因为他们是宰相,封建时代宰相的职务有些类似于总理,他们就借用这个历史名词来影射我们的总理。

在攻击周总理的同时,"四人帮"也不放过我们忠于无产阶级革命事业的将军们。一个突出的例子,就是借着盐铁会议大批汉昭帝时候的大将军霍光,硬说霍光是儒家,是奴隶主势力的代表。但是在公元前81年盐铁会议的时候,汉昭帝只13岁,军政大权都掌握在霍光手里,一直到汉昭帝死的时候没有什么变化,江青亲口说汉昭帝是法家,但又说霍光是儒家,岂不是自相矛盾吗?"四人帮"一伙的言论,向来是前后矛盾的,他们给霍光戴上儒家的帽子,也不过是要借以攻击我们的老同志。

"四人帮"一伙还写了以批孔子为名的恶毒文章,用以攻击周恩来总理。文章说孔子窃取了鲁国代理宰相的高位。历史事实是,孔子曾在鲁国代"相"。但这个相是宾相的相,是举行重大仪节时的司仪。这时候还没有宰相这个官。他们是有意地利用一个字的歧义而作了曲解。实际上,这是抹杀"相"这个字义的历史变化而耍的卑鄙花招。

江青不断地叫嚷:"现在党内也有儒","要揪现代的大儒"。这就是妄图打倒周总理及大批革命老干部,扫除他们篡党夺权的最大障碍。

至于捧女皇,捧汉高祖的皇后吕后,再捧唐代的女皇帝武则天,说尽了鬼话,借古人的亡灵来为实现自己的篡权阴谋鸣锣开道。"四人帮"伪造历史,但终于被真实的历史压得粉碎。

秦始皇帝[*]

---

[*] 原署名"顾颉刚编著",为潘公展等主编《中国历代名贤故事》第一辑《民族伟人》之一种。重庆胜利出版社1944年9月重庆初版,1946年2月上海一版。该书实为白寿彝先生所作,故予收录。

第一章 始皇的幼年

一 家 世

秦始皇帝,姓嬴,名政。秦昭王四十八年(周赧王五十六年,公元前259年),生于赵国都邯郸[1]。这时,他的父亲子楚正居留在赵,作国际上抵押的人质[2]。他的母亲,是邯郸豪家的女儿,长得非常漂亮,学得一身很出色的舞蹈。

原来,子楚是安国君的儿子,安国君是昭王的次子。子楚虽代表秦国在邯郸住着,但昭王却不因为他的缘故而停止对赵国的侵略,因此赵国人对于子楚也就不大乐意招待了。子楚呢,也没有为祖父和父亲所看重,很不容易得到国内的接济。一切应用的东西也都拿不出一个大国王孙应有的阔绰来。他闷闷地住下去,他无聊极了。

一天,阳翟(现在的河南禹州市)大贾吕不韦到邯郸来做生意,看见了子楚的生活情形,知道这是一件难得的买卖到了。他替子楚出主意,并供给子楚费用,为子楚奔走,让他一面向安国君最爱的华阳

---

[1] 《史记·秦始皇本纪》:"年十三岁,庄襄王死"。依此上推,则始皇生年应在昭王四十八年。

[2] 这就是所谓"质子"。战国时,各国互相派遣王子王孙作质子。质就是抵押的意思。质子的意义,是对于驻在国作本国之国家信用的担保。

夫人讨好,一面结交宾客。华阳夫人看见了子楚贡献的奇货玩好,心里已自喜欢。又听说子楚在赵国是如何日夜哀泣地想念她,她就更觉得子楚可爱。于是,她就上了吕不韦的圈套,要求安国君立子楚做嫡嗣,赏给子楚大批的财物。这时安国君已立为王太子,子楚的政治地位因之已大大提高。又有了许多财物,便增加了不少政治活动上的便利。于是他的国际声誉,一天一天地增长起来了。此后不久,他就娶了始皇的母亲,生了始皇。

二　遭　际

昭王五十年,始皇3岁,秦将王龁奉命统率重兵,把邯郸一直围困了好几个月。邯郸危险极了,随时有被攻破的可能。赵国人对秦国恨透了,想把子楚杀掉泄愤。子楚赶忙和吕不韦商量,用600斤金子买通了看守的人,先逃到秦国军队里去,然后再回老家。剩下了始皇和他的母亲,仍旧留在重重围困的孤城之中,在赵国人敌对的眼光监视下,打发他们的日子。幸亏他有一个豪家做外祖,他躲过了这个紧急的时期,没有受到什么伤害。

更过了6年,昭王去世。第二年,安国君承继王位,华阳夫人立为王后,子楚为王太子。赵人也就在这时候,把子楚夫人和始皇送到秦国去。这时,始皇已是10岁了。

安国君称孝文王,即位不到一年就死了。子楚继位,称庄襄王,在位3年,也就去世。接着就是始皇继承王位。他这时正是14岁。这位生于忧患的少年君主,一直掌了37年的大政。他不只是使秦国一天一天地更强大起来,并且吞并了黄河流域和江淮流域的许多国家,造成一个空前的大帝国[1]。

---

　　[1]　本章所述,根据《史记》之《吕不韦传》、《赵世家》和《秦始皇本纪》。

第二章 统一的基础——历代先君之功业

一 秦穆公

始皇以前,秦国很出了几个英明的君主。最著名的,如春秋时代的穆公。他借材异地,在虞国人中得到百里奚,在齐国人中得到蹇叔,在晋国人中得到由余。他和这3个贤辅佐励精图治,国势一天一天地强盛起来。东边,他灭掉了芮(陕西朝邑),得到东进的据点。他三度扶立晋君,创了秦国问政中原的先例。西边,他消灭了12个戎国,扩充了一千里的国土,一方面结束了四百余年的戎秦战争,另一方面也可收得西北皮毛牲畜之利。这时秦国境几乎占有现在陕西省的全部,并向西扩展到现在甘肃的天水、平凉一带。从这时起,秦国才开始成为一个大国[1]。

---

[1] 穆公在秦人的眼光中,地位甚高。后人似已把他神化。《尚书·中侯》:"维天降秦,穆公出狩,至于咸阳,天震大雷,下有火,化作白雀,衔录丹书,集于公车。公俯取书,言穆公之霸也,迄胡亥秦家世事"。《文选注》引《虞喜志林》:"谚曰,天帝醉,秦暴金误陨石坠。谓秦穆公梦天帝,奏钧天乐"。这两段记载,大概都是根据民间传说而来,不必是著者的伪作。这可见穆公被认为是上帝所眷顾的人,秦之统一天下,在穆公时已受命了。

二　秦　孝　公

穆公后,传16世,到孝公。孝公时,秦国以东,有强国六。齐在现在的山东境内。楚在现在的湖北,北边跨越河南的南部,西到武关,东南方面的辖境更为辽阔。燕在现在的河北北部和它东北的一些地方。韩、赵、魏在现在的山西省、河北南部和河南北部。楚、魏和秦是紧邻,两国都筑有长城,和秦国隔绝起来。同时,这六国都看不起秦,拿它和浅化民族中的戎、狄一样看待。中原会盟的事情,秦国简直没有参加的份儿。孝公知道,这应该怪自己不争气。这数十年来,国内的政情太不安定了,无怪人家瞧不起。于是,他发愤图强,一心要修穆公之政,要恢复穆公时代的光荣。他颁发命令,说:"宾客们!群臣们!你们有人能设计,使秦国强盛吗?我要把爵位尊奉他,把土地分给他。"

魏国宗室公孙鞅[1]有很大的才具,魏王不能用。他听见秦王的命令,就从魏国到秦国去,想方法和孝公见面。他和孝公谈了3次话,孝公很欢喜,便听了他的话,规定了新的施政方策。

这方策大概可以分为3点:一是增加人口,二是奖励耕战,三是厉行法治。

秦国僻处西北,地旷人稀,田亩之已耕者不过五分之二,名山大川薮泽溪谷的财物货宝也没有充裕的人力去开发或利用。反之,和秦国毗邻的韩、魏两国都是人多地狭,许多的人没有田地耕种,也没有适当的宅子去住。公孙鞅就主张,利用韩、魏的缺陷,来填补秦国的缺陷。韩、魏人没有田地或宅子,如果他们肯到秦国来,秦国都可以分给他们。韩、魏人素日老是觉得秦国人民的负担重,现在秦国可以给这些新来的人民以特别的优待。这样,韩、魏人所希望的可以得

---

[1] 公孙鞅就是普通所谓商鞅。因为封在商於之地,所以称作商鞅,又称作商君。

到，所顾虑的可以免除，他们愿意到秦国来的自然就多了。于是，敌国的人民，不劳我一兵一箭，就自然地减少了。同时，在我国这面，人民却自然地加多了。不止人民加多，生产的力量和生产的数量也都可以加多了[1]。这是公孙鞅增加人口办法的一点。

秦国地接戎翟，国俗中不免杂有许多的戎翟风俗。往往父子在一个屋子里住。成年的儿子娶了女人后，也并不一定和他的父亲分开。这样，家庭间的性关系往往发生某种程度的紊乱。这于人口的繁殖上，可以有很不良的影响。公孙鞅看到这一点，就特别注重男女之别。这不止要防止家人间性关系的紊乱，还要防止到社会上性关系的紊乱。大概他觉得这样，也是增加人口的一个办法。

公孙鞅的奖励耕战，大概可分积极方面和消极方面：积极方面，他给耕战有功的人以一定的奖赏；消极方面，他给不耕战的人以一定的制裁。他规定，凡是有战功的人，可按着他的功绩，给予不同等级的爵位。耕田织布的成绩好，也可以免除许多法定的差役或赋税。国君的本家，没有军功的，也不能享受宗室的待遇。他们的爵秩，以军功的成绩来规定等级。他们的田地、府第、臣妾、衣服，也以军功的成绩来定差别。不事耕战而从事于商业或无所事事的人，政府剥夺了他们的身体自由，让他们做奴隶。《商君书》说："国待农战而安，主待农战而尊。"这虽不必是公孙鞅的话，但很可以说明他奖励耕战的主要意思。

公孙鞅把秦国人民的户口，都按着军事编制，令5户为一伍，10户为一什，让他们互相监视。如有奸人，同什伍者检举告发，可以得到重赏；藏匿不告者，和投降敌人同罪。他又禁止私斗。私斗者，按情形的轻重，定刑罚的大小。这都是增进公安的办法，也都是训练组织能力和组织习惯的办法。受过这种训练的人，一旦发到军队中去，

---

[1] 这是根据《商君书·徕民》篇写的。依这篇所举的史事说，显然是后人所作。但徕民的办法可能为公孙鞅的意思。在这一点上，希望读者做一个保留，不要完全相信确切是鞅的办法。

很容易成为服从纪律的良好军人。

公孙鞅又"开阡陌封疆"。"开阡陌",向来的解说,都认为是废除井田制度的办法:井田的阡陌,占地太多,所以公孙鞅要把阡陌废了。但孝公时,秦的旷地很多,何至于连一点阡陌之地还要利用?而且,井田制度多半是战国时学者们的一种理想,也未必真正地有那么一回事。《史记》把"开阡陌封疆"连起来说,大概是指破除大地主的阡陌封疆说的。破除了大地主的阡陌封疆,打破田地的割据形势,便把田地占有人对国家应有的负担加在他们的身上,他们就不能再享特殊的权利了。所以,《史记》说过"开阡陌"后,接着就说"赋税平"。这对于国家财政上,能从农产上多收到一些利益。对于一般农人的观感上,可以得到不少心理上的慰安。这也应该是公孙鞅耕战政策中的一部分。

公孙鞅定了这些政策和法令,在推行的时候,却只用一种精神,就是信:第一,说什么,就办到什么,没有变更;第二,定什么,就执行什么,没有例外。他在最初执政的时候,在国都南门竖了一根3丈长的木头。他悬赏:谁能把这根木头迁到北门,就给他10金。人民都觉得奇怪,没有人敢来迁移的。他又把赏额增加到50金。有一个人把这木头迁到北门了,他马上就给这个人50金。这是向人民表示他说什么就办到什么。他执法公平无私,刑罚不避权贵,奖赏不私近亲。有一次,太子犯法,他虽不能对太子用刑,但他也对太子的师傅用了刑,治他们不负责任的罪。虽好像他执法有了什么例外,其实这却可以证明他不容许"例外"的精神。这种精神,就是他厉行法治的具体表现。

孝公采用了公孙鞅的政策,最初贵族和平民都觉得不方便。但是5年以后,秦国人民富了,兵甲也强了。10年之后,道不拾遗,山上也没有盗贼,人民为国家作战都很勇敢,私自斗殴的事情都不愿意干了。这时,贵族们因为自己的利益受限制,虽更为怨望,但一般民众都觉得很有好处了。这是孝公能用公孙鞅,给秦国政治建立了一个很好的规模。后来秦始皇能够统一中国,可以说,是在这个时候开始打下了基础的。

在国外发展方面,公孙鞅特别注重魏国。这时,秦、魏两国虽大体上以黄河为界,但魏国有不少地方还在河西,同时并拥有函谷、临晋的险要,控制了秦国东进的门户,随时可以给秦国找麻烦。公孙鞅看透了这种情形,就同孝公说:"秦国和魏国,好像一个人有了心腹的病,不是魏把秦灭掉,就是秦把魏灭掉。魏国占有函谷关以西的地带,建都安邑(现在的山西安邑),独占关山以东的接济。它得到东方的接济,就向西方侵略秦。它得不到东方的接济,还可以保持它原来的地盘。现在秦国强盛起来了,魏国正在为齐打败之后,还没有别的国来同情它。现在我们要打它,它一定支持不住,秦就可以向东发展了。秦国如果能跨过黄河,占有函谷,往东控制各国,这真是一番伟大的功业啊!"孝公听了他的话,就派他带兵去打魏国,魏国派公子卬迎战。鞅和卬原来是老朋友。鞅就写信给卬说:"以前我同公子相处得很好。现在做两个敌国的将军,实在不忍心作战。我们两个人见见面,痛快地喝两杯酒吧。我们把军队都调回去,让两国的人民安宁点吧!"公子卬不知道这是计策,便在宴会席上被秦国的甲士俘虏了。跟着,公孙鞅发兵攻魏军;趁魏军的不防备,把他们全军覆没了。魏国果然支持不住这样大的压迫,便把国都从安邑迁到大梁(现在的河南开封)了。秦虽没有按照预定的计划拿得函谷关,但它的国境已经在若干地方扩展到黄河西岸了。

三 惠 文 王

孝公在位24年,死,惠文王嗣立。惠文王在位23年,武功很盛。在他的时代,有两件关系战国整个局势的战绩:一件是得到魏国西陲的许多重要地方,一件是得到巴蜀。

惠文王五年,在雕阴败魏。六年,魏献阴晋请和。八年,又和魏在雕阴打仗,把魏国45 000人的大军都打败了。魏国又纳少梁河西地于秦。九年,更渡过黄河,取了魏国的汾阴和皮氏。十年,围魏的浦阳,魏把上郡15县的地方都献给秦。十四年,取陕。后三年,后十一年,又两度取曲沃。按:阴晋(现在的陕西华阴)、少梁(陕西韩城)、河西(陕西华县、大荔朝邑一带)、上郡(陕西直州鄜县、肤施、绥德一带)都是黄河以西的地方。汾阴(现在的山西荣河)、蒲阳(山西永济)、皮氏(山西河津)、曲沃(山西曲沃)、陕(河南陕县)都是黄河以东的地方(陕在河南岸,地点也偏东)。惠文王在这些地方的战功,不止肃清了魏在黄河以西的势力,并且严重打击魏在黄河东岸的力量。他两取曲沃,简直就是截断了魏国的右臂。他取陕,占有了函谷、崤山的形胜,简直就是扼住了魏国的咽喉。从此,秦国随时可以开关,向东方俯冲。魏国如向西仰攻,秦国尽可闭塞函谷关的大门,给它一个不理。从此,魏国不再是秦的腹心之疾,秦国却成了魏国的膏肓之患了。再则,秦国从魏国得到的新地方都是滨河的肥沃之区,河西更是丰美的所在,曲沃则是河东有数的名城。秦得了这些地方,除了占据了地势上的形胜,并得到了资源上许多帮助。

惠文王后九年,秦使司马错伐蜀,把蜀灭掉,并取了巴和苴。蜀是现在的四川西部,以成都为中心。巴是四川东部,以重庆为中心。苴约相当于清代的陕西汉中府,以南郑为中心。这时,蜀巴各有王。蜀王又立他的弟弟于苴,称苴侯。巴王和蜀王素来有仇,但苴侯却偏偏不体谅他哥哥的心理,要和巴王要好。蜀王为这事很生气,便带兵去打苴。苴侯跑到巴国,派人到秦国求救。于是,秦国的机会来了,便派司马错从汉中伐蜀。蜀王亲自到葭萌去抵抗,打了一个大败仗,他逃走了,不久又被秦军捉住杀了。司马错灭了蜀,顺手把巴苴也灭了。惠文王封公子繇通为蜀侯,设置巴郡,并移秦民万家到巴蜀来。接着,又设置汉中郡。后来,蜀中虽又有叛乱,不久也就平息了。

秦得巴蜀以前,食盐、铜、铁、竹、木材似不能自给。这时,出产食盐最丰富最著名的区域是齐,出产铜、铁和弓、箭兵器最著名的是韩。说不定,秦每年要从齐辗转贩运许多的食盐,要从韩购买许多弓、箭兵器或弓、箭兵器的材料。这在战国时代虽不见得就是秦国严重的问题,但至少也可以影响到秦国国基巩固的程度。现在,巴蜀到秦的手里了,秦国的两个问题都可以解决了。巴蜀素以"饶铜、铁、竹、木之器"见称,巴蜀的食盐产量之富,更为内地各省所少见。巴蜀的特产正是秦国最迫切需要的东西。这就无怪司马错申述伐蜀的好处,要说它"利尽四海"了。

另外,秦得巴蜀,对于楚国的威胁很大。以前,秦楚以武关为界。武关东西都是山岭地带,无论秦攻楚还是楚攻秦,都很艰难。现在秦已得到长江的上游,并且得了巴蜀的劲卒。如果有一天秦想对楚用兵,顺流而下,就可直捣楚国的腹心。秦军没有度越山岭的困难、转输粮饷的痛苦,但却占有控制楚国的优势了。

惠文王做这两件大事,秦国在当时整个局势上的优越地位不知增加了多少成。这对于以后始皇统一中国的大业,又推进了一步。

惠文王在西北方面也有所经营。他曾北游戎地,至河上。又曾侵义渠戎,得25城。西北方面大概又扩展了不少的地方。

四　秦　昭　王

惠文王再传至昭王。昭王在位56年,干了不少重要的事。在战功方面,无论对楚、对韩、对魏、对赵都有很大的战果。在战略方面,也有极重要的决定。

对楚的战事:昭王六年,杀楚将唐眛,取重邱。七年,杀楚将景缺,斩首巨万。八年,又伐楚,取8个城。这年,昭王约楚怀王会于武关。等怀王到了,就把武关闭起来,把怀王带到秦都,留困起来。九年,又攻楚,斩首5万。取析(现在的河南内乡)和另外的15个城。二十七年,又败楚军,楚割上庸汉北地(现在的湖北境内均县以西及汉水以北各地)给秦。二十八年,派白起将兵,拔楚西陵。二十九年,拔郢(现在的湖北宜都),烧楚先王墓于夷陵(在现在的湖北宜昌)。三十年,又拔楚的巫郡和黔中郡(自现在四川巫峡以南,至湖南沅陵一带)。楚的两个西方门户——武关和夷陵——,这时可以说是洞然大开,无论从陆路还是水路都可以长驱直入,昭王给楚的打击真是严重极了。

对韩的战争：昭王十四年，败韩军伊阙，虏韩将公孙喜，斩首24万。十六年，拔韩的宛县（现在的河南南阳）。十七年，割给秦武遂地方200里（现在的河南宜阳一带）。五十二年，攻韩，取南阳（清南阳府属）。五十三年，又取韩10个城。韩国的西南境和西北境，可以说，都被昭王割去了很多的地方。韩国本以山多田少为病，现在被割的差不多都是田产很好的所在，它所感受的经济压力恐怕比军事压力还要严重。

对魏的战事：昭王四年，拔魏蒲坂、晋阳、封陵。十七年，魏献河东地400里。十八年，击魏，取大小61城。二十年，拔魏新垣、曲阳。二十一年，魏纳安邑。二十四年，攻魏，兵到大梁（现在的河南开封）。三十九年，拔魏两城。三十二年，拔魏4城，斩首4万。三十四年，破魏军15万，魏献所属南阳地求和。这时，魏大概已完全失去了山西境内的领土，河南南部所辖地也被割去了。它的国土似乎已被逼得局促于河南北部的一隅，它的新国都也已时有兵临城下的威胁了。

对于赵的战事：昭王元年至二十六年之间，秦仅拔了赵3个城。二十七年，秦攻赵的规模较大，斩首3万人。三十七年，围赵阏与，但为赵将赵奢所败。四十二年，拔赵3城。四十五年，攻韩上党。上党守以上党降赵。赵使廉颇拒秦于长平（现在的山西高平）。廉颇把壁垒筑得结结实实的，秦兵挑战，只是不理。秦军对于廉颇没有办法，就派人用多量的金子到赵国行反间计说："秦国就害怕赵括带兵。廉颇很容易对付，马上就要投降了。"赵国轻信了这话，就让赵括代替廉颇。秦国这方面，却暗地换了常胜将军白起做统帅。赵括代廉颇后，就出兵击秦。秦军假装败退，引诱赵兵来追，却派奇兵25 000人抄袭赵军的后路，另派15 000人隔绝了赵军的营垒。赵军被割成两段，粮道断绝，战事不利，只好筑起营垒来，好好地守着，等待救兵。昭王听说赵军的粮道绝了，就亲自到河内，赐人民爵各一级，把15岁以上的男子悉数征发，派到长平，帮助秦军遮断赵的救兵和输送的粮食。一直有46天，赵军到底得不到粮食，偷偷地自己杀人来吃。赵军分作4

队,三番五次往外面冲,都冲不出去。赵括亲自统领精锐部众来突围,为秦军射死,赵军45万人整个地投降了。白起把这45万人都用诈计活埋了,只剩下240个年纪太小的,让他们回赵国去。这已是昭王四十七年的事。第二年,秦军遂进围邯郸,围了一年多,差一点就可以攻下。后来,因为各国合兵来救,秦军方退。大致说来,昭王时对赵的战事,是很遇着坚强的抵抗的。秦从赵得到的土地,比较起别国来,也不算多。但长平之役,消灭了赵国武备的主力。并且能进而围困赵的国都,秦从赵国得到的胜利也就不减于从楚、魏、韩所得到的了。

另外,昭王三十七年,攻齐,拔寿刚。五十一年,灭西周,得户口3万,邑36。周东迁后的都城洛邑,就在这时候到了秦人手里。他又伐义渠戎,得有陇西地。

在战略方面,昭王决定了4个大字:"远交近攻"。在没有决定这个战略以前,秦国攻打人家的国家,大体上也都是从近处起。不过有时候,也隔越某一个国而攻打另一个国。这种作战的方法,对于建树秦的国威上说,当然也是一种办法。但因地域上的不衔接,所得到的土地往往不能占领,没有得到它。这不免有些浪费兵力了。同时,秦的军队通过别的国家后,很容易受到抄击后路的危险。在事实上,秦虽没有受到这种危险,但如有人要这样做的时候,秦国的军队是要受很大的损失。昭王三十五年,即拔郢烧夷陵以后的第六年,又想伐楚。楚人黄歇恐怕这样一来,就把楚灭了,他游说昭王道:"秦和韩、魏是世仇,韩、魏的父子兄弟一个接着一个地死于秦国的侵略。两国的边疆上,到处是死人的骨头、头颅。秦国的大路上,随时可看见两国的俘虏。两国的人民,骨肉分离,无法生活。他们对秦国恨透了。如果秦伐楚,是不是要从韩、魏经过呢?如果从韩、魏经过,恐怕秦国的军队能出去,就不能回来了。若是不从韩、魏过,而要从楚国的西北部攻楚,这都是广川大水、山林溪谷,没有方法种田的地方。您就是得到这地方,也算不了什么呀!我替您打算,最好同楚国合作。秦、楚联合起来压迫韩,韩必定成为您的属国。于是,您用10万兵屯在郑、大梁和许、鄢陵、婴城、上蔡、召陵（都是现在河南地）间的交通就断了。这样，魏也就成了您的第二个属国。这是您一同楚合作，就可得到两个大国，齐的北部也就轻轻易易地可以取到了。这样，您的领土可以从西海直到东海，把天下的地方从中划开，燕、赵不能再接连齐、楚，齐、楚不能再联合燕、赵。于是您耸动燕、赵，摇撼齐、楚，四国不要用很大的力量就可贴服了"。黄歇的这番话，用意虽是在缓和秦国对楚的压迫。但这番话的内容也实在有道理。它的大旨就是在说明远交近攻的战略，不过它没举出这4个大字罢了。更后二年，正是秦相穰侯魏冉伐齐刚寿的一年，魏人范雎说昭王道："穰侯越过韩、魏，攻齐刚寿，是不合算的。出兵少了，不能够对齐有什么损伤；出兵多了，秦国又未免不值得。我想您的意思是想少出兵，而借重于韩、魏的兵力。但越过他人的国而攻别的国，是可以的吗？以前，齐湣王攻楚，破军杀将，开地千里，但齐没有得到尺寸的地。他岂不想得地吗？是因为形势的禁格，他无法占有这些地啊！并且他因此凭空送给了韩、魏许多地，反把自己的国力消耗了。这正是给贼兵送兵器，给强盗送粮食，于人家有益，于自己有损。所以，我想，您不如远交而近攻。攻得一寸，就是您一寸的地方。攻得一尺，就是您一尺的地方。韩、魏位于中原之地，是天下的中枢。您想霸中国，就当亲近中原，做天下的中枢，以威胁楚、赵，压迫强齐。如果中原的韩、魏没有法子亲近，您就该先用兵伐它们"。范雎在这番话里，正式地提出了"远交近攻"4个大字，并且对这4个大字有比黄歇更彻底的阐发。昭王完全听了他的话，便决定了攻占各国的基本战略，此后四五十年，这一直为秦国作战的最高指导原则。

昭王的功业，使秦的领土有空前的发展。它几乎全部占有了现在的山西省，它扩展到了现在的甘肃、河南的中部和南部，它闯进了湖北的西部和湖南的西北角。它的基本战略的决定，更缩短了一统大业成功的年限。

昭王在位56年，死。孝文王即位，3日就死了。庄襄王立。庄襄王就是始皇的父亲子楚。庄襄王元年，灭东周。东周最后所据的7

县,河南、洛阳、谷城(现在的洛阳西北)、平阴(现在的河南广武)、偃师、巩、缑氏(都在现在的河南),都入了秦。同年,又攻韩国的成皋(在现在的河南),置三川郡。二年,遣蒙骜伐赵,拔榆次(在现在的山西)37城。三年,击赵上党,置太原郡。庄襄王在短短的3年中开地不多,并且于第三年还为信陵君联合的五国军所败,但所置的三川郡是当时中国交通的枢纽,太原郡是燕、赵的脊膂,都是很重要的地方,对于统一大业的贡献还是不少。

庄襄王死,子政即位,就是始皇。他承继并完成累代先君的功业,缔造出了秦帝国来,开中国史上空前的创局[1]。

---

[1] 本章所述,根据《左传》,《孟子》,《战国策》,《史记》之《秦本纪》、《楚世家》、《魏世家》、《韩世家》、《田敬仲完世家》、《商君传》、《春申君传》、《范雎传》、《六国年表》,《商君书》,《韩非子》,《吕氏春秋》,《新序》,《新书》,《说苑》,《绎史年表》,《春秋大事表》,《列国疆域论》。

第三章　统一的完成

　　始皇初即位的时候，年纪还少，国事都交付给大臣。大臣中声望最重的是吕不韦。不韦因为有设计立庄襄王的功劳，庄襄王素日很看得起他，请他做丞相，封文信侯，食河南雒阳10万户。始皇更尊崇他，封他食邑30万户，称他做仲父。自始皇初年到十年，秦国的行政恐怕都在他手里。不过始皇英明，不韦权虽甚重，还不能到独断独行的地步。

　　依史书所记载，不韦在相位的时候，不见得有什么大的功绩。他的事迹，为后人所称道的，就是他成就了《吕氏春秋》一书。原来，他受战国时代风尚的影响，见到齐国的孟尝君、赵国的平原君、魏国的信陵君、楚国的春申君都下贤养士，每人养了几千人，就觉得拿秦国的强，还不如他们，未免有点不好意思。于是，他也招致宾客，好好地款待他们。据说，他的宾客达三千人之多。他让他的宾客著书，各人把自己所知道的写出来，并相聚讨论，定为《八览》、《六论》、《十二纪》，共二十余万言。这就是所谓《吕氏春秋》了。他把这书公布在秦国都咸阳市门，悬千金的重赏。凡从外国来的宾客游士，有能添减这书内一个字的，就把千金给他。不韦这种办法，对于秦国的发展，有两种意义：一种意义是可以收罗各国的人才，一方面使他们为秦国之用；又一方面也可以减少各国之政治上的、有时也是军事上的力量。像后来对于秦帝国颇有贡献的政治家李斯，就是不韦门下的一个宾客。又一种意义，是《吕氏春秋》这部书已开了统一思想的路子。

这部书把道、儒、墨的思想糅合在一起,并掺杂了阴阳家和农家的话在里边。这部书很显然地是期望做到统一思想的一种工作。虽说做的不很成功,但他毕竟做了。后来始皇焚诗书,实在也就是一种统一思想的办法。不过不韦是用制造舆论的方法;始皇后来所用的是政治制裁的方法罢了。

旧史相传,始皇的母亲秦太后,原来是不韦的姬妾。庄襄王在赵时,看见了她,便问不韦,把她要了来。等到始皇即位后,她的年龄大概还不算大,她还不忘旧情,时时找不韦来欢会。始皇一天一天地长大了,太后的毛病未改,不韦心里有点害怕。他想法找到一个身材魁伟的嫪毐做自己的替身。太后爱他极了,封他做长信侯,给他许多封地。他本是一个市井无赖,得了这种奇遇,就未免作威作福起来。太后的丑声早已传播了各国,但直到始皇九年,始皇才晓得这件事。便发兵捕杀嫪毐,灭了他的三族,对他的官佐宾客,有的斩首,有的车裂,有的迁移到蜀去。十年十月,不韦也为这事免职。不久,不韦恐怕被杀,自己喝毒药死了[1]。

太后的丑事,很使始皇不痛快。嫪毐的自作威福,似也使始皇初期的政治有某种程度的紊乱。但这都不能妨害秦国向外的发展。始皇初年,楚人李斯做吕不韦的客,曾因不韦,说始皇道:"成大功的人,是要看到了机会就拼命抓住的。以前,穆公霸西戎,但他终于不能向东发展,是因为什么呢?因为那时候,东方的诸侯还多,周家的尊严没有完全没落,所以大家还要捧他的场,5个霸主都要一个一个地去尊奉他。自从孝公以来,周室一天不如一天,东方诸侯互相兼并,只剩了6个大国。秦国倚恃自己的胜利,役使各国,已有六代了。现在诸侯对于秦,好像秦的郡县一样。拿秦国这样强盛,大王这样精明,足能够灭掉各国,成帝王的功业,统一天下。这是最难得的机会。如

---

[1] 旧史说始皇母嫁庄襄王时已经有孕。这个孕儿,就是不韦的孩子,就是始皇。因此,后人就有把始皇叫做吕政的。但这话也许是秦、汉间人,因为愤恨始皇的各种措施,而有意捏造的恶意宣传。

果现在丢掉了这个机会,不赶快下手,等他们再强盛起来,再联合在一处,虽有更能干的人出来,对于他们也没有办法了。"始皇这时虽还年少,虽还不怎样主持大政,但他很相信李斯的话。他这时已有统一天下的抱负了。从元年起,到二十六年,他累年调兵遣将,到底把东方各国完全灭了。先灭韩,次灭魏,次灭楚,次灭燕,灭赵,灭齐。

一 灭 韩

元年,韩国听说秦国爱有新建设,喜欢出新花样,就想拿一件事情,把秦的人力缠住了,和缓它东伐的时间。于是派水工郑国到秦国去,游说始皇,开凿长渠,引泾水东注于洛,长三百余里。在工作的中间,郑国的计划尽被发现。结果是给秦开了一条灌溉田地的好渠道,灌溉的区域达4万多顷,每亩田地都可大量的丰收,不必再怕什么凶年。韩国本身没有收到什么预期的效果,只有增加秦国对韩的坏印象。于是,李斯就说始皇,先取韩,对各国示威。始皇就把取韩的事,交给李斯筹划。

韩国听到了这消息,更害怕。于始皇十四年,派韩非到秦去,做存韩的运动。韩非和李斯都是荀卿的学生,李斯平常自以为所学赶不上韩非。始皇见过韩非所著《孤愤》、《五蠹》等论文,非常佩服,慨叹地说"我要能同这个人在一块儿,虽死,也不恨了!"始皇见韩非,自然很喜欢。韩非对始皇说了一篇应该存韩的道理。重要的意思是说:"韩国服秦,无异于秦的郡县,赵国则和韩国相反,正在训练士卒,企图连合诸侯西向攻秦。秦现在所应注意的,是赵不是韩。并且,韩因环境困难,时时在戒备中。如果秦伐韩,不能在10年内灭掉它,仅拔一城得一地而退,徒损失秦国的威严。再则,韩被迫叛秦后,魏会跟着韩的脚印走的。这是把韩、魏送给了赵,赵再连上了齐,这并不是秦的福。"始皇把韩非的话交给李斯去议。李斯说:"秦之有韩,好像人的肚子里和心里有病。在平常安居的时候,不觉得怎样;如果走路时脚步太快,病就发作了。韩虽说已经服秦,但未尝不是秦的病。

如果仓促有事，韩是靠不住的。现在要听韩非的话，专心注意齐、赵，韩在秦肚子里和心里的病根就要发作了。韩与楚如果有什么阴谋，并且得到诸侯做外应，秦是可以有全军覆没之祸的。韩非完全为他自己打算。如果秦、韩和好，他可以增加自己的身价。请您派我到韩国去。我可以设法让韩王来见您。您就把韩王留住不放，并召韩国的重臣来。这样，韩国是可以大大地要挟一下的。"始皇遂派李斯到韩国去。但韩王不见，李斯的计划不能如预期地成功。韩非呢，被秦国留住。始皇十四年，因为李斯、姚贾屡次说坏话，就把他下狱了。李斯派人给韩非送毒药，使他自杀。后来始皇又想起非来，派人赦他的罪，可是已经死了。

这时韩的疆域已经很小，局促于现在的河南颍水流域一带。始皇十七年，内史腾攻韩，得韩王安，尽有其地。韩亡。

二 灭 魏

始皇四年，伐魏。五年，蒙骜攻魏，取酸枣、燕虚、长平、雍丘、山阳等20城。六年，拔朝歌。七年取汲。九年，拔垣、蒲阳和衍。这时魏国都的东北方和西北方的外围，已被秦击破了不少的据点。

十七年，灭韩后，魏的西南方也为秦的势力所占据。魏所余剩的土地，已在秦的弧形包围之中，这时，秦本已可一鼓灭魏。但这时正有事于赵，魏得有苟延残喘的机会。二十二年，秦遂派王贲击魏。把大梁围了3个月，还没有攻破。后来把河沟的水引来灌大梁。城让水淹坏了，虏魏王假。魏亡。

三 灭 楚

始皇六年，楚相黄歇为从约长，连合诸侯的兵伐秦。秦把他们打败了，楚被迫把国都东迁到寿春。

十七年灭韩，楚的北境已感受秦的正面压迫。但楚的国力还是很强。二十二年,始皇既已使王翦虏赵王,并逼燕王走辽东,又想取楚。他问李信:"攻楚须多少兵力?"李信说:"只要20万人便够了。"又问王翦,王翦说:"非有60万人不行。"始皇以王翦为怯,便派李信和蒙恬带20万人伐楚。李信和蒙恬分军进击,大破楚军。信攻破鄢郢(现在的湖北宜都)后,就向西去,和恬会师。楚国的军队在后面跟着,一直跟了三天三夜,没有停歇,把李信军队击散了,冲进他的壁垒里去,杀了7个都尉。秦军大败,退走。

始皇听了军败的消息,愤怒极了。他亲自去找王翦。这时王翦因自己的建议不被采纳,正借口有病,在故乡住着咧。始皇说:"因为我没有听将军的话,果然让李信丢了秦国的面子。现在听说楚兵一天一天向西来了,将军就是有病,难道忍心不管我吗?"王翦说:"如果您不得已,要用我,没有60万人是做不到的。"始皇果然给了他60万人。在出师离开国都的那一天,始皇亲自把王翦送到灞上。

楚国听说王翦带了更多的兵来代替李信,便把国内所有的兵都调到前线上。但王翦并不马上和楚军开战。他只吩咐,把营垒的墙壁筑得结结实实,派得力的军队守着,不准动。楚军屡次来挑战,王翦只是一个不理。

王翦每天让士兵们休息着,叫他们多多地洗澡,吃得好好的。他爱惜他们,亲近他们,常常和他们在一块儿吃饭。

相当时期过去以后,士兵们无事可做。他们投石子、跳远,来消磨他们的时光。王翦说:好了,士兵可以一用了。这时,楚军因秦军久久不出战,正在把军队向东撤,王翦便带兵追上去,把楚军打一个落花流水,把它的大将项燕也杀了。便乘胜征服楚国各地。始皇二十四年,虏楚王负刍。楚亡。

四 灭 赵

始皇元年,派蒙骜拔赵的晋阳(在现在的山西太原)。八年,遣王弟长安君击赵,无功。十一年,派王翦攻赵。王翦精选他的部下,每

10人中选出2人,以桓齮为将,攻取邺、安阳(都在现在的河南安阳)等9城。这时,赵方在攻燕,取得貍阳城(或即渔阳,在现在的河北密云)。

十三年,桓齮攻赵平阳,大破赵军,杀赵将扈辄,斩首10万。这时,赵的名将李牧方在北边抵挡匈奴。他曾经破匈奴十数万骑,灭襜褴,破东胡,降林胡,使匈奴的单于奔走,十几年不敢到赵的边城。赵既遭桓齮的攻击,便调李牧来,拜他做大将军。李牧击秦军于宜安,大破秦军,桓齮败走。十四年,桓齮再攻赵,定平阳,取宜安。十五年,大兴兵伐赵,一军至邺,一军至太原。到邺的军队,遇着李牧,又为李牧所败。

十七年既灭韩,遂于第二年大兴兵伐赵,使王翦为将军,攻下赵的西方门户井陉。另外使杨端和将河内的羌瘣去围邯郸城。赵派李牧和司马尚去抵御。李牧累次打败秦军,杀死秦将桓齮。翦心里讨厌得很,便派人到赵国去运动赵王的宠臣郭开,送给他许多的金子,让他造谣言,说李牧、司马尚想造反,借此向秦国索取大的报酬。赵王就不问皂白,把李牧杀了,把司马尚免职。另外命赵葱和齐将颜聚代替他们。不久以后,赵葱军失败,颜聚逃走。赵王迁被迫投降,邯郸等地遂被秦占领。这是始皇十九年十月的事。

始皇于得邯郸后,亲赴邯郸,把20年前他在赵时,母家的仇人和有间隙的人,都拿来坑了。同时,赵国的大夫并不愿赵国就此了结,便奉赵王迁的嫡兄公子嘉,并带了几百个族人到代(现在山西境内代县以北各地),自立为王。实际上,这就是赵国的继续,不过后来史家又给它一个国名,叫做代。

二十五年,王贲攻代,虏王嘉。赵至是名实全亡。

五　灭　燕

始皇十五年,燕太子丹自秦亡归。丹少时曾在赵,那时始皇还是小孩子,也和他母亲在赵。丹和始皇常在一起玩耍,很是要好。始皇即位后,丹又为燕到秦,做抵押的人质。始皇对丹的招待不好,丹心里怨恨,便偷偷地跑回老家去,想找一个报复始皇的机会。但因为国小,不能有军事上的行动。

后来,秦不断地出兵,渐渐地蚕食诸侯,眼看就要到燕了。太子丹心里发愁,便请教他的师傅鞠武讲求对策。鞠武劝他沉住气,想一个妥当的办法。

不久,秦将樊於期因为得罪了始皇,他的父母宗族都被杀了,只剩他一个人逃到燕国。太子丹看他穷困无所归,便给他一个地方住。鞠武劝丹,应该让樊於期到匈奴去,不要为了这件事使秦有所借口,为燕招祸。"我们要在西面连合韩、魏、赵,南面连合齐、楚,北面买求匈奴,方能对付秦国。"丹既不肯放樊於期走,又嫌鞠武的办法太费时间。他求鞠武另外想法子。于是鞠武介绍田光给他,田光又介绍荆轲给他。

荆轲本是卫人,由卫到赵,又由赵到燕。他常和燕的善击筑者高渐离在酒肆喝酒,有时高兴得相和高歌,有时相对而泣,好像他们旁边没有什么人一样。轲虽如此,但他却是一个深沉的人,喜欢读书,善于击剑。他的交游广,所交尽是贤豪长者。田光是燕的处士,和轲交好,知道他不是一个平常人,所以举荐他和太子丹商量军国大事。

丹对轲恭敬极了。他说:"秦的欲望是不能满足的。不把天下的土地都占领了,把天下的人都臣服了,他不称意。现在秦已灭了韩,又南伐楚,北临赵。秦将王翦带着数十万兵,分为两路伐赵。赵支持不住,必对秦投降。赵降了秦,灾祸就要临到燕了。燕又小又弱,把全国的兵力都拿出来,也挡不住秦。而且,各国又都畏怯,不敢联合起来对待秦。我想,如果得到一个勇士,派他到秦国去,用重利引诱秦王,使勇士有接近他的机会。如果勇士能劫持他,使他把侵略各国的地方都归还了,自然是很好了。如果这一层办不到,就把他刺死。这样,秦有大将在外面用兵,国内有变乱,可以使他们君臣间互相猜忌。各国得着这个机会,可以联合起来,秦国是一定可破的。"丹这一番话没有得到轲的具体答复。丹一再坚请,轲才答应替他办这件事。

燕用上卿的礼,接待轲,替他预备了很好的住处。太子丹每天去问候他,给他送去很丰美的食品。有时,还给他送车马,送漂亮的姑娘。这样过了好多时候,轲还没有到秦去的表示。

始皇十九年,秦取邯郸,活捉赵王,眼看秦兵就要到燕的国境了。丹心里害怕,便找轲说:"秦兵如果在早晚之间,渡过了易水,恐怕我就是想永久地侍候您,也办不到了。"于是轲说樊於期,於期自杀。轲带着於期的头,拿着燕东督亢肥沃地带的地图,到秦国去。他本来还想等他的朋友来,做他的副手;但丹等不得了,就派了燕国的勇士秦舞阳跟他去。舞阳才13岁,是燕名将秦开的孙子。

丹和他的宾客送轲到易水上。高渐离击筑,轲高歌。这时,只要是一个汉子,眼球都会突出来,头发都会立起来。泪水不知不觉地润湿了他们的眼。轲上车了,头也不回地去了。这时正是始皇二十年。

轲既到秦,给秦宠臣蒙嘉备了一份重重的礼物。蒙嘉替他告诉始皇,说:"燕王害怕大王的威严,不敢举兵迎接您的军队和官吏。他自愿做您的内臣,给您贡献。他只求能保全先王的宗庙。他不敢自己来同您说,特斩樊於期的头,和燕督亢的地图,一同封好了,派使臣送给您。请您表示您的意思。"

始皇高兴极了,把礼服穿上,把招待上宾的人员都预备好,在咸阳宫中见燕使者。

轲捧着盛樊於期头的匣子,秦舞阳捧着地图的匣子,依着次序,来到大殿的陛下。舞阳脸色都变了,显着害怕的样子。秦的群臣觉得奇怪。轲看着舞阳,笑替他解释说:"北方的野人,没有见过天子,所以害怕。请大王原谅他"。

始皇命轲:"把舞阳拿的地图取来"。轲把地图展开。图展完了,一把锐利的匕首出来了。轲把匕首抢在手里,左手拉着始皇的袖子,右手拿着匕首,就去刺他。

始皇惊惶地站起身来,袖子都扯断了。他背上,背着剑,仓促间也不知拔出来。轲追逐着他,他绕着殿上的柱子走。群臣意外地碰到这样的事,都弄得手足无措。而且按着秦法,在殿上侍立的群臣不准拿一尺一寸的兵器。在殿下侍卫的人,依法,非宣召不能上殿。这时,始皇在危急的时候,也没有想起来,召他们上殿。侍臣没有办法,只有用手来打轲,侍从的医官用药囊来掷轲。

始皇绕着柱子走,想不出一个应付办法来。左右的人说:"王背着剑,背着剑哪!"于是,他才抽出背着的剑来,砍断了轲的左股。轲倒下来,掷匕首来刺始皇;没有刺着,砍在柱子上。轲倚着柱子,傲慢地笑,说:"我的事情所以没有办成,是因为我想得个活的,让他答应条件,好去还报太子。"

这件事情,使始皇恨透了燕国。更多多地发兵到赵地,交给王翦,要他击燕。燕代联军抵抗不住,在易水西岸为秦军所破。

二十一年,秦破燕蓟城。燕王斩太子丹,献给秦国,请求停止进兵。但秦兵还是照旧前进。燕王遂东走,到远东一带的地方来经营。

二十二年,王贲灭魏。二十四年,王翦灭楚。二十五年大兴兵,使王贲统率,攻辽东,得燕王喜。燕亡。

六　灭　齐

齐国地在东方海滨,距秦最远。当始皇时,齐王名建。建的太后所谓君王后者,见事甚明。她用很谨慎的态度对付秦国,用忠实的外交接待东方诸侯,国际上的感情弄得很不错。相传始皇的先君,曾派使者送给君王后一个玉连环,说:"齐国素来有很多聪明的人,不知有人能把这个环解开吗?"君王后问群臣有没有办法。群臣中,没有人答应。君王后拿起锥子把玉环椎破了,说:"我已经把它解开了。"这个故事,可以表示君王后的智慧和明决。

君王后时期所用的人,也有高明的。当秦昭王攻赵的时候,赵国向齐借粮食。齐国不肯借,齐臣周子说:"我们应该把粮食借给它,好使它打败秦国的兵。赵对于齐、楚,实在是齐、楚的屏蔽。齐、楚好像是牙齿,赵好像是嘴唇。嘴唇没有了,牙齿就不免寒冷的袭击了。今天秦能把赵灭了,明天齐、楚就要跟着遭殃。我们救赵,应该像捧漏甕,浇焦锅一样,一刻儿也缓不得的呀!"这是一篇洞达齐国处境的话,是很不易得的。可惜齐政府没有把这话把握得住。

　　君王后临死时,把群臣中之可用者,一一写出来,交给齐王。君王后死后,齐王不能用她的话,却叫后胜做宰相。后胜是个贪财小人,一味地贪利。秦国的奸细便利用他的弱点,大量地送给他金子,请他替秦国说话。齐王派到秦国去的宾客,不用说,也在秦国得了好处,回国后都捏造一些假话来骗齐王。齐王听了他们的话,对于秦很放心,不再帮助五国攻秦,并且也不再准备战争的设备。齐王一直享受了四十多年的清福。在四十多年间,他没有用过一次兵。他的惰性已经养成了。即使遭遇了非常时期,他也再不能用兵了。

　　始皇二十五年,即齐王建四十三年,王贲已灭燕、灭赵。而魏、韩和楚也已被灭。齐国已陷入秦的包围中。即墨大夫给齐王献策,说:"齐国的地有几千里见方,带甲的兵已有好几十万。现在,韩、魏、赵的贤豪不愿意受秦的统治,而在齐国的阿、鄄一带者,约有百十人。王如把这些人收罗起来,给他们十万兵力,让他们恢复三国的故地。这样,秦的临晋关是可以进去的。鄢郢(楚国都)的贤豪,不愿受秦国统制而在齐国的南城者,也有百十人。王如把这些人收罗起来,给他们十万兵力,让他们恢复楚国的故地。这样,秦早经占领的武关也是可以进去的。那么,齐的国威就可以建立起来,秦国是可以灭掉了的。"齐王觉得这话太冒险了,不敢听他的话。

　　二十六年,王贲攻齐。贲兵到临淄的时候,简直没有人阻挡。齐王建轻轻易易就投降了。秦把建放在共地的松柏林里,生生地饿死了。齐亡。

七　成功诸要素

　　自灭韩起,到灭齐止,总共不过 10 年。灭韩、灭魏,还是经过长期的努力,由多年的压迫、多年的剥削,逐渐把两国灭掉的。对楚、对赵,秦并没有必然战胜的把握,赵在长平被坑四十多万人以后,力量还并不怎么弱。拿秦名将王翦和赵对垒,还是屡次为李牧所败。同样,始皇派李信攻楚,也是吃楚国的亏。至于燕,虽不算是强大,但同齐国都是一样,一直休养了许多年,如果能好好地运用,也是不可轻视的。可是,始皇在这种情形下,却能于短期内有很大的成就,这不能不说始皇有他自己的办法。

始皇对付六国,事实上还是承继昭王以来的"远交近攻"的战略。他那样地压迫韩、魏,同时却又是那样地使齐王对秦放心,都是这种战略的具体表现。果如当初范雎所说,这种办法可以使秦国"得尺则尺,得寸则寸",同时还可以使距离远的国不作长久的打算。于是,六国就这样地为秦"各个击破"。

在用兵方面,始皇有两种特长:第一,他能选用将帅;第二,他能把握时机。他所用的将帅,如王翦、王贲、蒙骜,都是很不易得的人才。尤其是王翦和他的儿子贲,他们在六国中,竟毁灭了五个国。伐楚之役,始皇因没有听王翦的话,打了一个败仗,他亲自到翦的故乡去,请他再出来领兵。翦就问始皇要求好的住宅、好的园林、好的田地,数量很多,始皇说:"将军走吧,你还怕穷吗?"翦说:"做大王的将,有功了,也不能封侯。趁着您这时候看得起我,我也赶快要点东西,好给子孙们留着吃饭。"后来,翦在未到前线以前,又三番五次地派专人来,请求这些东西。有人批评翦,说他太爱东西了。翦说:"君王为人欺诈,不相信人。现在他把国内的兵都交给我了,我如不这样办,岂不让他怀疑我吗?"这故事,一方面固可以表示秦君臣间相交以权术,但另一方面也可以看出始皇既能选用人才,同时却又为人所畏怕。至于他之能把握时机,可以从他进击六国的情形看得出来。他既灭韩,第二年就举兵向赵,第三年就残破了赵国的本部;第四年就击燕,第五年就残破了燕国的本部;第六年灭魏,第七年大败楚军,第八年灭楚,第九年灭燕、赵,第十年灭齐。他的六国用兵的路线是不相连续的,他所使用的兵团也是先后不一致的,但攻击的精神可以说是一鼓作气的。如果我们说现在的战争是闪击式的,始皇的用兵实在也可以说是那时代的闪击战。因为是闪击战,所以他能很快地把六国亡掉,10年之内增加了几倍的土地。但同时,也因为是闪击战,他对于占领的地方,也不容易有巩固的统治的力量。始皇二十五年,即墨大夫对齐王的献策,就已露出了这种弱点来。

另外,始皇很得力于用反间计。这在秦人,本已早就用过,但没有成为一种政策。到始皇时,才确定作为一种重要的国际政策。《史记》和《战国策》都特别记着始皇对这种政策的决定。《史记》说这是李斯出的主意,《战国策》说是尉缭和顿弱的主意。但无论是谁的主意,都不外是用黄金收买各国的宠臣将相,一方面可使他们为秦宣传,替秦拉拢卖国分子,另一方面还可使他们残害忠良,减低各国抗秦的力量。这种办法最显著的效果,是使赵杀李牧和使齐国没有抗秦的意思。这两种显著的效果,其得到的代价,恐怕不亚于五六十万雄兵。

据说,始皇在用反间计以外,还派刺客到各国去。各国卿相能用黄金收买更好,不能收买的,就用利剑行刺。这种办法,可能在各国造成一种恐怖的心理,但这种办法是否实行,我们在史册里,还看不到明显的证据。

从秦穆公霸西戎起到始皇灭六国止,约四百年。从孝公变法起到始皇灭六国止,约一百三十年。从惠文王取河西、亡巴蜀起到始皇灭六国止,约九十年。从昭王决定还交近攻的战略起到始皇灭六国止,约四十余年。秦先君没有想到的事情,始皇给做到了;计划着的事情,他给实现了;进行着的事情,他给完成了。秦先君累代积累的功业,给了始皇极好的凭借。始皇的成就,光辉了历代先君的功绩。秦国到了始皇,可以说是发展到了顶点。它是由西方的一个僻远国家而成了一个统一六国的大国[1]。

---

[1] 本章所述,见《史记》的《始皇本纪》、《六国年表》、《燕世家》、《楚世家》、《赵世家》、《魏世家》、《韩世家》、《田敬仲世家》、《韩非传》、《王翦传》、《春申君传》、《吕不韦传》、《李斯传》,《韩非子》,《吕氏春秋》,《战国策》。

第四章 秦帝国的规模

一 议 帝 号

始皇在统一各国后,就下令给丞相和御史,说:

> 异日韩王纳地效玺,请为藩臣。已而倍约,与赵、魏合从叛秦,故兴兵诛之,虏其王。寡人以为善,庶几息兵革。赵王使其相李牧来约盟,故归其质子。已而倍盟,反我太原,故兴兵诛之,得其王。赵公子嘉乃自立为代王,故举兵击灭之。魏王始约复入秦,已而与韩、赵谋袭秦,秦兵吏诛,遂破之。荆王献青阳以西,已而畔约,击我南郡,故发兵诛得其王,遂定其荆地。燕王昏乱,其太子丹乃阴合荆轲为贼,兵吏诛灭其国。齐王用后胜计,绝秦使,欲为乱。兵吏诛虏其王,平齐地。寡人以眇眇之身,与兵诛暴乱。赖宗庙之灵,六王咸伏其辜,天下大定。今名号不更,无以称成功,传后世。其议帝号!

这是始皇定六国后的第一篇大文字。这可以看出他雄视一世的气魄:他原是认六国都应该服从他的。同时,也可以看他成功后的那份儿得意:他已说明了,他创出了一个新的时代,在这以前,他的称号同六国君主一样,都是叫做"王"。现在,他觉得王的称号太平凡了,他要有一个更庄严的名字。

丞相王绾、御史大夫冯劫、廷尉李斯商量的结果,说"以前五帝的时候,有地不过千里见方。帝畿以外的诸侯,有的来朝觐,有的不来朝觊,各随他们的意思,天子没有力量去约束。现在,您兴仁义的兵,消灭残暴的敌人,平定天下,海内统一。这是从有历史以来,我们都没有听说过,五帝也是办不到的。我们同博士们商量,他们说:古来有天皇,有地皇,有泰皇,泰皇的名称最尊贵。我们冒死替您上尊号为泰皇。您的意思称作'制';您的通令称作'诏';您自己称自己作'朕'。"

始皇采用了"皇"字,加上了帝位的称号,取尊号为"皇帝"。对于"制"、"诏"、"朕"的规定,他完全同意。他遂即颁制,说:"朕听说太古的君主有号,没有谥。中古的君主死了以后,他的臣子按照他的行为,给他一个谥。这样,是做儿子的可以议论父亲的不是,做臣下的可以议论君主的不是。这很没有意思,朕不赞成。从现在起,除去谥法。朕是始皇帝。后辈的皇帝,依次计算,从二世皇帝,三世皇帝,以至于万万世,传袭着没有穷尽。"这是始皇称始皇帝之始。在此以前,他还是称秦王。始皇的国可以称帝国,也是从这时开始的。这是始皇二十六年。

始皇相信五德终始的说法[1],以为周得火德,曾经做了天下的

---

[1] 五德,是金、木、水、火、土。终始,是说五德相生相克,此终彼始。大概燕、齐滨海之区,居人的思想易涉玄虚。阴阳五行之说,民间大概早已有了。而把这种民间的说法,加以理论化或组织化的,依我们所知道的说,以齐驺衍为最早。《史记·孟子荀卿传》说他"深观阴阳消息,而作怪迂之变,《终始》、《天圣》之篇,十余万言。其语闳大不经,必先验小物,推而大之,至于无垠。先序今,以上至黄帝学者所共术。大并世盛衰,因载其礼祥度制,推而远之,至天地未生,窈冥不可考而原也。知列中国名山大川通谷禽兽。水土所殖,物类所珍,因而推之,及海外,人之所不能睹。称引天地剖判以来,五德转移,治各有宜,而符应者兹"。这可见驺衍很可能是第一个用"五德终始"4字的人。同时,也可以见他立说的梗概和他使用的方法。《史记》又说:"王公大人初见。术,惧然顾化。其后不能行之。是以驺子重于齐。适梁,梁惠王郊迎,执宾主之礼。适赵,平原君侧行于席。如燕,昭王拥彗前驱,请列弟子之座而受业。筑碣石室,亲往事之,作主运。其游诸侯,见尊礼如此。"这可见驺衍在当时影响之大,尤其是在燕、齐间之受重视。始皇喜接燕、齐方士,他是从他们那里听到了这一套理论。

共主。水能克火；秦既代周,应该是得水德。于是他以十月为岁首[1],衣服旌旗节旄都崇尚黑的颜色,纪数用6作标准。符同法冠,都规定作6寸。车子的宽度,是6尺。6尺算作一步。拉车子的马,也是6匹。他又把河的名字,叫做德水,以显明地表示他的德运。

二 设 郡 县

丞相王绾建议,说:"诸侯初破,燕、齐、楚地远,如不置王,不能镇压,请在这些地方,立诸子为王。"始皇把这个建议发交郡臣去议,大家都说这个办法好,只有廷尉李斯表示异议。他说:"周朝文王、武王所封的子弟同姓很多,但日子久了,他们都疏远起来,彼此互相攻击,好像仇人一样。此外更加上别的诸侯,你欺负我,我收拾你,周天子没有法子去管。现在,四海之内,依赖您的神灵,都统一起来。诸子和功臣们,用公家的赋税,重重地赏赐他们,也就够了。这样,对于管制上很方便,天下的人也没别的意思。这正是使天下安宁的道理,不必再置诸侯了。"始皇说:"天下的人,所以苦于长期的战斗,正是因为有侯王的缘故。现在,赖宗庙的威灵,天下才得安定。若又立国,是又树立祸乱了。这样还想平安,岂不困难吗?廷尉的话是对的。"

于是,秦帝国就彻底实行中央集权制,把已经得到的地方,一律改成郡县,并根据"6"的倍数,划天下为36郡:

1. 上　郡(现在的陕西北部)
2. 北地郡(现在的甘肃东北部)
3. 陇西部(现在的甘肃东南部)
4. 三川郡(现在的河南西北部,包括洛阳、荥阳在内)
5. 颍川郡(现在的河南中部和南部)
6. 南阳郡(现在的河南西南部和湖北北部)
7. 砀　郡(现在的河南、山东、江苏、安徽四省交错地带)

---

[1]　这是指夏历十月。

8. 邯郸郡(现在的河北西南部和河南北部的一小部分,以邯郸为中心)

9. 河东郡(现在的山西西南部,以安邑为中心)

10. 上党郡(现在的山西东南部,以壶关为中心)

11. 代　郡(现在的山西东北部和察哈尔,蔚县一带,与赵国时代之代不同)

12. 太原郡(现在的山西中部,以太原为中心)

13. 雁门郡(现在的山西西北部,雁门关一带)

14. 云中郡(现在的山西长城外之绥远地方)

15. 上谷郡(现在的河北西部及中部,以易县为中心)

16. 钜鹿郡(现在的河北西部,在邯郸以北)

17. 渔阳郡(现在的河北密县一带)

18. 右北平郡(现在的河北山海关至热河一带)

19. 辽西郡(现在的辽宁西南部)

20. 辽东郡(现在的辽宁东南部)

21. 东　郡(现在的山东西北部)

22. 齐　郡(现在的山东东部和东北部,以临淄为中心)

23. 薛　郡(现在的山东南部)

24. 陶　郡(现在的山东西南部,以定陶为中心)

25. 琅琊郡(现在的山东南部)

26. 泗水郡(现在的江苏北部、安徽东北部)

27. 九江郡(现在的江苏西北部、安徽中部北部和江西东北部)

28. 鄣　郡(现在的江苏西南部、安徽东南部和浙江西北部)

29. 会稽郡(现在的江苏东南部及浙江沿海一带)

30. 汉中郡(现在的湖北西北隅和陕西西南部)

31. 南　郡(现在的湖北东部和南部)

32. 长沙郡(现在的湖南东部和江西西部)

33. 黔中郡(现在的湖南西部)

34. 巴　郡(现在的四川东部)

35. 蜀　郡(现在的四川西部)

36. 闽中郡(约当现在的福建)

这36郡,不完全是始皇的新办法。其中,有不少郡是六国原已成立的,也有几个郡是秦早已有的了。不过那时的郡,差不多都在各国的边塞上,并且各国郡之组织也未必一样。现在始皇把内地也成立了郡,并且把各郡的组织都整齐划一了。这事,也还是在二十六年做的。后来,他又在燕、齐故地,划出了6个郡:

1. 广阳郡(在现在的河北境)

2. 胶东郡

3. 胶西郡(以上两郡在胶东半岛)

4. 济北郡(在现在的山东北部)

5. 博阳郡

6. 城阳郡(以上两郡也在山东境)。

这连以前的36郡共为42郡,42是6的7倍。

三十三年,始皇派遣逋亡人、赘壻、买人,略取西南百越之地,立:南海郡(现在广东的大部分)、桂林郡(约当现在的广西)、象郡(现在广东西南部和安南北部)三郡。同年,又驱逐西北的匈奴,建立九原郡(现在的绥远南部,以五原为中心)。后来又在内地,划出陈郡(现在的河南东南部),东海郡(现在的江苏东海一带)。

总共,始皇立了48个郡。48是6的8倍[1]。

郡的下面是县,各郡的县数多寡不等,其划分的标准大概是依照两种情形:一种是历史的习惯,秦郡因沿本国及六国设置的地方很多。北如九原,南如南海、桂林、象郡,也都是历史上形成的行政区域之天然单位。又一种情形,是依照人口的密度。人口少的地方,郡的辖境虽宽,但属县的数目反少;人口多的地方,郡的辖境虽较小,但属县的数目有时倒多起来。

县的领土以方百里(即1万方里)为原则。县的下面设乡。乡的

---

[1] 秦郡的说法不一,这是用王国维《秦郡考》中说法。

下面设亭。乡,有土地方 10 里者 10(即 1 000 方里)。亭有土地方 10 里(即 100 方里)。但这也都按人口的密度来规定县、乡、亭之实际的面积。人口多的地方,面积就小些;人口少的地方,面积就大些。

三 定 官 制

始皇在二十六年又定了一种官制和统一各种制度的办法。

始皇的官制,据我们所知道的,有如下列:

1. 丞相　掌承皇帝,助理万机,是百官中最高的行政长官。始皇时,有左右两丞相。二世时,废左右丞相,设中丞相。[1]

2. 太尉　掌武事。

3. 御史大夫　掌副丞相。大夫下有两丞,其一居殿中,叫做中丞,领侍御史,督察百僚。

4. 将军　掌兵。有前将军、后将军、左将军、右将军之别。

5. 奉常　掌宗庙礼仪。有丞。

6. 博士　掌通古今,常置员数十人。

7. 郎中令　掌宫殿掖廷门户。有丞。属官有大夫、郎、谒者。

8. 仆射　博士、郎,皆有此官。古者重武,官有主射以督课之。

9. 卫尉　掌宫门卫屯兵。有丞。

10. 太仆　掌舆马。有两丞。

11. 廷尉　掌刑辟,有正;有左右监。

12. 典客　掌诸归义蛮夷。有丞。

---

[1] 春秋时,将相不分。将即相,相即将。也有时,将不必即相,但总统属于相。战国时,虽各国已有专门的将,如赵的廉颇、李牧,秦的白起、王翦,但相仍常常为将。秦相,如魏冉、范雎、吕不韦,都曾经带兵攻人国。始皇把行政官和军事官分开,可以说是中国官制上之大贡献。但此后不久,始皇收天下兵,廷尉的事迹毫无所闻。我们所见到的,只是关于丞相的记载。似乎,始皇毕竟不能完全改变传统的习惯,相的权仍是比较地重。

13. 宗正　掌宗室。有丞。

14. 治粟内史　掌谷货。有两丞。

15. 少府　掌山海池泽之税。有六丞。

16. 将作少府　掌治宫室。有两丞,左右中侯。

17. 詹事　掌皇后太子家。有丞。

18. 将行　皇后从官,或用中人或用士人。

19. 典属国　掌蛮夷降者。

20. 主爵中尉　掌列侯。

21. 护军都尉　掌监护军兵。

以上都是中央政府的官。另外,有中车府令者,不知他所掌职,似是一种内官。

22. 内史　掌治京师,就是后来的京兆尹。

23. 中尉　掌捕缉京师盗贼,负责京师治安,好像后来的九门提督。有两丞,有侯,有司马,又有千人(亦官名)。这两种,都是为京师特设的官,可以说是地方官,但也可以说是中央官。

24. 监御史　掌监郡。

25. 郡守　掌治其郡。有丞。边郡又有长史,掌兵马。

26. 郡尉　掌佐守,典武职甲卒。有丞。

27. 关都尉　掌关、讥出入。

28. 县令长　掌治其县。万户以上的县,称县令。万户以下的县,称县长。皆有丞,有尉,都是县中的长吏。另外有佐助的小官,叫做少吏。

29. 三老　掌一乡的教化。

30. 啬夫　掌一乡的诉讼,并收赋税。

31. 游徼　掌防禁捕治一乡中的盗贼。

32. 亭长　一亭的首长。

以上这些官,都是地方官。

始皇定的这种官制,当有不少因袭旧日制度的地方。但能形成一个中国的整个官制,都是从这个时候才开始的。至于层层节制之密,民政、军政之分设专官,监察制度的设立,都是这种官制的特色而为中国历史官制所取法的。

战国时代,各国田畴的亩数不一样大,各国的车轨不一样宽。丈尺的长短不同,衡石的轻重多寡不同,法律不同,语言不同,文字也不同。于是李斯提议,把这些东西全划一了,都给它们立一个共同的标准。斯制定了8种字体,各有各的用处。头两种是大篆和小篆,是简册上用的标准文字,好像西洋人所谓印画体的字一样。第三种是刻符,是兵符或各种证明文件上的字体。第四种是虫字,是旗子上用的字体。第五种是摹印,是印玺上摹刻用的字体。第六种是署书,是讨检题署用的字体。第七种是殳书,是兵器铭刻上用的字体。第八种是隶书,是对于隶徒用的文字。在这8种字体中,大概前7种都是繁重的字体,只有隶书是简便的字体。后来,隶书就慢慢地越用越广,虽对显宦达官也都可以用它了。现在的楷书,就是从隶书脱胎而来的。

始皇的这种大改革,可以使我们想像他所遭遇的困难,以及当时人民所感到的不方便。他骤然于10年之内,得到这么多的地方,接管了许多文化不同的人,他是怎样地接触到了未曾有过的新问题。他如果按照各地方人原有的习惯,让他们生活下去,这对于政治设施上,是多么的不方便。但现在他努力地把一切法度都统一了,这对于各地人民,一旦要他们抛弃了许多久有的生活习惯,又是如何地一个大的改变。始皇的统一官制,我们可以相信是成功了。至于他们的统一法度,究竟能实行到怎样的程度,这不能不说是一个问题。不过,无论如何,我们不能不佩服始皇魄力之大。他的郡县制度,他的官制,一直到现在还有很强的生命力。他的统一法度,历代各帝虽都不能怎样地完全行得通,但却一直为历代统一政府所努力推行的一个行政目标。

四 收 兵 器

二十六年,始皇收天下的兵器,拿来都销毁了,做了钟锯和12个金人。每个金人重1 000石,把它们都放在咸阳宫里面。同时,又把天下的豪杰和富人都迁移到咸阳来,共有12万户之多。

五 建 宫 室

秦的诸庙都在渭水南。章台、上林等,天子的园囿也都在渭南。秦每破一个国家,都按着这个国家宫室的样子,另外在首都咸阳造一所宫室。从咸阳往东,一直到泾渭之间,到处都是宫室殿屋和复道周阁。始皇把从各国得到的美人和乐器,放在里面。

六 修 驰 道

二十七年,始皇又开始修驰道。驰道,好像是说,能够跑马的道。这大概是因为道路之宽平而得名。驰道又叫做直道,因为它所采取的路线都是按照最近的距离规定的,它是尽可能地要走最直线的路。驰道的起点,当然是咸阳。它所通达的区域,据说是"东穷燕、齐,南极吴、楚,江湖之上,濒海之观毕至"。这似是,从咸阳到齐是干线。从这条干线上向北走,就是到燕的支线。如沿着海向南走,就是到吴的支线;对着湖向南走,就是到楚的支线。不过这只是我们的揣想,不能证明。驰道修筑情形,据说是"广五十步,三丈而树,厚筑其外,隐以金椎,树以青松"。50步,合300尺。"厚筑其外",似是道的两边有墙堤。金椎,是金属的椎,筑在墙内,所以增加其坚厚的。

三十五年,又修新道。新道,从九原直抵甘泉,沿途开山填谷,共长1 800里。蒙恬是开这路的负责者。

另外,始皇又使常颎到西南夷开五尺道,使任嚣修通南越道。这两道的规模,都远不及驰道的侈丽,但开辟也是很艰苦的。

　　始皇这些设施,无论是收兵器、移豪富、修宫室、修驰道,都和咸阳的发展有很大的关系。咸阳有了这些,才可以加强它首都的地位,也才可以有增它首都的气魄,这是始皇于建设了中央集权的政府外,又建设一个能配合这种政体的首都。它不只是一个政治中心,而且是一个经济中心、军事中心和交通中心。这种规模,是秦帝国的创举,是以前历史上所看不到的[1]。

---

[1]　本章所述,见《史记》之《秦始皇本纪》、《贾山传》、《百官公卿表》,《汉书·地理志》。

第五章　帝权的保持和享用

始皇既建设了中国历史上空前的帝国,他的心里说不出的骄傲,也说不出的害怕,骄傲的是,他已可以一人宰制天下了,他可以为所欲为了。害怕的是,惟恐他的帝国一旦崩溃了,惟恐他会如普通人一样,也有死亡的一日。这种心理,使他想出许多保持帝权的办法,和享用帝权的事实。于是他要封禅山岳,巡幸天下,刻石颂德;他要大兴土木,造作宫室;他要北击匈奴,筑长城,南伐北越,收珠玑;他要奖励上下的尊卑、男女的分别;他要统制思想,消灭异说;他更要求不死之药。

一　巡幸封禅

始皇之巡幸封禅,始于二十七年。这年,他向西北巡幸,到陇西北地。经过渭南的功德,并研究封禅的事情。于是封禅泰山并立石刻辞:

皇帝临位,作制明法,臣下修饬。
二十有六年,初并天下,罔不宾服。
亲巡远方黎民,登兹泰山,周览东极。
从臣思迹,本原事业,祗诵功德。
治道运行,诸产得宜,皆有法式。
大义休明,垂于后世,顺承勿革。

> 皇帝躬圣,既平天下,不懈于治。
> 夙兴夜寐,建设长利,专隆教诲。
> 训经宣达,远近毕理,咸承圣志。
> 贵贱分明,男女礼顺,慎遵职事。
> 昭隔内外,靡不清净;
> 施于后嗣,化及无穷;
> 遵奉遗诏,永承重戒。

这一篇刻辞,共 36 句;每 9 句是一段,共分为 4 段。第一段是说登泰山的原因。第二段是说立法之休明,勉后人顺承勿革。第三段是说为治之勤,勉大家咸承圣志。第四段是说新道德标准之善,要人人永承重戒。在这 4 段话里,第一段只是一个帽子。第二、三两段完全是歌颂功德。第四段虽也是歌颂功德,但却提出了新的主张。这主张就是:(一)贵贱分明;(二)男女礼顺;(三)慎遵职事。而在这 3 点中,尤其是注意第二点。因为注意第二点,所以接着就说"昭隔内外",说"施于后嗣"。因为这是始皇的主张,所以又有"遵奉遗诏"的话。大概始皇看清楚了本国的历史,他见到本国好几次内乱都是由男女之别不严而起。而且,他想保持他的万世一系的传统,也不能不提倡这种道德。在他的时候,不过是以政治的力量来提倡,以后便慢慢成为一种天经地义的道德标准了[1]。

始皇离泰山后,就沿着渤海海岸往东走,经过了黄腄,登过了之罘,走完了成山。他由此折向南去,到了琅琊台山。他喜欢这个地方,一直留了 3 个月。他下制,迁徙 3 万户人到山下来住,并且免去他们 12 年的赋税。群臣用他们自己的名义,在这里立石刻辞,说:

> 维二十六年,皇帝作始,

---

[1] 秦以前的男女之别不甚严,儒家所说的男女之礼,只可认为是一种学说或一种理想。男女之别,事实上,应是从始皇起,才开始做一种普遍的提倡。在这一点说,他是实行儒家的说法的。他的大功臣李斯本也是一个学儒的,他是儒家大师荀子的学生。

端平法度,万物之纪,
以明人事,合同父子,
圣智仁义,显白道理,
东抚东土,以省卒士,
事已大毕,乃临于海。
皇帝之功,勤劳本事,
上农除末,黔首是富。
普天之下,抟心揖志,
器械一量,同书文字,
日月所照,舟舆所载,
皆终其命,莫不得意。
应时动事,是维皇帝,
匡饬异俗,陵水经地,
忧恤黔首,朝夕不懈,
除疑定法,咸知所辟。
方伯分职,诸治经易,
举措必当,莫不如画。
皇帝之明,临察四方,
尊卑贵贱,不踰次行。
奸邪不容,皆务贞良,
细大尽力,莫敢怠荒。
远迩辟隐,专务肃庄,
端直敦忠,事业有常。
皇帝之德,存定四极,
诛乱除害,兴利致福。
节事以时,诸产繁殖,
黔首安宁,不用兵革。
六亲相保,终无寇贼,
欢欣奉教,尽知法式。

六合之内，皇帝之土，
西涉流沙，南尽北户，
东有东海，北过大夏，
人迹所至，无不臣者。
功盖五帝，泽及牛马。
莫不受德，各安其宇。

维秦王兼有天下，立名为皇帝，乃抚东土，至于琅邪。列侯武城侯王离、列侯通武侯王贲、伦侯建成侯赵亥、伦侯昌武侯成、伦侯武信侯冯毋择、丞相隗状、丞相王绾、卿李斯、卿王戊、五大夫赵婴、五大夫杨樛从，与议于海上曰：古之帝者，地不过千里，诸侯各守其封域，或朝或否，相侵暴乱，残伐不止，犹刻金石以自为纪。古之五帝三王，知教不同，法度不明，假威鬼神，以欺远方。实不称名，故不久长，其身未殁，诸侯倍叛，法令不行。今皇帝并一海内，以为郡县，天下和平，昭明宗庙，体道行德，尊号大成。群臣相与诵皇帝功德，刻于金石，以为表经。

这篇刻辞最后的一大段，算是一篇后序。刻辞正文，共有6段。每段12句。首段是说东巡的经过，二段是说皇帝之功，三段是说皇帝之治，四段是说皇帝之明，五段是说皇帝之德，六段是说皇帝之土。这篇刻辞比梁父刻辞字句更多，称颂得更周到。而首段所谓"东抚东土，以省士卒"两语，也可以看出始皇巡幸的原意，是要威行天下，镇压反侧。

始皇自琅琊西还，经过彭城，斋戒祷祠，想在泗水中把沉没的周鼎找出来，派1000人到水里边去找，没有找到。从彭城向西南行，渡过淮水，到衡山，到南郡。并从此坐船到湘山祠。碰巧，他赶上了大风，几乎不能达到目的地。他就问随从的博士："湘君是什么神？"博士回答："听说是尧的女儿，也就是舜的妻，葬在这里。"一个古帝王的妻女之神，居然对他示威了！他不由得大怒起来。他派了3000个刑徒，把湘山的树全都砍伐了，放火把山烧红了，他的气才平了。他从此向西北行，取道武关，回到咸阳去。

二十九年,始皇又东行,登之罘。由之罘到琅琊,更西北行,经上党,回咸阳。他在之罘,又立石刻辞,不过也是些歌颂功德的话。

三十二年,始皇东到右北平境内的碣石,他在这里也有刻辞。《史记》说他:"坏城郭,决通隄防"。又记他的刻辞是:

遂兴师旅,诛戮无道,为逆灭息,
武殄暴逆,文复无罪,庶心咸服,
惠论功劳,赏及牛马,恩肥土域。
皇帝奋威,德并诸侯,初一泰平,
堕坏城郭,决通川防,夷去险阻,
地势既定,黎庶无繇,天下咸抚。
男乐其畴,女修其业,事各有序。
惠被诸产,久并来田,莫不安所。
群臣诵烈,请刻此石,垂著仪矩。

依这些话来揣测,大概始皇在碣石干了一件兴修水利的事。这个地方大概因为地势的关系,水道无法利用。城郭和堤防的建筑,大概都没有弄好,把水道的流通阻塞起来了。所以,始皇把有阻碍的地方弄平了,马上这水就可以用,而"男乐其畴,女修其业","惠被诸产,久并来田"了。这件事,是始皇在历届巡幸中所干的仅有的一件好事。

始皇自碣石西行,巡阅北方边塞,从上郡回咸阳去。三十五年,始皇北到九原。三十七年十月,始皇第五次出巡。路线是偏向东南。十一月,到云梦(现在的湖北云梦县境)。望日,在九疑山祀虞舜。从此,坐船行江中,过海渚(似是指鄱阳湖说),经丹阳(现在的安徽当涂县),到了钱唐(现在的浙江余杭县)。这时,适值浙江(现在的钱塘江)风涛险恶,乃西去120里,选择江身狭窄的地方渡江。更东行,上会稽山(在现在的浙江绍兴县境),祭大禹,而远望南海。遂在山上立石刻,刻辞说:

皇帝休烈,平一宇内,德惠修长,
三十有七年,亲巡天下,周览远方,
遂登会稽,宣省习俗,黔首斋庄,

群臣诵功,本原事迹,追首高明,
秦圣临国,始定刑名,显陈旧章,
初平法式,审别职任,以直恒常,
六王专倍,贪戾傲猛,率众自强,
暴虐恣行,负力而骄,数动甲兵,
阴通间使,以事合从,行为辟方,
内饰诈谋,外来侵边,遂起祸殃,
义威诛之,殄熄暴悖,乱贼灭亡,
圣德广密,六合之中,被泽无疆。
皇帝并宇,兼听万事,远近毕清。
运理群物,考验事实,各载其名,
贵贱并通,善否陈前,靡有隐情,
饰省宣义,有子而嫁,倍死不贞,
防隔内外,禁止淫佚,男女絜诚,
夫为寄豭,杀之无罪,男秉义程,
妻为逃嫁,子不得母,咸化廉清[1]。
大治濯俗,天下承风,蒙被休经,
皆遵度轨,和安敦勉,莫不顺令,
黔首修洁,人乐同则,嘉保太平。
后敬奉法,常治无极,舆舟不倾,
从臣诵烈,请刻此石,光垂休铭。

这篇刻辞,可分两大段。每段有36句。第一段注重在平一宇内,而特别颂扬的是诛灭六国。第二段注重在兼能万事,而特别颂扬的是

---

[1] 这6句话是说:如丈夫做赘婿,则把他杀了,也没有什么罪,因为男子是要遵守他应走之路的。做妻的,如改嫁则使子女失了母亲,女子们应该学习廉正的清。清是寡妇清。《史记·货殖列传》:"巴蜀寡妇清,其先得丹穴,而擅其利数世,家亦不赀。清,寡妇也,能守其业,用财自卫,不见侵犯。秦皇帝以为贞妇而客之,为筑女怀清台。"

防隔内外。前者所以示威天下,以巩固其政治新秩序的建立;后者所以分别男女,以促成社会新秩序的建立。前者发展的结果,是君权的提高;后者发展的结果,是男权的提高。在以前的几篇刻辞里,尤其是梁父刻辞里,虽也有类似的意思,但都不及这篇说得具体。这篇刻辞,在一方面可以使我们更为了解始皇企图巩固帝权的用心,另一方面却也是中国政治史上,尤其是中国社会史上的一篇重要文字。

到会稽后,始皇就不再南进。他由此折而北返,过吴(现在的江苏吴县)而北。史说他"从江乘渡,并海上"。这话的意思不很明白。好像是说他从吴坐船渡江,以后便沿海滨陆地作沿海巡幸。也像是说他从吴坐船,由江入海,作沿岸航行。但第一个解释的可能性恐怕多些。

始皇北经琅琊,到荣成山。折而西,到之罘。更西,到平原津(在现在的山东平原县)。他在这里病了,他不能再前进了。这是他最末一次的巡幸。

从二十七年到三十七年,11年之间始皇共做了5次巡幸。除了第三次外,每次的路线都不相同。第一次和第四次,都是在北方巡幸,而第一次是在西北,第四次是远到东北。第二次和第五次都是在东方巡幸,而第二次偏重在现在的山东境,并走到了现在的湖南、湖北,第五次则经由湖南、湖北而走到了安徽、浙江、江苏,并折到了山东。第三次似乎是到了山东,而经由河南、山西回来,比第二次的路线短,而有很多的经过地方都是第二次所曾经走过的。综合这5次巡幸的地方来看,可说他把中国历史名城和军事重镇都走过了。这可以见他经营这个新创的大一统帝国的辛苦,也可以见六国旧壤立刻就范之不易。我们知道,始皇巡幸时,是常常带着丞相、卿大夫和列侯同行的。我们可以想像他的随从之盛,卫士之多,可以使一般人望而生畏。我们也可以推知,他在巡幸的时候,仍是随时随地处理国政;他出来了,中央政府也就跟着他出来了。他对于现在的山东,到过的次数特别多。这如果不是因山东乃当时东方交通的枢纽,一定是因山东有使他特别注意的理由。

二 阿房宫与陵墓

始皇所兴修的工程,最著名的是阿房宫和他自己的陵墓。

阿房是一个地方,在渭水南,现在长安的西北境。始皇嫌先君的宫廷小,和咸阳这个新兴的大都市不相配合。便打算在渭水南修一个朝宫。先在阿房修一个前殿,东西500步宽,南北50丈深。楼上可以容得下1万人的座位,楼下可以树立5丈高的大旗。殿的四周都是宽大的阁道。从殿前到南山,也都修成阁道。在南山的山顶立表,作为全部宫殿的阙(大门)。又在阿房宫后面,修筑复道,渡过渭水,直达咸阳。他所征用的材料,远到现在的四川、两湖,而材料之精致,甚至以木兰作梁,以磁石修门。

在阿房宫外,始皇到处修筑离宫别馆。函谷关以西约三百余座,关外四百余座。每一座宫里,都用锦绣朱紫装饰着,宫人和各种娱乐设备都整整齐齐的,始皇随时到一个宫里去,都可以舒舒服服地享受。他用不着带宫人去,也用不着把这宫内的设备移到另一个宫内去。但这些宫,比起阿房宫来,可就未免太小了。而且,阿房宫也还并没有完全建成。如果阿房宫完全建成了,与阿房连属的全部宫殿也都建成了,始皇所兴修的工程真不知要怎样大了。

始皇的陵墓在骊山,在初并天下的那一年,始皇就已开始了这个工程。他派人在骊山下,穿了3个墓道,做了一个极大的墓穴。里边建筑得有宫室,宫室里装满了奇怪的贵重的东西。史书里边说墓里有"百官",这也许是早已预备好了的百官俑,也许是说墓里有百官治事的地方。墓的上头,用天文作装饰,墓的下层也做成了山川地理的形势,百川江河大海差不多都有了模型,用水银灌在里边,作为永不涸干的水。另外,他又用人鱼的膏,做成庞大的烛,可以燃烧很长的时间不熄。始皇是希望长生不死的。但他如果万一死了,他还希望可以在这里享受宫室之美、百官之奉,和奇异珍宝的占有。而且这里既上有天文,下具地理,他虽在墓里,也好像还做着皇帝一样。他又令,墓道的通口,都设着机弩。如果有人想穿过墓道,机弩的矢就发了,可以把这人射死。这样,可以保证,在他死后,没有人能够进墓里对于他或他的东西有所损害。

始皇在修阿房宫和陵墓的时候,共征发了七十多万人。这些人都是刑徒,据说,修宫的许多万人都是秘密施过宫刑的。陵墓的建修,始于二十六年,一直到始皇死时似还没完工。阿房宫则始建于三十五年,似是始皇死后还没有停工。相传,始皇做陵墓时,运石于渭北甘泉,民人作歌,说:

运石甘泉口,渭水不敢流;

千人唱,万人讴,金陵余石大如坯。

"千人唱,万人讴",另一记载作"千人一唱,万人相钩"。这是说运石时工人之多。"金陵余石大如坯"是说没有运完的石头还有像坯那样大的。坯是沙堆。金陵不知是什么地方。这首歌虽不必完全是当时的歌词,但至少可以帮助我们想见当日工程的艰巨。

三 北逐匈奴,南征百越

始皇攻匈奴,在三十二年。这年,正是他第四次出巡的一年。他在这年,既到了碣石,并巡视了北边,从上郡回咸阳。他已周览了北方边塞的整个形势,大概他已看清楚了匈奴在北边的势力,有威胁秦帝国的可能。他这时,或就有了主意,要找一个机会给匈奴一个打击。他回咸阳后,凑巧有一个方士来呈献一种预言性的图书,里边有一句话,说"亡秦者,胡也"。胡正是匈奴的省称。于是,这话正说中了他的心思,正说破了他的顾虑。他就决定派兵去攻匈奴。李斯,这时已经是丞相了,反对这个办法。他说:"匈奴并没有城郭住着,也没有积累起来的储蓄。他们像鸟一样,说走就走了;想统治他们,是不容易的。如果我们的士卒不携带多的辎重,轻装深入,粮食是没有办法得到的。如果带着粮去,则行军时太笨重了,不容易济事。我们得着匈奴的地方,也没有什么利益。得到匈奴的人民,也没有法子使他们来看守我们新得的地方。这样,只有让中国消耗,使中国疲倦,不是什么长久的办法。"但始皇的决心已经不可动摇,他毕竟派了蒙恬统军北征。

蒙恬带了30万人,有人说带了50万人,把匈奴赶过河去。黄河以南的地方,如现在的绥远河套内地和甘肃榆中一带地方,都收入了秦的版图。第二年,即三十三年,蒙恬又渡过河去,占据了阴山(大青山)。始皇因命把黄河以南所得的地方,成立了34县,这就是上文所说过的九原郡。

当战国时期,燕、赵、秦三国因北边上常有异族骚扰,曾各筑有长城。但三国都各自为政,三国的长城不相连属。现在始皇便命把这几处的长城连属起来。西起临洮,沿黄河而东,到辽东止。这是始皇集前人大成,完成中国北边伟大的国防要塞,号称"万里长城"。此后虽屡有修补和改建,但它的要塞的价值却是历两千年而不变的。

始皇攻破了匈奴,并做成了大长城,他的目的总算达到了,他的帝国也多一层保障了。但李斯当初说的话,也并没有说错。秦在北边所得的地,多是咸卤、不便五谷生长的地方,并且也没有什么居民。于是,一方面既不得不派遣多数的士卒在这里留守,另一方面又不得不在东方滨海肥饶之区筹办军粮,经数千里的长途,往北边运。路太远了,辗转输送是太费事、太需要时候了,所以损失也特别大。据说,每30钟粮,送到目的地,只剩下1石。1钟是64斗,有人说是80斗,又有人说是100斗。即使照64斗算,则军粮运输途中的损失,已占有一九二分的一九一了!这是何等惊人的数目字!这样,一年一年的下去,一直把北边戍守的人弄得叫苦连天,把内地的农民弄得没有充足的粮食吃。而且,始皇虽已开了九原郡,却还让蒙恬驻在上郡,这也可以表示经营北边之不简单、不容易;一个大将的司令部,似乎都没有方法可以在北边长久地住下去。这种情形,都合了李斯当日的说法。

始皇三十三年,即开始攻匈奴的第二年,又因为百越是犀角、象齿、翡翠、珠的集散地,发50万人去征服他们,收了他们的地,立了桂林、南海、象郡。于是,东南方的浅化民族也都置于帝国统治之下了。但是这些浅化民族也并不是容易征服的。他们并不肯立刻就对秦军屈服。他们变成了游击队,白天伏在丛林里,夜间出来偷袭,也杀死了秦军好多万人。同时,因向南方运输军需,沿途死亡的人也着实不少。

攻匈奴和征百越,是始皇灭六国后两件最大的武功。两千余年来,中国南北疆界,大体上都还是因始皇之旧,没有多大的变革。在这一点上,我们不能不承认始皇在历史上的贡献。但这两件事,所消耗的人力和物力,都太超出适当的限度,秦帝国的元气竟为这两件事淘虚了。

四　焚书坑儒

始皇于南征北讨后,气焰更大,但同时对于帝国的命运却也就格外的担心。他对于人们的称古道今,议论时政,觉得讨厌透了。于是,他就制定了一种统制学术思想的办法。

在三十四年,有一次,始皇置酒于咸阳宫,传齐了百官和博士们宴会。仆射周青臣进前上颂词,称道始皇的功德。始皇心里很高兴。这时却有一个博士淳于越不凑趣。他说:"殷周的王,都分封子弟功臣,在各地作王室的支持者。现在您已经统一了中国,但是您的子弟还是无尺土之封的匹夫。如果万一有田常六卿[1]出来,您没有另外的辅扶的力量,怎样可以救护国家呢?不效法古人而能够长久的事,我还没有听过呢?现在青臣当面奉承您,加重您的罪过,不是忠臣。"始皇听了这话,心里虽不高兴,但他还要大家来议。李斯本是主张郡县制度坚决的人,对于淳于越的话坚决地反对,并具体地提出了统制学术思想的办法,来根本扑灭这种批评时政的风气。李斯说:五帝的政治制度,并不互相重复。三代的政治制度,也不先后因袭。但他们

---

[1] 田常篡齐,六卿代晋。

都可以治理得很好。这不是他们故意地要有不同的做法,实在是因为他们的时代不同。现在您创立大业,建万世的功,当然不是固陋的儒生所能理解的。淳于越的话是说三代的事,这怎样可以效法呢?以前,各国争斗,不得不用优厚的待遇招待游学的人;现在,天下已经安定,法令都已经统一了,百姓们治家,就努力农工。读书人也应该学习法令和国家禁忌的事。但是现在这些儒生,不学现在的知识,却去学古人的学问,并拿古学来批评现在,使百姓惑乱。臣斯冒死上言:以前天下散乱,不能统一,所以诸侯们都起来了。当时流行的议论,都是称道古人,批评现在;修饰空言,扰乱现实。现在皇帝并有天下,对于各种学说的是非,都像分别黑白一样,早已有了一定的标准,和以前的时代大不相同。但是儒生们还把他们的私学非法地教人。他们一听见皇帝的命令下来,都各把自己所学的那一套来批评。他们在朝廷的时候,心里就不赞成;出了朝廷,就到大街小巷上去议论。他们是以轻慢君命来沽名,以自行其是表示清高。他们是在领导群众来诽谤君上。如果像这种情形还不加以禁止,则君主在上的权势要降落了,臣民在下的党也要成功了。我看,还是把这种事,禁止了好。"李斯献议,请:

> 史官,非秦纪,皆烧之。非博士官所职,天下敢有藏诗书百家语者,悉诣守尉,杂烧之。有敢偶语诗书,弃市。以古非今者,族。吏见知不举者,与同罪。令下三十日不烧,黥为城旦。所不去者,医药、卜筮、种树之书。若欲有学法令,以吏为师。

李斯说的话,句句都打入了始皇的心坎。他的 8 项献议,始皇一一都答应了。从此,始皇不仅要干涉人们的身体,还要干涉人们的语言,干涉到人们心里想的事情。帝权运用到这种程度,也就很可以的了。

但是这种严厉的命令,却并不能完全收到预期的效果。诽谤的人还是照旧有。始皇三十五年,侯生和卢生商量着说:"始皇为人,天性刚戾自用。自从并天下,他总觉得没有人能赶得上他。他信任狱吏,狱吏很能得他的欢心。博士虽有 70 人,不过担个空名儿,没有什么用处。丞相和各大臣都是秉承上意,做一点现成的事。他又喜欢用刑杀立威。人们害怕得罪,又贪恋着禄俸,都不敢尽忠。他听不见自己的过失,一天比一天地骄傲。臣下呢,都怕他,欺哄着他,以求保全自己的地位。现在占候星气的有 300 人,都是好人,但都怕触了他的忌讳,只有恭维着他,不敢说一句正话。天下的事,无论大小,都要他自己来决定。甚至于,他每天用衡石来量文书的轻重多少,总要日夜有文书呈献上去。他看不够一定的数量,不肯休息。他是这样的一个贪权恋势的人。"于是,侯、卢二生就偷偷地跑了。

始皇听说了这件事,恨极了。他说:"我以前收罗天下的书,把不合用的完全毁掉。我招来许许多多文学方术之士,想来兴太平。并想叫方士求奇药。现在方士韩众早已求药去了,却总还没有见到回报。徐市等费去了许多钱,结果得不到药。卢生等,我赏赐得很厚。现在诽谤我,说我没有德行。诸生在咸阳的,我要派人去侦问,看他们有没有造谣生非、扰乱百姓的事。"于是派御史把诸生都审问一过,共得了犯禁的四百六十余人。始皇下制,把他们都活埋了。并通知天下,让大家都晓得这事,可以知所惩戒。同时,他自己似感到人心之不服者尚多,遂增派谪徒到边塞上去,既可以实边,又可以减少内地的捣乱分子。

始皇的长子扶苏看不过去,曾劝他,说:"现在天下开始统一,远方的百姓心里还不安定。诸生都是诵法孔子的,现在您用重刑去办他们,恐怕天下人心更不安定了。"扶苏真是一个老实人,他原不知道始皇的严刑峻法就是要以强力来镇服人之不安的。他这话就很使始皇发怒,始皇就派他到上郡去。名义上,说是叫他去监蒙恬的军,事实上是叫他离开中枢,免得他在跟前讨厌。

五 求不死之药

始皇之慕神仙,求不死之药,在二十八年的东巡时,就已着手。他东巡的目的,虽有浓厚的政治作用,但求奇药也是重要目的之一。所以《史记》说他"东游海上行礼,祠名山大川及八神,求仙人羡门之属"。

　　始皇在东海滨上接见了不少的方士。据他们说,东海中有3个神山:一个叫蓬莱,一个叫方丈,一个叫瀛洲。这3个山,曾有人到过,仙人同不死之药都在山上。那里的东西和禽兽都是白的,宫阙都是黄金和银子做成的。远远地望去,好像雪气一样,在朦胧中高高地在上。但快要到跟前的时候,他们都是在水底下流。再往前走,往往会有一阵风来,把船吹走了,很难靠到他们的岸上去。始皇觉得,自己去求是办不到的。他只有派方士们代他去求。他诚敬地斋戒沐浴,派了方士,带了许多童男童女,到海内去找。有名的徐市(即徐福)求仙,就是这时的事情。徐市曾带了数千童男童女去,但成绩都不好。徐市和别的方士一样,都说是因为有风,不能走到。此后,入海求药的事,似乎累年不绝,但始终未见有什么结果。于是卢生,就是后来诽谤始皇的卢生,献议说:"臣等累次求奇药仙人,都碰不到,是因为有东西妨害他们。人主所居的地方,使人臣知道,是妨害我们的工作的。求您以后住的地方,不要让人知道,不死之药也许是可以得到的。"于是,始皇命令,把咸阳附近200里内的270个宫观,都用复道或甬道连接起来,他可以随时到哪一宫里,不让外人看见。他并下令,有人敢说他居处的,处以死刑。

　　三十七年,始皇最末一次巡幸。他求仙人奇药,差不多要有十年了。方士徐市是求药的一个主要人物,他久久得不到结果,也恐怕要得罪,没有法子,他就欺骗始皇说:"蓬莱药是可以得到的。只是海内有大鲛鱼,常常阻碍我们的船,所以不能使我们的船到蓬莱去。请派善射的,同我们一块儿去。见了这种鱼,就射它。"这时,碰巧始皇梦见同海神作战,海神像人的样子。始皇就问占梦博士。博士说:"海神无法看见,可以大鱼蛟龙作代表。现在您祭祠祷告得很谨慎,还有这种恶神。应该把它除去了,才能得到善神。"于是始皇就令入海求仙的人携带了捉巨鱼的大器具,他自己又预备了连弩,要等大鱼出来,就射死它。他从琅琊往北,一直到荣成山,也没有看见大鱼。他更沿海往西走,到了之罘,射杀了一条大鱼。但这对于他求奇药仙人,竟也见不到什么效验。他西至平原津,就病了。这年七月丙寅,始皇最怕的一幕到了。他十年间求仙、求药的工作完全无能为力。他像一个普通人一样,离开这个世界了。他企图永远占有的锦绣山河,永久享用的宫观娱乐,没有带走一丝丝。他在位 37 年;为帝 12 年,活了 50 岁,死的地点是沙丘(现在的河北平乡境)[1]

---

[1] 本章所述,见《史记》之《秦始皇本纪》、《封禅书》、《李斯传》、《淮南子》,《说苑》。

第六章 帝国的崩溃

一 始皇之死

始皇死时,国内尚未公布合法的承继人。他的长子扶苏早已被派到上郡去监蒙恬军。他虽有二十几个儿子,但只有少子胡亥在身边。同时,他的左右只有丞相李斯、中车府令赵高和几个宦者得以日常接近。他死了,外边都不知道,随从的人也很少知道,只有胡亥、李斯、赵高等几个人明白实在的情形。

始皇病危的时候,曾叫赵高作书给扶苏,大意是说:把兵权交给蒙恬,到咸阳来处理丧葬的事。书写好了,已封好了,没有发出去,始皇就死了。书留在赵高的手里,皇帝玺也落在他的手里。

这时,李斯还是一心为国。他以为,始皇在路上死了,全国骤然失去了政治中心,恐怕有什么不良的影响。他把始皇的死,秘密起来,把始皇的尸体安置在一个宽大舒适的辒辌车里。每日百官奏事和上食,一概都照旧,只叫宦者在车中答应百官所奏,表示始皇晓得而已。

不料李斯这种办法,给赵高一个作弊的机会。原来赵高是一个很工心计的宦人,通狱法。他私自奉承胡亥,教给胡亥决狱的方法,所以同胡亥很接近。有一次,赵高犯了罪,始皇教蒙毅依法审问,毅判决了他的死罪。始皇因为高服侍自己,服侍得很好,不肯杀他,并且还保留着他的官。现在始皇死了,只有胡亥在跟前。他想,这是他官运亨通的机会,也是报复蒙毅的机会。他就同胡亥说:"皇帝死的时候,没有遗诏分封诸子,只有给长子的一封书。长子来了,就是皇帝。您没有尺寸的封地,您想怎么办呢?"又说:"现在天下之权,在乎您、我和丞相。您总要打定主意。您想,臣服别人和对人臣服,统制别人和受别人统制,是能放在一块儿说的吗?"起初,胡亥还没有意思运用阴谋来即皇帝位,但赵高三说两说,也就同意了。

赵高又去游说李斯。他说:"皇帝死了,他赐长子书,叫会丧咸阳。现在书还没有发,大家都还不知道皇帝死。这封书和符玺都在胡亥手里。如果要定太子,只在您同我的嘴。您想怎么办呢?"又说:"您自己想想:您和蒙恬(蒙毅兄)谁更有才能?您和蒙恬,谁的功更高?您和蒙恬,谁的计谋更远?您和蒙恬,谁比较能不受天下人的怨恨?您和蒙恬,谁能比较得长子的信任?"李斯说:"这五样我没有一样赶得上蒙恬,您为什么要这样地责备我呢?"赵高说:"我不过是宫内的一个使唤人罢了。我在宫内二十余年,从没有见过秦国对于丞相功臣,有封过两代的。结果,都是被杀掉完事。长子如即位,必用蒙恬为丞相。您终不能把侯爵的印带回老家去,是很明白的。我想,皇帝的诸子中,没有比胡亥再仁慈笃厚的。他可以做嗣君,我们应该想法成就这件事。"李斯虽不完全为这套利害之辞所动,但却禁不起赵高的威吓,结果还是答应了。

于是,赵高以太子命令李斯,叫他假装受了皇帝诏,立胡亥为太子。另外,又假作始皇书,赐长子扶苏说:"朕巡行天下,祷祠名山诸神,求延长我的寿命。现在扶苏和将军蒙恬带着数十万人,屯在边上,已有好多年,不能向前进展。只有消耗士卒,没有尺寸的功劳。扶苏反而累次上书,虽然他诽谤我做的事。并因为自己不能回来做太子,日夜地怨望,扶苏为人子不孝,赏给他一把剑,让他自己打主意吧!将军蒙恬和扶苏同居外,不匡正扶苏的过失。这是为人臣不忠,也应该赐死。"扶苏接到这封假书,就自杀了。蒙恬不相信这书,不肯立刻就死。胡亥的使者便装模作样地,把蒙恬交给狱史,囚在阳周(陕西安定县)。另外,胡亥派李斯的舍人为护军使者,派王离代领蒙恬的军。这样一来,胡亥的心病便完全除去,可以安安稳稳地做他的太子。赵高也算对蒙毅间接地报了一点仇。但秦国的法纪至此也就不堪问。胡亥和李斯都已坠入赵高的阴谋中。此后,赵高便一天比一天得势了。

胡亥称太子后,因为想掩遮人的耳目,对于始皇巡幸的预定路线,似乎并没有加以变更。车驾自平原津向西北行,经井陉,抵九原。再经由直道,还咸阳。这条直道,始皇在生前虽命令兴筑,但是并未走过。现在他的尸体总算走过一趟了。这时天气正热。他死后,又被运载着走了这许多路,尸体早已很腐臭了。亏得赵高、李斯等会想主意,叫把一石鲍鱼载在车上,希望借此分散人们对臭味的注意。

大家到咸阳后,才正式给始皇发丧。九月,葬始皇于骊山下。宫人从死的很多。原来在陵墓中修置秘密设备的工人,胡亥恐怕他们泄露了消息,都把他们封闭在墓门内,不准出来。在陵墓上,都种满了树木,表示山的样子。

二　胡亥称帝

胡亥即皇帝位,用始皇早已规定好了的称号,叫做二世皇帝。以始皇死的第二年,为二世元年。

二世对于一切的事,都听赵高的主意。赵高对蒙毅的报复,还没有满意。他得权后的第一件事,就是收拾蒙毅。他告诉二世说:"先帝本想立您做太子的,但是蒙毅从中为难,所以没有成功。"二世心里不喜欢,就把蒙毅囚在代。后来赵高谗害不已,又派人把蒙毅杀了。接着,赵高又怂恿二世杀蒙恬。二世派人到阳周,令蒙恬说:"你的过错太多了。你的弟弟毅有大罪。依法,你也是连带有罪的。"蒙恬说:"我的罪是应当死的。我修长城,从临洮一直到辽东,成了万余里的大建筑。这就是我的罪。"蒙恬自己吞毒药死了。赵高的怨恨,到此算是报复得够了。同时,秦帝国也就少了两个有世功的重臣。蒙恬之死,更是二世自己摧毁了秦武将中的拔萃人物。

二世自己知道年少,臣民不佩服。他也想学始皇的办法,巡行天下以示威。元年春,他携带了李斯、赵高等一行人,东至碣石,沿海滨西南,到会稽。每于所到的地方,也是同样的刻石诵德。四月,仍回到咸阳。

一路上,二世和赵高商量提高威权的方法。二世说:"大臣不服我,各方官吏又都还有力量,诸公子又都比我年长,免不得要和我争。我要怎样办呢?"赵高说:"先帝的大臣,都是累代有名的贵人。积累功劳,世世相传,时代已经很久。我呢,出于贱家,人家素来看不起。您虽然抬举我,叫我居上位,管理宫中的事。但大臣们心里都不是味儿,只是在表面上听我的话,心里并不服我。这不能不说是对您的轻视。现在您已经出来巡幸了,要趁这个时候案临郡县。郡县守尉有罪的,就杀了,既可以振威天下,又可以去掉平生所不喜欢的人。现在的时候,不需要文明的办法,只有用武力来解决一切。请您要把握时代,不要顾虑。就是随从的群臣,也不要同他们商量。您总要举用向来被弃置的人。向来没有政治地位的,您给他政治地位。向来没有财富的,您给他财富。向来被疏远的人,您去亲近他。这样,他们都要感激您,再不会有反对您的人。您就可以安心地睡您的觉,您可以随您的心意尽量地玩乐了。"二世很以赵高的话为然。便命他变更法律,比始皇时还要严厉,还要苛刻。群臣和公子们被加上罪名的,都交给赵高去审问。大臣被杀的不在少数,二世的哥哥们,有 12 个人,僇死在咸阳市。另外,还有 10 个公主,磔死于杜。公子高知道终于不免一死,想逃走,又怕二世杀他的全家。不得已遂上书说:"先帝健在的时候,我入宫,就赏我东西吃;出来,就坐官家的车子;御府的衣服,我得到过;天子厩中的宝马,我也得到过。我是应当从先帝死的,但是没有做到。这是为人子不孝,为人臣不忠。为人臣不忠的是没有理由活在世界上的。我还是希望从先帝死。我死了后,请把我葬在骊山的脚下。恳求您哀怜我吧!"二世得书后,高兴得很,向赵高说:"这恐怕有别的意思吧?"赵高说:"人臣们天天发愁他们的死亡,还来不及,那里有工夫打什么别的主意呢?"二世答应公子高的请求,赏给他 10 万钱，算是特别推恩。这个可怜的贵族，就这样地死了。

二世在咸阳，想起了阿房宫未完的工程。他说："先帝因为咸阳朝廷小，所以另外经营阿房宫。不幸先帝驾崩，不得不把阿房宫的工人拨到骊山去。现在骊山陵墓的工程早已完成了，不如把阿房宫庞大计划再完成了。"他调征大批的人到咸阳来。他估计着咸阳的粮食不够这些人用的，又下令郡县转输菽粟刍稿。这些转运的人，却又都需要自带需用的粮食，在咸阳附近三百里以内，不准吃本地出产的谷子。这样一来，转运的人，连往返路程和逗留的日子都算在内，至少也要带十日之粮了。这种苛毒办法，二世总要算比始皇还做得到家。

三　陈胜发难

但是，想不到的事情突然发生了。二世元年七月，戍卒陈胜等在楚地开始举起反秦的旗子来。

陈胜是阳城（河南登封）人。他有一个同伴吴广，是阳夏（河南太康）人。二世元年七月，有 900 个戍卒原在大泽乡屯戍，陈胜、吴广为屯长，要征调到渔阳去。这时候正赶上有大雨，道路败坏，不能通行。陈胜估计着，即使赶到渔阳去，也一定要误了限期，按秦法是应该砍头。他就和吴广商量："如今逃走了，是死。我们举大事，也是死。都是一样的死，我们为故国（楚）死，不更好吗？"后来，陈胜就断然地说："天下的人吃秦的苦头，已经很久了。我听说，二世原是小儿子，不应该立为皇帝。应该立为皇帝的，是扶苏。因为扶苏累次谏诤始皇，所以被派到北边去带兵。现在有人听说，他并没有罪，却被二世杀死了。百姓们多听说扶苏是个好人，并不知道他死。又有项燕在楚做将军，立过好几次功，也爱惜士卒。始皇败楚军时，楚人都怜惜他，有人说他死了，有人说他逃走了。现在要拿我们这些人，利用这两个人的名字，就说我们是公子扶苏和项燕，响应我们的人一定很多。"

主意打定了，他们就商量着得到大家同意的办法：用丹在一块块的小帛上写上"陈胜王"三字,放在人家的渔网里,给鱼吃了。戍卒们买了鱼回来,竟在鱼肚里发现了这种东西,大家就已经觉得奇怪了。陈胜又趁大家不注意,叫吴广到附近丛林的祠庙里,在中夜,掩着灯光,学狐叫,并大声喊:"大楚兴,陈胜王。"戍卒在夜间都惊起来。天一明,士卒私自议论着,都拿眼睛看陈胜。吴广知道时机已经到了,并和陈胜把大泽乡的3个尉官都杀了。他们召集大家说:"现在你们碰到了大雨,都违了规定的限期,是应当斩首的。即使幸而不斩首,则死于戍守的机会也要占十分之六七。况且,大丈夫不死,也就罢了。如果要死,也要有个大名声。王侯将相岂是天生下来就是的吗?"于是大家都齐声答应,愿意听他们的命令。他们就假称扶苏和项燕的名字,国号大楚。筑起了祭坛,就用尉官的头作祭品,集合了大家来宣誓。陈胜自称为将军,吴广为都尉,攻下了大泽乡,就去攻蕲(现在安徽宿县)。蕲下后,胜派符离(现在的安徽宿县境)人葛婴攻蕲以东各地。他自己领兵把现在河南、安徽、江苏三省交错的一带地方,差不多都拿到了手里。胜收兵至陈(现在的河南淮阳),已有六七百辆战车,一千多匹马,好几万兵。胜攻陈,陈的守令都不在,只有守丞领兵出来抵抗。守丞战死了,陈也入了胜的掌握。胜召集陈的三老豪杰来商量事。三老豪杰都说:"将军披坚执锐,征讨无道,挞伐暴秦,恢复楚国的社稷。将军应该立为王。"于是胜立为王,国号称张楚。

四 各地响应

这时,天下的人苦于秦帝国的残暴,人人心里都埋藏了愤怒。秦帝国在这种形势下,好像是到处都已撒遍了炸药。秦帝国之所以未被爆炸者,是因为没有点火的人。现在已有人点起火来了,炸药一处处地在爆发。各郡县的豪杰,听见了陈胜的举动,都疯了似地杀了各地的军政长官,响应陈胜。陈胜的势力突然地增长起来。各地方与胜不相连属,自成一军的,也一天一天地多起来。

于是胜派吴广为假王,监护诸将,自陈而西,击荥阳。又派武臣张耳、陈余北征旧赵国地,派邓宗南征九江郡。又派周市北征旧魏国地。二世元年八月,武臣到邯郸,自立为赵王。武臣又遣韩广北定旧燕地,为燕贵族豪杰拥立为燕王。周市军也于很短时期内,定了旧魏地,得陈胜的同意,立魏后裔无咎为魏王。在旧齐境内,田儋自立为齐王,但与陈胜不属于一个集团。另外,又有项梁、项羽起于会稽郡,刘邦起于沛,后来都成为伐秦的重要力量。

当关东这样纷纷扰乱,一天甚一天的时候,二世对于眼前的危象,并没有相当的认识。最初有使者从东方回来,曾告诉过二世,说外面有人造反。二世听见"反"字,大怒,就把这个使者交吏问罪。后来有使者来,就不敢告诉实话。二世问他们,他们说:"只是些土匪,郡守尉正发兵追捕。现在就要完全捉到了,不必发愁。"二世听见了这话,才欢喜起来。李斯看出时局的不稳,曾向二世进谏,劝他不要一味地享受。但李斯这种话,毕竟不如赵高蛊媚的话来得好听,徒让二世讨厌他而已。

这年九月,陈胜既早已派吴广围荥阳,荥阳守者为李斯子由,广不能把城攻下来,胜遂派周文为将军,另率一军越过荥阳,鼓行而西。一路上,收集兵马,得战车千乘,士卒数十万。遂入关,直到了戏,距咸阳已不算远。这时,二世才晓得关东的土匪原来是这样的凶,不由得大大惊慌起来,少府章邯说:"土匪来得很多,而且力量也大。现在征调郡县附近的兵,已来不及。不如把骊山的刑徒,免罪从军,去阻挡土匪。"二世没有办法,只好大赦天下,把骊山刑徒全都交给章邯,教他带着抵抗楚兵。章邯倒是能干,一下子把周文打得大败,周文被赶出关去。接着章邯再追,到了渑池,又把周文打得大败。周文自杀了,他率领的军队全部溃散,咸阳的威胁算是暂时地解除。接着二世又派长史司马欣、董翳去帮助章邯,邯的军容更盛。于是,陈胜内部发生变化,吴广、陈胜先后被手下人杀死。齐王田儋于二世二年六月为章邯所杀。魏王咎也于本月自杀,所部以临济降秦。同年九月,邯又杀项梁于定陶。至是,关东民军著名的首领已为邯诛灭得差不多了,秦的厄运大有可以挽回的象征。但事实上,秦帝国早已走了下坡路,虽有人想把它拉回来。而往回拉的力量远不如往下跑的力量大,也远不如往下跑的形势来得自然。关东民军的著名首领虽已死了好几个,但民军的势力正在无穷地增长着。秦军虽打了几个大胜仗,但内部政治上的败坏,却因军事上的好转而更为严重。

五 李斯冤死

赵高在二世身边,时时教导二世享乐,教导他作福作威。他并告诉二世说:"先帝统治的时间长,所以群臣不敢做轨外的事、说不法的话。现在您正是年富的时候,又即位不久,为什么要和群臣在朝廷上议事呢?如果您说话有了错误,岂不是让他们知道了您的短处吗?天子称'朕'。'朕'字的意思,就是只让群臣听见他的声音,不能看见他的形貌。这是天子之所以可贵处。您要是深居宫禁,一切事情听人上奏,天下的人都要称您圣主了。"二世听了这话,就不再坐朝和大臣计事。他居宫中,天天和赵高在一处,赵高的威权更大,事事都须通过他,才能够办。他陷害大臣,也更比以前方便。

李斯天天想找机会劝劝二世。但二世总不许他晋见。赵高知道李斯对于他,心里不痛快,就去见李斯说:"关东土匪,一天比一天地多。现在皇帝还加紧地征调人夫,修阿房宫,聚狗马无用的东西。我想劝劝他,但我的地位太低,不能说这话。这真是您的责任,您为啥不谏他呢?"李斯说:"我早就想说这话了。但现在皇帝不坐朝,我有话也没有法子同他说,我想见见他也没有机会啊!"赵高说:"你要真想进谏,我给您找个机会告诉您。"于是,赵高在二世玩得痛快的时候,派人告斯说:皇帝正闲着呢?可以奏事。斯到宫门上谒,一直请求了3次。二世很怒,说:"我平常有工夫的时候很多,丞相不来奏事。现在我才痛快一会儿,他就有事了。他是多嫌我呢?还是故意给我麻烦呢?"

赵高知道他的机会来了,便告诉二世说:"沙丘的计划,丞相是晓得的。现在您已立为皇帝,丞相还是照旧的丞相。他的意思也是想分土为王的。丞相的长子李由为三川守,楚地陈胜等土匪头领也都和丞相有关系。所以楚匪敢于公然猖獗,经过三川郡时,郡守就不肯出击。我听说李由和楚匪,常有文书往来,因为我知道得不清楚,所以不敢来说。丞相在外边,权比您还重,您是要注意的。"二世听了赵高的话,就派专使到三川案问李由,并责备李斯不当如此放弃职守,竟使吴广等能越荥阳西进。

李斯知道了为赵高所卖,便上书举赵高之奸,要二世防备赵高为变。另外,又献议二世,要能自己独断,使权不在臣,要审于督责,深于刑罚,使人不敢犯罪。二世听了独断的话,行督责更严。但他对于赵高,却偏不听李斯的话,一点防备赵高生变、防备赵高擅作威福的心也没有。他反为赵高辩护,为赵高向李斯解说。他又恐怕李斯把赵高杀了,便把李斯的话都告诉了赵高。

赵高说:"丞相所不放心的,只有我了。我死后,丞相就可以干田常所干过的事了。"于是二世把李斯下了狱,派赵高去审问他和李由谋反的情形。斯的宗族和宾客,也都一律地囚禁起来。李斯自负有功,且自问并无谋反的心,虽遭受极剧烈的苦打,还不肯就死。他希望二世能够明白过来,还让他自由。他上书二世,叙述自己的罪状,其实就是叙述自己的功绩。赵高把书弃了,不给二世看。说:"囚人怎样还能上书呢?"高派他的门客,冒充御史和二世的使者,十几度地去审问李斯。李斯说了实话,就遭苦打。后来,真的二世的使者来了,李斯反倒不敢说实话了。这样,二世就相信李斯是真的谋反了。至于原来派到三川案问李由的使者,到三川时,李由已为项梁所杀。使者回咸阳时,李斯早已被囚,赵高还是捏造一片假话报告二世。二世二年七月,秦帝国的开国元老李斯,带上了全副刑具,被腰斩在咸阳市上。他宗族,他外祖的宗族,他岳父的宗族也都完全被杀光。在他死以前,右丞相弃疾将军冯劫也因为进谏,下狱自杀。这是在杀蒙恬、蒙毅后,二世第二次虐杀军国重臣。

六 秦 亡

不久以后,赵高就承继李斯为丞相。这时,先朝功高望重的元老都已杀光,他用不着再顾忌谁。只有章邯领着重兵在外面,又新立了战功,他不免有点不放心。凑巧这时民军方面已出了骁勇善战的项羽,他有统辖各地方、各派系民军的魄力,他有战无不胜、攻无不取的神威。二世二年九月,他的叔父项梁死后,始露头角。三年十二月[1],项羽大破章邯军于钜鹿,使邯围攻四月之功废于一旦。接着,秦大将王离被虏,所部全体投降,章邯直接统率的军队也被击退。章邯心里沉不住气,教长史欣到咸阳去请兵。这样一来,赵高压迫邯的机会到了,他把欣留着,已经3天了,还不传见。欣心里害怕,就偷偷地跑了。他又恐怕高派人来追,不敢从来时的大路上回去,高派去追赶他的人因而没有赶上。欣告诉邯说:"赵高在中用事,没有我们可做的事。我们打了胜仗,高必嫉妒我们的功。我们打了败仗,是免不了一死的。请将军详细地考虑考虑。"同时赵将陈余也给章邯书,引证秦诛功臣白起、蒙恬的故事,说:"将军居在外边的日子久,朝内不合适的人多,有功也要死,无功也要死。现在您不如同我们联合起来共同攻秦,把它的地分了,南面称王。这不比身受酷刑、妻子被杀,好得多吗?"章邯听了这话,已自犹疑起来。加上项羽又用重兵,大大地打败了他两次,他就决定投降了。项羽和章邯在洹水南殷墟上(现在河南安阳境)盟约。邯见了羽,还流着眼泪诉说赵高压迫的事呢!

章邯降后,秦军的精锐差不多都丧失完了,秦帝国的东方门户可以说是已重重洞开。赵高知道时局的严重,他恐怕万一二世怪罪下来,自己承担不起,便索性一不做,二不休,打主意来收拾二世。他恐怕群臣不服从,便先想法子来测验。他带了一只鹿,来见二世,说:

---

[1] 秦历既是以十月为岁首,所以二世三年十二月实际上是三年的第三个月。二世死在三年八月,是三年的第一个月。

"这是马啊。"二世笑了,说:"丞相糊涂了,说鹿是马。"二世问左右的人,有的不敢言语,有的也故意说是马,以讨赵高的喜欢。其中,间或有人说是鹿的,赵高都借个事由把他们一个一个地惩办了。从此更没有一个人敢说赵高一个"不"字,赵高想怎样欺骗二世,就怎样欺骗他。二世三年八月,刘邦带了几万兵,已自南阳攻下武关,咸阳的东南门户也被打开了。邦派人同赵高联络。据说,他们曾经约定,由赵高把秦宗室全杀了,事后使高在关中为王。于是,高就同他的女婿咸阳令阎乐、他的弟弟赵成商量好,趁二世在望夷宫斋戒,由乐领兵闯进宫去,把二世逼得自杀了。赵高又出来做好人,集合群臣,立二世兄子公子婴继位。高说:"秦本来是王国。始皇统一了天下,所以称帝。现在六国旧地都各已恢复了他们的故国,秦地比以前还少,不可称空头的帝号,应该照旧称王"。于是婴便不能称三世皇帝,只能称秦王;秦也不再能称帝国,而只能算是王国了。

婴知道赵高的蓄意不善。他借着庙见为名,在斋宫一直斋戒了5天还不出来。赵高亲自来请他,他就在斋宫里把赵高杀了,把赵高的三族也都杀了。

婴虽把这个大奸臣除了,但时机已不许他做清明政治的工作。他是九月即王位,十月间刘邦兵就到了咸阳近郊。这个一月君王就不得不在脖项上缚上了绳子,坐着白马拖着的白车子,捧着天子的符玺,在大道的半途上下了车,在道旁欢迎刘邦所统领的民军进来。从此,不止是秦帝国完全亡了,秦国也完全亡了。

七 结 论

从始皇统一中国,到秦之亡,不满15年。从始皇之死,到秦之亡,不过3年零3个月。始皇之能统一中国,是积累穆公以来四百年的努力而成。秦帝国之完成,不能不说是艰苦巨伟的工作。它是开始统一中国,更不能说没有给中国史留下辉煌无比的贡献。但是始皇成功了秦帝国以后,秦国的生命就算发展到了顶点,他个人的得意,个人的骄傲,个人在享受方面的纵欲,使秦帝国达到了顶点后马上就衰落下去。他之修筑驰道,修筑长城,北逐匈奴,南伐百越,对于后人在某方面也许有可以赞许的好处,但这对于秦帝国的生命,不能不说是种种削弱的工作。此外,再加上骊山陵墓的工程,阿房宫的工程,以及各种严刑峻法,使民众耗费精神财力于无用的地方,使民众流离转徙,饥死道路,这更是始皇自己斲丧秦帝国的元气。

有人说,始皇如再活几年,秦帝国不会崩溃得这样快。又有人说,始皇死后如由扶苏继位,秦帝国不会崩溃得这样快。其实,始皇灭六国,暴力与诈术并用,怨恨深结于人心,他的局面决不会长久。例如他灭了楚,但楚人谣云:"楚虽三户,亡秦必楚。"这可见楚人心里边蓄着的一股劲儿,可见楚人之民族的自信。他虽一时的低头,但有了机会就要伸起腰来和你来斗斗。后来,楚人项羽领导下的力量,毕竟把秦灭了,正应了楚谣的话。又如始皇于二十九年东游时,一路声势赫耀,威临臣民,谁不知道触犯了他就要死。但韩国遗民张良却偏能够携巨锥去刺他。虽没有刺中他,到底也刺中了副车。以他那时的权威,对于这个刺客却毕竟没有办法,甚至于下令天下,大索十日而不得。这可见毒怨深入于人心,严刑峻法徒然加强人们报复的心理,并不能真正地把反对势力消灭掉。如果始皇晚死几年,恐怕他要亲眼看见他手创的帝国的崩溃。如果继续他的是扶苏而不是胡亥,也许崩溃的时期会移后几年,而崩溃的局面恐怕也是不能避免的。

民众的力量好像是大河,秦帝国好像是沙土的堤岸。河水平静的时候,沙堤好像有很大的力量;但现在河水怒涨了,洪水冲刷了沙堤的基根,不必再等待什么时候,整个的沙堤就为洪水卷走了[1]。

---

〔1〕 本章所述,见《史记》之《秦始皇本纪》、《项羽本纪》、《高祖本纪》、《秦楚之际月表》、《陈涉世家》、《留侯世家》、《李斯列传》,《新书》,《新语》,《淮南子》,《资治通鉴·秦纪》。

附录：

年　表

纪　　年	公元前	纪　事
秦穆公任好元年	659	
五年	655	任用百里奚、蹇叔。
六年	643	纳夷吾于晋,是谓晋惠公。
十九年	641	取梁。
二十年	640	灭芮。
二十四年	636	二月纳重耳于晋,是谓晋文公。嗣晋乱,三月再纳文公于晋。
三十六年	624	灭西戎12国,开地千里,遂霸西戎。周襄王使召公贺。
三十七年	623	
三十九年	621	卒。此后,康公、共公、桓公、景公、哀公、惠公、悼公、厉共公、躁公、怀公、灵公、简公、惠公、出公、献公、孝公相继立。
秦孝公渠梁元年	361	下令求贤。魏公孙鞅来秦。
三年	359	公孙鞅议变法。
八年	354	取魏少梁。
十年	352	以公孙鞅为大良造,伐魏安邑,降之。

十一年	351	公孙鞅伐魏,取固阳。
十二年	350	取小邑为31县。为田,开阡陌。
十四年	346	初为赋。
二十年	342	会诸侯于逢泽,朝周显王。
二十一年	341	齐孙膑败魏于马陵,虏太子申,杀将军庞涓。
二十二年	340	公孙鞅伐魏,诱虏公子卬。封鞅为商君。
二十四年	338	卒。子驷嗣位。公孙鞅被杀。
秦惠文王驷元年	337	楚、韩、赵、蜀人来朝。
三年	335	拔韩宜阳。
四年	334	楚围齐于徐州。灭越,取吴故地。
五年	333	以阴晋人犀首为大良造,张仪为客卿,败魏于雕阴。是年,苏秦说赵合纵,相六国,为纵约长,约六国共同拒秦。
六年	332	魏献阴晋为和。犀首期齐魏共伐赵,败六国合纵之约。苏秦去赵。
八年	330	魏入河西少梁地。围魏焦、曲沃。
九年	329	取魏汾阴、皮氏。围焦,降之。
十年	328	取魏蒲阳。魏纳上郡地。张仪相。
十一年	327	西戎义渠君为臣。归魏焦、曲沃。
十三年	325	初称王。
十四年	324	更称元年。取魏陕。是后,各国

		皆称王。
三年	322	张仪出相魏,取魏曲沃。
五年	320	王北游戎地,至河上。
六年	319	击韩,取鄢。
七年	318	韩、赵、魏、燕、楚共击秦,至函谷,不胜而还。
八年	317	与韩、赵战,斩首8万,虏楚将屈匄。是年,燕人立公子平,筑宫求贤,乐毅等来。
十四年	313	蜀相杀蜀侯。是年,王薨。子荡立。
秦悼武王元年	312	诛蜀相壮。
二年	311	初置左右丞相。
三年	310	使甘茂伐韩。
四年	307	拔韩宜阳,斩首6万。涉河城武遂。王举鼎,薨。子稷立。是年,赵武灵王初胡服骑射。
秦昭王元年	306	击魏皮氏,复与韩武遂。
二年	305	赵攻中山。
四年	303	取韩武遂,拔魏蒲坂、晋阳、封陵。是年,齐、韩、魏伐楚,秦救之。
五年	302	与魏王会临晋,归魏蒲坂。
六年	301	蜀反。司马错往诛蜀守煇,定蜀。与齐、韩、魏败楚于灵丘,杀其将唐眛。
七年	300	破楚师,斩首3万,取襄城,杀其将景缺。
八年	299	取楚8城。楚王来,因留之。

九年	298	取楚16城,暂首5万。齐、韩、魏共来伐。
十年	297	楚王亡之赵,不纳。秦复追之归。
十一年	296	齐、韩、赵、魏、宋共来伐,与韩武遂,和。是年,楚王死于秦。
十二年	295	赵灭中山。
十四年	293	白起败韩、魏于伊阙,斩首24万,虏韩将公孙喜。
十六年	291	拔韩宛城。
十七年	290	韩献武遂地200里,魏献河东地四百里。
十八年	289	客卿错伐魏,取大小61城。
十九年	288	拔赵桂阳。十月为西帝,尊齐为东帝。齐称帝两日,去之。十二月秦亦去帝号,复为王。
二十年	287	拔魏新垣曲阳城。
二十一年	286	伐魏河内,魏献安邑。是年,齐、楚、魏共伐宋,灭之。
二十二年	285	遣蒙武击齐,拔列城9。
二十三年	284	燕乐毅将韩、赵、魏、秦、楚五国之兵,共破齐,下齐七十余城。毅独入临淄,齐王走莒。
二十四年	283	拔魏安城,兵至大梁而还。
二十五年	282	拔赵两城。
二十六年	281	拔赵石城。
二十七年	280	白起败赵军,斩首3万。击楚,楚献汉北及上庸地。
二十八年	279	白起取楚鄢、邓、西陵。是年,燕

		昭王薨,惠王以骑劫代乐毅。田单尽复齐故地,齐王入临淄。
二十九年	278	白起拔楚郢,烧夷陵,至竟陵,置南郡。楚王走,都于陈。
三十年	277	白起拔楚巫黔中,置黔中郡。
三十一年	276	江旁楚故地 15 邑反,归楚。
三十二年	275	伐魏,斩首 4 万,围大梁。魏割温以和。
三十三年	274	伐魏,斩首 4 万,得两县。
三十四年	273	白起破魏军,斩首 15 万。魏割南阳以和。败赵军于观津。
三十七年	270	拔赵阏於。赵奢救阏於,大败秦兵。击齐刚寿,魏范睢亡入秦,说王远交近攻,王以为客卿。
三十九年	268	拔魏怀城。
四十一年	266	拔赵 3 城。以范睢为相,拔魏邢丘。
四十二年	265	拔赵 3 城。
四十三年	264	拔韩陉城汾旁。
四十四年	263	击韩太行。
四十五年	262	白起伐韩,取 15 城,野王上党道绝。上党守冯亭以地降赵。
四十六年	261	赵使廉颇拒秦于长平。
四十七年	260	秦使人行间于赵。赵使赵括代廉颇将。白起大败赵军,坑赵降卒 45 万人。
四十八年	259	罢白起兵,使王陵伐赵。是年,子楚生政于邯郸。
四十九年	258	使王龁代将,围赵邯郸。魏公子

		无忌夺晋鄙军救赵。
五十年	257	白起赐死。魏无忌大破秦军于邯郸上,王龁败走。还,拔赵新中。是年,子楚自赵逃归秦,政从母匿外家。
五十一年	256	韩、魏、楚救新中,秦兵罢。攻西周,得献邑36。西周亡。
五十二年	255	攻韩取南阳。
五十三年	254	取韩10城。
五十四年	253	楚迁都钜阳。
五十六年	251	王薨。子柱立。是年,燕伐赵,赵破燕军。
秦孝文王元年	250	即位3日薨。子楚立。是年政10岁,自赵归。
秦庄襄王元年	249	取韩成皋、荥阳,置三川郡。以吕不韦为相,取东周。
二年	248	蒙骜击赵榆次、新城、狼孟,得37城。
三年	247	取赵上党,置太原郡,魏无忌率五国兵,败秦军河外。王薨,子政立。
秦王政元年	246	王14岁。取赵晋阳,作郑国渠。
二年	245	王15岁。取魏繁阳。
三年	244	王16岁。大饥。蒙骜取韩12城。是年,赵拔燕武遂、方城。李牧为赵将,匈奴不敢近边。
四年	243	王17岁。伐魏。七月,蝗蔽天。魏无忌纵酒卒。
五年	242	王18岁。蒙骜取魏酸枣12城,

		置东郡。是年,赵庞煖败燕师,杀其将剧辛。
六年	241	王19岁。楚黄歇率五国兵伐秦,至函谷,击败之。拔魏朝歌,楚徙都于寿春。
七年	240	王20岁。取魏汲。蒙骜死。
八年	239	王21岁。封嫪毐长信侯。
九年	238	王22岁。嫪毐作乱,诛之,夷其族。拔魏垣蒲、阳衍。是年,楚黄歇为李园所杀。
一十年	237	王23岁。吕不韦免相。齐、赵来,置酒。
十一年	236	王24岁。王翦、桓齮伐赵,取邺、阏与9城。
十二年	235	王25岁。助魏击楚。吕不韦迁蜀自杀。
十三年	234	王26岁。桓齮伐赵,杀扈辄,斩首10万。遇李牧,败。
十四年	333	王27岁。桓齮拔赵宜安,定平阳、武城。韩王使韩非入秦,请为臣。李斯杀非。
十五年	232	王28岁。伐赵,兴军至邺,一军至太原,取狼孟。遇李牧,败还。是年,燕太子丹自秦亡归。
十六年	231	王29岁。韩献南阳地。
十七年	230	王30岁。内史腾灭韩,得韩王安。尽取其地,置颍川郡。
十八年	229	王31岁。王翦伐赵。秦用反间计杀赵将李牧。

十九年	228	王32岁。王翦灭赵,得赵王迁。王如邯郸。翦进兵临燕。是年,赵故太子嘉自立为代王。
二十年	227	王33岁。燕太子丹使荆轲刺王,不中。益发兵就王翦击燕,遂围蓟。
二十一年	226	王34岁。拔蓟,燕王走保辽东,斩太子丹首以献。复进攻之。又使李信伐楚。
二十二年	225	王35岁。王贲引河沟灌大梁,灭魏。魏王假降,杀之。李信兵败,使王翦代将,复伐楚。
二十三年	224	王36岁。王翦攻楚。楚悉兵拒战,不胜,将军攻燕,死之。
二十四年	223	王37岁。灭楚,虏王负刍。
二十五年	222	王38岁。王贲攻辽东,得燕王喜,灭燕。还兵攻代,得代王嘉,灭代。是年,齐后胜受秦金,劝齐王朝秦。
二十六年	221	王39岁。王贲攻齐,齐王建朝秦,遂灭齐。初并天下,改号皇帝,自称始皇帝。分天下为三十六郡,统一度量衡石、轨辙度数、全国文字。定官制。销兵器。徙天下豪杰12万户于咸阳。
秦始皇帝二十七年	220	帝40岁。幸陇西北地,作极庙,治驰道,东穷燕、齐、南极吴、楚。
二十八年	219	帝41岁。东行郡县,上邹峄山,封泰山,登之罘,南游琅琊,遣徐

		市入海求神仙、过彭城,巡衡山南郡,浮江至湘山。由武关入咸阳。
二十九年	218	帝42岁。东游,经阳武,张良使人以铁锥击之博浪沙中,误中副军。郡县大索10日,不得。登之罘、琅琊,由上党入咸阳。
三十年	217	帝43岁。
三十一年	216	帝44岁。帝微行遇盗,关中大索20日。
三十二年	215	帝45岁,之碣石,巡北边,由上郡入。使蒙恬将兵伐匈奴,至河上。
三十三年	214	帝46岁。发50万人南戍五岭,置桂林、南海、象郡。蒙恬逐匈奴河外,据阴山,置九原郡。
三十四年	213	帝47岁。下令烧诗书百家语。
三十五年	212	帝48岁。除直道,作阿房宫。坑诸生460人。使长子扶苏出监蒙恬军于上郡。
三十六年	211	帝49岁。迁河北、榆中三万家。
三十七年	210	帝50岁。南游云梦,至钱塘,上会稽。还过吴,北至琅琊、芝罘,西至平原津。七月丙寅,崩于沙丘。赵高与李斯谋立少子胡亥为二世皇帝。更以书赐扶苏、蒙恬死。胡亥自九原入。
秦二世皇帝元年	209	东巡郡县,自碣石至会稽。还至咸阳,就阿房宫。命赵高变更法

		律,大杀功臣,戮十二公子于咸阳市,磔十公主于杜。七月,陈胜、吴广起兵讨秦,号张楚。九月,郡县皆变,楚兵至戏,章邯击却之。
二年	208	邯追楚兵河上。七月,赵高潛杀李斯,夷其族。丞相去疾、将军冯劫亦先斯自杀。高为丞相。
三年	207	七月,邯降楚。八月,赵高逼二世自杀,楚刘邦入武关。九月,赵高立子婴为秦王,去帝号。婴诛高,夷其三族。十月,刘邦兵至壩上,婴出降,秦亡。

图书在版编目（CIP）数据

白寿彝文集．第1卷，论中国通史　论中国封建社会/白寿彝著．—开封：河南大学出版社，2008.12
ISBN 978-7-81091-476-5

Ⅰ.白…　Ⅱ.白…　Ⅲ.①白寿彝(1909~2000)—文集②史学—中国—文集　Ⅳ.K092-53

中国版本图书馆CIP数据核字（2008）第021444号

责任编辑　陈广胜
责任校对　赵　欣
封面设计　马　龙

出　版	河南大学出版社
	地址：河南省开封市明伦街85号　邮编：475001
	电话：0378-2825001（营销部）　网址：www.hupress.com
排　版	河南第一新华印刷厂
印　刷	河南省瑞光印务股份有限公司
版　次	2008年12月第1版　　印次　2008年12月第1次印刷
开　本	650mm×960mm　1/16　　印张　25.5
字　数	343千字　　定价　51.00元

（本书如有印装质量问题请与河南大学出版社营销部联系调换）